Steffen Spies · Dirk Fisseler
Produkte mit Profil

STEFFEN SPIES
DIRK FISSELER
(Hrsg.)

PRODUKTE MIT PROFIL

SPITZENMANAGER UND IHRE WEGE ZUM ERFOLG

Frankfurter Allgemeine
ZEITUNG FÜR DEUTSCHLAND
GABLER

Die Deutsche Bibliothek – CIP-Einheitsaufnahme

Produkte mit Profil : Spitzenmanager und ihre Wege zum Erfolg / Steffen Spies ; Dirk Fisseler (Hrsg.). – Frankfurt am Main : Frankfurter Allg. Zeitung ; Wiesbaden : Gabler, 1994
ISBN 3-409-19185-2
NE: Spies, Steffen [Hrsg.]

Belichtung und Abbildungen: Satzstudio RESchulz, Dreieich
Druck: Wilhelm & Adam, Heusenstamm
Buchbinderei: Fikentscher, Darmstadt

Printed in Germany

ISBN 3-409-19185-2

Vorwort

Neue Managementmethoden sind gefordert. Häufig melden sich aber nur diejenigen zu Wort, die sich mit Fragen der Unternehmensführung theoretisch beschäftigen. Denn Führungskräfte haben nur in den seltensten Fällen genügend Zeit, das Wissen niederzuschreiben, das sie in den Jahren angesammelt haben. Die tägliche Arbeit nimmt sie zu stark in Anspruch.

Deshalb kommen Managementerfahrungen, die sich über längere Zeit bewährt haben, in vielen Veröffentlichungen zu kurz. Das macht das Dilemma offensichtlich, in dem sich die Managementlehre befindet:

Managementpraktiken, die sich als erfolgreich herausgestellt haben, werden viel zu wenig beachtet, weil sie von denen, die damit vertraut sind, selten vermittelt werden können. An ihre Stelle treten Managementmethoden, die theoretisch schlüssig sind, sich aber praktisch noch nicht bewähren konnten.

Hier setzt deshalb „Produkte mit Profil“ an. Gemeinsam mit Vertretern aus Theorie und Praxis wurde ein struktureller Rahmen geschaffen, der in vier Phasen die Entwicklung und Einführung eines Produktes am Markt beschreibt:

Phase 1: Entwickeln einer marktfähigen Idee
Phase 2: Umsetzung der Idee in ein Produkt
Phase 3: Angebot des Produktes am Markt
Phase 4: Betreuung von Kunde und Produkt

Danach wurden Führungskräfte von Unternehmen unterschiedlicher Branchen gebeten, aus ihrer Sicht den Hintergrund ihres Erfolges beim Management des Produktes zu beschreiben. Anschließend wurde jede Darstellung jeweils der Phase zugeordnet, in der sich die Erfolgsgeheimnisse am besten herausstellen.

Die Resonanz auf diese Idee war so groß, daß die 17 ausgewählten Unternehmen sowohl eine Vielzahl von Branchen als auch alle vier Phasen gleichmäßig abdecken.

Die Autoren sind jeweils Führungskräfte, die maßgeblich für den Erfolg des vorgestellten Produktes verantwortlich sind. Nicht selten konnten Entscheidungsträger gewonnen werden, die ihre Erfahrungen noch nie zuvor veröffentlicht haben. Sie nutzen den Rahmen dieser Publikation, um zum ersten Mal ihr Management-Know-how in komprimierter Form darzustellen.

In enger Zusammenarbeit mit den beteiligten Unternehmen ist deshalb die Idee von „Produkte mit Profil" realisiert worden: Praktiker geben Einblicke in ihre Erfolgsgeheimnisse. Die vier Phasen schaffen dazu den erforderlichen strukturellen Rahmen.

Diese Publikation wäre allerdings nicht ohne die Unterstützung folgender Personen möglich gewesen, von den Autoren der einzelnen Beiträge ganz abgesehen:

Holger Christmann, Bonn/Rom, sowie Bernd Anders (NORD/LB), Astrid Bujara (Messe Frankfurt), Thorsten Ebatowski (*FOCUS*), Achim Hübner (IBM), Wolfgang Kinnebrock (SONY), Thomas Kreyes (RTL Plus), Rainer Knubben (Quelle), Thomas Nack (Roland Berger), Martin Schütte (Warsteiner), Dr. Stürtz (Mercedes Benz) und dem Stab der B5-Projektleitung von Volkswagen.

Ihnen allen wollen wir an dieser Stelle herzlich danken.

Unserem Doktorvater, Professor Dr. Christian Belz, sind wir für die Unterstützung bei dieser Publikation und die uns gewährten Freiheiten bei den Dissertationen besonders dankbar.

Allen Lesern wünschen wir, durch „Produkte mit Profil" neue Anregungen und Ideen für die eigene Arbeit zu gewinnen.

St. Gallen, im November 1993

Steffen Spies
Dirk Fisseler

Inhalt

4. Phase

Einleitung

Das Vier-Phasen-Modell

Bei näherer Betrachtung weist das Management erfolgreicher Produkte Gemeinsamkeiten auf, ist die Entwicklung von der Idee, über die Umsetzung bis hin zur Betreuung von Kunde und eingeführtem Produkt nahezu gleich. Was aber sind diese Erfolgsfaktoren, die ein Produkt zu einem Bestseller, zu einer Marke machen?

Die Herausgeber Steffen Spies und Dirk Fisseler beschreiben in ihrem Einführungsbeitrag die vier Phasen, die erfolgreiche Produkte durchlaufen, bevor sie sich am Markt etablieren. Christian Belz berichtet zudem über mögliche Leistungs- und Kundensysteme. Theoretisch wird von ihnen in dieser Einleitung das hergeleitet, was die Praxisbeispiele im folgenden bestätigen: Die Wege von Spitzenmanagern zum Erfolg – die Wege zu „Produkten mit Profil".

Steffen Spies, Jahrgang 1966, studierte nach einer Ausbildung zum Bankkaufmann an der Hochschule St. Gallen Betriebswirtschaft. Neben dem Studium hat er Unternehmen beraten, einen ganzheitlichen Marketing-Ansatz entwickelt und für die HSG Manager in Osteuropa geschult. In einem Dienstleistungsbetrieb in den USA übernahm er für längere Zeit Führungsaufgaben. Seit 1992 ist er bei Volkswagen in der Projektleitung Pkw-Entwicklung/Passat-Klasse tätig und promoviert in St. Gallen mit einem VW-Stipendium. Die Dissertation zum Thema „Management von Automobilentwicklungen" wird 1994 abgeschlossen sein.

Dirk Fisseler, Jahrgang 1965, studierte Betriebswirtschaftslehre in Bamberg. Als MTP-Alumni Preisträger arbeitete er für einen großen Elektronikkonzern in Paris, für internationale Konsumgüterhersteller und war beim Aufbau einer Bürotechnik-Werksvertretung in den neuen Bundesländern beteiligt. Seit 1992 ist er Doktorand an der Hochschule St. Gallen und wird die Dissertation „Kleinkundenmanagement von Universalbanken" voraussichtlich 1994 abschließen. Gegenwärtig ist er als externer Berater für eine Schweizer Großbank im Retail Banking tätig. Daneben gibt er Management-Kurse in Deutschland und der Schweiz.

Erfolgreiche Produkte am Markt

von Dirk Fisseler und Steffen Spies

Konjunktur, Konsumenten und Kapitalmärkte fordern die unternehmerische Leistungsfähigkeit in zunehmendem Maße heraus. So ist beispielsweise die Situation in der europäischen Industrie gespalten. Einerseits verzeichnet der private Verbrauch aufgrund gestiegenem verfügbarem Einkommen und gesunkener Sparquote eine Zunahme. Auf der anderen Seite weisen rückläufige Produktionszahlen wie zum Beispiel in den Schlüsselindustrien – Maschinen- und Automobilbau – in die entgegengesetzte Richtung.

Die beschriebene Situation stellt die Entscheidungsträger vor folgende wettbewerbsentscheidende Fragen, mit denen sich diese Publikation beschäftigt:

- Wie werden unternehmerische Entscheidungen beurteilt (siehe „Der Erfolgsbegriff")?
- Worauf soll sich unternehmerisches Handeln konzentrieren (siehe „Produkte im Mittelpunkt")?
- Welche unternehmerischen Zusammenhänge sind relevant (siehe „Das prozeßorientierte Modell")?

Der Erfolgsbegriff

Unternehmerisches Handeln kann erst dann richtig beurteilt werden, wenn erzielte Ergebnisse transparent gemacht werden können. Der Erfolg einer Unternehmung wird hier als eine wichtige Größe angesehen. Die Grundlage beim Vergleich verschiedener Situationen, in denen sich Unternehmen aufgrund des Handelns der Mitarbeiter und des Managements befinden, bildet das Erfolgsverständnis, das man als Maßstab anlegt. Mit dieser Thematik beschäftigt sich die betriebswirtschaftliche Literatur in den letzten Jahren verstärkt, wobei allerdings ein grundlegender Wandel zu bemerken ist.

Vor einigen Jahren stand in erster Linie die Ermittlung von allgemeingültigen Erfolgsfaktoren, die unternehmensübergreifende Geltung besitzen sollten, im Mittelpunkt der Forschung. Hierzu wurden großangelegte Untersuchungen gestartet. Diese hatten einen großen quantitativen Hintergrund. Zu unterschiedlichen Themenbereichen wurde eine Vielzahl von Fragebögen versandt, in denen durch direkte und indirekte Fragestellungen erfolgsbestimmende Handlungsweisen ermittelt wurden (zum Beispiel Cooper, 1984, S. 3ff.). Anschließend erfolgten umfangreiche statistische Auswertungen, die aber in allgemeinen Aussagen ohne spezifischen Problembezug zusammengefaßt wurden.

Andererseits wurden auch entsprechende qualitative Forschungsmethoden angewandt, bei denen einer begrenzten Zahl von Praktikern in persönlichen Gesprächen vorbereitete Fragen gestellt wurden. Diese wurden um persönliche Beobachtungen der Untersuchenden ergänzt (zum Beispiel Peters/Waterman, 1982). Die Auswertung erfolgte ebenfalls wieder unternehmensübergreifend, indem die gesammelten Aussagen daraufhin untersucht wurden, ob sie Generalisierungen zulassen.

Das Ergebnis beider Methoden waren Sammlungen von Erfolgsfaktoren, die teilweise einen sehr hohen Publizitätsgrad erreichten (zum Beispiel „Das 7-S-Framework“ von Peters/Waterman, 1982). Obwohl die wissenschaftliche Basis dieser Untersuchungen es nicht erlaubte, die ermittelten Kriterien als allgemeingültige Regeln zu verwenden, wurden sie dennoch teilweise in dieser Form verstanden. Wenn beispielsweise Unternehmen, die erhebliche Teile der entdeckten Faktoren abdeckten, aufgrund ihrer Ertragslage nicht als erfolgreich bezeichnet werden konnten, dann kamen sofort Zweifel an den durchgeführten Untersuchungen auf.

Zur Skepsis im Umgang mit solchen allgemeinen Erfolgsfaktoren kommt hinzu, daß noch nicht einmal Unternehmen der gleichen

Branche vergleichbar sind. Rezessive Tendenzen legen die unternehmerische Substanz sowohl in finanzieller (quantitativer) aber auch in führungstechnischer (qualitativer) Hinsicht offen. Als Beispiel für eine solche Situation seien die bekannten erfolgreichen deutschen Paradeindustrien, der Automobilbau (vgl. Womack/ Jones/Roos, 1992) sowie der Maschinenbau genannt.

Hintergrund der Kritik an den beschriebenen Vorgehensweisen ist die zunehmende Problematik des objektiven Erfolgsbegriffes. Der Zweifel an allgemeingültigen Aussagen führt verstärkt zur Ermittlung und Verwendung eigener „Erfolgsrezepte" seitens der Praktiker, die aus Erfahrungen in spezifischen Unternehmenslagen gewonnen werden. Solche Richtlinien sind nicht dazu gedacht, auf andere Unternehmen übertragen zu werden, sondern gelten lediglich in individueller Form für denjenigen, der sie sich aufgestellt hat. Das hat zur Folge, daß an die Stelle von vormals objektiven nun subjektive Erfolgsfaktoren gestellt werden.

Gründe für ein erfolgreiches unternehmerisches Handeln kann – im Sinne des subjektiven Erfolgsbegriffes – nur von den direkt Beteiligten ermittelt werden (vgl. Bonoma, 1985). Dabei brauchen die gefundenen Aspekte nicht für andere Unternehmen gelten, sondern sie müssen daraufhin untersucht werden, ob sie situationsadäquat umgesetzt werden können. Geht das nicht, sind sie nur für den speziellen Fall hinfällig. In anderen Unternehmenssituationen ist dieser Test erneut durchzuführen.

Trotz des subjektiven Charakters des Verständnisses von dem, was als Erfolg bezeichnet wird, läßt sich eine Grundstruktur erkennen. Dabei handelt es sich um die zwei konstitutiven Kriterien Effektivität und Effizienz, die zusammen den subjektiven Erfolgsbegriff ausmachen (vgl. Bonoma/Clark, 1988 und Belz/Spies, 1992, S. 11ff.).

Unter Effektivität („doing the right things") wird das Erreichen gesetzter Ziele verstanden, die zunimmt, je höher der Zielerreichungsgrad ausfällt. Dazu wird die vorliegende Unternehmenssituation von jedem Beteiligten an den Erwartungen gemessen, die jeder vor den einzelnen strategischen Entscheidungen an diese gesetzt hat. Es können sich beispielsweise die Erwartungen von Mitarbeitern verschiedener Funktionsbereiche einer Unternehmung deutlich voneinander unterscheiden. Der Ingenieur in der Forschung & Entwicklung kann zu Beginn eines Entwicklungsprojektes erwarten, daß das neue Produkt insgesamt eine technisch innovative Lösung darstellt. Der Mitarbeiter im Vertrieb mag auf der anderen Seite hoffen, daß das Produkt durch seine Positionierung eine hohe Kundenakzeptanz findet.

Wenn das Produkt dann – nach entsprechenden Projektentscheidungen – erstellt worden ist, wird jeder Beteiligte sein Urteil über das Ergebnis abgeben, das sehr unterschiedlich ausfallen kann. Darunter fallen auch Einschätzungen, die sich ausschließlich auf quantitative Kriterien beziehen. Erwartet beispielsweise die Unternehmensleitung zu Beginn eines neuen Projektes, daß es sehr ehrgeizige Profitabilitätsziele erbringt, so stellen Resultate, die dahinter zurückbleiben, entsprechende Enttäuschungen dar. Für Wettbewerber hingegen hätten die erzielten Erträge vielleicht die Erwartungen erreicht oder sogar noch übertroffen.

Bei der Beurteilung des Projekterfolges spielt auch das Verhältnis zu anderen Unternehmensaktivitäten eine Rolle und muß mit einbezogen werden. So kann das durchgeführte Projekt beispielsweise den erwarteten Umsatz erzielen oder sogar noch übertreffen. Für sich betrachtet kann es deshalb als effektiv bezeichnet werden. Geht allerdings der Marktauftritt zu Lasten anderer Produkte des Unternehmens, kommen zusätzliche Unterschiede in der Effektivitätseinschätzung hinzu. Mitarbeiter, die nur für ein Produkt verantwortlich sind, können dazu neigen ausschließlich nur dieses zu betrachten. Auf höherer Managementebene, wo eine optimale Ergebniserzielung aller Produkte im Vordergrund steht, kommt bei der einzelnen Projektbeurteilung zusätzlich die Auswirkung auf andere Projekte hinzu.

Entscheidungen darüber, ob ein bestimmtes Projekt effektiv ist oder nicht, differieren nicht nur zwischen Unternehmen, sondern auch innerhalb des betreffenden Unternehmens selbst. Das reicht von verschiedenen Einschätzungen auf den Hierarchieebenen bis hin zu den beteiligten Fachbereichen, die jeweils eigene Kriterien anlegen können. Gemeinsam ist aber allen, daß – wenn auch subjektiv – die involvierten Mitarbeiter die vorliegende Unternehmenssituation, die sich aus ihrer individuellen Perspektive ergibt, mit ihren persönlichen Erwartungen vergleichen.

Werden diese Erwartungen übertroffen, so spricht man von der Effektivität der Handlungen, die den derzeitigen Unternehmensstatus hervorgerufen haben. Je besser sich die aktuelle Lage gegenüber der erwarteten darstellt, desto höher stellt sich der Effektivitätsgrad dar, der auch als Ausmaß der Zufriedenheit des einzelnen bezeichnet wird. Dieses Zufriedenheitsverständnis ist hauptsächlich aus theoretischen Untersuchungen bekannt, die sich mit dem Thema der Kundenzufriedenheit auseinandersetzen. Wie gezeigt wurde, läßt es sich auch auf die Perspektive der Mitarbeiter ausweiten. Denn je umfassender die Mitarbeitererwartungen übertroffen werden, desto höher ist die entsprechende Zufriedenheit. Diese kann ihrerseits wieder motivierend wirken, womit der subjektive Effektivitätsbegriff selbst zu einer Managementgröße werden kann.

Das andere Kriterium, das den Erfolg maßgebend mitbestimmt, ist die Effizienz („doing things right"). Wie bei der Effektivität handelt es sich auch hier um eine subjektive Beurteilung; sie ist allerdings anderer Natur. Ging es bei der Effektivität um den Vergleich von erwarteten mit realisierten Unternehmensleistungen, so ist der Leistungserstellungsprozeß selbst Inhalt des Effizienzbegriffes. Während Effektivitätseinschätzungen eine Antwort darauf geben, ob die eingeschlagene Richtung unternehmerischen Handelns den Zielen entspricht, beurteilt die Effizienz, wie dabei vorgegangen wurde.

Im Gegensatz zu den subjektiven Zielrichtungen, die im Falle der Effektivität zum Tragen kommen, spielen bei Effizienzurteilen auch objektive Maßstäbe, die den Beteiligten bei ihren Bewertungen von außen gesetzt werden eine Rolle. Dies betrifft in erster Linie quantitative Größen. Bei Produktionsprozessen können beispielsweise Fertigungszeiten, notwendiger Umlaufbestand oder benötigte Einzelkosten eindeutig festgestellt werden. Diese Daten können entsprechenden Vorgaben so gegenübergestellt werden, daß sich objektiv bestimmbare Abweichungen ergeben können. Über diese allerdings ein Urteil zu fällen, ist wiederum eine individuelle und subjektive Angelegenheit, die abhängig von der gegebenen Unternehmenssituation ist.

Ähnlich ist das Vorgehen bei qualitativen Größen. Dazu gehört beispielsweise das Bewerten des Prozesses bei der Leistungserstellung in der Unternehmung selbst. So kann darunter die Ausgestaltung der Unterstützungsinstrumente fallen, die in Form von Informationssystemen, Ablaufroutinen oder Berichtswesen zur Verfügung stehen.

Wichtig ist es, die Beurteilungsobjekte von Effektivität und Effizienz eindeutig auseinanderzuhalten. Die Aspekte, an die konkrete Erwartungen gestellt werden – wie beispielsweise die Produktbeschaffenheit oder auch die Rendite –, fallen in den Bereich der Effektivität. Elemente, die lediglich zum Erreichen dieser Ziele dienen, bestimmen die Effizienz. Deshalb stellt die Effektivität innerhalb des Erfolgsbegriffes die strategische und die Effizienz die operative Komponente dar (Bleicher, 1991).

> Die Effektivität beurteilt das „Was" und die Effizienz das „Wie" der Unternehmensleistung. Beiden Kriterien liegt dabei die subjektive Einschätzung seitens der Beteiligten zu Grunde. Zusammen treffen sie die Aussage über das Ausmaß des Unternehmenserfolges am Markt.

Produkte im Mittelpunkt

Die Ausführungen über den subjektiven Erfolgsbegriff haben deutlich gemacht, daß das Urteil der beteiligten Personen an der Leistungserstellung für Erfolgsaussagen bei unternehmerischem Handeln entscheidend ist. In Zeiten streng hierarchisch gegliederter Konzerne mit geringem Delegationsgrad waren es wenige, die den notwendigen Überblick über die ablaufenden Prozesse hatten. Dezentralisierungen, zunehmende Autonomie kleinerer Unternehmenseinheiten und verstärkte Einbindung aller Hierarchieebenen in die Entscheidungsfindung tragen mit dazu bei, die Zahl der gut informierten Mitarbeiter zu erhöhen. Somit ist auch die Erfolgseinschätzung keine exklusive Sache mehr.

Die Folge ist, daß sich die Urteile zunehmend weniger auf die Gesamtunternehmung als vielmehr auf die Teilbereiche beziehen, für die die einzelnen Mitarbeiter verantwortlich sind. Das bedeutet, daß entsprechende Aussagen seltener „die Unternehmung X war erfolgreich" lauten als „die Unternehmung X war im speziellen Fall Y erfolgreich".

Diese Tendenz trägt daneben auch einem anderen Umstand Rechnung: Diversifikationen der Unternehmen weg von angestammten Kerngeschäften und steigende Risiken durch höhere Volatilität auch in Traditionsmärkten machen Erfolgsaussagen über Gesamtunternehmen schwieriger (zum Beispiel umfangreiche Einzelfallstudien zum Thema Automobilentwicklung, siehe: Clark/Fujimoto, 1992 und Spies, 1994).

Wenn Erfolge eingeschätzt werden, so betreffen sie in zunehmender Weise Teile der unternehmerischen Gesamtleistung und knüpfen meist an konkrete und weitestgehend abgrenzbare Umfänge an. Deren Kern ist häufig ein spezielles Produkt, das im Falle der subjektiven Erfolgsbeurteilung dem bewertenden Mitarbeiter deutlich vor Augen ist.

Derzeit werden allerdings selten Produkte als „nackte" physische Leistungen angeboten. Deshalb muß der Produktbegriff auf den des Leistungssystems ausgeweitet werden, um sinnvolle Aussagen treffen zu können. Diesem liegt die Vorstellung zu Grunde, daß die physische Leistung – beispielsweise das Investitionsgut – durch zusätzliche, zum Teil nicht-physische Leistungen angereichert wird. Das macht Abbildung 1 des Leistungssystem-Prinzips deutlich (Belz, 1991).

So werden – um bei dem Beispiel zu bleiben – Investitionsgüter nicht als rein physische Leistung betrachtet. Als ebenso wichtige

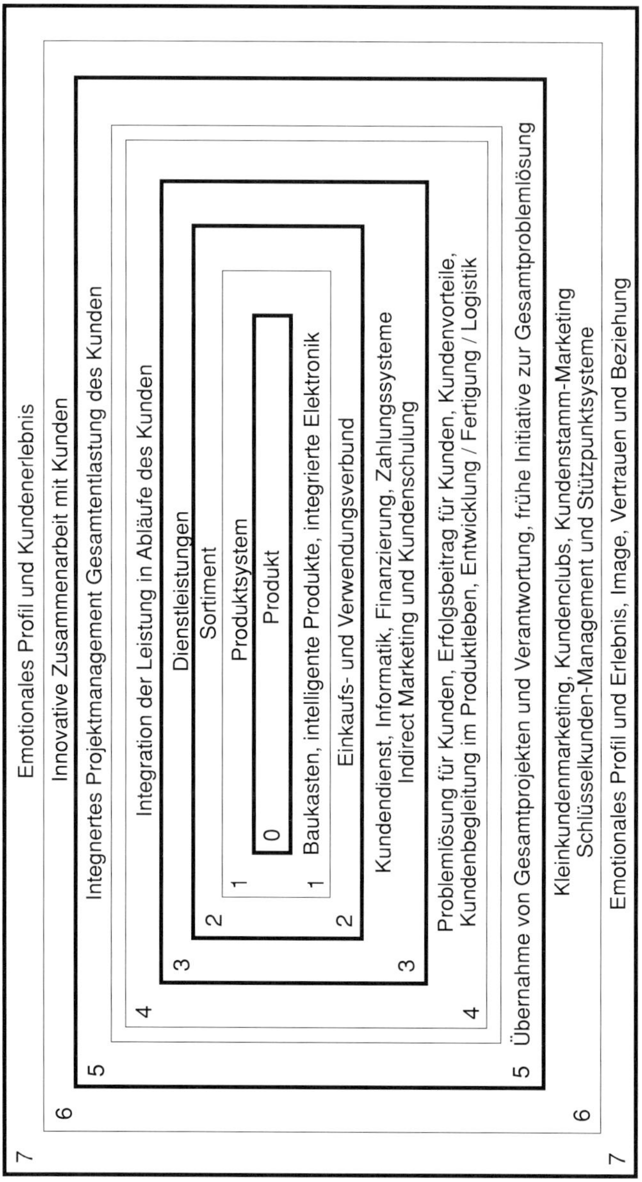

Abbildung 1: Das Leistungssystem nach Belz

Komponente sind Dienstleistungen oder aber auch Projektierungsarbeiten für den Kunden untrennbar mit der verkauften Anlage verbunden. Deshalb muß im folgenden der Produktbegriff durch den des Leistungssystems ersetzt werden. Professor Christian Belz – der Autor des Leistungssystem-Konzeptes – wird im nachfolgenden Beitrag auf diesen Ansatz noch näher eingehen und auch die erste Modifikation seines Modells vorstellen.

> Erfolgseinschätzungen unternehmerischen Handelns drehen sich in erster Linie um konkrete Unternehmensleistungen, die sich als Kombination physischer und nicht-physischer Leistungen darstellen.

Das prozeßorientierte Modell

Eine konkrete Leistung, die das Unternehmen am Markt anbietet, bildet die Grundlage für Effektivitäts- und Effizienzurteile der beteiligten Mitarbeiter. Diese Urteile beziehen sich auf den gesamten Zeitraum, in dem sich das Unternehmen mit der speziellen Leistung beschäftigt: von der Idee bis zum Angebot am Markt.

Die Aktivitäten, die zu diesem Zweck durchgeführt werden, spielen sich sowohl im Unternehmen (intern) als auch auf den entsprechenden Märkten (extern) ab. Das dabei ablaufende Vorgehen kann in vier Schritten beschrieben werden, die die Abbildung 2 darstellt.

Die unternehmerische Leistungserstellung beginnt mit der Entwicklung einer marktfähigen Idee. Diese kann ein spontaner Einzeleinfall oder das Ergebnis komplexer Kreativitätsprozesse sein, in die eine Vielzahl von Anspruchsgruppen einbezogen wurden. Über den Erfolg entscheidet auch hier das einzelfallspezifische und individuelle Urteil von Beteiligten.

Damit aus einer Idee eine Marktleistung entstehen kann, muß diese konkret umgesetzt werden. Obwohl ständiger Kontakt zu den Zielmärkten auch in diesem Stadium entscheidend ist, findet er doch

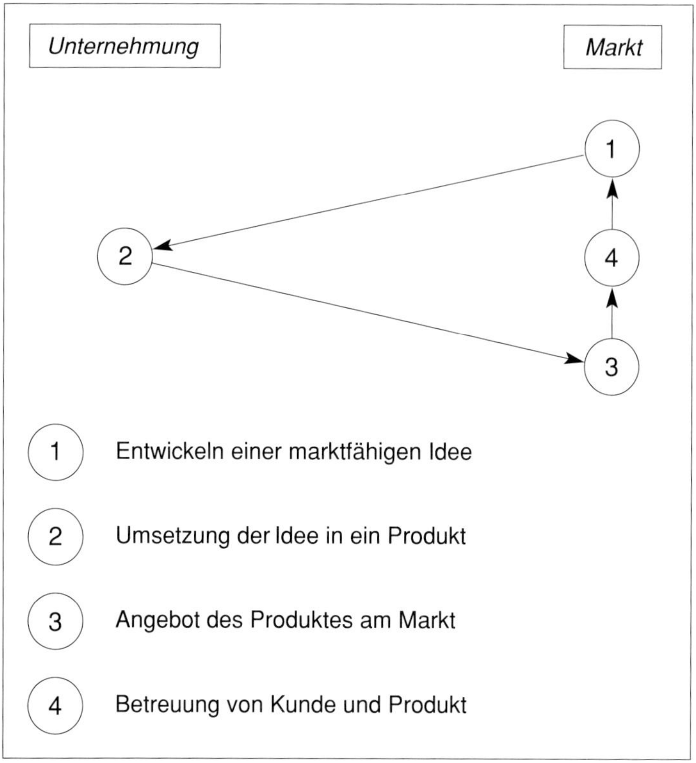

Abbildung 2: Die vier Phasen des prozeßorientierten Modells

im Vergleich zu den anderen Prozessen weniger häufig statt. Die Entwicklung der einzelnen Spezifika des Leistungssystems ist in erster Linie ein unternehmensinterner Prozeß, in dessen Verlauf auf angesammeltes Know-how zurückgegriffen werden muß.

In einem nächsten Schritt ist das Agieren am Markt wesentlich, wenn nämlich die Unternehmensleistung dort angeboten wird. Das Zielpublikum muß mit der Leistung vertraut gemacht werden. Dieser Prozeß kann von der reinen Information, über die Marktpräsenz der Leistung bis hin zur umfassenden Erklärung ihrer Problemlösungsfähigkeiten reichen.

Ist die Einführung erfolgt, so kommt es darauf an, den Kunden auch weiterhin im Umgang mit der Leistung zu betreuen. Langfristige Partnerschaften mit den Abnehmern stehen hierbei im Vordergrund. Deren Ausgestaltung ist allerdings von Unternehmen zu Unternehmen spezifisch zu lösen und zu beurteilen.

Im Laufe dieses schematisiert dargestellten Prozesses findet die Erfolgseinschätzung der Beteiligten statt. Deshalb ist es für den Gesamterfolg einer Marktleistung unerläßlich, daß sie zumindest in einer Phase als erfolgreich gilt. Am besten ist es selbstverständlich, wenn alle vier Phasen gut bewertet werden. Dabei hängt es ebenfalls vom Beurteilenden ab, inwieweit weniger erfolgreiche Abschnitte von erfolgreicheren aufgewogen werden. Sicherlich spielt das Ausmaß, in dem der einzelne in jede der vier Phasen eingebunden ist, eine Rolle.

Bewertungen des Erfolges durch die in den Leistungsprozeß eingebundenen Mitarbeiter führen zu permanenten Feedbacks, die am besten informell in persönlichen Gesprächen mit Entscheidungsträgern zum Ausdruck gebracht werden können. Allerdings stehen dafür auch formelle Kanäle zur Verfügung, beispielsweise das betriebliche Vorschlagswesen oder auch extra zu diesem Zweck eingerichtete Kreativitätssitzungen. In beiden Fällen können Verbesserungen der unternehmerischen Prozesse erfolgen, sofern Verbesserungsvorschläge mit der notwendigen Konsequenz durchgesetzt werden.

Das eben beschriebene Vorgehen entspricht zusammen mit dem vorgestellten Erfolgsbegriff dem des Regelkreises. Dieser beginnt mit einer Analyse der aktuellen Unternehmenssituation, die die Grundlage für die Planung zukünftiger Marktauftritte bildet. Wenn die Planung realisiert worden ist, wird die geänderte Unternehmenssituation neu beurteilt, woran sich wiederum eine eingehende Analyse anschließt, die erneute Verbesserungspotentiale ermittelt.

Dieser Regelkreis kann auf jeden einzelnen Teilprozeß angewendet werden, der zur Erstellung der Unternehmensleistung beiträgt. Auf diese Weise wird jeder Schritt vorwärts ständig von der Frage begleitet, welche Maßnahmen ergriffen werden können, um beim übernächsten Schritt die aktuelle Situation weiter zu verbessern. Dieses Vorgehen entspricht dem japanischen Prinzip des Kaizen, das den Unternehmensfortschritt nicht in wenigen großen, sondern in permanenten und dafür kleinen Schritten erreichen möchte.

Der Regelkreisgedanke kann aber auch mit den vorgestellten vier Phasen in Verbindung gebracht werden. Die Perspektive ist dann nicht die der Teilprozesse, sondern die des Gesamtprozesses. Der Wert dieser Verbindung liegt darin, daß die permanenten Verbesserungen der Teilprozesse dazu beitragen, verbesserte Situationen auch auf der Ebene der Gesamtprozesse herbeizuführen. Die Analysephase entspricht dabei der Entwicklung der marktfähigen Idee, die Planung der Idee-Umsetzung in ein Produkt, die Realisierung dem Angebot des Produktes am Markt und die Beurteilung der Betreuungsphase des Kunden. Das macht Abbildung 3 deutlich.

Kundenurteile, die in der vierten Phase offensichtlich werden, müssen unbedingt zu neuer Ideenfindung führen, mit der das Leistungssystem als Ganzes verbessert werden kann. Dazu sind konkrete Umsetzungsaktivitäten erforderlich, die zu Veränderungen in der Leistung führen. Diese müssen der Zielkundschaft am Markt sichtbar gemacht werden, um erneut deren Urteil zu erhalten, ob

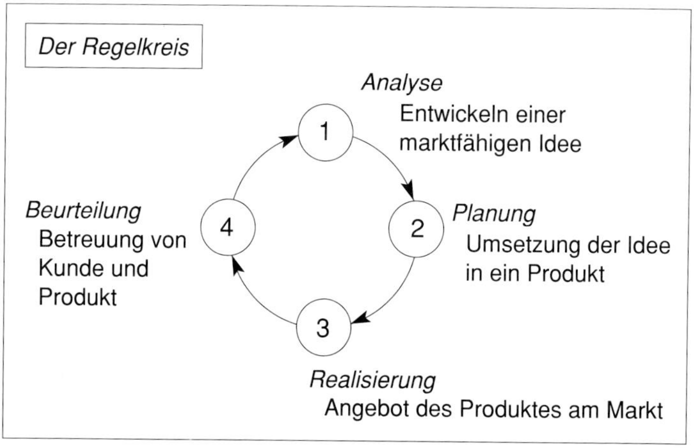

Abbildung 3: Der Regelkreis und das Phasenmodell

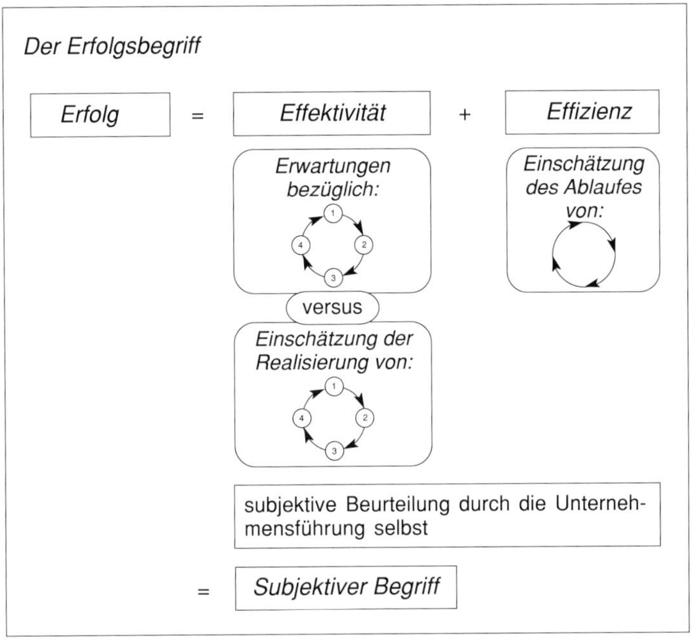

Abbildung 4: Der Zusammenhang zwischen subjektivem Erfolgsbegriff und Regelkreis

sich die Problemlösungsfähigkeit geändert hat. Generell handelt es sich um einen unendlichen Verbesserungsprozeß, der der ablauforientierten und subjektiven Form der Erfolgseinschätzung entspricht. Den Zusammenhang zwischen Regelkreismodell und subjektivem Erfolgsbegriff verdeutlicht abschließend Abbildung 4.

Das als Grundlage dieser Publikation vorgestellte Phasenmodell und der subjektive Erfolgsbegriff machen es notwendig, daß hier Entscheidungsträger aus den Unternehmen zu Wort kommen und über ihre spezielle, individuelle Situation berichten. Es ist dann Aufgabe des Lesers, die Erfahrungen soweit zu abstrahieren beziehungsweise zu interpretieren, daß sie für seine eigene Unternehmenssituation brauchbar und damit erfolgsentscheidend werden.

- Der Erfolg unternehmerischen Handelns kann nur subjektiv von dem dabei beteiligten Personenkreis eingeschätzt werden, weshalb solche Beurteilungen permanent und damit prozeßorientiert durchgeführt werden.
- Die Einteilung des Erfolgsbegriffes in Effektivität (das „Was" des Handelns) und Effizienz (das „Wie" des Handelns) hat sich dabei bewährt.
- Im Mittelpunkt der Bewertungsprozesse steht das konkrete Leistungssystem, das von einem umfassenden Produktbegriff ausgeht.
- Der Ablauf der Leistungserstellung kann in vier Phasen eingeteilt werden, von denen mindestens eine als erfolgreich beurteilt werden muß, damit von einem Gesamterfolg gesprochen werden kann.
- Das Ergebnis aller subjektiven Erfolgseinschätzungen sind Feedbacks, die im Sinne des Regelkreises in die unternehmerischen Prozesse als Verbesserungsmaßnahmen wieder einfließen. Auf diese Weise wird nach dem japanischen Prinzip des Kaizen das Leistungssystem als Ganzes optimiert.

Zuvor ist es allerdings wichtig, die Inhalte der vier Phasen detaillierter darzustellen, um eine Anleitung beim Lesen der einzelnen Fallstudien zu geben und deren Einordnung in die einzelnen Phasen nachvollziehbar zu machen.

Die vier Phasen

Phase 1: Entwickeln einer marktfähigen Idee

Herausragende Pionierleistungen, die häufig von Unternehmensgründern und -eignern erbracht wurden, sind vorwiegend die Folge einer fundamentalen unternehmerischen Idee. Eine solche Idee kann aber nur dann als erfolgreich bezeichnet werden, wenn sie ihre Marktfähigkeit beweist. Hohe Produkt-Flop-Raten von großen wie von kleinen Unternehmungen zeigen, daß dies ein wesentlicher Erfolgsfaktor ist. Eine Idee ist dann marktfähig, wenn sie realisierbar und rentabel ist.

Voraussetzung hierfür ist, daß die Idee in ein Produkt umgesetzt werden kann (vgl. Phase 2) – sie also realisierbar ist – und daß sie den Markterfordernissen und den Kundenbedürfnissen entspricht.

Marktfähige Ideen werden in der Mehrzahl von bereits existierenden Unternehmungen entwickelt. Daneben haben aber auch zahlreiche „Gründer und Pioniere" durch die Entwicklung eigener marktfähiger Ideen zur Gründung neuer Unternehmungen geführt.

Die Ideengewinnung („idea generation") als eigener Prozeß wird aber bei den meisten Unternehmen nicht dem Zufall überlassen. Die in diesem Buch beschriebenen Produktbeispiele, das Magazin *FOCUS*, der Fernsehsender RTL plus und der Walkman von SONY, verdeutlichen, daß genaue Zielsetzungen hinsichtlich der Ressourcenaufteilung für die Ideengenerierung eines geplanten Produktes sehr bedeutend sind (vgl. Kotler/Bliemel). Schließlich erforderten alle Fallbeispiele einen sehr hohen finanziellen, technischen und personellen Einsatz, für den eine effiziente und effektive Planung des Mitteleinsatzes notwendig war.

Neben der Ideenentwicklung neuer Produkte bestehen noch weitere Varianten, etwa die Suche nach Ideen für die Modifizierung existierender Produkte oder das Kopieren von Konkurrenzprodukten.

Zentraler Anknüpfungspunkt für neue Produktideen sind die Verbraucher beziehungsweise deren Bedürfnisse. Viele Unternehmungen gewinnen die erfolgreichsten Ideen, indem sie Kunden nach Problemen mit den bereits auf dem Markt befindlichen Produkten befragen und ihr Kaufverhalten beobachten. Dieses Vorgehen, das eigentlich innerhalb der Marktforschung durchgeführt wird, wird aber oft zu sehr in eine im voraus – durch das Untersuchungsdesign – bestimmte Richtung gelenkt.

Bei der Ideenfindung hat besonders der kreative Prozeß eine große Bedeutung. So gibt es neben einer eingehenden und intensiven Beobachtung des Verbraucherverhaltens und der Verbraucherbedürfnisse sowie einer Erfassung der Verbraucherprobleme mittels Befragung und anderer Marktforschungsmethoden auch die große Chance, innerhalb des eigenen Unternehmens eigene kreative Ideen zu entwickeln.

Zahlreiche Produkte sind schon im Rahmen bekannter Kreativitätstechniken wie zum Beispiel Synectic-Team, Relevanzbaumverfahren, Brainstorming etc. entstanden. Allen Verfahren ist gemeinsam, daß versucht wird, ohne Werturteile und mit möglichst großer Phantasie eine Vielzahl von Ideen zu entwickeln.

Hierzu haben eine Reihe von bekannten und erfolgreichen Unternehmen eigene Unternehmenskulturen entwickelt, durch die sich jeder Mitarbeiter ermutigt fühlt, neue Ideen zur Verbesserung des Ablaufes innerhalb der Unternehmung und der Produkte und Dienstleistungen des Unternehmens vorzuschlagen. Diese Kultur basiert aber nicht nur auf finanziellen Anreizen, sondern besteht auch darin, daß dem Mitarbeiter große Freiräume zur Ideengewinnung überlassen werden. Nur in einer Umgebung, die es dem Mitarbeiter erlaubt, Gedanken auch an „Unmögliches“ zu verschwenden und diese Ideen auch vorzubringen, können neue Ideen hervorgebracht werden. Das bedeutet für die Unternehmen, daß sie auch für gute – das heißt marktfähige – Ideen Geldprämien und besondere Auszeichnungen in Aussicht stellen.

Neben diesen unternehmensinternen Ideenquellen gibt es noch viele externe wie zum Beispiel der Handel, die Werbeagenturen, die Marktforschungsinstitute, die Universitätsinstitute und die Berater.

Das Wesentliche bei der Generierung einer marktfähigen Idee besteht darin, stets den Markt zu beobachten, um die Bedürfnisse, Probleme und Wünsche des Kunden frühzeitig zu erfassen. Die weitverbreitete Annahme, daß eine marktfähige Idee das Ergebnis eines „kreativen Augenblicks“ ist, erweist sich häufig als Trugschluß. Es gibt sicherlich Einzelfälle, in denen ein genialer Geistesblitz zu einer ebensolchen Idee führt. In der Realität werden jedoch eine Vielzahl von Ideen durch harte, konsequente und systematische Prozesse gewonnen – wie sich auch den vorliegenden Produktvorstellungen zu Phase 1 entnehmen läßt.

Phase 2: Umsetzung der Idee in ein Produkt

Nachdem eine marktfähige Idee in langen Prozessen gefunden worden ist und die Unternehmensleitung sich zu ihrer Realisierung entschlossen hat, steht die Unternehmung vor einer weiteren großen Herausforderung: der Umsetzung in ein Produkt, wie es die großen Unternehmen VW, IBM, Mercedes und Wella eindrucksvoll unter Phase 2 beschreiben. Dieser Vorgang vollzieht sich in einer Vielzahl von Schritten, die überwiegend als Produktentwicklungsprozeß bezeichnet werden.

Das Ergebnis des Produktentwicklungsprozesses ist ein marktfähiges Produkt, mit dem sich die Unternehmung deutlich profilieren und damit ihre Stellung gegenüber ihren Mitbewerbern langfristig behaupten kann.

Die entscheidenden Phasen der Entwicklung sind schon zu Beginn des Prozesses zu suchen. Dort besteht die Chance, Konflikte zwischen den verschiedenen Fachbereichen über die Ausgestaltung des Produktes schnell und kostengünstig zu lösen. Stellt sich beispielsweise erst im späteren Ablauf des Produktentwicklungsprozesses heraus, daß eine schon detailliert vorliegende Konstruktion nicht marktfähig und rentabel sein wird, sind wesentliche Ressourcen und viel Zeit verlorengegangen.

Deshalb ist die sehr frühzeitige Zusammenarbeit aller am Entwicklungsprozeß Beteiligten für den Erfolg entscheidend. Zu Beginn muß aus diesem Grund geklärt werden, ob eine Entwicklung vom Kunden verlangt wird, ob diese für das Unternehmen rentabel ist und ob das Produkt mit den verfügbaren Anlagen von den Mitarbeitern in der gewünschten Qualität hergestellt werden kann.

Zielgerichtet müssen so die einzelnen Fachbereiche permanent unter der Voraussetzung ständiger Kommunikation kooperieren. Es ist also die Integration über alle Funktionsgrenzen hinweg gefordert.

Die Rahmenbedingungen für eine Integration werden durch die Unternehmensstruktur in Form einer Aufbauorganisation geschaffen. Ein schlagkräftiges Projektmanagement, das nach Teamprinzipien organisiert ist, stellt die Grundvoraussetzung für eine erfolgreiche Produktentwicklung dar. Die funktionsübergreifend zusammengesetzten Teams müssen sich an Einzelzielen orientieren; damit diese erreicht werden können, müssen die erforderlichen Kompetenzen und Verantwortungen übertragen werden sowie die entsprechende Linienunterstützung gewährleistet sein.

Weiterhin muß eindeutig festgelegt werden, welchen Einfluß und Stellenwert das Projekt auf die Linie haben sollte. Die Kompetenzen zwischen Projektteam und Linie müssen ebenfalls klar abgesteckt werden. Nur gemeinsam mit den Linienfunktionen, die das Produkt für den Kunden realisieren, kann das Projektmanagement eine Entwicklung erfolgreich durchführen.

Die zur Kommunikation im Produktentwicklungsprozeß notwendige Infrastruktur stellt einen weiteren bedeutenden Erfolgsfaktor für die Umsetzung einer marktfähigen Idee in ein Produkt dar. Dabei spielt die interne Mitarbeiterkommunikation eine ebenso große Rolle wie die Einbindung externer Lieferanten.

Grundlagen sind hierfür beispielsweise auch in der EDV zu suchen. Datennetze für den Austausch von Nachrichten (beispielsweise Mail-Netzwerke) sowie der Aufbau von CAD/CAM-Verbindungen zwischen den Kommunikationspartnern stehen dabei im Vordergrund.

Die entsprechenden Strukturen schaffen so eine wesentliche Voraussetzung für einen reibungslosen Ablauf der Entwicklung. Sie bilden aber nur den Rahmen, denn erst im täglichen Geschäft zeigt es sich, ob die Strukturen angemessen aufgebaut worden sind.

Das Management des Ablaufes der Produktentwicklung – die Ablauforganisation – stellt den anderen Erfolgsfaktor dieser zweiten Phase dar. Während bei der Strukturgestaltung eher anonyme gesamtunternehmerische Kriterien im Vordergrund stehen, ist die Gestaltung des Prozeßmanagements auf die in der Entwicklung einbezogenen Mitarbeiter ausgerichtet.

Die einzelnen projektübergreifend zusammengestellten Teams müssen bei der täglichen Arbeit jeweils individuell unterstützt und beraten werden. Durch den Einsatz von Teamstrukturen und eine Dezentralisierung von Produktentwicklungsentscheidungen ist die Informationsmenge, die verarbeitet werden muß an der Basis erheblich gestiegen. Dies bedeutet für den einzelnen höhere Anforderungen, da nicht mehr funktionszentrierte Aufgaben, sondern funktionsübergreifende Probleme gelöst werden müssen. Jeder muß also in die Verantwortung genommen werden, über die Funktionsgrenzen hinweg Übereinkünfte zu erzielen, um die gestellten Probleme zu lösen.

Ein Problem kann hierbei auftreten, wenn der einzelne, der diese übergreifende Sichtweise von Aufgabenstellungen in seiner Vergangenheit nicht erlernt und eingeübt hat, überfordert wird. Die zu verarbeitende Informationsmenge übersteigt seine Kapazität, dadurch ist er nicht in der Lage, damit umzugehen.

Daher kommt dem Management des Entwicklungsprozesses die Aufgabe zu, teamspezifische Beratungs- und Unterstützungsleistungen anzubieten. Hierzu gehört zum einen die Hilfe bei der Moderation von Teamsitzungen und die Installation von Teamentwicklungsmaßnahmen. Das Ziel besteht darin, die Kommunikation im Team zu optimieren. Das Management stellt die entscheidende Voraussetzung für eine Kommunikation zwischen den Teams.

Zum andern müssen die Kommunikationsstrukturen und -notwendigkeiten zwischen den Teams transparent gemacht werden. Das unterstützt die einzelnen Teams dadurch, daß diese Transparenz den Teams zeigt, mit welchen Teams in erster Linie zusammengearbeitet werden muß, um die eigenen Teamziele zu verwirklichen. Daneben wird aufgezeigt, zu welchen Teams und damit zu welchen Zielen entscheidende Zielkonflikte bestehen. Das führt dazu, daß sich die einzelnen Teams mit diesen auseinandersetzen.

Die dargelegten Maßnahmen zur Umsetzung der Idee in ein Produkt müssen je nach Unternehmung und Branche gewichtet werden, um Stärken und damit Überlegenheit gegenüber Mitbewerbern aufzubauen.

Phase 3: Angebot des Produktes am Markt

In der Realisierungsphase – der dritten Phase innerhalb unseres Vier-Phasen-Modells – sind die wichtigsten Erfolgsfaktoren für ein Produkt, das am Markt angeboten werden soll, die Bereiche Werbung, Verkauf und Distribution.

Die American Express-Kreditkarte, der Schenck „Disomat B", die Hertie „Trend Company", die „Heimtextil-Messe" der Messe Frankfurt, „Miracoli" von Kraft General Foods sowie das Warsteiner Pilsener sind Produktbeispiele dafür, wie eine Konzentration auf diese klassischen Teile des Marketing-Instrumentariums erfolgen muß.

Der Begriff der Werbung wird von vielen mißverstanden, da er häufig mit dem Marketing gleichgesetzt wird. Dieses rührt aus der Geschichte der Werbung.

Früher war noch ein individuelles Beratungsgespräch über Firma und Produkt möglich, heute hingegen steht die moderne Form der Massenkommunikation via Fernsehen, Radio und Bildschirmtext zur Verfügung. Ohne die Werbung mit Text, Ton und Bild wäre heute ein Produkt nicht mehr am Markt abzusetzen. Hierbei hat sich aber das Geheimnis erfolgreicher Werbung nie ganz lüften lassen. Hinsichtlich einer Tatsache ist man sich aber einig: Der wesentliche Faktor einer erfolgreichen Werbung betrifft die Übermittlung einer sogenannten Kernbotschaft – einer message.

Daher verwenden zum Beispiel erfahrene Werbetexter die größte Zeit mit der Formulierung des Einführungssatzes, denn der Leser muß neugierig gemacht werden, damit er weiter liest beziehungsweise hinhört. Um aber anschaulich und glaubwürdig schreiben zu können, muß sich der Texter mit dem Produkt und der dahinter stehenden Unternehmung identifizieren können. Nur so kann er eine „echte" emotionale und rationale Bindung zwischen Konsument und Produkt herstellen.

Besondere Bedeutung kommt der Werbung bei der Produktmarkenbildung und -führung zu. Die American Marketing Association versteht unter der Marke Namen, Ausdrücke, Zeichen, Symbole, ein Design oder Kombinationen dieser Elemente. Sie sind dazu bestimmt, die Unternehmensleistungen identifizierbar zu machen und sie von denen der Konkurrenz abzuheben. Die Markenpersönlichkeit eines Produktes aufzubauen und zu erhalten, kann nur mit einem ausgewogenen und fein abgestimmten Werbekonzept gelingen. Dieses muß auf langfristiger Basis angelegt sein und kann für einen langen Lebenszyklus des Produktes sorgen (vgl. Fisseler, 1988). In diesem Zusammenhang nutzen viele Unternehmen das langfristig aufgebaute Markengoodwill (Image), indem sie „Töchter" der Produkte auf den Markt bringen. Mit dieser sogenannten Dachmarkenstrategie lassen sich zum einen die Flopraten gering halten (vgl. Nielsen Marketing Service, 1979) und zum andern die Werbeausgaben für die Neueinführung des Produktes erheblich senken.

Die Werbung ist sicherlich sehr hilfreich, um ein Produkt erfolgreich am Markt anzubieten. Doch sollte man eines nie vergessen: Es ist immer noch das Produkt, für das geworben und das verkauft wird – nicht ein kreativer Spot oder eine reißerische Anzeige.

Neben dem bedeutenden Bereich der Werbung, bildet auch noch der Bereich Verkauf/Distribution eine weitere Voraussetzung für den Erfolg beim Anbieten eines Produktes am Markt.

Der Verkauf ist eines der zentralen Marketinginstrumente eines Unternehmens – ohne ihn läuft gar nichts.

Es gibt eine weite Spannbreite für die Implementierung einer Verkaufsorganisation innerhalb einer Unternehmung. Sie reicht vom passiven Verkauf, bei dem nur der Kontakt zum Kunden aufrecht erhalten wird, bis zum aktiven Verkauf, der durch eine bewußte Beeinflussung des Kunden gekennzeichnet ist.

Eine Vielzahl erfolgreicher Produkte am Markt ist von Unternehmungen geführt, die durch eine sehr starke Verkaufspolitik charakterisiert sind. Einer der wesentlichen Erfolgsfaktoren nimmt beim Verkauf die zentrale Stellung des Kunden und des Produktes ein. Der Kunde muß immer im Mittelpunkt stehen – es geht nicht um das „Aufschwatzen" von Produkten, sondern um eine Problemlösung für den Kunden. Daher sollte der Verkäufer sich nie stärker als die Produkte in den Mittelpunkt stellen.

In starkem Zusammenhang mit dem Verkauf steht die Distribution. Je nach Wahl des Absatzweges und der Absatzpartner wird nämlich auch der entsprechende Verkauf festgelegt. Wählt eine Unternehmung zum Beispiel den Direktvertrieb als Absatzweg, so wird keine externe Verkaufsmannschaft benötigt. Hier beschränkt man sich auf eine interne Vertriebsmannschaft.

Einen entscheidenden Faktor für den Erfolg eines Produktes stellen die aufzuwendenden Vertriebskosten dar. In übersättigten Märkten mit nahezu ausgeschöpften Distributionskanalalternativen gilt es für Unternehmen, unter Beibehaltung qualitativ und quantitativ gleicher Serviceleistungen die Kosten der Distribution zu senken.

Die zunehmende Verfügbarkeit neuerer und schnellerer Kommunikationstechnologien ist dabei ein Ansatzpunkt. Viele in den vergangenen Jahren erfolgreiche Unternehmen haben sich dieser Technologien bedient und vorzugsweise über den Direktversand entscheidende Erfolge erzielt. Sie haben es verstanden, das sich bereits seit einiger Zeit abzeichnende veränderte Konsumverhalten der Kunden in ihre ganzheitlichen Distributionsansätze mit einzubeziehen. So wurden ganze Direktmarketingkonzepte auf diese Distributionsform zugeschnitten.

Wenn die beschriebenen Faktoren Werbung, Verkauf und Distribution maßgeblich zum Kauf und damit zum Erfolg eines Produktes geführt haben, sollte aber kein Unternehmen den Vorgang für abgeschlossen halten.

Der Kunde möchte heute auch nach dem Kauf noch professionell und persönlich betreut werden. Dieser letzte Erfolgsfaktor für ein Produkt wird in der folgenden Phase 4 beschrieben.

Phase 4: Betreuung von Kunde und Produkt

Die abschließende Phase des Modells deckt den Umgang der Unternehmung mit dem Kunden ab. In dieser Publikation geben Roland Berger, die SKA, die NORD/LB und Quelle gute Beispiele dafür ab. Prinzipiell geht es um zwei Fragen, mit denen sich die Unternehmung auseinanderzusetzen hat.

Einerseits ist es die Herausforderung, den Kunden durch spezifische Maßnahmen auch weiterhin zu binden. Das kann durch zusätzliche Dienstleistungen (after sales services) erfolgen. In diesem Zusammenhang ist die kulante und schnelle Reparatur der Produkte als Beispiel zu nennen. Auch die Beratung der Kunden im Anschluß an den Kauf soll dazu dienen, gegenwärtige, aber auch zukünftige Probleme kundenorientiert zu lösen.

Umfassende Systemlösungen, die mit dem Kunden und seinen Bedürfnissen mitwachsen, stellen eine weitere Form der Betreuung und damit Bindung des Kunden an die Unternehmung dar. Wichtig ist dabei, daß die Leistung für den Kunden transparent ist und daß er deutlich das Entwicklungspotential erkennt.

Deshalb ist die Verbindung beider Elemente – after sales services und Systemlösungen – für den Aufbau einer langfristigen Kundenbeziehung entscheidend.

Andererseits sammelt der Kunde durch die Verwendung der Marktleistung Erfahrungen, die für die zukünftigen Entwicklungen der Unternehmung wichtig und entscheidend sein können.

Damit der Informationsfluß zwischen Kunden und Unternehmung reibungslos abläuft ist deshalb ein Kommunikationsinstrument erforderlich. Oft wird dieses auch als Beschwerdemanagement bezeichnet. Das führt aber oft zu einer Vernachlässigung der positiven Erfahrungen mit dem Produkt. Deshalb soll im folgenden von einem Feedback-Instrument gesprochen werden.

Den Erfolg eines solchen Instrumentes macht dabei zum einen aus, daß es Kunden, die von sich aus die Initiative zum Feedback ergreifen, unterstützt. Dafür ist die Sensibilisierung der Mitarbeiter sehr wichtig. Auf sie kommt es nämlich an, wenn die Reaktion fachgerecht und freundlich aufgenommen und an die kompetenten Stellen weitergeleitet werden soll. Dazu ist es notwendig, daß dem Kunden beispielsweise auch die richtigen Rückfragen gestellt werden, sofern seine Aussagen für den einzelnen Mitarbeiter unverständlich sind. Dies zeigt, daß primär die Ausbildung der Mitarbeiter im Vordergrund steht, die direkten Kundenkontakt haben und derjenigen, die diese Informationen verarbeiten. Letztere sind es nämlich, die dem Kunden dann mitteilen, was mit seinem Feedback geschehen ist.

Zum anderen ist es notwendig, den Kunden zur Abgabe von Reaktionen aufzufordern. Das kann durch die direkte Kundenbefragung im Rahmen von Zufriedenheitsanalysen geschehen oder auch durch das Aufzeigen von Kommunikationswegen zum Unternehmen schon zum Zeitpunkt des Produktkaufes.

Dieses positive aber auch negative Feedback liefert den Input in den Entwicklungsprozeß und in die Ideenfindung – der Phase 1 –, wodurch der Regelkreis geschlossen wird.

Literatur

Belz, Christian (1991): Suchfelder im Marketing, Zürich 1991

Belz, Christian/Spies, Steffen (1992): Ganzheitliches Marketing, in: *thexis* 5/1992, S. 11–16,

Bleicher, Knut (1991): Das Konzept Integrierten Managements, Frankfurt 1991

Bonoma, Thomas (1985): Marketing Edge, Harvard Business School, Boston MA 1985

Bonoma, Thomas/Clark, Bruce (1988): Marketing Performance Assessment, Harvard Business School, Boston MA 1988

Clark, Kim/Fujimoto, Takahiro (1992): Automobilentwicklung mit System, Frankfurt 1992

Cooper, Robert (1984): The Performance Impact of Product Innovation Strategies, in: *European Journal of Marketing*, 18. Jg., Heft 5 1984, S. 3–53,

Fisseler, Dirk (1988): Erfolg/Mißerfolg von Markenfranchise/Dachmarkenstrategien, MTP-Alumni-Förderpreis-Arbeit, Bamberg 1988

Fisseler, Dirk (1994): Kleinkunden-Management von Universalbanken, Dissertation in Vorbereitung, St. Gallen 1994

Kotler, Philip/Bliemel, Friedhelm (1992): Marketing-Management, Stuttgart 1992

Peters, Tom/Waterman, Robert (1982): In Search of Excellence, New York 1982

Spies, Steffen (1994): Management von Automobilentwicklungen, Dissertation in Vorbereitung, St.Gallen 1994

Womack, James/Jones, Daniel/Roos, Daniel (1992): Die zweite Revolution in der Autoindustrie, Frankfurt 1992

Christian Belz, Jahrgang 1953, ist ordentlicher Professor für Betriebswirtschaftslehre mit besonderer Berücksichtigung des Marketing an der Hochschule St. Gallen. Er leitet dort das Forschungsinstitut für Absatz und Handel. Themen einiger Veröffentlichungen von Christian Belz sind: Lerntransfer im Marketing, konstruktives Marketing in umkämpften Märkten, Leistungsinnovation und -systeme, strategisches Kundenmarketing, Verkaufsmanagement, Service- und Marketing-Qualität, Markenführung, Fachhandels- und Ökomarketing und Realisierung des Marketing.

Leistungs- und Kundensysteme

von Christian Belz

Leistungs- und Kundensysteme lösen die Probleme für ausgewählte Kunden umfassend und wirtschaftlich. Spontan beurteilt, spielen sie eine Rolle, um ein Produkt am Markt anzubieten oder Kunde und Produkte zu betreuen, wenn der Wettbewerb im Markt intensiver ausfällt. Je einzigartiger eine technische Innovation, desto weniger wichtig scheinen Dienstleistungen, Kundenprojekte oder Beziehungen zu sein. Verkaufen sich innovative und treffende Produkte nicht von selbst?

Zwei Entwicklungen gilt es zu berücksichtigen:

1. *Lernprozeß Kunde:* Das Know-how des Kunden begrenzt den Erfolg von Innovationen. Der Lernprozeß des Kunden wird zum Engpaß. Er läßt sich nur fördern, wenn es den Anbietern gelingt, direkt an den Problemen anzusetzen und zum Erfolg des Kunden beizutragen. Besonders wichtig ist es deshalb, ausgewählte Kunden auch in zukünftige Produkt- und Lösungs-Entwicklungen aktiv einzubeziehen. Nur so wird eine Idee auch marktfähig sie läßt sich in ein Produkt umsetzen.

2. *Marktdynamik:* Die Märkte verändern sich rasch, die Vorteile im Wettbewerb lassen sich oft nur kurze Zeit schützen. Was heute einzigartig ist, wird morgen selbstverständlich. Arroganz und mögliche Defizite in Leistung, Image, Marktbearbeitung oder Qualität von Pionieren sind eine direkte Hilfe für Folger, um erfolgreich in den Markt einzutreten. Das Marketing in jeder Phase des Produktlebenszyklus muß deshalb immer bereits berücksichtigen, was in den folgenden Phasen geschehen wird.

Die Ansätze der Leistungs- und Kundensysteme werden damit zum Bezug für sämtliche Phasen des Prozesses einer erfolgreichen Pro-

duktentwicklung. Sie erfassen die bedeutungsvolle Investition im Markt, die jede Investition in die Technologie begleiten muß. Die angesprochenen Dienste sind zudem selbst Leistungen, die den Prozeß

1. *marktfähige Idee entwickeln,*
2. *Idee in eine Leistung umsetzen,*
3. *die Leistung am Markt anbieten und*
4. *Kunde und Leistung betreuen,*

durchlaufen müssen.

Herausforderung: Auswechselbare Leistungen und wachsende Ansprüche von Kunden

Marketing ist gefordert. Gegenwärtig prägt die *Rezession* manche Märkte; nur wenigen Unternehmungen gelingt es, Firmenkonjunkturen gegen den Trend zu schaffen. Intensive Konkurrenz führt aber nicht automatisch zu einem professionellen Marketing. Durch einen Preiskampf begrenzen sich die Anbieter oft gegenseitig, aus Kostengründen merzen sie auch für den Kunden gravierende Fehler im Angebot nicht aus. Das Bestehende wird optimiert, aber das Neue vernachlässigt. Häufig ist zudem zwischen den Aussagen der verantwortlichen Führungskräfte und den Meinungen der Konsumenten eine Diskrepanz festzustellen. Während Führungskräfte behaupten, daß in umkämpften Märkten alle erdenklichen Maßnahmen ausgereizt sind, begegnet der Konsument auf Schritt und Tritt einem erstaunlichen Dilettantismus. Ein reibungsloser Ablauf oder eine kompetente Beratung fallen auf.

Probleme des Marketing in umkämpften Märkten

Die Probleme sind nicht zufällig entstanden. Besonders in umkämpften Märkten verschärfen manche Anbieter laufend die Probleme, die sie gleichzeitig lauthals beklagen. Ich nenne diesen Prozeß *destruktives Marketing* (Belz, 1989). Einige Reizworte charakterisieren die Situation: Zersplitterung der Sortimente und kraftloses Wachstum, Hektik in Innovationen, Gelegenheitsmarketing, selbstverschuldete Auswechselbarkeit der Angebote, überbordende Nebenleistungen und steigende Zugeständnisse, reaktives Kurzfrist-Marketing, Förderung von unerwünschtem Verhalten der Kunden, Ausbeutung und Streß im Marketing. Eine empirische Untersuchung ergab die zehn wichtigsten Marketingprobleme.

Marketing-Kernprobleme

1. Aggressive Konkurrenz und Verdrängungswettbewerb (einseitiger Preiskampf und Tendenz zu „Dumping") (4.20).
2. Aggressives Kundenverhalten, Preisdruck und abnehmende Kundentreue (3.74).
3. Auswechselbare Leistungen der Anbieter (3.67).
4. Zunehmende Überkapazitäten der Branche (zum Beispiel durch technologischen Drive) (3.59).
5. Unwirtschaftlichkeit der Bearbeitung von Kleinkunden (3.56).
6. Rezession der Branche (3.33).
7. Zunehmende Dominanz von Billigangeboten (3.31).
8. Wachsender Nebenleistungsdschungel ohne Verrechnung (3.27).
9. Ungenügende, langsame Akzeptanz von Innovationen durch Kunden (3.20).
10. Rascher Preiszerfall (3.18).

Untersuchung Juni 1992; Stichprobe von 161 Marketingführungskräften unterschiedlicher Branchen; in Klammern die durchschnittliche Bedeutung der Probleme auf einer Skala 1–5; Auswahl der 10 wichtigsten von 21 vorgegebenen Problemen.

Zwei grundsätzliche Tendenzen lassen sich für das aktuelle und zukünftige Marketing ableiten:

1. Erstens steigt die *Vielfalt der Angebote.* Vielzitiert ist die Informationsflut, der Kunde nimmt nur noch fünf Prozent der angebotenen Informationen auf (Kroeber-Riel, 1991).

   Die Sortimente der Anbieter explodieren. In wachsenden Märkten verdoppelten Unternehmungen zwischen 1980 und 1990 ihren Umsatz, steigerten die Variantenzahl aber von 100 Prozent (1980) auf 280–350 Prozent (1990). In stagnierenden Märkten entwickelte sich der Umsatz auf 80–100 Prozent (1990), die Variantenzahl stieg auf 400 bis 520 Prozent (1990). Mit jeder Verdoppelung der Variantenvielfalt stiegen die Kosten um 20–30 Prozent (Wildemann, 1990). Die Vielfalt von Varianten dreht die Erfahrungskurve um.

   Die Vielfalt von Marken steigt und die branchenübergreifenden Optionen der Kunden wachsen. Es wird schwierig, sich im Angebot zu behaupten oder neu durchzusetzen. Die Risiken für innovative Leistungen steigen drastisch durch enorme Entwicklungskosten, hohe Investitionen in die Produktion, langsame Aufnahme im Markt, rasche Nachahmung durch Konkurrenten und enorme Kosten für die Markteinführung.

2. Auch als direkte Folge der Vielfalt *sinkt der Grenznutzen des zusätzlichen Marketingfrankens.* Die Konkurrenten schaukeln sich gegenseitig auf und kompensieren dabei ihre steigenden Aufwendungen ohne Zusatzeffekte. Die Marketingaufwendungen vermindern laufend die Rentabilität.

   Indiz für die krassen Probleme ist auch, daß die Werbebudgets für die Neueinführung von Konsumgütern 50 bis 70 Prozent des Umsatzes betragen. In umkämpften Konsumgütermärkten beträgt die Pay-back-Periode bereits sieben Jahre und die Konkurrenten folgen nach ein bis zwei Jahren mit ihren Kopien. Manche Produkte werden zudem permanent zu 60–90 Prozent mit Aktionen vermarktet.

Wachsende Ansprüche des Kunden

In diesem Umfeld steigen die Ansprüche der Kunden. Manche *Kunden übertreiben* mit ihren Ansprüchen. Folgen wie Preisdruck und analytische Verhandlungen, maßlose Forderungen (etwa Nebenleistungen, Gegengeschäfte, Forderungen für unberechtigte Großzügigkeit bei Pannen) oder abnehmende Loyalität und Treue wurden bereits angeschnitten.

Besonders die attraktiven Kunden sind sich ihrer Position bewußt. Die Kunden gewichten die relativen Vorteile, die sie durchsetzen können und nicht die Gesamtleistung. Viele Anbieter sind enttäuscht, weil der Kunde eine funktionierende Grundleistung offenbar als selbstverständlich voraussetzt. Die Grundleistung schafft keine besondere Zufriedenheit mehr und ihre Qualität wirkt sich nur bei Pannen im negativen Sinne aus. Zudem wird, was gestern noch einzigartig war, morgen oft selbstverständlich.

Manche Abnehmer führen ein *strategisches Supply Management* ein, mit dem sie Lieferanten stärker einbinden, ihre Leistungen kritischer bewerten und sie entsprechend klassifizieren und rigoros selektionieren (Holliger, 1993). P. Barnevik geht für ABB davon aus, daß er die Zahl der Zulieferer halbieren muß. Diese Ausrichtung ist das Spiegelbild des Key Account Management, nur geht die Initiative von der Beschaffung und nicht vom Lieferanten aus.

Trotz eines intensiven Wettbewerbs und steigenden Ansprüchen des Kunden ist es offenbar für Unternehmungen schwierig, ein *technisch geprägtes, introvertiertes Vorgehen* zu überwinden und kundenorientiertes Marketing umzusetzen. Ein Verantwortlicher im Marketing von Ascom meint treffend: „Vielleicht gibt es immer noch das Fossil jener heillosen Produktbezogenheit, die das Produkt – und nicht den Nutzen des Kunden – als Ergebnis betrachtet. Wer so am Ziel anlangt, ist zugleich am Ende: Verkaufen verkommt zum Entsorgen im Markt (Gerber, 1992)."

Die Kundenstruktur einer Unternehmung bestimmt das Wettbewerbspotential, läßt sich aber nur langsam verändern. Oft ist sie das mehr oder minder zufällige Ergebnis vieler Marketingaktivitäten. Nur so ist zum Beispiel zu erklären, daß kürzlich der Marketingverantwortliche einer schweizerischen Großbank bemerkte: „80 Prozent unserer Kunden erbringen einen negativen Deckungsbeitrag." Manche Unternehmungen sind übrigens nicht in der Lage, die Rentabilität von Kunden- und Kundengruppen zu bestimmen.

Marketing-Diagnose

Eine Diagnose der Markt- und Unternehmungsprobleme ist die wichtigste Grundlage für eine innovative Abgrenzung von Leistungen und Märkten untereinander. Zur Verfügung stehen herkömmliche Instrumente der Analyse und Marktforschung: Kundendiagnose (zum Beispiel Entscheidungskriterien der Kunden aus Sicht des Verkaufs und der Kunden); Leistungsdiagnose; Konkurrenzanalysen und Bench Marking im Vergleich zu den weltbesten Anbietern; Analogien zu anderen Branchen; Pilotprojekte und Erfolge multiplizieren; Lernprozesse von Unternehmung und Kunden verknüpfen.

Das Lead-User-Konzept, wie es beispielsweise Hilti weiterentwickelte, gibt wertvolle Hinweise für eine intensivere Zusammenarbeit mit Kunden. Lead Users sind führende Kunden von Unternehmungen, die sich bereits mit zukünftigen Leistungsgenerationen befassen, weil sie aktuell eigene Lösungen brauchen. Diese Kunden werden im Lead-User-Konzept sorgfältig selektioniert, motiviert und in die Projektarbeit für Neuentwicklungen einbezogen. Wichtige Ziele sind Nutzung des Kunden-Know-hows, marktgerechte Entwicklung, wirtschaftlichere und raschere Erfassung von Kundeninformationen, hohe interne und externe Akzeptanz von Innovationen, Beschleunigung des Projektes von der ersten Idee bis zum Markterfolg (Herstatt, 1991; von Hippel, 1984).

Es gilt auch, die Dienstleistungen ebenso kritisch nach Marktattraktivität und Wettbewerbsvorteilen zu beurteilen wie jedes innovative Produkt. Wichtige Kriterien sind beispielsweise

1. Wichtigkeit für Kunden und
2. Verrechenbarkeit.

Strategie: Leistungs-/Marktentscheide der Unternehmung

Langfristige Marketingziele

Mit Leistungs-/Marktentscheiden definieren Unternehmungen den Kern ihrer Marketingstrategie. Bedeutende Bezugspunkte sind dabei die Bedürfnisse des Kunden und der vertikalen Partner sowie die erreichbaren Marktanteile und Umsätze in den definierten Leistungs-/Markteinheiten. Manche Nischen sind beispielsweise nicht ergiebig genug, um erfolgreich bearbeitet werden zu können. Die Zusammenhänge zeigt Abbildung 5. Mit ihrer Stellung im Markt definiert die Unternehmung ihre grundsätzlichen Kompetenzen, ihre Positionierung und den Beitrag zur Wertschöpfung. In diesem Zielbereich verknüpft sie Unternehmungs- und Marketingstrategie.

Die Aufzählung „Akzente im Marketing" im Kasten auf der folgenden Seite verdeutlicht, welche wichtigen Reserven die Unternehmungen im Marketing für 1993 bis 1995 erkennen. Kritisch ist dazu anzumerken, daß diese Akzente im Marketing zwar die festgestellten Probleme in Kasten „Marketing-Kernprobleme" lösen könnten, für manche Anbieter jedoch eher illusionär sein dürften.

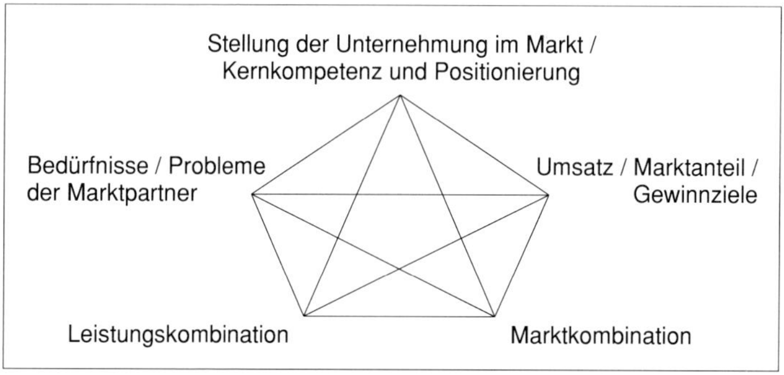

Abbildung 5: Langfristiges Zielsystem des Marketing (nach Weinhold 1991)

Akzente im Marketing 1993-1995

Innovative Leistung in Produkt und begleitender Dienstleistung (99)

Innovative Zusammenarbeit mit Kunden und Ansprache neuer Kundengruppen (52)

Zunehmende Internationalisierung und Erweiterung des Auslandanteils (43)

Marketing nach innen und Motivation der Mitarbeiter (41)

Innovativer Einsatz und effizientere Kombination der Marketinginstrumente (24)

Marketing-Koalitionen (20)

Untersuchung Juni 1992; Stichprobe von 161 Marketingführungskräften unterschiedlicher Branchen; Aufgabe der Befragten war es, die zwei wichtigsten strategischen Reserven dieser Liste zu bestimmen (in Klammern die Anzahl Nennungen).

Leistungs- und Kundensysteme

Leistungs- und Kundensysteme setzen am Leistungs-/Marktentscheid der Unternehmung an. Sie lösen die Probleme der Kunden umfassender und/oder wirtschaftlicher als bisher. Unternehmungen bieten nicht nur ihre „nackten" Produkte und zahlreiche Serviceleistungen an, sondern entwickeln integrierte Lösungen für spezifische Kundengruppen (beispielsweise auch für Großkunden). Sie suchen innovative Leistungs-/Markt-Kombinationen, mit denen sie Vorteile für Kunden schaffen und sich wirksam gegenüber der Konkurrenz profilieren können. Oft wird dabei die Arbeitsteilung zwischen Anbieter und Abnehmer neu bestimmt und die Wertschöpfung des Anbieters erheblich gesteigert.

Abbildung 6 zeigt, wie sich verschiedene Schalen um ein Produkt legen lassen, um es im Wettbewerb für Kundenvorteile zu profilie-

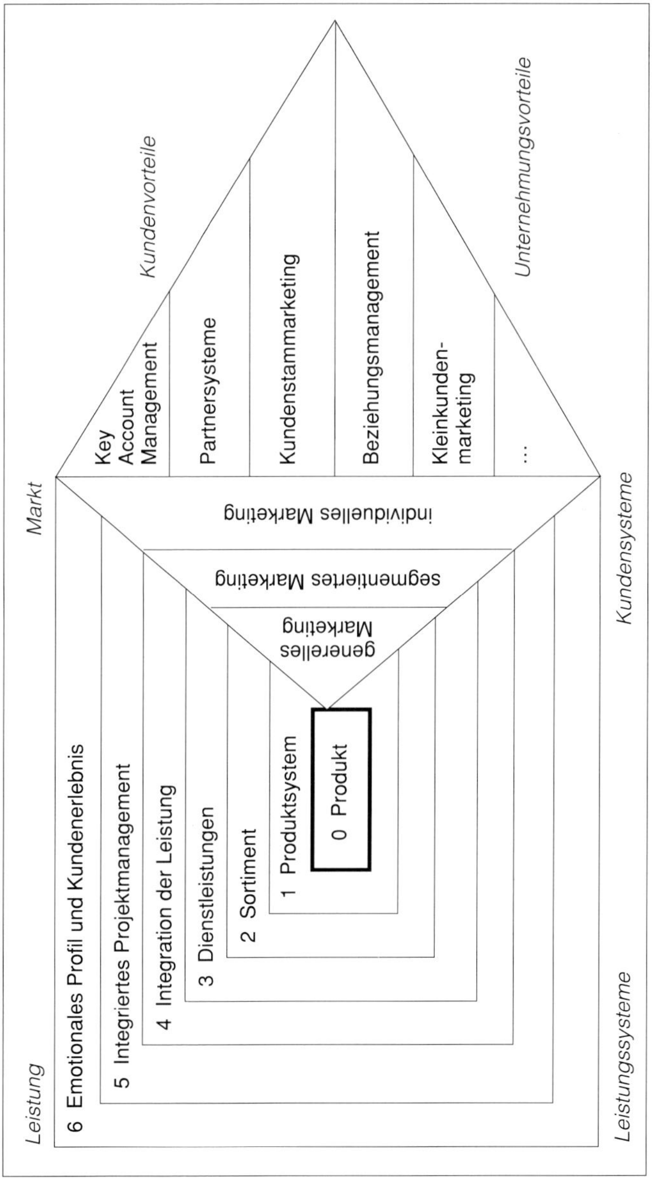

Abbildung 6: Leistungs- und Kundensysteme

ren. Je weiter vom Kern des Produktes entfernt, desto spezifischer ist die Leistung auf Kundengruppen und Einzelkunden zugeschnitten. Problemlösungspakete sind in der Regel spezifisch. Grundsätzliche Ansätze des Kundenmanagement betreffen dabei Key Accounts, Handelspartner, Stamm- und Kleinkunden. Entscheidend für die Zusammenarbeit ist nicht alleine die sachliche Lösung, sondern auch das Management der persönlichen Beziehungen.

Die Strategien der Leistungs- und Kundensysteme sind die Antwort auf die zunehmende Auswechselbarkeit von Produkten, auf die zunehmenden Ansprüche von mächtigen Kunden und auf die intensive Konkurrenz mit einseitigem Preiswettbewerb in vielen Märkten. Es gilt dabei, die gefährliche Tendenz zu zersplitterten Einzelleistungen und einem wahren Nebenleistungsdschungel durch eine bewußte Gestaltung von Leistung und Qualität zu ersetzen. Das Marketing darf nicht nur auf den Druck des Marktes reagieren, sondern es sollte selbst die Initiative ergreifen. Ziel ist es auch, dem Kunden die beanspruchten Leistungen zu verrechnen und nicht immer mehr zum gleichen Preis zu bieten. Leistungssysteme lassen sich nicht klar von Kundensystemen trennen, sie unterscheiden sich in der Blickrichtung und der Gewichtung von Leistungs- und Kundenbezug.

Es gilt, solche Systeme rasch zu verwirklichen: Was sich heute für den Kunden erfreulich von der Konkurrenz unterscheidet und besondere Erfolge der Unternehmungen begründet, ist morgen bereits selbstverständlich. Wichtig scheint uns auch, daß das Produkt oder die Grundleistung begleitende Dienstleistungen ernster genommen und konsequent vermarktet werden. Das Know-how über eine effiziente Zusammenarbeit mit Kunden kann wichtiger sein als das Produkt!

Zielbereiche Kundenbindung, Profilierung und Wirtschaftlichkeit

Mögliche Ziele für Leistungs- und Kundensysteme sind breit gestreut. Manche Unternehmungen kämpfen mit dem Problem, ihre *wuchernden Dienstleistungen und Zugeständnisse* an Kunden zu resturkturieren und zu bereinigen (zum Beispiel Anbieter von Investitionsgütern, Banken und Versicherungen). Andere versuchen mit allen Mitteln, ihre auswechselbaren Leistungen anzureichern (zum Beispiel Zulieferer mit standardisierten Produkten (Willée, 1991) und Konsumgüterhersteller). In *High Tech-Märkten* ist der Lernprozeß des Kunden ein Schwerpunkt (Schicht, 1993). In *reifen und umkämpften Märkten* spielen Differenzierung und Kostenoptimierung die entscheidende Rolle. Verschiedentlich versuchen Unternehmungen, ihre *Schwächen in der Grundleistung* mit Dienstleistungen zu kompensieren. Ungeeignete Produkte verbinden sie mit überdurchschnittlichen Diensten, um trotzdem Kunden zu gewinnen. *Zu teure Produkte* begleiten sie mit Zusatzleistungen, um den Gegenwert des Kunden zu steigern. Beide Ansätze sind kurzsichtig und längerfristig nicht erfolgreich. So kostet das zu teure Produkt in der Herstellung durch die flankierenden Dienstleistungen noch mehr, nur rechnen die Unternehmungen diese Aufwendungen nicht direkt dem Kundenprojekt zu und streuen sich damit selbst Sand in die Augen.

Mögliche Zielbereiche für Leistungs- und Kundensysteme sind beispielsweise:

1. *Probleme des Kunden umfassend lösen:* Umfassenden Erfolgsbeitrag für Kunden leisten.

2. *Leistungen im Wettbewerb profilieren:* Differenzierung von Konkurrenten für Kundenvorteile.

3. *Bestehende Problemlösungen besser kommunizieren:* Problemlösung für Kunden strukturieren und erklären; Lernprozeß des Kunden fördern.

4. *Attraktive Kunden an die Unternehmung binden, in schwierigen Phasen „bei der Stange halten“ und die Zusammenarbeit*

erweitern: Kundenselektion, Kundenbeziehung (auch nach dem Kauf) festigen, Kundenstammpflege, Sonderleistungen, Überbrückungslösungen, Übertünchung von Geschäftsnachteilen.

5. *Im Dialog mit dem aktuellen oder potentiellen Kunden bleiben:* Neue Entwicklungen erfahren, Feedback über Probleme verantwortlicher Mitarbeiter, „Paß auf"-Hinweise des Kunden und von anderen Gruppen.

6. *Dienstleistungen rationalisieren und selektiv für richtige Kunden einsetzen:* standardisieren, Leistungen in flexible Module aufteilen, rationalisieren.

7. *Effizienz der Zusammenarbeit mit dem Partner steigern:* Offenheit, gegenseitiges Vertrauen, informelle und effiziente Zusammenarbeit (anstatt Versteckspiel und Macht- und Positionskämpfe), Sicherheit durch Beziehung gewinnen.

8. *Differenzierung durch Qualität:* Gesamtleistung optimieren – Flexibilität, Individualität, Geschwindigkeit, Wirtschaftlichkeit usw.

9. *Auswechselbare Leistungen über attraktive „Zusätze"absetzen:* Verbundeffekt nutzen und Cross Selling fördern.

10. *Höhere Preise realisieren:* Wertschöpfung steigern.

11. *Märkte gestalten:* Angebote statt Abwehr von Kundenforderungen; wieder die Initiative übernehmen.

Eigene Untersuchungen ergaben, daß aus Sicht der Führungskräfte die Kundenbindung und die Profilierung im Vordergrund stehen (Belz et al., 1991).

Konstruktion von Leistungs- und Kundensystemen

Manche Führungskräfte betrachten Leistungs- und Kundensysteme als selbstverständlich und denken dabei an zahlreiche bestehende Aktivitäten. Um wirkliche Systeme zu entwickeln und zu realisieren, sind jedoch sechs Anforderungen zu erfüllen. Erstens ist es wichtig, den Kunden die Leistungen integriert und nicht einfach wahllos addiert anzubieten. Die Synergie der Komponenten ist entscheidend *(Integrationsprinzip)*. Zweitens muß gelingen, die Mehrleistungen gezielt zu verrechnen oder generell höhere Preise zu verwirklichen *(Prinzip der Verrechnung)*. Drittens gelingt es nur in einer engen Zusammenarbeit mit Kunden oder Vertriebspartnern, neue Problemlösungen zu erkennen und konsequent zu realisieren sowie mit den Kunden zu kommunizieren *(Partizipations- und Erklärungs-Prinzip)*. Viertens ist entscheidend, daß es gelingt, die Leistungs- und Kundensysteme dynamisch weiterzuführen, zu verbessern, erfolgreich gegenüber Konkurrenzaktivitäten zu differenzieren und die Ansprüche des Kunden zu übertreffen *(Evolutions-Prinzip)*. Fünftens gelingt es nur langfristig, solche Systeme aufzubauen, rasche Zugeständnisse bedeuten noch kein System *(Langfristigkeits-Prinzip)*. Sechstens sind die Aktivitäten auf relevante Bereiche für den Kunden zu richten *(Relevanz-Prinzip)*.

Leistungssysteme

Wie sich *Leistungen vom Produktkern zum umfassenden Leistungssystem* für Kunden erweitern lassen, zeigte bereits Abbildung 6. Die einzelnen Stufen charakterisiere ich wie folgt:

1. *Produktsystem:* Anwendervorteile, Baukasten, Produktqualität, intelligente Produkte, Elektronik, Design.

2. *Sortiment:* Einkaufs- und Verwendungsverbund.

3. *Flankierende Dienstleistungen:* Kundendienst, Informatik, Finanzierung, Zahlungssysteme, Indirectmarketing und Kundenschulung.

4. *Integration der Leistung in Abläufe des Kunden:* Effiziente Arbeitsteilung und Einordnung in Kundenprobleme.

5. *Integriertes Projektmanagement:* Vom Impuls zur Ausführung.

6. *Emotionales Profil und Kundenerlebnis.*

Welcher Ansatz ist wann geeignet? Grundsätzlich ist es am einfachsten, ein standardisiertes, einzigartiges Produkt ohne zusätzliche Dienstleistungen zu verkaufen. Die wachsenden Ansprüche des Kunden und ausgefeilten Leistungen der Konkurrenz bestimmen aber, was in einer Branche als Wettbewerbsvorteil gilt. Während in einzelnen Märkten eine rasche Lieferung bereits viel bewegt, sind in anderen ausgeklügelte Leistungssysteme selbstver-

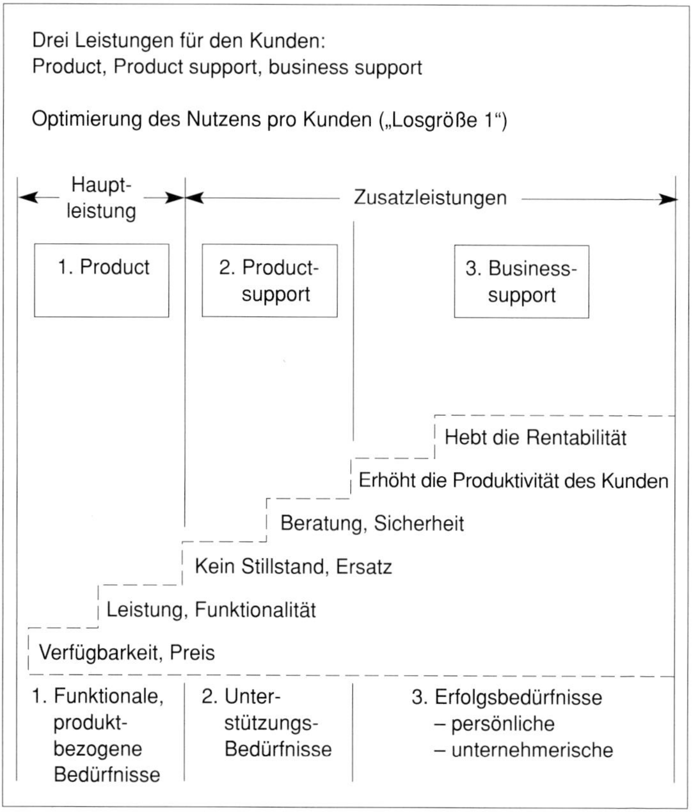

Abbildung 7: Strukturierung des Leistungssystems von Bossard

Quelle: Bossard AG (Hrsg.), Rationalisierungspotential: Verbindungstechnik und Logistik

ständlich. Vielleicht gibt es auch hier in der Entwicklung einer Branche eine Pendelbewegung oder völlig entgegengesetzte Konzepte, die zum Erfolg führen. Übertreiben viele Anbieter mit Zusatzleistungen, kann es sinnvoll sein, die Leistung abzuspecken und auf ihren Kern zu konzentrieren.

Die äußeren Bereiche sind kundennah und entfernen sich zunehmend vom Produkt. Plausibel ist beispielsweise die Struktur der Leistungssysteme von Bossard (Befestigungssysteme, Zug).

Erst wenn es gelingt, die Hauptleistungen zu strukturieren, die Zusammenhänge aufzuzeigen und Teilleistungen zuzuordnen, entsteht aus vielen Produktmöglichkeiten und Diensten ein gesamtes Leistungssystem.

Reserven im Bereich Leistung

Innovative Leistung in Produkt und begleitender Dienstleistung: Reserven

1. *Produktinnovation:* Neue und bessere Produkte als die Konkurrenz anbieten (4.37)
2. *Kundendienst:* Begleitende und aufwertende, einzelne Neben- oder Zusatzleistungen für Kunden vor und nach dem Kauf (inklusive technischer Service); Dienstleistungsinnovation (4.25)
3. *Integriertes Marketing:* Leistungen und Aktivitäten der Unternehmung ganzheitlich für Kunden optimieren, damit sie attraktiv und unverwechselbar sind; integrierte Kommunikation und integrierte Leistungen (3.97)
4. *Rasche Marktreife:* Beschleunigung des Prozesses von Idee, technischer Entwicklung bis Markterschliessung (3.97)
5. *Leistungssysteme:* Problemlösepakete für Kunden und Steigerung der Wertschöpfung (3.95)

Untersuchung Juni 1992; Stichprobe von 161 Marketingführungskräften unterschiedlicher Branchen; in Klammern die durchschnittliche Bedeutung der Reserven auf einer Skala von 1–5; Auswahl der 5 wichtigsten von 17 vorgegebenen Ansätzen.

Die Untersuchungsergebnisse im Kasten auf der vorhergehenden Seite verdeutlichen, welche Reserven die Führungskräfte unterschiedlicher Unternehmungen im Bereich Leistungsinnovation erkennen.

Es ist eine anspruchsvolle Aufgabe, *Leistungssysteme zu realisieren*. Es ergibt sich hier der Schulterschluß zur aktuellen Diskussion im Qualitätsmanagement. Marketing-Qualität ist die relative Leistungsfähigkeit der Unternehmung im Vergleich zu Konkurrenten und Ansprüchen der Kunden, die Fähigkeit der Unternehmung, rascher zu lernen und zu verbessern als Konkurrenten und damit Vorteile für Kunden und die eigene Unternehmung zu schaffen (vgl. auch Heskett, 1991; Zeithaml et al., 1992). Qualität ist ein Problem der Multiplikation. Lassen sich beispielsweise die Kontakte von hunderten von Mitarbeitern mit tausenden von Kunden systematisch verbessern? Können begleitende Leistungen zum Produkt (etwa Beratung, effiziente Projektierung oder eine Gesamtoptimierung für Kunden) qualitativ bestimmt und gesichert werden?

Entscheidend für den Erfolg ist, wie der *Außendienst* mit den entwickelten Leistungssystemen umgeht. Wir analysierten eine Unternehmung, die in der Zentrale ein ausgezeichnetes Mehrwertsystem entwickelte. Sie wollte Mehrleistungen verrechnen und beabsichtigte, sich auf A- und B-Kunden zu beschränken. Unsere Begleitungen des Außendienstes ergaben einseitige Preisgespräche, Verkauf von innovativen „Rosinen" aus dem Sortiment, aufwendige und umfangreiche Sonderleistungen ohne Verrechnung für bestimmte Kunden und eine intensive Zusammenarbeit mit B-Kunden. Generell ist es schwierig, die Ansätze der begleitenden Know-how- und Leistungssysteme mit Verkäufern umzusetzen, die sich langjährig auf den Verkauf von Produkten gegen Geld beschränkt haben. Ohne Außendienst bleiben aber sämtliche Anstrengen losgelöst vom tatsächlichen Geschäft und wenig wirksam.

Kundensysteme

Abbildung 6 zeigte den Zusammenhang von Kunden- und Leistungssystemen (Belz, 1993a). Die Aufzählung im Kasten „Reserven im Bereich Leistung“ Seite 59 erfaßt die Möglichkeiten einer innovativen Zusammenarbeit mit Kunden in der Reihenfolge ihrer geschätzten Bedeutung für die Praxis.

Umfassende Kundenprobleme, die sich rasch verändern, sind der Anhaltspunkt für die Leistungspakete. Beispielsweise führt steigendes Know-how von Kunden zu neuen Bedürfnissen, während bestehende Beratungen und Schulungen oder Installationshilfen oft genauso wichtig bleiben. Dynamisch wechseln beispielsweise auch im Dienstleistungsbereich die Angebote zur elektronischen Datenverarbeitung.

Kundenselektion

„Versuche, allen zu gefallen und Du wirst niemandem gefallen“, lautet ein Sprichwort. Trotzdem zersplittern sich manche Unternehmungen und betreiben ein „*Passantenmarketing*“. Sie erfüllen die Wünsche aller Kunden, die sich mehr oder weniger zufällig an sie richten. Nicht selten subventionieren zudem gute Kunden die schlechten. Unternehmungen verlieren damit die Leistungsfähigkeit für ihre tragenden Kundengruppen. Kundenvielfalt führt auch zu einer Zersplitterung in Produkte und Dienstleistungen.

In einer Untersuchung erfaßten wir, wie Marketingexperten verschiedene Kostensenkungsstrategien beurteilen. Eine geeignete *Kundenselektion bewerten die Verantwortlichen als weitaus wirksamste Strategie* (für 68 Prozent sehr hohe bis durchschnittliche Bedeutung), gefolgt von der Zentralisierung der Marketingfunktionen (43 Prozent) und dem Abbau des Aussendienstes (39 Prozent) (Belz/Tomczak, 1993).

Es gilt, die bestehenden Kunden wirksam zu *analysieren*. ABC-Analysen nach verschiedenen Kriterien für Kosten und Ertrag oder

Kundenportfolios geben wichtige Hinweise (Freter, 1992). Strategisches Kundenmarketing und Gestaltung sind gefordert. Dabei ist es wichtig festzustellen, daß Kategorien wie Groß-, Klein- oder Stammkunden zwar meist bedeutend sind, jedoch noch sämtliche Marktsegmente erfassen können. Beispielsweise ergeben sich erst aus einer Kombination von Stammkundenmarketing und Marktsegmentierung die für eine erfolgreiche Zusammenarbeit wichtigen Inhalte.

Reserven im Bereich Markt

Innovative Zusammenarbeit mit Kunden und Ansprache neuer Kundengruppen: Reserven

1. *Kundenstamm-Marketing:* Marketing für bestehende Kunden und Aufbau eines ertragreichen und zukunftsträchtigen Soll-Kundenstammes (4.15)
2. *Schlüsselkunden- und Großkunden-Management:* Spezifisches Marketing für aktuell oder potentiell bedeutende Schlüsselkunden der Unternehmung (Key Account Management) (4.14)
3. *Vertrauensmarketing:* Langfristige, zuverlässige Freundschaft und Leistungsbereitschaft einer Unternehmung, Marke oder von Teilleistungen zu den Kunden; Beziehungsmarketing (4.14)
4. *Neue Kunden:* Ansprache neuer Kundengruppen (4.08)
5. *Segmentierung:* Zunehmende Segmentierung des Marketing nach spezifischen Kundengruppen (4.08)

Untersuchung Juni 1992; Stichprobe von 161 Marketingführungskräften unterschiedlicher Branchen; in Klammern die durchschnittliche Bedeutung der Reserven auf einer Skala von 1–5; Auswahl der 5 wichtigsten von 14 vorgegebenen Ansätzen.

Marktsegmentierung

Voraussetzung für Kundensysteme ist eine *spezifische Marktsegmentierung* (Freter, 1983). Zwar läßt sich damit die Kundennähe steigern und dem Trend zur Vielfalt entsprechen, die Kosten jeder Differenzierung sind jedoch erheblich und die Außendienstorganisationen sind ohnehin bereits überlastet. Es ist schmerzlich, einen Wandel vom bisher erfolgreichen Generalisten zum Zielgruppenvirtuosen zu verfolgen. Vieldiskutierte allgemeine Marktsegmente sind beispielsweise Jugendmarketing, Seniorenmarketing, Kennermarketing, Luxusmarketing und Nischenmarketing.

Der *Generalist* mit innovativen Produkten für vielfältige Kunden arbeitet wirtschaftlich. Größenvorteile lassen sich ausschöpfen. Jede Segmentierung erfordert zusätzliche Differenzierungskosten. Auch der Generalist bietet jedoch individuelle Kundenlösungen an. Er arbeitet auf den zwei Ebenen

1. des generellen Angebotes und

2. des individuellen Abschlusses.

Wird in einem Markt die Konkurrenz intensiver und steigen die Ansprüche des Kunden, weil er ohne Nachteile aus vielen Angeboten und Anbietern wählen kann, folgt ein immer höherer Aufwand für den Generalisten in der individuellen Kundenbearbeitung mit teuren Mitarbeitern im Außendienst. Gelingt es, mit einer Segmentierung eine *Zwischenebene* einzuschieben, den Aufwand der individuellen Kundenkontakte zu vermindern, lassen sich die Effizienz der Marktbearbeitung steigern und die Kosten vermindern.

Bisher betrieben viele Unternehmungen eine *Spezialisierung nach Produkten*. Auch das Marketing ist noch produktorientiert gegliedert und entspricht damit den Strukturen von Forschung und Entwicklung, Produktion und Beschaffung. Allerdings läßt sich die Spezialisierung nach Produkten oft nicht bis zu den Kunden durchsetzen. Meist sind Filialen, Vertriebsstellen und Außendienste regional und nach Sprachen aufgeteilt und nicht so groß, daß sie sich zusätzlich nach Produkten spezialisieren könnten. Das heißt, daß Generalisten im Verkauf nicht über den notwendigen Tiefgang für einzelne Produktgruppen verfügen. Auch ihr Feedback vom Kunden oder formulierte Spezifikationen für Kundenlösungen entsprechen damit teilweise nicht den Erfordernissen der Technik. Verschärft wird diese Problematik dadurch, daß sich das Marketing nun zunehmend *nach Kundengruppen differenziert.* Qualitative, sprachliche und problembezogene Differenzierungen sowie Dienstleistungen gewinnen an Gewicht. Es wird damit zusätzlich schwieriger, die *Schnittstellen* zwischen Technik und Marketing zu bewältigen.

Es fehlt in Unternehmungen in der Regel nicht an Ideen und Ansätze für neue Segmentierungen, die zusätzlich berücksichtigt, oder neue Nischen, die besetzt werden sollten. Engpaß sind nicht die Vorschläge, sondern der *Konsens und die Realisierung.* Bereits mit einem oder zwei Segmentprogrammen pro Jahr oder mit einer zusätzlichen, einfachen Differenzierung sind Unternehmungen stark gefordert. Die Grenzen der Segmentierung sind rasch erreicht. Konzeptionell faszinierende, mehrdimensionale Segmentierungen funktionieren oft nicht.

In komplexen Organisationen dürfte es zielführend sein, nicht alle bestehenden Geschäfte umzuorganisieren. In Zusammenhang mit Strategien der Ertragssteigerung sind *selektive Segmentierungen* ergiebiger. Vielleicht ist es auch für die Durchsetzung wichtig, daß „an der Front" Pilotprojekte für spezifische Segmente gebildet werden. Erstens ist damit das segmentspezifische Vorgehen von einer Marktorganisation und nicht von einer Zentrale entwickelt. Zweitens läßt sich mit einer Multiplikation von erfolgreichen Pilotprojekten ein gewaltiger Know-how- und Erfahrungskurveneffekt erreichen (Beglinger et al., 1992).

Kundenstamm-Marketing

Bereits früh bemerkte Peter Drucker, daß es Aufgabe des Marketing ist, neue Kunden zu schaffen und zu halten (vgl. Schmid, 1991; Oggenfuss, 1992). *Kundenstamm-Marketing richtet spezifische Leistungen der Unternehmung auf bestehende Kunden aus, um Beziehungen und geschäftliche Transaktionen mit ihnen fortzusetzen, zu erweitern oder zu vertiefen. Kundenstamm-Marketing stützt sich nicht nur auf permanente und periodische frühere Kunden, sondern strebt einen ertragreichen und zukunftsträchtigen Soll-Kundenstamm an.*

Seit Jahren belegen Untersuchungen, daß es wirtschaftlicher ist, die Beziehungen mit bestehenden Kunden auszubauen als neue Kunden zu akquirieren. Schätzungen zeigen, daß der Aufwand für Neukunden 4–6 mal höher ausfällt. Jede Kundenflucht kommt eine Unternehmung teuer zu stehen (Reichheld/Sasser, 1991). Viele Unternehmungen bezeichnen Kundenstamm-Marketing als eine entscheidende Reserve. Die Einsicht, daß bestehende Kunden besser gepflegt werden müssen, ist jedoch erst ein Anfang. Der Kundenstamm ist keine homogene Masse wie beispielsweise der Begriff „Bestandespflege" suggeriert. Dieser mißt offenbar der Datenverwaltung das größte Gewicht bei.

Die Aktionen der Praxis sind bisher bescheiden. Erstens ist die Motivation von Unternehmungen für bestehende Kunden gering. Zweitens scheuen sich Anbieter, die sich bisher auf Verkaufsabschlüsse konzentrierten, den Kunden aufwendig zu begleiten. Bisher gelang es beispielsweise bei Versicherungen, die Kunden mit Vertragsabschluß, Rechnungsstellung und Schadensregelung bei der Stange zu halten. Die heute geforderten Sales Cycles als professionelles und permanentes Management sämtlicher Kundenbeziehungen sind weit anspruchsvoller und aufwendiger (Mauch, 1990).

Kleinkundenmarketing

Kleinkundenmarketing richtet das Marketing-System auf die besonderen Ansprüche von Kleinabnehmern aus und steigert die Wirtschaftlichkeit der Bearbeitung. Die Aufzählung im Kasten auf der folgenden Seite zeigt verschiedene Ansätze des Kleinkundenmarketing.

Ansätze des Kleinkundenmarketing

Unternehmungen suchen oft neue Lösungen für Kleinkunden, indem sie beispielsweise:

1. ihre Leistungspalette für Kleinkunden ausweiten und damit auf eine breitere Basis stellen;
2. Leistungen für Kleinkunden standardisieren und Nebenleistungen konsequent berechnen (zum Beispiel differenziert IBM preislich klar zwischen Beratungs- und Direktverkauf);
3. notwendige Serviceleistungen durch geeignete Produktkonzeptionen vermindern (eigener Service der Kunden, auswechselbare Modelle (beispielsweise bei Personal Copiers von Canon);
4. Mindestbestellmengen heraufsetzen oder Kleinlieferungen preislich zusätzlich belasten;
5. vereinfachte Bestell- und Abrechnungssysteme einführen (zum Beispiel aussagekräftige Produkte- und Anwendungsdokumentationen und -kataloge, Bezugsabonnements, Barverkauf, Monatsabrechnungen);
6. den persönlichen Verkauf weitgehend durch Direct- und Telefon-Marketing ersetzen;
7. Kleinaufträge bei Kooperationspartnern produzieren und ausführen lassen (unter eigenem oder fremden Namen);
8. den Vertrieb mit Lieferanten von Ergänzungsleistungen zusammenlegen (beispielsweise zur Bearbeitung der Gastronomiekunden bei Biscuits);
9. gewerbliche Kleinkunden kombiniert mit Endkonsumenten ansprechen;
10. Kleinkunden im Versandhandel bedienen;
11. Kleinkunden durch den Großhandel, Einkaufsvereinigungen oder größeren Kunden beliefern;
12. generell die Leistungsfähigkeit der Kunden steigern (Übernahme erhöhter Eigenleistungen durch Kunden, zum Beispiel kommt der Kunde in Cash-and-carry-Geschäften und im Direktverkauf zur Ware, und Professionalität für kleine Handelspartner) oder
13. Kleinkunden generell der Konkurrenz überlassen.

Kleinkunden, die bei der Konkurrenz unerwünscht sind, können durch rationelle und gezielte Bearbeitung sowie neue Leistungen und eine geeignete Organisation der Unternehmung eine solide Basis für Unternehmungserfolge werden. Das Risiko bei Kleinkunden ist weiter gestreut und die Wettbewerbsintensität in der Regel geringer als bei Großkunden. Problematisch sind Kleinkunden, die selbst nicht lebensfähig bleiben oder als Handelspartner versagen.

Die Problematik von Kleinkunden wird viel diskutiert; wenige Unternehmungen trauen sich jedoch, aktiv zu gestalten. Verschiedene Banken, beispielsweise die SKA, trennten inzwischen das Retail Banking mit Kleinkunden vom übrigen Geschäft. Damit wird verhindert, daß Mischrechnungen das Bild verfälschen. Neue Lösungen bieten selektives Dienstleistungsmanagement, Verrechnung, Optimierung der internen Abläufe, Restrukturierung der Distribution und Electronic Banking.

Key-Account-Management

Für viele Unternehmungen gilt eine 10/90-Regel. 10 Prozent der Kunden realisieren 90 Prozent des Umsatzes einer Unternehmung. Ohne Zweifel ist es entscheidend, diese wichtige Gruppe gezielt zu bearbeiten und auszubauen (Sidow, 1991; Belz/Senn, 1993).

„Key-Account-Management im strategischen Sinne ist ein *kundenindividuelles Marketingkonzept mit dem Ziel der Kundennähe und -bindung unter Nutzung aller Interaktionsebenen.* Die Stoßrichtung einer solchen vertikalen Marketingstrategie liegt zunächst in der *Rückgewinnung der Geschäftsinitiative*, die in den 70er Jahren vielfach an den Handel (oder Großabnehmer) übergegangen war.

... Offensichtlich fällt es vielen Unternehmungen schwer, in sich geschlossene und für die Key Accounts attraktive Konzepte zu schmieden, mit denen eine Profilierung im vertikalen Wettbewerb möglich ist. ... *Die Partnerschaftsstrategie ist in der Praxis oft beschworen, aber bisher im Vergleich dazu selten realisiert worden*" (Diller 1989; vgl. auch Diller 1993).

Mindestens zwei Strategien des Key-Account-Management lassen sich unterscheiden: Die *Synergiestrategie* zielt darauf ab, in diversifizierten Unternehmungen das *Cross-Selling* für den Kunden zu fördern und die Synergien des Konzerns kundenbezogen zusammenzuführen. Manche Unternehmungen setzen besonders Key-Account-Management ein, weil sie die Synergien zwischen verschiedenen Geschäftsbereichen für Kunden nutzen können. Cross-Selling ist ein wichtiger Ansatz. Zudem lassen sich mit Key-Account-Management auch Konkurrenzbeobachtungen verbinden. Auch sollten gegenseitige Geschäftsbeziehungen überprüft werden, denn die Unternehmungen sind oft gegenseitige Großabnehmer. Die *Konzentrationsstrategie* bedeutet, daß die Unternehmung ihre Kräfte auf besonders wichtige Kunden konzentriert. Natürlich spielen auch beide Aspekte kombiniert eine Rolle. Zentrale Entscheidungsbereiche des Key-Account-Management sind:

- Geschäftsbeziehung (Anbahnung, Betreuung, Vertiefung),
- Projektmanagement und Entwicklungszusammenarbeit,
- Leistungssysteme für Großkunden,
- Informationssysteme,
- organisatorische Verankerung des Key-Account-Management.

Zudem gilt es, das Marketing-Konzept für Key-Accounts zu konkretisieren. So sind beispielsweise sämtliche Marketing-Instrumente für Key-Accounts zu diskutieren. Bereits das Thema Preis-Management für Großkunden gibt viel Diskussionsstoff, ebenso Marktbearbeitung, Distribution, Marktleistung usw.

Mit Großkunden legen Lieferanten oft *umfangreiche, strategische Projekte* für Ökologie, Logistik, Informatik usw. fest. Häufig ist bei diesen Projekten festzustellen, daß die Initiative für die Projektbearbeitung anschließend einseitig vom Lieferanten aus kommt. Die Beiträge des Großkunden sind ungenügend. In solchen Situationen kann es sinnvoll sein, weitere Partner oder externe Experten (beispielsweise Logistikexperten der ETH Zürich) in ein Projekt einzubeziehen und diese Projekte von vornherein auch gemeinsam zu finanzieren. Damit steigt der Stellenwert des Projektmanagements auch beim Kunden.

Key-Account-Management ist *selbstverständlich* eine *Aufgabe für alle Führungskräfte und Mitarbeiter einer Unternehmung*. Trotzdem stellt sich die Frage, wann es sinnvoll ist, eine spezifische Person oder Organisationseinheit für Key-Account-Management einzusetzen. Eine gesonderte Key-Account-Einheit ist sinnvoll, wenn:

- das Geschäft ausgesprochen Know-how-intensiv ist und der Dialog mit dem Kunden (inklusive Problemerfassung, Anpassung usw.) anspruchsvoll ist;
- die Unternehmung bereit ist, Aufgaben an Lieferanten zu delegieren, insbesondere wenn das Angebot sich nicht im Kernbereich des Abnehmers befindet;
- ein hoher Arbeitsaufwand für Informationsfluß, Anpassungen der Leistung an den Kunden, Geschäftsablauf usw. anfällt;
- sich die Geschäftseinheiten einer Unternehmung in der Kundenbeziehung stark überschneiden und deshalb in der Koordination maßgebliche Optimierungsreserven liegen (interne Konkurrenzierung, regionale Organisation für Kunden mit internationaler Beschaffung und internationalem Management, funktionale Organisation mit ungenügender Zusammenarbeit der Funktionsbereiche für Großkunden, Produktorganisation mit ungenügender Synergie für Gesamtlösungen des Kunden, hierarchische Schranken einer effizienten internen Zusammenarbeit für Kunden).

Partnersysteme

Partnerschaftssysteme erweitern die Zusammenarbeit von Lieferanten und vertikalen Partnern (zum Beispiel Handel oder Vertretungen) oder Schlüsselkunden zu einer langfristigen, vertikalen Leistungsgemeinschaft (Simon, 1986; Engelhardt, 1989; Tomczak, 1993; Pabst, 1993). Gegenseitige Leistungen werden festgelegt und neu geteilt, teilweise in Franchising und vertikaler Vertriebsbindung vertraglich geregelt. Der Lieferant leistet einen Erfolgsbeitrag zur nachgelagerten Stufe.

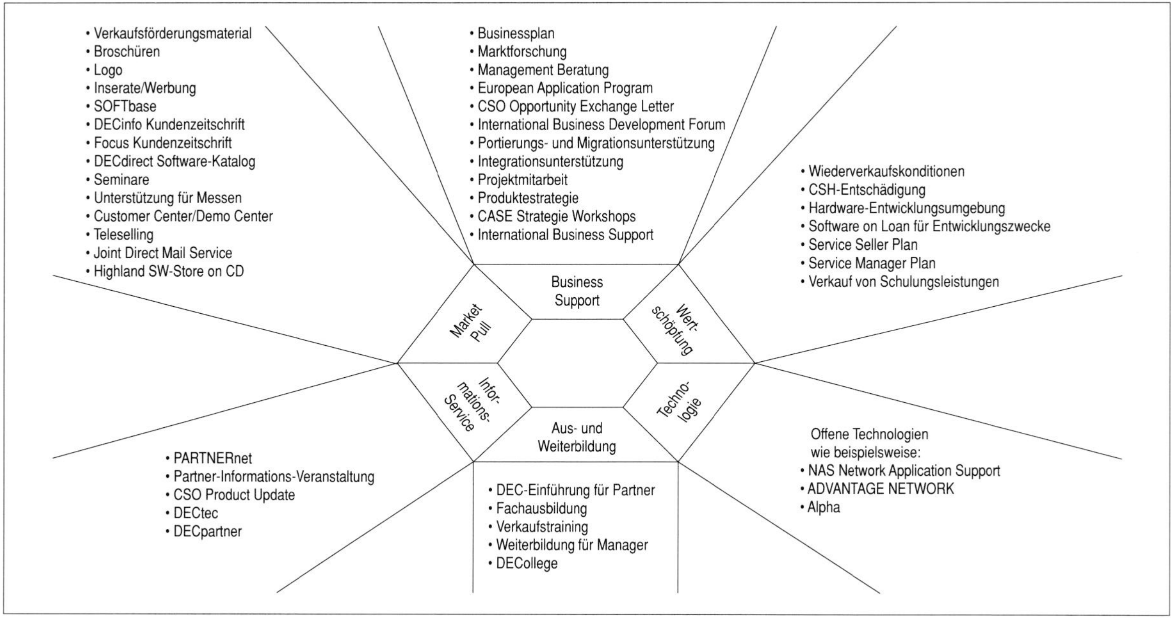

Abbildung 8: Partnersystem von DEC

Quelle: DEC Digital Equipment Corporation AG 1992

In *Handelsstützpunkt-Systemen* fassen Unternehmungen verschiedene leistungsfähige Partner zusammen, die speziell gepflegt, gefördert, unterstützt und damit an die Unternehmung gebunden werden sollen.

Die *Intensität der Zusammenarbeit* unterscheidet sich von allen Formen der losen Zusammenarbeit bis hin zum „Anweisungsbetrieb". Der mögliche Einfluß des Herstellers ist vielfältig: grundsätzlich läßt sich die Arbeitsteilung für das gesamte Marketing des Handels neu festlegen.

Ich bin überzeugt, daß *Partnerschaftssysteme und Franchising auch im Bereich technischer Produkte und Investitionsgüter* in Zukunft rasch an Bedeutung gewinnen werden. Für Konsum- und Gebrauchsgüter nutzen Hersteller die Ansätze der Partnerschaftssysteme schon, weil die Produkte austauschbar sind und die Sortimente zu vielfältig werden. Ähnliche Tendenzen stellen wir für manche technisch orientierten Branchen fest. Mit Partnerschaftssystemen verlagert sich die Verwertung des Know-how für technische Leistungen mit Lizenzen auf die Systematisierung und Vermarktung des Know-how für die Zusammenarbeit mit spezifischen Kunden-Gruppen. *Projektmarketing* heißt ein Stichwort. Das Know-how für die Bedarfsanalyse des Kunden, die Entwicklungszusammenarbeit mit Kunden oder innovative Arbeitsteilungen wird immer wichtiger, um sich in umkämpften Märkten langfristige Wettbewerbsvorteile zu schaffen. Partnerschaftssysteme in diesem Sinne verschmelzen dabei mit dem Ansatz für neue Leistungssysteme.

Abbildung 8 zeigt das Beispiel des Partnersystems von Digital Equipment Corporation (DEC).

Management von Geschäftsbeziehungen

Beziehungen begleiten selbstverständlich jede Geschäftstransaktion (Diller/Kusterer, 1988; Belz, 1993b). Praktiker bezeichnen die Beziehungspflege als ausgesprochen wichtig. In Unternehmungen habe ich aber bisher kaum überzeugende Programme zur Beziehungsgestaltung mit Kunden gefunden.

„Beziehungsmarketing ist nicht die Basis der Mehrheit der Geschäfte, aber sein Anteil mag unpräzise und rein von der Intuition her – von Branche zu Branche erheblich schwankend – durchschnittlich bei etwa 20 Prozent liegen, ein im Grunde wettbewerbsverzerrender Vorgang. Letztlich besagt diese Erkenntnis, daß bei annähernd vergleichbaren Quantitäten, Qualitäten und Qualifikation des Personals derjenige den Zuschlag ... erhält, der über die besseren Beziehungen verfügt, die nicht zu pflegen ohnehin einen schweren Fehler jedweder Unternehmungsführung darstellt“ (Lange-Prollius, 1986).

Grundziel des Management von Geschäftsbeziehungen ist es, zu den wichtigen Personen der Anspruchsgruppen einer Unternehmung oder Institution persönliche Beziehungen zu knüpfen und zu pflegen und für die Unternehmung erfolgswirksam zu nutzen. Bei den Anspruchsgruppen stehen die Kunden und die bedeutenden Gruppen mit Beziehungsdefiziten der Unternehmung im Vordergrund. Besonders ergiebig ist das Beziehungsmanagement im Business-to-business-Marketing oder in komplexeren Verkaufs- und Kaufsituationen und Projekten.

Manche *aktuelle Marketingansätze* sind auf ein professionelles Beziehungs-Management angewiesen. Einige Stichworte lauten: Kundenbindung, Kundenzufriedenheit, Customer Retention, Kundenstamm- und Zero-Migration-Marketing, Total Quality Management und Servicemarketing, Systemverkauf und Projektmarketing, Großkundenmanagement.

Vertrauen ist ein Element der Qualität einer Beziehung. Vertrauensmarketing zu betreiben bedeutet eine langfristige, zuverlässige Freundschaft und Leistungsbereitschaft zwischen einer Unternehmung, Marke oder Teilleistungen und ihren Kunden aufzubauen. Die Kunden verlassen sich ganzheitlich (ohne Einschränkung) auf das Angebot. Vertrauen als Folge dieser Freundschaft ist ein subtiles, emotionales Gesamturteil. „Vertrauen reduziert soziale Komplexität“ (Luhmann) und beruht auf Sympathie und Kompetenz.

Vertrauen wird gefördert durch Kontinuität und Verläßlichkeit, Stimmigkeit bis in die Details, Fairneß und Sicherheit, Verständlichkeit und persönliche Beziehung (Anerkennung und Offenheit in der persönlichen Begegnung) sowie Faßbarkeit der Problemlösung.

Viele Marketing-Maßnahmen zerstören Vertrauen systematisch. Echte Vertrauenskampagnen sind bei Banken und Versicherungen anzutreffen, also bei oft anonymen und großen Gebilden, die auch auf manche Kunden bürokratisch wirken. Häufig setzen diese Unternehmungen einzelne Mitarbeiter in der Werbung ein.

Auf den ersten Blick scheinen Ansätze wie Kundenstamm-Marketing, Kleinkundenmarketing oder Key-Account-Management wunderbar griffig. Auf den zweiten Blick sind sie dann plötzlich sehr schwer zu bestimmen. Welche Vielfalt von unterschiedlichen Kunden wird hier zusammengefaßt, selbst wenn wir nur eine Unternehmung in ihrem Markt betrachten! Bei individuellen Problemen hilft die Literatur meist wenig, also muß eine (allerdings interessante) Entwicklungsarbeit auf Führungskräfteebene eingeleitet werden.

Erfolgsbeitrag von Leistungs- und Kundensystemen

Leistungs- und Kundensysteme sind nicht unproblematisch. Manche Unternehmungen starteten enthusiastisch Programme, die sie später abbrechen mußten oder nur still und wenig spektakulär weiterverfolgten. Zusammenfassend gesagt sind häufig folgende Faktoren kritisch:

1. *Kundenvorteile: Kritische Lernprozesse gestalten und Übersysteme vermeiden; Marktsegmentierung.*

   Manche Leistungspakete und Kundensysteme sind introvertiert entwickelt und schießen an den Bedürfnissen und dem Nutzen der Kunden vorbei. Die Prioritäten entsprechen nicht denen der

Kunden. Übersysteme machen den Anbieter verletzlich, denn unbenötigte Zusatzleistungen sorgen für intensivere Preisdiskussionen, die kontraproduktiv wirken.

Zentral ist die Frage, wie sich auch standardisierte Leistungen an den Kunden anpassen lassen. Flexible Modulsysteme sind eine Antwort.

2. *Transparenz der Leistung: Erklärungswettbewerb – belegen statt behaupten.*

   Manche Anbieter (zum Beispiel Zulieferer) vernachlässigen den Erklärungswettbewerb häufig. Dabei ist oft derjenige der bessere Anbieter, der früher und sorgfältig erklärt.

3. *Motivation und klare Entscheide: Stellenwert der Leistungssysteme bestimmen.*

   Intern (zum Beispiel in unterschiedlichen Ländern), ist der Stellenwert der Leistungs- und Kundensysteme oft umstritten. Jeder setzt eigene Prioritäten und entwickelt Dienstleistungen nach seinem Belieben. Oft wird der Qualitäts- und Systemstrategie vorgeworfen, daß sie zunehmend Preiskäufer vernachlässige. Strategien, die sich an alle Kunden richten oder versuchen, den Durchschnittskunden zu befriedigen, bleiben jedoch wirkungslos. Strategie heißt Wahl!

4. *Wirkungsschwelle erreichen: Keine unkritische Aufnahme und Ausweitung von individuellen Dienstleistungen.*

   Manche Unternehmungen individualisieren ihre Leistung, erbringen für die Kunden jeden erdenklichen Zusatz.

   Gefährlich ist es, die Dienstleistungen sorglos zu erweitern, weil sie offenbar nichts kosten. Es gilt, die Systeme kritisch zu überprüfen.

   Besonders wichtig ist es zu erreichen, daß viele kritische Kunden die Systeme nutzen. Leistungs- und Kundensysteme müssen dafür ebenso professionell vermarktet werden, wie jede andere Leistung, die verkauft werden soll. Entscheidend ist es, die Gegenleistung des Kunden zu sichern. Eine passive Partnerschaft ist nicht möglich.

5. *Kompetenz der Unternehmung: Qualität und Systemverkauf.*

   Oft fehlt bereits intern die Wertschätzung für Leistungs- und Kundensysteme. Zudem lernen Organisationen langsam. Verkäufern, die jahrelang Produkte gegen Geld vermarkten, gelingt es nur schwer, eine übergeordnete Kompetenz zu erwerben, für den Kunden einzusetzen und zu vermarkten.

   Manche Führungs- und Entlöhnungssysteme verhindern zudem systematisch, daß die Dienstleistungen am Kunden und eine langfristige Partnerschaft ernst genommen werden.

6. *Verselbständigung der Leistungssysteme: Vernachlässigung der Kernleistung.*

   Gefährlich ist es, sich bei Leistungssystemen immer stärker auf das Umfeld der Produkte und die Zusammenarbeit mit Kunden zu konzentrieren und dabei den Kern der Leistung zu vernachlässigen. Voraussetzung für den Erfolg der Leistungssysteme ist, daß deren Kern hohen Kundenansprüchen genügt und sich gegenüber Konkurrenzangeboten behaupten kann. Leistungssysteme funktionieren kaum oder nur kurzfristig als Lückenbüßer für Mängel in der Grundleistung. Erst wenn das Produkt „stimmt", läßt sich darauf aufbauen!

7. *Verrechnung der Dienstleistungen: Mehr Leistung zum gleichen Preis?*

   Manche Unternehmungen behandeln Leistungs- und Kundensysteme ähnlich wie Werbung und Verkauf. Sie benutzen sie für Image und Akquisition. Es muß jedoch gelingen, die internen Mehrkosten zu erfassen, den Mehrwert für Kunden zu bestimmen und akzessorische Leistungen zu verrechnen. Solange die Anstrengungen mit dem gesamten Marketing vermischt sind, ist eine erfolgreiche Führung der Leistungssysteme nicht möglich.

8. *Pakete verschnüren: Kunden picken oft nur die Rosinen im Leistungspaket heraus.*

   Patentlösungen zu diesem kritischen Punkt gibt es nicht. Oft ist es sinnvoll, mit dem Kunden stärker in Phasen zusammenzuarbeiten. Das Gesamtprojekt muß für den Kunden attraktiv sein und als Einheit aufgefaßt werden.

9. *Gefahr „verbaler“ Kopien von Konkurrenten: Jeder Anbieter behauptet, die Probleme des Kunden umfassend zu lösen.*

   Wichtig ist es, die Darstellung der eigenen Vorteile zu vertiefen und zu belegen, um auch einer zunehmenden Skepsis der Kunden gegenüber leeren Versprechungen zu begegnen. Teilweise ist es besser, nur Teilleistungen professionell zu erbringen, als lauthals Gesamtsysteme anzukündigen.

10. *Konkurrenzierung von direkten Partnern.*

    Leistungs- und Kundensysteme greifen oft in die Domäne von direkten Partnern oder Kunden ein, die in einer anderen Zusammenarbeit eine Rolle spielen. Beispielsweise treten Drucker mit Kommunikationslösungen in Konkurrenz zu den Werbeagenturen, auf die sie bei anderen Geschäften angewiesen sind. Anbieter des integralen Bauens konkurrenzieren bisherige Generalunternehmer, welche auch Partner bleiben sollen. Konflikte lassen sich nur vermindern, wenn die Leistungsfähigkeit gegenüber allen Partnern überdurchschnittlich ausfällt.

Was ist der „Pay-off“ der Anstrengungen für Leistungs- und Kundensysteme? Hängen Leistungslevel und Erfolg wirklich zusammen? Eine allgemeine Antwort ist nicht möglich, ebenso wie nichts Allgemeines über den Erfolg beliebiger Produkte gesagt werden kann. Es gibt erfolgreiche und erfolglose Leistungssysteme und Dienste. Letztlich ist ja beispielsweise nicht entscheidend, ob eine Unternehmung eine Kundenschulung durchführt, sondern *wie* sie dabei die Kunden besser als alle Konkurrenten einbindet.

Einerseits gelingt es manchen Unternehmungen, erfolgreich einen Mehrwert im Markt zu verwirklichen. Andererseits haben wir gar keine Alternative dazu, über Qualitätsvorteile und Dienstleistungen nachzudenken und sie besser als die Konkurrenz zu leisten, um Kundenvorteile zu schaffen.

Literatur

Beglinger, Viktor et al. (1992): Multiplikation von Know-how in fragmentierten Geschäftsbereichen (am Beispiel Sulzer Infra), in: *Die Unternehmung* 46 (1992) Nr. 3, S. 153–164

Belz, Christian (1993a): Strategisches Kundenmarketing, in: Berichte und Materialien des Forschungsinstitutes für Absatz und Handel an der Hochschule St. Gallen Nr. 3/1993

Belz, Christian (1993b): Management von Geschäftsbeziehungen, in: *Thexis* 10/1993 Nr. 3, S. 23-27

Belz, Christian (1992): Untersuchungsergebnisse: Suchfelder für Marketinginnovationen, Berichte und Materialien aus dem Forschungsinstitut für Absatz und Handel an der Hochschule St. Gallen, Nr. 1/1992

Belz, Christian (1989): Konstruktives Marketing, St. Gallen und Savosa 1989

Belz, Christian/Senn, Christoph (1993): Kernprobleme und Reserven im Key-Account-Management, in: *Thexis* 10/1993 Nr.3, S. 50–55

Belz, Christian/Bircher, Bruno et al. (1991): Erfolgreiche Leistungssysteme – Anleitung und Beispiele, Stuttgart 1991

Belz, Christian/Tomczak, Torsten (1993): Marketing und Kostenmanagement in der Rezession, erscheint als Berichte und Materialien des Forschungsinstitutes für Absatz und Handel an der Hochschule St. Gallen Nr. 4, 1993

Bossard AG (Hrsg.) (1992): Rationalisierungspotential: Verbindungstechnik und Logistik, Zug 1992

Diller, Hermann (1993): Key-Account-Management: Alter Wein in neuen Schläuchen?, in: *Thexis* 10/1993 Nr. 3, S. 6–16

Diller, Hermann (1989): Key-Account-Management als vertikales Marketingkonzept, in: *Marketing ZfP* (1989) Nr. 4, S. 14–28

Diller, Hermann/Kusterer, Marion (1988): Beziehungsmanagement, in: *Marketing ZfP* (1988) Nr. 3, S. 211–220

Engelhardt, Tobias (1990): Partnerschaftssystem mit dem Fachhandel als Konzept des vertikalen Marketing – dargestellt am Beispiel der Unterhaltungselektronik-Branche in Deutschland, Dissertation, St. Gallen 1990

Freter, Hermann (1992): Kunden-Portfolio-Analyse – Aussagewert für das Investitionsgütermarketing, in: Arbeitspapier der Universität, Siegen 1992

Freter, Hermann (1983): Marktsegmentierung, Stuttgart 1983

Gerber, Ueli (1992): Ascom-Konzern-Key-Account-Management, Zürich 1992

Herstatt, Cornelius (1991): Anwender als Quellen für die Produktinnovation, Dissertation, Zürich 1991

Heskett, James L. et al. (1991): Bahnbrechender Service, Frankfurt 1991

Hippel, Eric von (1984): Novel Product Concepts from Lead Users: Segmenting Users by experience, Working Paper, Cambridge Mass. 1984

Holliger, P. (1993): Key Account Management aus der Sicht des Supply Management, Vortragsunterlage zum Lilienberg Gespräch, Ermatingen 1993

Kroeber-Riel, Werner (1991): Strategie und Technik der Werbung, 3. Aufl., Stuttgart 1991

Lange-Prollius, Horst (1986): Beziehungsmarketing, in: Belz, Christian (Hrsg.): Realisierung des Marketing, Band 2, St. Gallen und Savosa 1986, S. 997–1010

Mauch, Willi (1990): Bessere Kundenkontakte dank Sales Cycle, in: *Thexis* 7/1990 Nr. 1, S. 15–18

Oggenfuss, Christoph W. (1992): Retention Marketing, in: *Thexis* 9/1992 Nr. 6, S. 24–29

Pabst Oliver (1993): Vertikales Marketing in dynamischen Märkten – Entwicklung distributiver Leistungssysteme im Damenoberbekleidungsmarkt, Dissertation in Vorbereitung, St. Gallen 1993

Reichheld Frederic/Sasser, Earl W. (1991): Zero Migration – Dienstleister im Sog der Qualitätsrevolution, in: *Harvard Manager* (1991) Nr. 4, S. 108–116

Schicht, Rüdiger (1993): Leistungssysteme im High Tech Marketing, Dissertation, St. Gallen 1993

Sidow, Hans D. (1991): Key-Account-Management – Wettbewerbsstrategien durch kundenbezogene Verkaufsstrategien, Landsberg und Lech 1991

Simon, Rainer (1986): Marketing-Service als Mittel zur Differenzierung im stagnierenden Reifenmarkt, in: *Thexis* 1986 Nr. 1, S. 28–32

Tomczak, Torsten (1993): Key-account-orientierte Wettbewerbsstrategien in der Konsumgüterindustrie, in: *Thexis* 10/1993 Nr. 3, S. 45–48

Tomczak, Torsten (1993): Differenzierte Formen der Zusammenarbeit von Industrie und Handel, in: Berichte und Materialien aus dem Forschungsinstitut für Absatz und Handel Nr. 1, St. Gallen 1993

Weinhold, Heinz (1990): Marketing in 20 Lektionen, 21. Aufl., St. Gallen 1990

Wildemann, Horst (1990): Variantenmanagement, in: *Managementzeitschrift IO* 59 (1990) Nr. 11

Willée, Clemens (1991): Leistungssysteme für Zulieferer, St. Gallen, 1991

Zeithaml, Valarie et al. (1992): Qualitätsservice, Frankfurt 1992

1. Phase

Entwickeln einer marktfähigen Idee

Unabdingbare Grundlage für unternehmerischen Erfolg ist es, eine marktfähige Idee zu entwickeln. Dies ist die erste Hürde bei der Schaffung eines erfolgreichen Markenproduktes. Zwar gibt es verschiedene Wege, diese Hürde zu nehmen, etwa durch einen kreativen Prozeß oder durch systematische Generierung, doch müssen sie alle dasselbe Ziel erreichen: den Nerv der aktuellen Kundenbedürfnisse treffen und die Forderungen des Marktes besser erfüllen als die Konkurrenz. Wie diese anspruchsvolle Aufgabe erfolgreich bewältigt werden kann, zeigen die Beispiele des Nachrichtenmagazins FOCUS, des Walkmans von Sony und das von RTL Television, Deutschland.

Hubert Burda, Jahrgang 1940, promovierte auf dem Gebiet der Kunstgeschichte. Während des Studiums arbeitete er bereits im väterlichen Unternehmen „Burda GmbH“. Von 1966 bis 1969 sammelte er verlegerische und journalistische Erfahrungen in unterschiedlichen Verlagen und Agenturen und trat danach in das Familienunternehmen als Verlagsleiter von „Bild+Funk“ ein. In seiner Laufbahn war er Verantwortlicher Leiter des Vertriebs und der Werbung, Geschäftsführender Gesellschafter des Verlagsbereiches, Chefredakteur der Illustrierten „Bunte“. 1987 wurde Hubert Burda Alleingesellschafter und Vorsitzender der Geschäftsführung des Stammhauses Burda GmbH.

FOCUS – Ein neues Zeitschriften-Konzept für die moderne Informationsgesellschaft

von Hubert Burda

Auf dem Weg in das Jahr 2000

Eine neue Ordnung ist im Entstehen, Mauern und Grenzen verschwinden. Heute verändert sich in wenigen Jahren, was früher über Generationen Bestand hatte. Durch die Globalisierung der Märkte werden die gesellschaftlichen, politischen und wirtschaftlichen Zusammenhänge immer komplexer. Neue Technologien verändern Leben und Arbeit. Vom gesellschaftlichen Wandel, vom oft zitierten „Wertewandel" ist die Rede. In der Tat haben sich die Lebensauffassungen und Einstellungen der Menschen in unserer demokratischen Gesellschaft deutlich verändert. Das vorrangige Alltagsproblem ist heute nicht mehr die Sicherung der Existenz, die Erfüllung grundlegender Bedürfnisse, sondern die Orientierung in der Flut von verschiedenen Möglichkeiten. Fragen der Selbstfindung, Selbstbestimmung und Erlebnisorientierungen sind die neuen, postmaterialistischen Werte, die zunehmend an Bedeutung gewinnen. An Stelle der alten Strukturen treten neue, individualisierte Deutungsmuster und eine vielgestaltige Ordnung sozialer Milieus. Die Dynamik des Wandels ist faszinierend. Visionen und Werte, eine neue „Bescheidenheit" sind gefragt. Die Mittelschicht als der neue „Instabilitätsfaktor" macht deutlich, daß so selbstverständlich gewordene Werte wie materieller Wohlstand und Freizeit nicht à priori mit Lebenszufriedenheit gekoppelt sind.

Die Rolle der Medien

Eine wichtige Rolle in diesem Prozeß des Wandels spielen die modernen Kommunikationsformen. In einer Zeit, in der das primäre Erfahrungswissen unserer Gesellschaft schwindet und der Wertewandel vielfältige Prozesse auslöst, erleben wir diese Veränderungen oft nicht mehr persönlich. Die Massenmedien treten als Vermittler dieser Informationen, Vorstellungen und Meinungen auf und wirken so auf den persönlichen Erfahrungshorizont der Menschen. Das Aufklärungs- und Informationspostulat der Medien in der demokratischen Gesellschaft verbindet sich mit ihrer Kritikfunktion und legitimiert sich von dorther. In einem offenen System müssen die Medien als Mittler von Inhalten zwangsläufig die große Zahl der zu transportierenden Informationen selektieren und ordnen. Die Medien fungieren gewissermaßen als Gatekeeper. Insofern ist Wahrhaftigkeit ein oberster Grundsatz des journalistischen Handelns. Das Recht des Publikums, mit Genauigkeit und Aufrichtigkeit informiert zu werden, ist die Pflicht des Journalisten, die wir als seine Berufsethik ansehen.

Seit einigen Jahren lassen sich bedeutende Umwälzungen in der Medienlandschaft feststellen. Unzählige Hörfunkprogramme, die noch weitgehend ungenutzten Möglichkeiten von Multimedia und interaktiven Programmen, Videotext, neue Formen des Fernsehens wie Pay-TV, private Kabel- und Satellitanbieter verändern das Informations- und Unterhaltungsangebot entscheidend. Im Printbereich lassen sich Verschiebungen, weg von General-Interest-Titeln, hin zu Special-Interest-Objekten, beobachten. Diese Veränderungen bei den Medienanbietern und der härter gewordene Wettbewerb um Werbeeinnahmen veranlassen die Burda-Unternehmensgruppe, einen kontinuierlichen Ausbau des Stammgeschäftes hin zu einem breit angelegten Medienverbund voran zu treiben. Um unseren Spitzenplatz unter den deutschen Verlagshäusern zu festigen und unseren Unternehmenswert weiter zu erhöhen, wappnen wir uns für den globalen Wettbewerb. Das strategische Expansionsprogramm beruht einerseits auf dem weiteren Ausbau des Basisgeschäftes durch neue Zeitschriftenobjekte und

Relaunches, andererseits auf verstärktem Engagement im Hörfunk- und Fernsehbereich und dem Einstieg in den Markt der Fachzeitschriften und Datenbanken. Die Gewinne der nächsten fünf Geschäftsjahre werden nicht entnommen, sondern investiert. Die Diversifikation der Burda-Holding ist notwendig, um das Gesamtgeschäft langfristig abzusichern.

Die Idee – ein neues Nachrichtenmagazin?

Im Wertewandel verschieben sich Interessen und Themenfelder. Die Utopien der 68er-Generation sind nur noch rudimentär vorhanden, wir leben in einer deutlich pragmatischeren Zeit. Die Menschen setzen andere Prioritäten. Viele Zeitschriften haben diesen Wandel bisher nicht nachvollzogen. Veränderte redaktionelle Konzepte und differenzierte Zielgruppenansprache werden das Gebot der Stunde sein! Wie sieht dieses Publikum aus? Welche Lebenseinstellungen, Vorlieben und Wertvorstellungen haben die verschiedenen Gruppen dieses Publikums und welche Rolle spielt dies bei der Informationsaufnahme? Uns war klar: beim fernsehgeübten Publikum breiten sich neue Kommunikationsformen aus.

Schon in den achtziger Jahren machten Medienforscher deutlich, wohin der Trend gehen wird. Der Overload an Information durch die sprunghaft gestiegene Zahl des Medienangebots verändert zunehmend das Mediennutzungsverhalten der Rezipienten. Der erhöhte Fernsehkonsum führt allmählich dazu, daß das Medium „Print“ inhaltlich eine Komplementärfunktion zur TV-Welt erhält. Im Gegensatz zur breiten Masse der TV-Konsumenten bildet sich eine kleinere homogene Gruppe von Menschen heraus, die sich Informationsvorsprung durch gezielte Mediennutzung verschafft. Also eine Art Elite von Informationssuchern, die das Medium „Print“ vor allem als Relevanzfilter und Deutungshilfe gebrauchen. Im Zeitalter der zunehmenden Differenzierung der Konsumansprüche und der Partikularisierung der Märkte werden vom Marketing immer genauere Zielgruppen-Strategien verlangt. Die verschärfte intermediäre Konkurrenzsituation zwingt uns Verleger, die Assets des Mediums „Print" als selektiv nutzbares Medium gegenüber dem Fernsehen deutlicher zu akzentuieren. Die veränderten Rezeptionsgewohnheiten und Bedürfnisse prospektiver Zielgruppen müssen bei redaktionellen Konzepten berücksichtigt werden.

An einem Sommertag vor einigen Jahren machte ich mit Helmut Markwort einen Spaziergang. Wir philosophierten über eben diese Veränderungen in der Medienlandschaft und darüber, was denn eigentlich die Leser heutzutage als Lesestoff in die Hand nehmen. Markwort, ein ebenso erfolgreicher Chefredakteur verschiedener Unterhaltungsmagazine und Programmzeitschriften wie auch ein visionärer, politischer Kopf, hatte ein ganz besonderes Projekt am Herzen. Wir begannen, Vorteile, Konzept und Marktbedingungen für ein wöchentliches Nachrichtenmagazin durchzuspielen. Wir waren der Überzeugung, daß ein modernes Nachrichtenmagazin von heute gewisse Ansprüche erfüllen sollte. Es müßte ein breites Themenspektrum mit schnellem Überblick bieten, es müßte Fakten darlegen und keine vorgefertigten Meinungen transportieren.

Aller guten Dinge sind 54 …

In der Kategorie der Nachrichtenmagazine gab es in Deutschland bis dato den Monopolanbieter *DER SPIEGEL*. Das Magazin von Rudolf Augstein hatte sich in den über 40 Jahren der alleinigen Präsenz eine gewisse Vormachtstellung am Meinungsmarkt aufgebaut. In keinem der anderen wirtschaftlich starken Länder Europas treffen wir auf diese Situation! Denken Sie an Italien oder Spanien, wo sogar drei Nachrichtenmagazine an den Kiosken zu finden sind. Aber in Deutschland war auf dem Printsektor von Meinungsvielfalt keine Spur! 54 Versuche gab es in den letzten vier Jahrzehnten, ein zweites Nachrichtenmagazin auf den deutschen Markt zu lancieren, alle scheiterten. Doch die Ansätze, Konkurrenztitel zu lancieren, waren teilweise halbherzig durchgeführt worden. Insofern also keine Marke, an der wir uns orientierten.

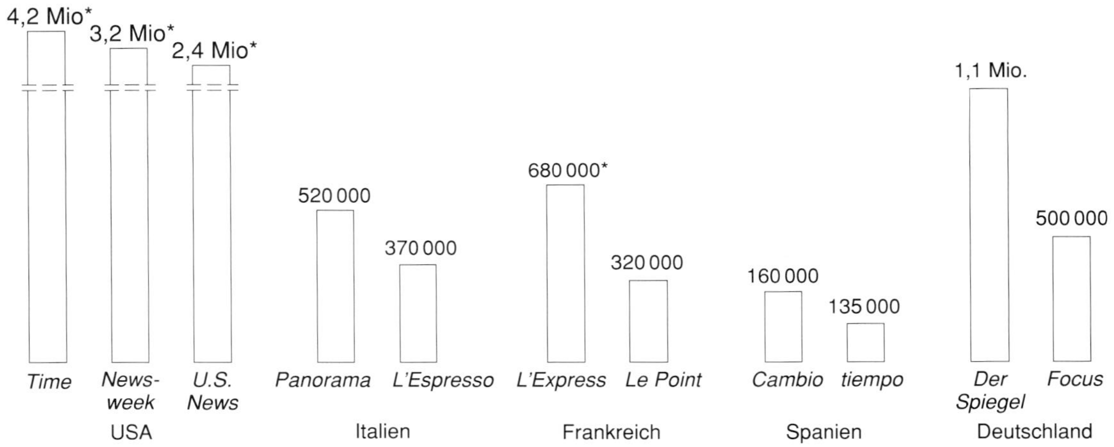

Seit Gründung des Klassikers und unangefochtenen Auflagen-Weltmeisters „TIME“ (weltweit über sechs Millionen verkaufte Exemplare pro Woche) im Jahr 1923 sind auf allen Kontinenten neue Nachrichtenmagazine entstanden. Im Schnitt alle zwei Jahre eines. Der Normalfall in den entwickelten Industrienationen ist der Wettbewerb von mindestens zwei News-Magazines.

* Inlandsauflage

Abbildung 9: Demokratie am Kiosk

Quelle: *FOCUS*, Juni 1993

Ein wichtiger strategischer Faktor sprach für die Entwicklung eines neuen, modernen Nachrichtenmagazins. Erfolgreiche Zeitschriften-Titel unseres Hauses, wie die *Elle* oder die *Freundin*, haben eine eher frauenlastige Leserschaft und sprechen den „Männermarkt“ in geringerem Maße an. Ein stärkeres Engagement von unserer Seite in diesem Lesermarkt versprach daher interessante wirtschaftliche Aspekte.

Ein journalistisch anspruchsvolles, investigatives Nachrichtenmagazin würde dem Burda-Verlag zudem einen enormen Imagegewinn bringen, auch auf internationaler Ebene. Zum anderen müssen wir die effiziente Auslastung des Burda-Apparates gewährleisten. Es galt, Methoden des Lean Management in die Praxis umzusetzen und Synergien zu schaffen. Die moderne Druckerei in Offenburg hatte am Wochenende in der Auslastung freie Kapazitäten, die man nutzen konnte. Es gab bereits eine Zentrale Nachrichtenredaktion. Der Verlagsapparat, von der Verwaltung bis zum Verkauf stand und mußte personell nur in geringem Ausmaß aufgestockt werden. Nicht zuletzt könnten wir ein für uns neues Marktsegment besetzen und damit unsere Produktpalette erweitern.

Es ist Platz für ein zweites Nachrichtenmagazin

Wir wollten ein Objekt für tatsächliche Marktpotentiale schaffen, und nicht einen Titel auf den Markt werfen, um dann zu sehen, wie er angenommen wird. Wir wollten keinen Verdrängungswettbewerb – wir waren der Ansicht, daß es für ein weiteres Magazin einen Markt neben dem *SPIEGEL* geben müsse. Wir hatten relativ konkrete Vorstellungen, für welche Leser wir ein Nachrichtenmagazin machen wollten. Diese wollten wir demoskopisch untermauern. Als bester Ansatz erschien uns dabei, von der Lebenswelt und dem Lebensstil der Menschen auszugehen, die man erreichen will. Lebensweltforschung bedeutet, alle relevanten Lebensbereiche des Alltags der Menschen kennenzulernen, die bestimmend sind für die Entwicklung von Einstellungen, Werthaltungen, Verhaltensmustern und Geschmackspräferenzen.

Wir untersuchten unser vermutetes Leserpotential nach unterschiedlichen Kriterien: wie sieht es mit Lesegewohnheiten und Themeninteresse aus, wo liegen die soziodemographischen Schwerpunkte? Wir orteten prospektive Leser eines neuen Nachrichtenmagazins überwiegend im technokratisch-liberalen, konservativ-gehobenen und im aufstiegsorientierten Milieu. Studien der Allensbacher Werbeträger Analyse '91 ergaben eine Reichweite von über 18 Millionen Personen im Konkurrenzumfeld vergleichbarer Titel. Wir analysierten den weitesten *SPIEGEL*-Leserkreis und bekamen auch hier erfolgversprechende Zahlen präsentiert. Ausgehend von der Gesamtbevölkerung bot sich uns eine Kernzielgruppe von über drei Millionen potentieller Leser. Ein ausreichend breites Politikinteresse war in der „lesenden" Bevölkerung vorhanden. In der interessanten Gruppe der Jüngeren bis 49 Jahre, gehobener Beruf und höheres Einkommen, waren darunter viele *SPIEGEL*-Leser, zumindest gelegentliche. Um zu klären, wie das Hamburger Nachrichtenmagazin rezipiert wird, beauftragten wir das Marktforschungsinstitut Infratest mit einer Marktstudie im Vorfeld. Von 4000 Befragten begrüßten über 80 Prozent die Einführung eines weiteren Nachrichtenmagazins als einen wichtigen Beitrag zur Meinungsvielfalt. Die Untersuchungen ergaben auch, daß viele *SPIEGEL*-Leser das Magazin beruflich brauchen, um informiert zu sein und mitreden zu können. Bei einem Teil der Leserschaft sei jedoch eine gefühlsmäßige Ablehnung zu erkennen. Diese „Mußleser" mit einem neuen Titel bedienen zu können, war sehr wahrscheinlich. Selbst von den „treuen" *SPIEGEL*-Lesern wollten ein Drittel ein neues Nachrichtenmagazin ausprobieren. Wir fokussierten die Zielgruppe, die wir mit unserem Objekt ansprechen wollten, auf eine Gruppe von Menschen, die wir die Info-Elite nannten. Eine Zielgruppe von über drei Millionen Menschen, die folgende Merkmale auf sich vereint: extensive Nutzer von zumindest einer nationalen Tageszeitung, einer regionalen Abo-Zeitung, eines Wirtschaftstitels, einer Wochenzeitung, einer Illustrierten, eines Nachrichtenmagazins und/oder des umfangreichen Fernsehangebotes, zwischen 25 und 49 Jahre alt, Angehöriger gehobener Berufe und über ein überdurchschnittlich hohes Netto-Einkommen verfügend. Die Marktforschung bestätigte uns ein quantitativ ausreichendes Leserpotential in den Bevölkerungsgruppen, die wir als Leser anvisieren wollten.

Das Potential im Anzeigenmarkt versprach ebenso gute Chancen: Untersucht wurde das Konkurrenzumfeld der etablierten politischen und wirtschaftlichen Magazine wie *Stern*, *SPIEGEL*, *Capital*, *Wirtschaftswoche* u.a. und wir erhielten eine Zahl von gesamt jährlich 285 000 Seiten. Die Anzeigenkunden kommen aus werbestarken, mit großen Copy-Etats ausgestatteten Branchen mit einem Gesamt-Brutto-Werbeaufwand von 1,2 Milliarden Mark. Es waren nur wenige *SPIEGEL*-exklusiv-Anzeigenkunden darunter. Im Gegenteil: Die Mehrheit der Werbetreibenden hatte noch mindestens ein Zusatzmedium, wie *Stern* oder *Capital* oder andere vergleichbare Wochentitel, in ihrem Mediaplan. Wir sahen gute Möglichkeiten für ein zweites Nachrichtenmagazin, als Zusatzwerbeträger gebucht zu werden.

Die verlegerische Herausforderung

Wir hatten es mehr oder weniger schwarz auf weiß: Das Potential war vorhanden und strategische Überlegungen sprachen für eine Erweiterung der Produktpalette. Ein journalistisch anspruchsvoll und gut gemachtes Nachrichtenmagazin sollte im Stande sein, einen nicht unwesentlichen Beitrag zur Meinungsvielfalt in Deutschland zu leisten. Ein unternehmerisches Risiko würde natürlich bleiben, in Zeiten der starken Konkurrenz durch die audio-visuellen Medien und der allgemein schwachen Konjunktur ein so kostenintensives Projekt durchzuführen. Doch verlegerische Ambitionen gaben letztlich den Ausschlag. Ich entschied, daß die Zeit reif wäre für ein zweites Nachrichtenmagazin und startete zusammen mit Helmut Markwort als Chefredakteur das Projekt unter dem Arbeitstitel *Zugmieze*.

Welche Grundprinzipien der politischen Berichterstattung müßten beachtet werden, welche Themen könnte man außen vor lassen? Voruntersuchungen zeigten: Ein hoher Prozentsatz der Befragten wünschte sich kurze, prägnante Beiträge, einen hohen Anteil farbiger Bilder, Grafiken und Tabellen. Das Nachrichtenmagazin sollte politisch neutral sein. Wichtig war den Befragten, daß Problemlösungen aufgezeigt werden, generell wünschte man sich mehr Servicecharakter. Natürlich kann man den politischen Journalismus nicht neu erfinden. Prämissen wie etwa kritische, aktuelle Berichterstattung sind einfach vorgegeben. Zusammenfassend konnte festgestellt werden: Je extensiver die Mediennutzung bei der Zielgruppe, desto größer war der Wunsch nach einem Nachrichtenmagazin, das schneller, übersichtlicher, farbiger und fairer ist, und damit den allgemein festgestellten gesellschaftlichen und kommunikativen Veränderungen Rechnung trägt.

Zugmieze – der Anspruch

Wir positionierten *Zugmieze* als ein eigenständiges Nachrichtenmagazin mit besonderen inhaltlichen und formalen Akzenten. Wichtig sind Orientierungshilfen. Der Leser will die Geschichte hinter der Nachricht, die Analyse zum Geschehen, will Zusammenhänge und Hintergründe. Die formalen, visuellen Gestaltungsmerkmale werden betont. Lesehilfen durch klare Strukturierung, Einsatz von Farben als Wegweiser, Tabellen, Informationsgrafiken und Piktogramme müssen einen schnelleren Überblick bieten. *Zugmieze* wendet sich innerhalb eines Zielgruppen-Potentials von gut zwölf Millionen Personen vor allem an eine „Kerngruppe" von über drei Millionen potentieller Leser, an überwiegend männliche, junge Käufer, die über ein hohes Haushalts-Nettoeinkommen verfügen, die ein aktives Informationsinteresse in Gesellschaft, Politik und Beruf haben , dabei aber pragmatisch, nutzen- und sachorientiert sind, kurz – die Meinungsführer der Zukunft, die Info-Elite.

Im November 1991 gründeten wir eine eigene Gesellschaft, eine 100prozentige Tochter der Burda GmbH. Anlaufkosten, Break Even und alle übrigen strategischen und wirtschaftlichen Rahmenbedingungen wurden kalkuliert und festgelegt. Man ging an die organisatorische Umsetzung und bildete Projektteams unter Einbeziehung von entsprechenden Fachleuten unseres Verlages. Eine übergreifende Gesamtplanungsgruppe wurde bestimmt, die die einzelnen Projektgruppen für die jeweiligen Fachbereiche koordinierte. Die Kommunikation untereinander erfolgte durch Projektstatus-Treffen, Ablaufprotokolle, interne Präsentationen und natürlich durch unzählige Telefonate und Meetings in kleinerem Kreise. Monatelange Vorarbeiten folgten, in denen unser Magazin immer mehr Gestalt annahm …

Von Anfang an stand jedoch fest, daß das Magazin durchgehend vierfarbig sein sollte. Das Magazin, das Anfang 1993 erscheinen sollte, wollten wir selbstverständlich mit Stilmitteln der neuesten Zeit aktuell produzieren. Das bedarf des Einsatzes modernster Technik. Wir wollten ein Heft produzieren, daß konsequent mit Mitteln des Desk Top Publishing, also voll digitalisiert, erstellt wird. Das heißt: es wird nicht mehr gescribbelt, alles wird auf PC gemacht, vom Layout bis schließlich zur Datenübertragung in die Druckerei direkt auf den Druckzylinder. Innerhalb weniger Minuten können Farbbilder von allen Orten der Welt übertragen werden. Mit dieser Technik sind wir flexibel und können noch in letzter Minute aktuelle Ereignisse in die Ausgabe heben. Wir planten formale und optische Innovationen, die es in dieser Art noch nicht am Markt gab. Wir haben Spezialisten aus Amerika kommen lassen, um darüber nachzudenken, wie Themen optisch anders als gewöhnlich umgesetzt werden können.

Das Team

Eine der wichtigsten Aufgaben war die Suche und Auswahl von guten Mitarbeitern. Die Klasse eines Printobjekts wird natürlich auch durch die Fähigkeiten der einzelnen Redakteure und Reporter bestimmt. Die Personalsuche lief sofort auf Hochtouren. Zum Team stießen Journalisten, die für so renommierte Titel wie *Süddeutsche Zeitung*, *Berliner Morgenpost*, *Capital*, *Wirtschaftswoche* und *Handelsblatt* geschrieben hatten. Jeder einzelne Redakteur wurde von Helmut Markwort und seinem Stellvertreter Ulli Baur „handverlesen". Es gab natürlich auch die Überlegung, Mitarbeiter vom Hamburger Nachrichtenmagazin anzuwerben. Doch verwarfen wir dies wieder, denn wir wollten keine „*SPIEGEL*-Schreibe" bei uns im Blatt haben, das paßte nicht in das Konzept. Bereits in der Projektphase wurden Bildredakteure, Recherche-Redakteure und Grafiker eingestellt. Das Berliner, Bonner, Frankfurter und Hamburger Büro wurde personell besetzt. Auch junge Nachwuchsleute bekamen ihre Chance. Neue, vielversprechende Leute, die zum Teil auch in der Burda-Journalistenschule ausgebildet werden. Junge Leute würden auch keine Schwierigkeiten haben, sich mit der neuen Technik auseinanderzusetzen. In kurzer Zeit war das Team von 100 Mitarbeitern gebildet und ging hochmotiviert daran, das inhaltliche und optische Konzept von *Zugmieze* in die Tat umzusetzen.

Investigativer Journalismus muß sehr gute Recherche betreiben. Wir begannen deshalb, ein gutes Kontaktnetz aufzubauen. Generell arbeiten wir von Burda gerne mit Kollegen zusammen, national und international – wir halten viel von Kooperationen und Joint Ventures. Für unser Magazin haben wir Abkommen mit dem Recherchedienst der *Frankfurter Allgemeinen Zeitung* und mit den Quellen der *Neuen Zürcher Zeitung* abgeschlossen. Die Kollegen sind Tag und Nacht für uns da, sie helfen uns mit Daten, Fakten und Inhalten. Zusätzlich wurde ein Bündnis mit den Verantwortlichen von *L'Express*, Paris, mit *Panorama*, Italien, *US News & World Report*, USA und *Cambio 16*, Spanien, also mit den besten Nachrichtenmagazinen dieser Länder geschlossen. Wir vereinbarten einen Austausch bei Grafiken, Reportagen, Informationen u. a. Die Aufgabe des Archivs lösten wir auf rationelle Weise. Wir konnten und wollten uns kein Papierarchiv mit 130 Leuten zulegen, wie es das Hamburger Magazin hat. So schlossen wir Verträge mit allen wesentlichen elektronischen Datenbank-Anbietern, die auf dem Markt vertreten sind. Unsere Mitarbeiter können damit online mit ihren PC's auf alle Informationen zugreifen. Davon abgesehen steht den Redakteuren für die Recherche natürlich das zentrale Burda-Archiv zur Verfügung. Ebenso sind wir an alle relevanten Nachrichtenagenturen angeschlossen. Täglich probten wir die Umsetzung des Konzeptes unter Realbedingungen und stellten die ersten Nullnummern her, die dann natürlich redaktionsintern heftig diskutiert wurden.

Ebenfalls sehr heftig wurde der zukünftige Titel intern diskutiert. Etwa 150 Namen standen auf einer Liste, die in mehreren Meetings mit den Mitarbeitern auf zehn Titeln zusammenschmolz. Diese wurden dann von der Marktforschung in Befragungen getestet. Bei diesem Ausleseverfahren war der Titel *FOCUS* am erfolgreichsten.

Die Zeit ist reif für ein zweites Nachrichtenmagazin

Zeitgleich dachten wir über die Marketingstrategie nach, die wir in der Einführungsphase verfolgen wollten. Um den Markteintritt erfolgreich zu gestalten, waren folgende Faktoren wichtig: schnelle Bekanntmachung, Aufbau von Awareness, Positionierung und Profilierung als *das* moderne Nachrichtenmagazin. In der Branche wurden allerlei vermeintlich negative Aspekte in den Umlauf gebracht: wir wollten ein Anti-*SPIEGEL* sein, wir hätten kein Archiv, wie soll das Projekt finanziert werden und ähnliche Bedenken. Bereits Monate vor dem Start versuchten manche „Kollegen" der Presse, mit negativen Artikeln im Vorfeld Leser und Anzeigenkunden zu verunsichern. Viel Feind, viel Ehr – daran merkten wir auch, daß wir auf dem richtigen Weg waren.

Wir gingen in die Offensive und entschlossen uns, den branchenüblichen Ideenklau zu riskieren. Wir lüfteten unser Geheimnis um das redaktionelle Konzept unseres Magazins und gingen damit im Herbst 1992 an die Öffentlichkeit. Wir luden vor etwa 100 Vertretern der Wirtschafts- und Politprominenz zur Präsentation in das Hotel „Bayerischer Hof" in München. Wir machten deutlich, was wir mit unserer Zeitschrift transportieren wollen, und auch, auf welche Weise wir das zu tun gedenken. Um einen ersten Eindruck zu geben, wie das Magazin aussehen wird, hatten wir ein Dummy produziert, faktisch „ein Nachrichtenmagazin über ein Nachrichtenmagazin". Wir erhielten viel Lob und Anerkennung und in Konsequenz die ersten Anzeigenaufträge. Im Anschluß gingen Chefredakteur Helmut Markwort und Verlagsleiter Helge Volkenand mit diesen Vorabinformationen über das Magazin dreieinhalb Wochen lang auf Präsentationstournee in acht deutschen Städten, London und Paris. Sie stellten unser redaktionelles Konzept unter dem endgültigen Namen *FOCUS* einem interessierten Kreis vor. Für den äußeren Rahmen hatten wir uns etwas Besonderes einfallen lassen: Die Präsentationen fanden in einer ausgefallen gestalteten „Global Village"-Kulisse statt, die der Mailänder Star-Designer Ettore Sottsass exklusiv für diesen Zweck entworfen hatte. Wir informierten die Leute offen darüber, was wir uns unter konstruktiv-kritischer und fairer Berichterstattung vorstellten.

„Die Titanic ist unsinkbar." (Großbritannien, 1912)

„Präsident Bush ist unschlagbar." (*New York Times*, 1991)

„Die Erde ist eine Scheibe." (Ptolemäus, ca. 160 n.Chr.)

„Den Sozialismus in seinem Lauf hält weder Ochs noch Esel auf." (Erich Honecker, 1989)

„Ein Atomkern ist unspaltbar." (Physik, 1937)

„Die Mauer steht noch 100 Jahre." (Erich Honecker, 1989)

„Die Sonne dreht sich um die Erde." (Papst Urban VIII, 1633)

„Für die nächsten Jahre sind wir unbesiegbar." (Franz Beckenbauer, 1990)

„In Deutschland ist kein Platz für ein zweites Nachrichtenmagazin." (Hamburger Publizist)

Mit dem von uns beauftragten Werbeagenturen Michael Conrad & Leo Burnett und Ogilvy & Mather Direct gingen wir daran, eine Copystrategie für die Einführungsphase zu kreieren. Da wir uns am Anfang auf den Einzelverkauf konzentrierten und somit die allgemeine Öffentlichkeit ansprechen mußten, kündigten wir den Markteintritt mit hohem Werbedruck an. Um schnell einen hohen Reichweitenaufbau zu erzielen, ließen wir sowohl die Printkampagne als auch Funk- und TV-Spots in mehreren Motiven in Publikumstiteln und Fernsehstationen mit hoher Reichweite schalten und erreichten durchaus hohe Aufmerksamkeitswerte. (Wir stellten unsere Copystrategie unter das Motto „Gestürzte Dogmen".) Kommunikativ begleitet wurde die Einführungsphase von unterschiedlichen PR-Aktivitäten. Es wurden beispielsweise Mailings an Opinion-Leader in Wirtschaft und Politik verschickt. Davon abgesehen war Helmut Markwort ein sehr begehrter Gesprächspartner in vielen Talkshows und Magazinen im Fernsehen.

FOCUS geht an den Start

18. Januar 1993 – der erste Tag an den Kiosken. Die Werbung und die Berichterstattung der Presse im Vorfeld hatten das Interesse vieler Menschen geweckt. Die Nachfrage war so gewaltig, daß *FOCUS* bereits nach wenigen Stunden an vielen Verkaufsstellen nicht mehr zu bekommen war. Auch in den folgenden Tagen war das Presseecho enorm. In unzähligen Artikeln berichtete die gesamte Branche über die erste Ausgabe. Auch die Leserresonanz war sehr erfreulich, wir erhielten sehr viele Leserbriefe von durchweg positivem Tenor. Nach der „heißen" Einführungsphase von drei Monaten gingen wir mit unserem gesamten Werbeauftritt zu wöchentlich aktualisierter Themenwerbung über. Eine Form von Werbung, die bislang in dieser Form in Deutschland noch nicht realisiert worden war. Die 30 Sekunden-TV-Spots werden mit hohem Aufwand in sehr knapper Zeit produziert (Redaktionsschluß ist Freitag abend). Tatsächlich bedeutet dies, daß ein Filmteam jeden Freitag in der Redaktion, also vor Ort, Aufnahmen macht. Das Bildmaterial dieser Aufnahmen wird dann in der Nacht geschnitten. Die fertigen Spots laufen ab Samstag mittag über das Wochenende verteilt in attraktivem Programmumfeld auf allen großen privaten TV-Stationen.

Die ersten 100 Tage *FOCUS*

Um erste Daten darüber zu bekommen, wer nun tatsächlich unsere Leser sind, beauftragten wir die sechs renommiertesten Marktforschungsinstitute mit Leseranalysen von *FOCUS* und seinem Umfeld aus verschiedenen Blickwinkeln. Die Ergebnisse waren so erfreulich, daß ich sie an dieser Stelle zusammenfassen möchte:

- Die Käuferanalyse, durchgeführt von dem Institut Infratest, das uns von Anfang an begleitet hatte, brachte folgende Aufschlüsse: *FOCUS* hat schon nach der dritten Ausgabe eine stabile Leserschaft erreicht. 90 Prozent der Käufer der zweiten Ausgabe haben auch das dritte Heft gekauft. Insgesamt erreichen wir mit unserem Magazin eine attraktive Zielgruppe mit hohem Bildungsstand und Kommunikationsniveau.
- Das Sample-Institut belegte, daß unser Titel die meisten Leser in der Gruppe des aufgeschlossenen progressiven Persönlichkeitstyps, gekennzeichnet durch überdurchschnittlicher Leistungsmotivation und hohe Akzeptanz gegenüber Werbung.
- Das Institut Media Markt Analysen erklärte, die Exklusiv-Leser von *FOCUS* seien jünger und gebildeter als jener Teil der Leserschaft, die darüber hinaus auch den *SPIEGEL* und/oder *Stern* nutze.
- Copytests vom Allensbacher Institut für Demoskopie ergaben hohe Beachtungswerte von redaktionellem Inhalt und Anzeigen. Leserstruktur und Leseverhalten zeigen, daß *FOCUS* besonders zahlreich jene Leser erreicht, die im engeren Sinne als Meinungsführer zu betrachten sind.
- Das Sinus-Institut untersuchte die Milieustruktur und zeigte auf, daß die Abonnenten unseres Magazins besonders stark vertreten sind in gehobenen Milieus wie im technokratisch-liberalen und im aufstiegsorientierten Milieu.
- Das Institut für Kommunikationsforschung führte eine qualitative Inhaltsanalyse, speziell im Vergleich zu *DER SPIEGEL* durch. Die Forscher betonten, daß bei *FOCUS* der Servicecharakter stärker im Vordergrund steht, also „News you can use".

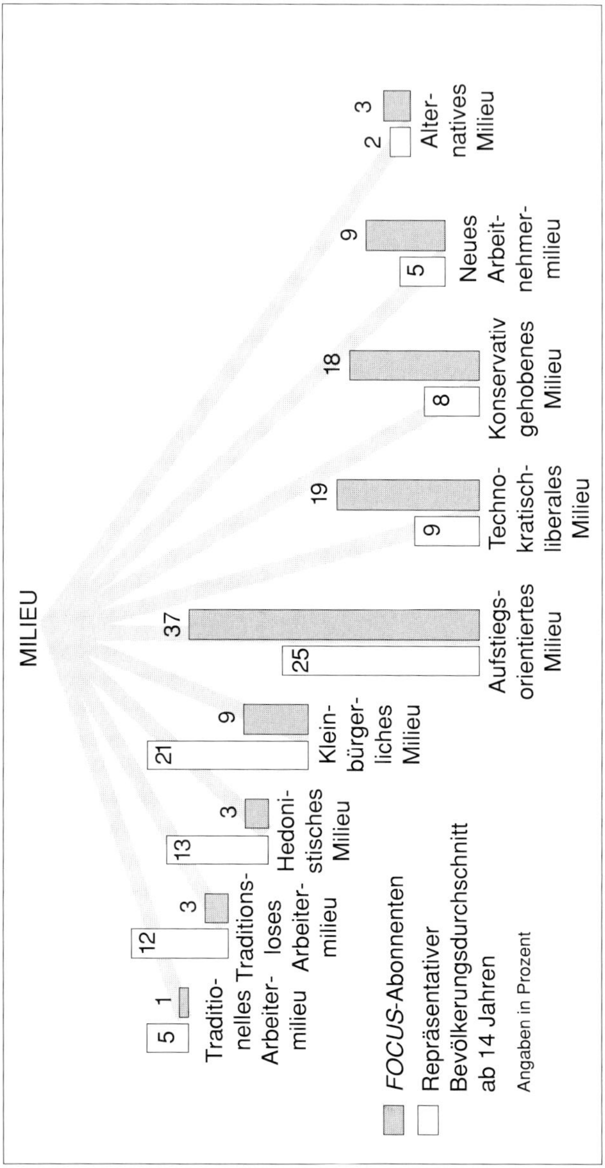

Abbildung 10: Milieuzugehörigkeit der *FOCUS*-Abonnenten

Quelle: Sinus

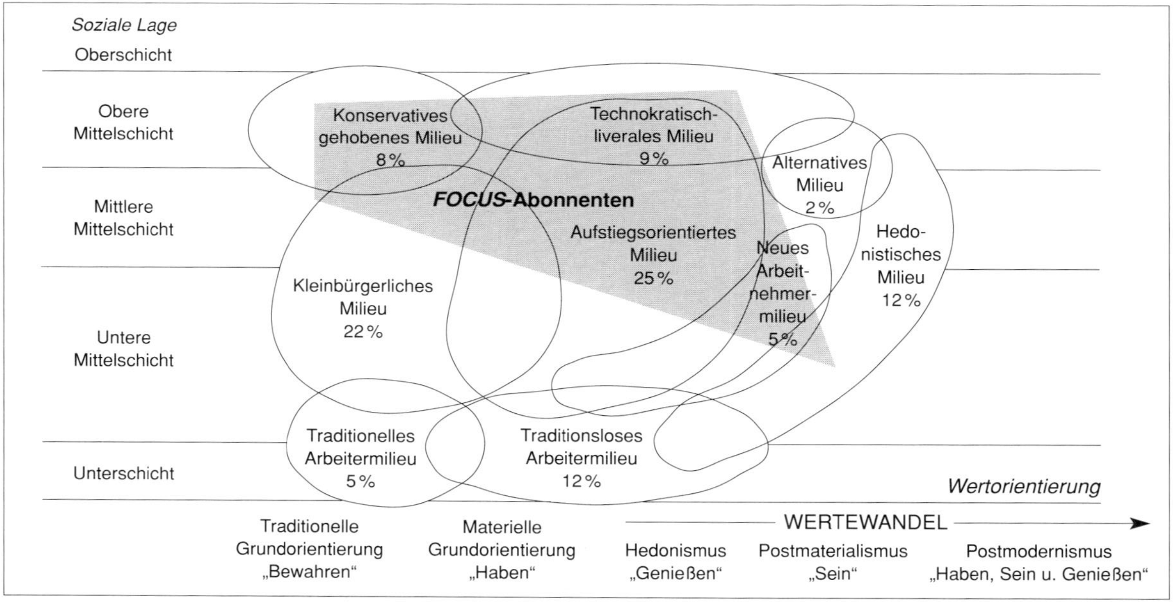

Abbildung 11: Die sozialen Milieus in Deutschland (West): Position der *FOCUS*-Abonnenten

Quelle: Sinus

Gleich unter welchem Blickwinkel unser Nachrichtenmagazin von den Instituten analysiert wurde, ob bei Erstkäufern, Wiederholungslesern oder Abonnenten – immer stießen die Forscher auf dieselbe Bezugsgruppe. Die durchgeführten Analysen bescheinigten uns, daß wir unsere anvisierte Zielgruppe, die Info-Elite, ansprechen. Die Ergebnisse wurden in einer Zwischenbilanz der Öffentlichkeit vorgestellt und natürlich auch unseren Anzeigenkunden präsentiert.

FOCUS auf Erfolgskurs

Nach der bisherigen Entwicklung kann man sagen, daß die Einführung von *FOCUS* wirklich ein Scoop ist. Das Magazin hat sich auf dem Markt etabliert. Ausgehend von den gesetzten Marketing-Zielen zeigt der Soll-Ist-Vergleich beeindruckende Facts: Die verkaufte Auflage hat sich im II. Quartal 1993 auf ca. 485 000 Exemplare pro Woche eingependelt (also etwa doppelt so hoch wie geplant). Mit 5,7 Lesern pro Exemplar wird jede Ausgabe von durchschnittlich 3,1 Millionen Menschen gelesen. Die Gesamtreichweite beträgt 5,5 Prozent der Bevölkerung, unter den männlichen Lesern sogar 7,9 Prozent (*FOCUS* wurde im Rahmen der Frühjahrswelle '93 der AWA '93 mit 5028 Befragten, Deutschland West, erhoben). Kein vergleichbares Objekt hat so schnell zu einer so hohen Reichweite gefunden. Wir können einen hohen Anteil im Einzelverkauf an den Kiosken absetzen, ein Zeichen dafür, daß *FOCUS* es schafft, Woche für Woche immer wieder neu zu interessieren. Auch von den Werbekunden ist unser Magazin offen aufgenommen worden. Denn die Akzeptanz bei unseren Lesern ist sehr hoch, und das beeinflußt in Konsequenz die werblichen Leistungswerte. Diese Interdependenz führt dazu, daß *FOCUS* schon Mitte des Jahres bei über 2100 verkauften Anzeigenseiten liegt, ein Wert, den wir erst für Ende des Jahres kalkuliert hatten. Damit sind wir die Nummer Vier unter den Wochentiteln, also auch hier deutlich über Plan. Wir erreichen unsere „Traum-Zielgruppe", die Info-Elite. *FOCUS* hat sich einen eigenen Leserkreis erschlossen, den Untersuchungen zufolge haben wir 47 Prozent Exklusivleser.

Wenn die Entwicklung so anhält, erwarten wir das Erreichen der Gewinnzone bereits für das Jahr 1995, je nach Entwicklung der Konjunktur sogar noch früher. Auch die geplante Höhe der Anlaufverluste von 140 Millionen Mark wird deutlich unterschritten werden. Schon jetzt kann man sagen, daß unser neues Objekt deutlich zum positiven Gesamtergebnis des Medienhauses Burda beitragen wird. Der Burda-Verlag verzeichnet eindeutig einen Imagegewinn durch den neuen Titel. Das wird uns immer wieder von Kunden, Lesern und wichtigen Persönlichkeiten bestätigt. *FOCUS* ist zum politischen „Beachtungsfaktor" geworden und hat durchaus eine Lead-Funktion übernommen. In zwei, drei Jahren wird es völlig normal sein, daß es zwei Nachrichtenmagazine an den Kiosken gibt. Und jedes wird seine Leser haben.

Die politische Kultur Deutschlands

Als Verleger eines Nachrichtenmagazins trägt man zur politischen Kultur eines Landes bei. *FOCUS* hat den Anspruch, investigativen Journalismus zu betreiben: Wir wollen aber nicht ideologisch geprägt sein, wir wollen objektiv berichten. Es ist nicht eine Frage der politischen Zugehörigkeit, ob links oder rechts – die brennenden Probleme unserer Zeit entziehen sich diesem „altbewährten" Raster. Verlegerische Verantwortung bedeutet für den Medienunternehmer von heute immer eine spezifische Verpflichtung gegenüber den Inhalten.

Josef Brauner, Jahrgang 1950, sammelte in verschiedenen amerikanischen Unternehmen Erfahrungen in der Vertriebsarbeit. 1980 begann er als Verkaufsleiter bei Sony Deutschland in München. 1981 wurde er Niederlassungsleiter in München, wechselte 1987 als nationaler Vertriebsleiter ins Sony-Head-Quarter nach Köln, wurde 1988 General Manager und ein Jahr später Geschäftsführer der Sony Deutschland GmbH, Broadcast & Communication. 1993 wurde Josef Brauner zum Vorsitzenden der Geschäftsleitung bestellt.

Phantasie für neue Anwendungen – die Walkman-Story

von Josef Brauner

Wir wissen, was die Öffentlichkeit will

„Wir wollen der Öffentlichkeit neue Produkte anbieten, ohne nach Bedürfnissen zu fragen. Die Öffentlichkeit weiß weder, was sie will, noch, was machbar ist. Aber wir wissen es."

Dieses selbstbewußte, ja fast anmaßende Zitat stammt von Akio Morita (Akio Morita, Made in Japan, Bayreuth 1986), Mitbegründer eines Unternehmens, das wie kaum ein anderes zum Sinnbild innovativer Produktpolitik wurde: Sony.

Und schon sind alle Theorien über den Haufen geworfen. Man stellt die Frage: „Was wäre geschehen, wenn eine Produktidee wie der Walkman von Sony über Marktforschung abgeklopft worden wäre?" und erahnt bereits die Antwort: Wahrscheinlich wäre sie, wenn überhaupt, wesentlich später entwickelt und vermarktet worden, weil der Markt, oder genauer gesagt: der Konsument, sich dieser Möglichkeiten gar nicht bewußt sein konnte.

Die beiden Sony-Gründer Masaru Ibuka und Akio Morita zählten von Beginn an zu jenen Visionären, die nicht für bereits existente Märkte entwickelten, sondern die neue Märkte schufen. Ihr Ziel war es, Bedürfnisse des Verbrauchers zu erzeugen, von deren Existenz er vorher nichts geahnt hatte. Doch der Reihe nach.

SONY – ein Pionier aus Prinzip

Als Ibuka und Morita am 7. Mai 1946 die „Tokyo Tsushin Kogyo Kabushiki Kaisa" gründeten, ein Unternehmen, für das sie später glücklicherweise den Namen „Sony" fanden, da war Pioniertum ihr erklärtes Ziel. Hochtechnologische Produkte wollte man entwickeln, die einen besonderen Nutzen für die Gesellschaft hatten.

Akio Morita (Akio Morita, Made in Japan, Bayreuth 1986) erinnert sich: *„Ibuka und ich hatten uns in vielen Gesprächen darauf verständigt, dem neuen Unternehmen eine innovative Grundkonzeption zu geben. Wir wollten neue Produkte, neue, ausgeklügelte Funktionsprinzipien anbieten, also originelle Gebrauchsartikel auf den Markt bringen, die höchsten technischen Standards genügten."*

In der erst kurzen Geschichte des Unternehmens gelang dies in mehr als überzeugender Art und Weise. Mit Innovationen wie dem ersten Transistorradio, dem ersten Home-Video-System, der „Trinitron"-Bildröhre oder dem 8mm-Video-System beeinflußte Sony die Unterhaltungselektronik in entscheidendem Maße. Und in zahlreichen Fällen schuf man mit diesen Innovationen neue Märkte, die den Verbraucher, als er sie denn erkannte, begeisterten.

Die Geschichte des Walkman steht wie keine andere für diese Philosophie, stellte sie doch das Freizeitverhalten einer ganzen Generation auf den Kopf und läutete in der Unterhaltungselektronik eine neue Ära ein: die des individuellen, persönlichen Entertainments (Personal Audio).

Die marktfähige Idee

In den siebziger Jahren, als sich qualitativ hochwertige Musikreproduktion vor allem mit immer größeren und technisch aufwendigeren HiFi-Anlagen verband, stellten die beiden Sony-Gründer eine aus heutiger Sicht simple Frage: Warum sollte es nicht möglich sein, genauso hochwertige Musikwiedergabe mit kleinen, portablen Geräten zu jeder Zeit und an jedem Ort genießen zu können, ohne dabei seine Umgebung zu stören?

Den Technikern und Ingenieuren des Unternehmens kam diese Idee geradezu abstrus vor. Ein Gerät, mit dem es ausschließlich möglich war, Musik abzuspielen, ohne jede Aufnahmefunktion, mit Kopfhörern statt Lautsprechern, das bedeutete in ihren Augen einen technischen Rückschritt. Niemand konnte sich vorstellen, daß der Verbraucher ein solches Gerät akzeptieren würde.

Akio Morita ignorierte diese Einwände und verließ sich statt dessen auf seine Beobachtungsgabe. Überall auf den Straßen waren Kid's zu sehen, die mit voluminösen Kofferradios oder Cassettenrecordern nicht nur sich, sondern vor allem auch ihre Umwelt mit dröhnender Musik berieselten, Moritas eigene Kinder übrigens eingeschlossen.

Sein Auftrag an die Entwickler war klar und eindeutig: auf der Basis eines bereits halbfertig entwickelten kleinen Cassettenrecorders namens „Pressman", der eigentlich nur Testzwecken diente, sollte ein portables Stereo-Abspielgerät entwickelt werden, mit Kopfhörern statt der üblichen Boxen. Morita: *„Ich wurde zwar nicht offen ausgelacht, aber ich konnte meine eigene Projektgruppe, die sich zögernd an die Arbeit machte, wohl nicht recht überzeugen."*

Hierzu ist es von Bedeutung zu wissen, daß bei Sony die Entwicklungsgruppen bis dato normalerweise voneinander getrennt arbeiteten. Die Tonband-Ingenieure hatten kaum Kontakt mit den Spezialisten für Kopfhörer, und es hatte auch nie einen Grund gegeben, diesen Kontakt zu pflegen.

Die Verbindung von hochwertiger Musikreproduktion mit Kopfhörern erscheint uns heute selbstverständlich, damals jedoch boten Kopfhörer bestenfalls eine zusätzliche Funktion am Rande des hochwertigen Equipments. Musik ertönte durch aufwendig konstruierte Lautsprecherboxen, sie vollständig durch einen Kopfhörer zu ersetzen, das kam fast einem Sakrileg gleich.

Umsetzung der Idee am Markt

Zunächst also galt es, die richtigen Entwickler zusammenzubringen und zu einem Projektteam zu verschweißen. Da fügte es sich sehr gut, daß die Kopfhörer-Leute gerade mit der Entwicklung eines extrem leichten Kopfhörers beschäftigt waren. Und daß die Tonband-Ingenieure jenes bereits erwähnte, halbfertig entwickelte Cassettengerät in die neue Verbindung einbringen konnten.

Die ersten Testgeräte boten den beiden Visionären Ibuka und Morita ein gleichermaßen überaschendes wie überzeugendes Erlebnis: *„Bei den großen Lautsprecherboxen der konventionellen Stereoanlagen geht der größte Teil der Energie verloren, weil nur die wenigsten Schallwellen auf das Ohr des Zuhörers treffen. Die meisten Wellen lassen Wände und Fenster erzittern. Unser winzig kleines Gerät brauchte nur sehr wenig Batteriestrom, um die federleichten Kopfhörer mit Energie zu versorgen. Ihre Klangtreue war fast besser, als ich erwartet hatte.“* stellte Akio Morita fest. Wenn es für ihn noch irgendwelche Zweifel an der Vermarktungsfähigkeit eines solchen Produktes gegeben hatte – sie waren spätestens jetzt beseitigt.

Unter der Bezeichnung „TPS-L 2“ lag schließlich 1978 das Ergebnis auf dem Tisch: ein tragbares Cassettenabspielgerät, das es ermöglichte, eigene individuelle Musik zu hören, ohne die Umwelt zu stören, und das in beachtlicher Stereo-Qualität.

Dennoch: Bei den Technikern des Konzerns herrschte eher Verlegenheit über das neue Produkt vor. Von technologischer Innovation, wie man sie von Sony gewohnt war, konnte ihrer Überzeugung nach keine Rede sein. Akio Morita hatte zudem einen relativ niedrigen Preis als Ziel gesetzt, der schon in der Entwicklungsphase zu etlichen Einschränkungen geführt hatte.

Der Walkman am Markt

Der nächste Schock war für die Marketingleute des Unternehmens reserviert: sie durften gerade einmal 100 000 Dollar für die Einführung des ersten Walkman ausgeben. Also griff man auf die wichtigste Ressource zurück, die zur Verfügung stand: auf das Produkt selbst.

Mit einer unverhältnismäßig großen Anzahl an Vorführgeräten wurden nicht nur die Medienvertreter, prominente Musiker oder

Meinungsbildner mit dem Produkt bekannt gemacht, auch und gerade die Verbraucher konnten sich hautnah von den Vorzügen des Cassettenplayers überzeugen. Sony ließ zahlreiche junge Leute über die Ginza, Tokyos berühmte Einkaufsmeile laufen, die das neue Produkt vorführten, ja sogar spezielle Hemden mit vergrößerten Brusttaschen, in die der Walkman hineinpaßte, wurden angefertigt. Der Begriff „pocketsize" etablierte sich.

Der erste Markterfolg überraschte selbst Sony. Nicht die „Kids" waren Käufer des Walkman, sondern die Gruppe der jugendlichen Erwachsenen, die man als „frühe Yuppies" bezeichnen könnte. Hier, bei den Trendsettern, boomte das Produkt allerdings umso mehr. Die ersten Produktionsmengen waren in kurzer Zeit verkauft und vorübergehend war in ganz Japan kein einziger Walkman mehr zu erhalten.

Nun gab Sony das Signal, sich mit allen verfügbaren Mitteln hinter die Produktidee des Walkman zu stellen. Die weltweite Einführung wurde begleitet von heftigen Diskussionen über den Namen des Produktes. Auch Morita selbst war nicht unbedingt begeistert: *„Der Name Walkman, ein unmögliches Wortgebilde, gefiel mir noch nie, wurde aber anscheinend überall richtig verstanden."*

Insbesondere in den USA und England fürchtete man, daß die Namenskombination in Widerspruch zur englischen Grammatik stehen könnte, ja, sogar lächerlich wirken würde. Dazu Morita: *„Später versuchten wir es in Übersee mit anderen Produktnamen – ‚Stow Away' in England, ‚Sound About' in den USA – aber keiner war griffig. Nur ‚Walkman' prägte sich ein."*

Im Laufe des ersten Einführungsjahres wurden Produktionskapazitäten erweitert, der Walkman II als Nachfolgemodell entwickelt und die weltweite Einführung des Produktes mit aller Energie betrieben. Sony nutzte die Chance des Ersten, wohl wissend, daß ein rascher Markterfolg von einer möglichst schnellen Verfügbarkeit der Geräte in hohen Mengen abhing. Und ein rascher Erfolg war notwendig, wie Morita erläutert:

„Zu Anfang, als unsere Erfolgsbilanz noch nicht so konsolidiert war, verhielten sich unsere Konkurrenten vorsichtig-abwartend, während wir auf dem Markt das Interesse für ein neues Produkt zu wecken versuchten. Zu dieser Zeit hatten wir den Markt oft für ein Jahr oder länger ganz für uns allein, ehe die anderen Firmen von der Durchsetzungsfähigkeit des betreffenden Produktes überzeugt waren. Je deutlicher sich unsere Erfolge in der Folgezeit abzeichneten, desto eher stürzte sich die Konkurrenz ins Geschäft.“

Zehn Jahre nach der Einführung waren weltweit über 20 Millionen Walkman-Geräte verkauft. Überall stieß die Produktidee auf begeisterte Musikliebhaber, für die Sony eine ganze Produktpalette unterschiedlichster Walkman-Typen bereithielt. Die Idee des „personal Audio“, des ganz persönlichen und individuellen Musikgenusses wurde zur Philosophie.

Der Walkman veränderte in der Tat die Einstellung einer ganzen Generation. Nie zuvor war die Idee des portablen, persönlichen Entertainments so direkt und nachvollziehbar verwirklicht worden. Letztlich war der Walkman Basis für eine neue Richtung in der Unterhaltungselektronik, die sich bei Sony nahtlos fortsetzte mit Produkten wie dem „Discman“, dem winzigen 8mm-Video-System und seit Anfang der neunziger Jahre mit dem Mini-Disc-System.

Erfolgsfaktoren des Walkmans

Der Ursprung der Innovationsstärke liegt in der Unternehmenskultur Sonys. Zwar waren es die Visionäre Ibuka und Morita, die das Ziel aufzeigten und für dessen Realisierung sorgten. Aber dann wurde dieses Ziel – trotz erheblicher Vorbehalte – von den Teams in Technik und Marketing aufgenommen, und zwar in einer Form, die von einer sehr individuellen, von Vertrauen gekennzeichneten Atmosphäre zeugt. Diese Atmosphäre zu schaffen, scheint eines der Geheimnisse erfolgreicher Produktentwicklung zu sein.

Dr. Ron Sommer, President of Sony Europe, beschreibt dieses Phänomen folgendermaßen (Ron Sommer, Sony's Innovations-

Bild 1: Der Walkman von Sony

management, Cebit Vortrag, Hannover 1990): *„Natürlich brauchen Sie Ingenieure, die mehr haben als nur technischen Verstand, natürlich Marketing Leute, die den Markt bilden. Die Kunst besteht darin, sie richtig zusammenzubringen. Die Kommunikation, die ständig wechselnde Schnittstelle zwischen Technik und Marketing stets richtig zu organisieren, darin besteht erfolgreiches Innovations-Management bei der Produktentwicklung."*

In seinen Grundsatzbetrachtungen zu „Sonys Innovationsmanagement" ergänzt Ron Sommer die beiden klassischen Innovationsursprünge Technologie und Markt um einen dritten, den der „application-driven Innovation" und definiert:

„Zu den großen Sony Erfolgen gehören eben diejenigen, die gerade nicht aus technischer Entwicklung kamen sondern aus der Phantasie für neue Anwendungen und somit für neue Märkte."

Der Walkman war ein Produkt, das weder vom existierenden Markt gefordert noch von neuen Technologien getrieben wurde, sondern das im Sinn einer neuartigen Anwendung einen neuen Markt schuf.

Und damit sind wir wieder beim Ausgangspunkt: der Konsument konnte sich einer Idee wie der des Walkman nicht bewußt sein, da er sie nicht kennen konnte und sie folglich auch nicht vermißte. Akio Morita (Akio Morita, Made in Japan, Bayreuth 1986) bringt dies auf den Punkt:

„Wir kümmern uns daher nicht viel um Marktforschung, sondern tüfteln ein Produkt und seine Verwendungsmöglichkeit aus und versuchen dann, einen Absatzmarkt dafür zu schaffen, indem wir die Öffentlichkeit durch Kommunikation sozusagen „produktreif" machen."

Natürlich überläßt auch Sony dieses „Austüfteln" nicht immer dem Zufall, denn die Entwicklung von Ideen kostet letztlich Geld, das den Gewinn schmälert. Gerade hier aber wirkt im japanischen Geschäftsleben eine Überzeugung, die viele westliche Unternehmen nicht kennen: die Überzeugung, daß kurzfristig orientiertes Gewinndenken eines der größten Hindernisse bei der Schaffung wirklicher Innovationen ist. Viele Sony-Entwicklungen hatten und haben einen langfristigen Zeithorizont, der hohe Investitionen zu einem Zeitpunkt notwendig macht, an dem eine Gewinnausschöpfung noch gar nicht zur Diskussion steht.

Und alles Austüfteln braucht letztendlich Ziele. Morita umreißt diese so: *„Wenn ein Ingenieur oder Wissenschaftler eine eindeutige Zielvorgabe hat, bemüht er sich nach Kräften um deren Realisation; wenn man aber dem Forscher anstelle eines Zieles nur einen enormen Etat gibt ... ist mit Erfolg nicht zu rechnen."*

Das Ziel für die Entwicklung des Walkman war eindeutig: Schaffung eines kleinen, portablen Abspielgerätes, das Stereomusik in perfekter Qualität für individuellen Empfang liefern sollte. Eine Vision zweier Männer formulierte dieses Ziel, eine unternehmensinterne Kultur, durchaus auch vertrauensgeprägte Streitkultur, realisierte das Ziel.

Zu dieser Kultur gehört es auch, daß ein Ergebnis durchaus anders sein kann, als es das Ziel beinhaltet, denn ohne die notwendige Flexibilität kann sich Kreativität nicht einstellen.

Die Geschichte des Walkman ist ein Paradebeispiel für Entwicklungen, die sich aus der Anwendung von Technologien erklären. Sie soll aber nicht überdecken, daß Sony einen Großteil seiner Innovationskraft aus technologie-orientierter Forschung schöpft, die bis zur Grundlagenforschung reicht. Aus der Verbindung von Technologie und Anwendung erklärt sich, daß es notwendig ist, den Blick freizumachen auf eine realistische Technikentwicklung einerseits und andererseits auf eine nüchterne, am Nutzen orientierte Technikargumentation. Diese Argumentation ist aber nur dann möglich, wenn der Sender und Innovator, also wir, eine Vorstellung haben, wozu unsere Technik taugt, wohin sie führt, welchen Nutzen unsere Technik stiftet.

Helmut Thoma, Jahrgang 1939, studierte Jura und promovierte 1962. Nach vier Jahren Tätigkeit in verschiedenen Anwaltskanzleien und Gerichten stieg er beim österreichischen Fernsehen und Radio ein, wo er 1968 zum Justitiar aufstieg. 1973 wurde er Prokurist für die RTL-Generalvertretung, der IPA, in Frankfurt, 1975 deren Alleingeschäftsführer. Von 1982 bis 1986 war er Programmdirektor bei RTL, zunächst für das deutschsprachige Radio Luxemburg, dann für alle deutschsprachigen RTL-Programme. Im Anschluß daran avancierte er zum Sprecher der Geschäftsführung von RTL plus Deutschland Fernsehen. Seit 1990 ist er deren Alleingeschäftsführer.

Die Erfolgsstory von RTL Television

Wie eine einfache Idee die deutsche Fernsehlandschaft verändert

von Helmut Thoma

Das Interesse der Zuschauer durch einen Bildschirm mit bunten und bewegten Bildern wecken – so schlicht sah eigentlich der Grundgedanke des Fernsehmachens aus, als in Deutschland auch in diesem Bereich erstmals private Initiative möglich war. So ganz genau wußte eigentlich keiner in der „ersten Stunde“, wie ein professionelles Programm auszusehen hatte – nur eines stand fest: RTL sollte erfrischend anders wirken, sich eben ganz stark unterscheiden von den altbekannten Angeboten von ARD und ZDF. Aber würde dieses einfache Motto auch den wirtschaftlichen Erfolg garantieren ?

Der deutsche TV-Markt hat sich verändert

Jetzt ist das duale Fernsehsystem noch nicht einmal ein Jahrzehnt in Kraft – und doch haben sich die Gewichte schon deutlich verschoben: Die Zulassung privater Anbieter neben den öffentlich-rechtlichen Anstalten hat den deutschen Medienmarkt tiefgreifend verändert. Die Zahl der Programme hat sich vervielfacht, die Höhe der Werbeumsätze wächst mit zweistelligen Steigerungsraten. Die privaten Veranstalter haben ihren Marktanteil gegenüber ARD und ZDF kontinuierlich ausgebaut – und zugleich die Bedeutung des Fernsehens als Werbeträger gegenüber den Printmedien deutlich erhöht.

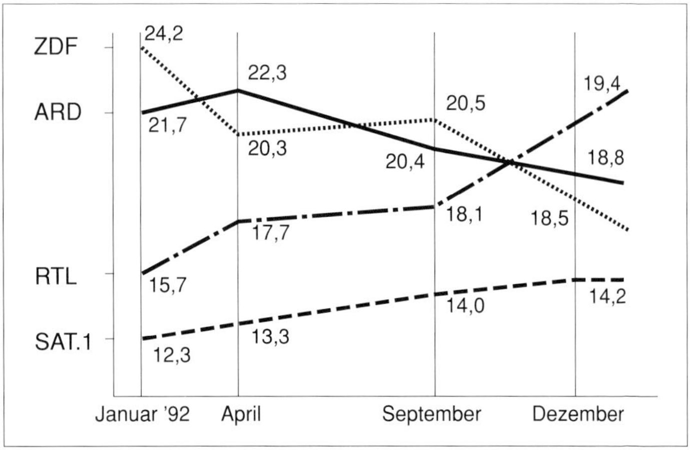

Abbildung 12: Das Fernsehjahr 1992 – Kampf um die Spitze (Marktanteile in Prozent, Zuschauer ab sechs Jahre)

Quelle: GfK-Fernsehforschung/Inmarkt

Die Entwicklung war zunächst nur zu erahnen, als Anfang 1984 mit RTL und SAT.1 die ersten deutschsprachigen Fernsehunternehmen auf Sendung gingen. In Sachen TV war Deutschland ein Entwicklungsland: 30 Jahre öffentlich-rechtliche Monopolzeit hatten jede Form von Innovation und Wettbewerb unterbunden. Im Vergleich zu anderen europäischen Ländern konnten die Printmedien damals einen überproportional hohen Anteil am nationalen Fernsehmarkt verzeichnen. Daher die naheliegende Vermutung, daß sich zwangsläufig Werbegelder aufgestaut hatten, die auf die großen TV-Reichweiten durch neue Techniken und Programme förmlich warteten.

Der schwierige Weg zur dualen Fernsehordnung

Trotz dieser möglichen wirtschaftlichen Belebung in einer Zukunftsbranche stießen die Pläne für privates Fernsehen bei manchen Politikern auf strikte Ablehnung. Bundeskanzler Helmut Schmidt verglich die Gefahren dieses neuen Mediums mit denen der Kernkraft – und vor dem Ausbau von Kabel- und Satellitenwegen richtete die damalige sozialliberale Koalition verschiedene Kommissionen ein, die den Einfluß neuer Medien auf das demokratische Gemeinwesen beurteilen sollten. In bestimmten Kreisen schlummerte ein tiefer Kulturpessimismus, der mit dem angeblichen Horrorszenario „amerikanischer Verhältnisse“ immer wieder geschürt wurde.

Hinzu kam die Situation bei den TV-Frequenzen: Als Mangelware, quasi als öffentliches Gut, waren sie jahrzehntelang vom Staat verwaltet worden. Gestützt auf die Rechtsprechung des Bundesverfassungsgerichts konnten allein die öffentlich-rechtlichen Anstalten die Übertragungswege nutzen. Privatunternehmen waren de facto ausgeschlossen, auch wenn die Option auf einen Wandel dieser Lage immer schon bestand. Die neuen Verbreitungstechniken ließen diese Option nun zum Zuge kommen: Die Bundespost begann intensiv mit dem Ausbau von Kabelnetzen und in mehreren Städten waren Pilotprojekte anvisiert.

Die Pläne für ein eigenes Satellitenprojekt

Tatsächlich waren diese Initiativen immer noch von starken Restriktionen geprägt. Dabei hatte eigentlich schon die internationale WARC-Konferenz 1977 zu einer Frequenzaufteilung für Direktsatelliten geführt, die eine grenzüberschreitende Verbreitung von Telekommunikation ermöglichen sollten. Als Programmdirektor von Radio Luxemburg schwebte mir schon damals ein deutschsprachiges Fernsehprogramm vor, das von dem kleinen Herzogtum aus – aller deutschen Regulierungswut zum Trotz – das Publikum des großen Nachbarn per Satellit erreichen könnte. Der Bundesverband Deutscher Zeitungsverleger und sein damaliger Präsident Alfred Neven-DuMont hatten bereits Interesse an diesem Lux-Sat-Projekt signalisiert.

Dann jedoch kamen die Wende in Bonn und die erwähnte Verkabelungspolitik des neuen Bundespostministers Christian Schwarz-Schilling, der sich die Förderung der neuen Medien auf seine Fahnen geschrieben hatte. Die deutschen Verlage stürzten sich gemeinsam mit dem Münchener Filmhändler Leo Kirch auf das Kabelpilotprojekt Ludwigshafen und den daraus hervorgehenden Sender SAT.1. Medienwirtschaftliches und journalistisches Know-how, dazu ausreichendes Programmaterial und politisches Wohlwollen – dieses Projekt verfügte eigentlich über die besten Aussichten, zu einer ernsten Konkurrenz für ARD und ZDF aufzusteigen.

Die unverhoffte Hilfe eines NATO-Piloten

Meine Luxemburger Ambitionen mußte ich zu jener Zeit völlig umstellen, denn die Satellitenpläne waren nicht mehr zu realisieren. Stattdessen kam mir ein purer Zufall zuhilfe: Ein französischsprachiger Fernsehsender in Luxemburg – gerichtet auf das benachbarte Lothringen – fiel den Flugkünsten eines NATO-Piloten zum Opfer. Während die Militärs für den Wiederaufbau des Sendemasts sorgten, hatte Frankreich den Luxemburgern bereits eine eigene Frequenz für den lothringischen Kanal 7 zur Verfügung gestellt. Der Antennensender war also frei und ließ sich ohne große Schwierigkeiten auf das Saarland und Teile von Rheinland-Pfalz ausrichten.

Damit waren die technischen Voraussetzungen für ein deutschsprachiges Programm geschaffen. Als Gesellschafter konnte ich die Compagnie Luxembourgeoise de Télédiffusion S.A. (CLT), das Mutterunternehmen aller europäischen RTL-Sender, gewinnen. Das Budget von 25 Millionen Mark für das erste Jahr wollten die CLT-Herren nur bewilligen, wenn ich Ihnen mindestens schon zehn Millionen an Werbeeinnahmen garantieren könnte. Die Prognosen von Experten beliefen sich jedoch nur auf rund drei Millionen, bis ich einen „bereitwilligen“ Gutachter fand und tatsächlich das O.K. meiner Vorstandsherren erreichte.

Die unterschiedliche Startsituation der neuen Sender

Die CLT sollte ihre Bereitschaft nicht bereuen, denn mit der Unterstützung im Rücken reichte es schon im ersten Jahr zu den geforderten zehn Millionen Mark. Zudem hatte ich noch vor dem Sendestart einen zusätzlichen Gesellschafter für das Projekt gewonnen: Bertelsmann, Deutschlands größter Medienkonzern, signalisierte mir bei der Internationalen Funkausstellung 1983 in Berlin sein Interesse und stieg dann nach einer Präsentation in Luxemburg mit knapp 40 Prozent in das Unternehmen ein. Die Voraussetzungen für das „Abenteuer Fernsehen" – quasi zeitgleich mit dem Programmbeginn von SAT.1 – waren gesichert.

Allerdings war die Ausgangslage für die beiden ersten deutschen Privatsender denkbar unterschiedlich: einerseits SAT.1 mit einem Startbudget von über 100 Millionen Mark aus Verlegerhand, aber nur mit einer Reichweite von etwa 3000 Kabelhaushalten in Ludwigshafen, andererseits RTL plus mit schmalen 25 Millionen Mark, dafür gleich von rund 200 000 Fernsehhaushalten im Südwesten Deutschlands zu empfangen. Den kleinen Zusatz „plus" im Namenskürzel hatten wir uns übrigens zugelegt, um uns von dem damals noch übermächtigen RTL Radio abzugrenzen. Inzwischen haben sich die Gewichte nachhaltig verschoben, das „plus" ist heute überflüssig.

Die Sympathie für die RTLer der ersten Stunde

In der Anfangsphase haben uns die Hörfunk-Kollegen allerdings mächtig unterstützt. Schließlich hatte ich als Programmdirektor von Radio Luxemburg einen sehr guten Draht zu den damaligen Stars am Mikrofon wie Helga Guitton oder Jochen Pützenbacher, die für das neue Fernsehen über das Land fuhren und die Werbetrommel rührten. Zwangsläufig übertrug sich diese Radio-Stimmung auch auf das TV-Angebot, in dem häufig sehr unkonventionell und abwechslungsreich „gequatscht" wurde. Eine Handvoll motivierter junger Mitarbeiter machte den Bildschirm zu einer Spielwiese – und die Saarländer fanden diese Truppe sehr sympathisch. Denn schon damals herrschte auf dem RTL-Bildschirm die wichtige ständige Bewegung.

Im Grunde machten die rund 25 Leute beim Start aus der Not eine Tugend: Programmaterial war sehr rar, so daß die Verantwortlichen viele Ideen entwickeln mußten, um die Zuschauer bei Laune zu halten. Auf wirklich gutes Filmmaterial fehlte mir – als damaliger Programmchef – einfach der Zugriff, da Leo Kirch – heute Herr über ein Archiv von 15 000 Kinostreifen und 50 000 Programmstunden – schon damals über die Rechte an den meisten guten Angeboten verfügte. Mit dem anfänglichen Etat ließen sich auch keine großen Einkäufe tätigen – und so bediente ich mich meist bei „zweiten Adressen“.

Das Pulver trocken halten

Filmnachlässe und Billigangebote, die von den Öffentlich-Rechtlichen nicht einmal begutachtet worden wären, füllten die Sendezeit immer dann, wenn unserem Team mal gar nichts Gescheites mehr einfallen wollte. In diesen Fällen griff ich kurzerhand hinter mir ins Regal und brachte schnell noch einen Streifen auf Sendung, der uns zumindest bis zu den nächsten Nachrichten hinüberrettete. Generell aber bewiesen die Programmacher der ersten Stunde viel Engagement und Innovationsgeist, der ihnen das Etikett eines „liebenswerten Amateurvereins“ einbrachte. Zugleich erreichten sie eine sehr hohe Bindung bei den noch sehr spärlichen Zuschauern, indem immer eine Person das Publikum durch den ganzen Sendetag begleitete.

Es stellt sich die Frage, warum so hochrangige Medienunternehmen wie die CLT und Bertelsmann ihr gemeinsames Fernsehprojekt nicht gleich mit mehr Kapital und damit auch mit mehr Möglichkeiten zu Programminvestitionen ausgestattet haben. Die deutschen Großverlage – allen voran Springer – und Leo Kirch hatten schließlich SAT.1 auch vom Start weg mit einem formell höheren Potential ausgestattet. Die Gründe liegen schlichtweg im richtigen Timing: das „Pulver trocken halten“ bis zu der Chance zu einem „gezielten Schuß" – so lautete meine Devise, die ich unseren Geldgebern auch immer wieder ans Herz legte. Und schließlich konnten wir so die Anlaufverluste mit nur 260 Millionen Mark phänomenal niedrig halten.

Das erfrischend andere Programm bei RTL

Die sehr begrenzte Reichweite von einigen hunderttausend Haushalten im deutschen Südwesten hätte den massiven Einsatz von eingekaufter Fernsehsoftware nicht gerechtfertigt. Zudem sah ich ohne große Film- und Stareinkäufe die wichtige Möglichkeit gegeben, mit dem unkomplizierten Auftreten meiner Leute gleich vom Start weg ein eigenes Profil zu entwickeln. Die Zuschauer, die mit dem deutschsprachigen Fernsehen aus dem kleinen Luxemburg in Berührung kamen, sollten den Sender in bleibender Erinnerung behalten. Daß die großen Filmhits in unserem Programm

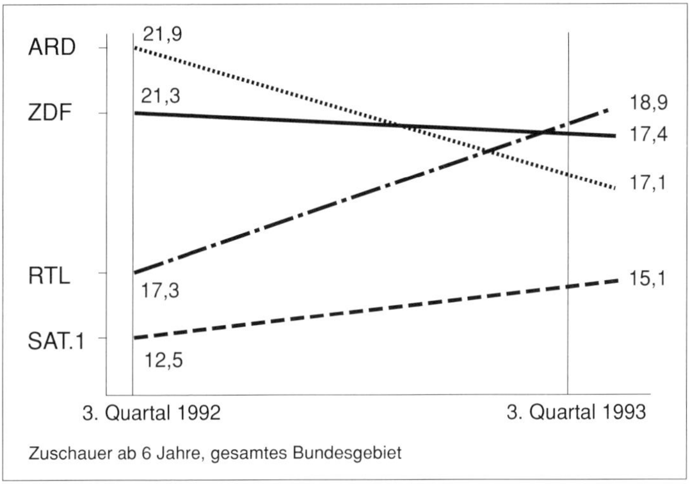

Abbildung 13: Deutsche Fernsehsender – TV-Rangliste (Marktanteile in Prozent)

Quelle: GfK-Fernsehforschung/Inmarkt

weitgehend fehlten, war genauso zu verschmerzen wie die gelegentlich auf dem Bildschirm sichtbaren Fehler. Dafür war bei RTL jeder Mitarbeiter für sein eigenes Produkt auch durchweg verantwortlich – von der Recherche über die Dreharbeiten bis zur Präsentation auf dem Bildschirm.

Denn einen Effekt wollten wir von Anfang an vermeiden: Fernsehproduktionen sollten nicht so perfekt und steril wirken wie bei den riesigen und anonymen Produktionsapparaten von ARD und ZDF. Dort waren viele Sendungsabläufe und -konzepte schon so eingefahren, daß sie den Zuschauer eher langweilten als unterhielten. RTL wirkte und wirkt hingegen einfach „erfrischend anders", wie uns Zuschauerbefragungen regelmäßig bestätigen. Und in Erweiterung dieses Mottos forderte ich von meinen Leuten, daß unser Programm zuweilen auch schon einmal „erschreckend anders" aussehen dürfe. Hauptsache, der Unterschied zu den Fernsehbürokratien der Öffentlich-Rechtlichen war für's Publikum klar.

Der Einstieg wichtiger neuer Gesellschafter

Doch ohne einen weiteren Ausbau der technischen Reichweite hätte dieses vom Start weg eigene Profil kaum in entsprechende Publikumserfolge umgesetzt werden können. Die Hoffnung auf einen baldigen deutschen Satelliten erwies sich als Irrtum. RTL mietete zwar 1985 den luxemburgischen Transponder auf dem European Communication Satellite (ECS), ein schneller Zugewinn an Empfangshaushalten war damit jedoch nicht geschaffen. Eine andere Alternative boten die deutschen Kabelnetze, die die Bundespost mit Hochdruck ausbaute.

Als wir den Eingang in das Kabelnetz von Nordrhein-Westfalen erreichten, schloß sich mit der WAZ-Gruppe – dem größten deutschen Regionalzeitungsverlag – ein weiterer potenter Gesellschafter unserem Sender an. Neben den zehn Prozent für das Essener Unternehmen gab die CLT an zwei weitere Verlage kleinere Kapitalanteile ab: die *Frankfurter Allgemeine Zeitung* (ein

Prozent) und der Burda-Verlag (zwei Prozent) stiegen nach den ersten Unstimmigkeiten aus dem Mammut-Konsortium bei SAT.1 aus und schlossen sich schnurstracks dem Konkurrenzprojekt RTL an. Damit hatte unser Sender einschließlich der zwei Prozent der Deutschen Bank eine überaus potente Gesellschafterstruktur gewonnen.

Die Entscheidung für den neuen Standort Köln

Mit dem Einstieg deutscher Anteilseigner – inzwischen war die CLT nicht mehr absoluter Mehrheitsgesellschafter des Senders – fielen zugleich wichtige Weichenstellungen für die weitere Unternehmensentwicklung: Nordrhein-Westfalen, das mit Abstand bevölkerungsreichste Bundesland, kristallisierte sich zunehmend als ein Schwerpunkt in der Zukunft des Senders heraus. Mit Bertelsmann und der WAZ gehörten zwei ganz wesentliche Medienunternehmen der Region zu den Kapitalgebern von RTL. Und die etwa 17 Millionen Einwohner an Rhein und Ruhr versprachen ein lukratives „Absatzgebiet" für das eigene Programm.

Der Ausbau der technischen Verbreitung nahm nämlich zunächst einen anderen Verlauf als erwartet. Die Verkabelung ließ sich nicht so stramm durchziehen, wie sich dies Minister Schwarz-Schilling in seinen Plänen ausgemalt hatte. Dafür gewann die terrestrische Ausstrahlung für die privaten Sender eine wachsende Bedeutung, als die Techniker neue zusätzliche Frequenzen neben den Übertragungswegen für ARD und ZDF entdeckten. Um diese effektiven „Vertriebskanäle" für die eigenen Produkte nutzen zu können, bedurfte es jedoch einer grundsätzlichen Entscheidung zugunsten eines deutschen Standorts: Anfang 1988 zog RTL nach Köln um und pflegt seither eine überaus gute Partnerschaft mit der Stadt am Rhein.

Die technische Reichweite an Rhein und Ruhr

Die Belohnung für diesen Umzug ließ nicht lange auf sich warten: In Wesel und Düsseldorf konnte RTL alsbald zwei sehr reichweitenstarke Antennensender übernehmen, mit denen das Programm einen Großteil der Haushalte im Ruhrgebiet und in der Rheinschiene erreichte. Binnen kürzester Zeit verfügte RTL über ein Potential von rund 50 Prozent der deutschen Haushalte und gehörte so unmittelbar zu den ernstzunehmenden Sendern in Deutschland. Plötzlich schien auch die Situation gekommen, die den Einsatz der noch „trockenen Munition" erlaubte. Denn mit dieser technischen Reichweite waren rein rechnerisch Marktanteile möglich, die auf eine ausreichende Refinanzierung aus der Werbung hoffen ließen.

Bis dato war RTL nämlich im Vergleich zu SAT.1 der eher weniger profilierte Sender, der bei den Zuschauerquoten zumeist hinter dem direkten Konkurrenten lag. Die Öffentlich-Rechtlichen rangierten zu diesem Zeitpunkt noch deutlich vor den privaten Programmen – und belächelten gerade die Bemühungen der RTL'er mit einem deutlich spürbaren Hochmut. Um den Wettbewerb mit den neuen Sendern – etwa auch durch programmbegleitende Werbung und Promotion – kümmerten sich ARD und ZDF so gut wie gar nicht. Schließlich lebten die meisten Angebote der etablierten Anstalten zunächst noch allein von den Gewohnheiten des Fernsehvolks, das schon rein intuitiv „Tagesschau", „Sportstudio" oder den Freitagskrimi einschaltete.

Die Aufholjagd gegenüber ARD und ZDF wird eröffnet

In dieser Situation schien es nun an der Zeit, die Konkurrenz mit den Öffentlich-Rechtlichen aufzunehmen und in die Aufholjagd einzusteigen. Dafür mußten wir endgültig geeignete „Munition" beschaffen und auch einsetzen: die Übertragungsrechte für die Fußball-Bundesliga – in der Saison 1988/89 erstmals von der Bertelsmann-Tochter an RTL weitergegeben – erschienen als ein wettbewerbstaugliches Programmangebot. Die eingekaufte Rohware hatte unsere Sportredaktion jedoch gezielt in ein marktfähiges Produkt umzusetzen, das den bekannten Anbietern einen wesentlichen Kundenteil abjagen könnte. Dazu gehörten natürlich auch intensive außerprogrammliche Aktivitäten von Presse- und PR-Arbeit bis zu Marketing und Merchandising, um auf allen Ebenen den eigenen „Produktverkauf" voranzutreiben.

Allerdings stellten sich gleich mehrere Probleme bei der Nutzung der teuer erworbenen Übertragungsrechte. Eine Exklusiv-Verwertung der Fußball-Bundesliga – oder zumindest ein zeitlicher Sendevorsprung wie heute bei SAT.1 – war zur damaligen Phase aus medienpolitischen Gründen trotz aller Lobbyarbeit nicht möglich. Die RTL-Sendung „Anpfiff" mußte also die direkte Konkurrenz mit dem ARD-Flagschiff „Sportschau" aufnehmen – und warum sollte der eingefleischte Fußballfan in Köln, Schalke oder Dortmund plötzlich sein Fernseherlebnis auf einem anderen Kanal suchen? Die jahrzehntelangen Zuschauerrituale galt es aufzubrechen und zugleich mit professioneller Vermarktung der Werbewirtschaft ein attraktives Angebot zu unterbreiten.

Der Nachholbedarf in Sachen TV-Erotik

Dies betraf natürlich nicht nur den Sportsektor: Nachrichten und Magazine, Filme und Serien – eigentlich alle Programmbestandteile sollten sich von den Angeboten der öffentlich-rechtlichen wie privaten Konkurrenz unterscheiden. Dabei hat sich RTL auch nie gescheut, altehrwürdige Tabus aus der Monopolzeit von ARD und ZDF anzugreifen. Prägnantestes Beispiel war sicherlich die Erotik, die 30 Jahre lang keinen Platz in der Fernsehlandschaft fand. Jeder einigermaßen aufgeschlossene Programmacher mußte da einfach einen ungeheuren Nachholbedarf erkennen, den RTL mit seinen – im Vergleich zu manchen Sexvideos – harmlosen „Lederhosen-Filmen" und der „Tutti-Frutti"-Show befriedigte.

Der Aufschrei der angeblich so kultivierten Fernsehkritik war enorm, für die Bekanntheit des Senders aber eher förderlich. Dabei hat der Gesamtumfang dieser Programmsparte bei RTL nie mehr als drei Prozent betragen. Zudem starteten die Filme immer erst – wie im Gesetz vorgesehen – am späten Abend oder in der Nacht. Zu anderen Zeiten wären sie auch von der strategischen Programmplanung her völlig deplaziert gewesen. Ganz abgesehen davon, daß die dort gebotene Erotik dem zuweilen vorgeworfenen Tatbestand der Pornographie so sehr ähnelte wie ein Taschendiebstahl einem schweren Bankraub. Es gab jedenfalls lange Zeit jedes Wochenende einige Millionen Zuschauer, die statt Spätkinobesuch eben das Fernsehen für sich neuentdeckten. Inzwischen gehört auch diese Episode schon zur Geschichte des Senders.

Das Programm für das Publikum gestalten

Die Kritiker dieser Angebote verkannten zudem eine Entwicklung, die sich in der privatwirtschaftlichen Presse von Beginn an herausgebildet hatte. Diejenigen Zeitungen und Zeitschriften, die nicht auf einen weitgehend gesicherten Bestand an Abonnements vertrauen können, müssen sich auch tagtäglich wieder dem neuen Wettbewerb um die Leser stellen. Und wenn man die Titelseiten der Boulevardblätter und Illustrierten mit dem Programmangebot von RTL vergleicht, dann könnten wir noch in jeder Klosterschule ins Lehrprogramm integriert werden. Jedenfalls haben wir unser Ohr regelmäßig weitaus näher am Pulsschlag des Fernsehpublikums als andere Sender.

In wirtschaftlichen Kategorien ausgedrückt hat sich beim Fernsehmachen mit der Einführung privater Sender eine ganz neue Struktur entwickelt: Nachfrage- statt Angebotsorientierung heißt das maßgebliche Grundprinzip, das vor allem RTL von der langjährigen Praxis bei ARD und ZDF unterscheidet. Während die öffentlich-rechtlichen Anstalten ihrem Publikum ein Programm vorgesetzt haben, das weitgehend nach internen Maßstäben der Intendanten und Redaktionen entstanden ist, beruht die Produktpalette von RTL auf einem Wechselspiel zwischen Programmmachern und Fernsehzuschauern, an deren Nachfrage per Fernbedienung das Angebot auf dem Bildschirm ständig neu ausgerichtet wird.

Die Domänen der Öffentlich-Rechtlichen bröckeln

Wer diese Zusammenhänge mit Begriffen wie „Quoten-Fetischismus" oder „Niveau-Verflachung" abqualifiziert, stellt sich im Grunde generell gegen das ökonomische Prinzip im Medienbereich. Sicherlich gibt es Angebote des Fernsehens, die durch private Sender nicht oder in zu geringem Umfang bereitgestellt werden. Aber gerade in diesen Fällen greift die Legitimation für ein gebührenfinanziertes Fernsehen, das dann den gesellschaftlich sinnvollen Umfang an Information, Bildung, Kultur oder Regionales in seinem Programm sicherstellen sollte. Und selbst in diesen Sparten hat RTL zuweilen für einigen frischen Wind gesorgt.

Etwa der Bereich Information, den sich ARD und ZDF nach wie vor unbestritten als ihre Domäne auf die Fahnen schreiben können. Die „Tagesschau" galt für mich und viele andere lange Zeit als die Institution des deutschen Fernsehens, die ihre Meldungen auch in Latein und mit zwei brennenden Kerzen hätte verlesen können, ohne daß die Ratings nachgelassen hätten. Inzwischen jedoch leidet selbst die Hauptnachrichtensendung der ARD unter einem beträchtlichen Zuschauerschwund. Noch bedenklicher als die absoluten Einbußen erscheint mir die Tatsache, daß inzwischen rund die Hälfte aller Bundesbürger generell auf dieses Informationsangebot verzichtet.

Die Entwicklung eines neuen Informationsstils bei RTL

Bei jüngeren Zuschauern liegt der Anteil der „Verweigerer" nochmals höher. Aber gerade für diese Klientel hat RTL bei Nachrichten und Magazinen neue Formen entwickelt, die allein einen bestimmten Teil des Publikums noch für Information interessieren können. Die Devise lautet hier: weg von den nichtssagenden Ri-

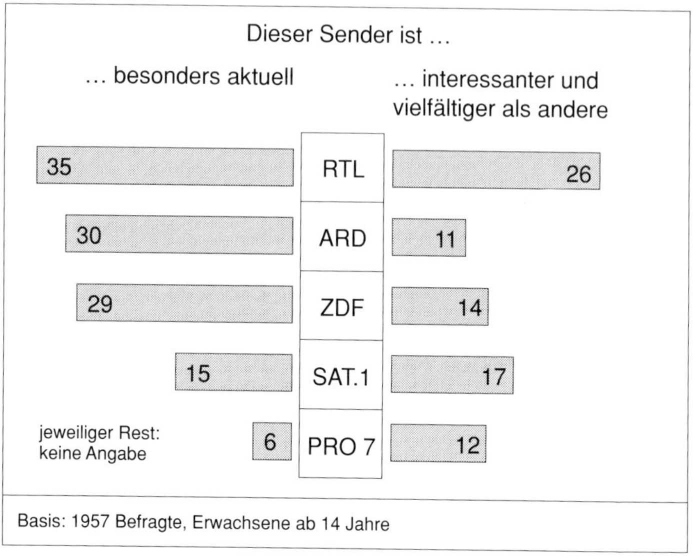

Abbildung 14: Zuschauer-Ansichten, Stand: Februar 1993 (Umfrageergebnisse in Prozent)

Quelle: FORSA-Institut, Dortmund

tualen der Bonner Politik, den vorfahrenden Staatskarossen und den verschlossenen Türen zu vermeintlich wichtigen Sitzungen. Dafür hin zu den Ansichten und Problemen der eigenen Zuschauer, die die Auswirkungen der Beschlüsse von Regierungen und Parlamenten auf ihren persönlichen Lebensbereich erfahren möchten. Und das kann durchaus mit der gleichen journalistischen Seriosität wie bei ARD und ZDF geschehen.

Daß privates Fernsehen auch kompetente und aufklärerische Hintergrundinformation liefern kann, haben zudem die Magazine „Spiegel TV" und „stern tv" bei RTL bewiesen. Ein unabhängiger Journalismus, der bei den Politikern hart nachfragt und hinter die Kulissen der politischen Parteien blickt, ist bei den privaten Sendern ohnehin besser aufgehoben als bei den parteipolitisch dominierten Sendern ARD und ZDF. Gerade diese Sendungen in der

Palette des RTL-Programms – ursprünglich als eine Auflage der Medienpolitik eingeführt – stecken die gesamte Breite eines privaten Vollprogramms ab. Allerdings: Solche Sendungen hätte RTL auch ohne politische Vorgabe selbst produzieren können.

Die Einführung täglicher Programmleisten

Bei unserem ureigenen Magazin haben wir einen etwas anderen Weg eingeschlagen, der wiederum in besonderem Maße den Zuschauerwünschen gerecht zu werden sucht. „Explosiv – Das Magazin" setzt ganz bewußt auf den Boulevard-Journalismus, der in der aktuellen Berichterstattung auch schon mal Alltags- und Nachbarschaftsprobleme präsentiert. Die Fernsehkritiker waren zu großen Teilen wieder genau anderer Ansicht als die Zuschauer vor den Bildschirmen. Allerdings müßten auch sie sich der Frage stellen, welches andere Magazin im deutschen Fernsehen tagtäglich dafür sorgt, daß sich ein bis zu fünf Millionen starkes Publikum so regelmäßig für eine Informationssendung interessiert.

Die fest verankerten Programmleisten gehören ohnehin inzwischen zu den besonderen Erfolgsgaranten des RTL-Sendeschemas. Daß Fernsehen in hohem Maße Gewohnheit bedeutet, hat zunächst vor allem den öffentlich-rechtlichen Anstalten genutzt. Als diese angestaubten Zuschauerbindungen jedoch erst einmal angekratzt waren, galt es diese Publikumsströme für das eigene Programm zu gewinnen. Die Schaffung neuer Gewohnheiten erforderte die Einrichtung täglicher Elemente mit einem hohen Orientierungswert: „Hans Meiser", „Explosiv", „Gute Zeiten – Schlechte Zeiten", „Gottschalk Latenight" – allesamt täglich wiederkehrende Sendungen, die zusammen mit den Informationsangeboten „Guten Morgen Deutschland", „Punkt zwölf" und „RTL aktuell" diese festen Programmleisten bilden.

Die Ziele bei der Werbezeitenvermarktung

Schließlich liefert eine derartige Programmstrategie auch die besten Argumente gegenüber der werbenden Wirtschaft. Gerade die Mediastrategen brauchen sichere Planungsgrundlagen durch ein festes Programmschema, das bestimmte Reichweiten in den jeweiligen Zielgruppen tagtäglich garantiert. Wichtigste Klientel ist und bleibt dabei das junge Publikum, die 14- bis 49jährigen Zuschauer, die kaufkräftig und werbeempfindlich zugleich sind. In diesen Altersgruppen stieg RTL schon sehr frühzeitig zum Marktführer vor ARD und ZDF auf, ehe wir diese Spitzenposition dann auch in allen bundesdeutschen Fernsehhaushalten erreichen konnten. Und mit diesen Publikumserfolgen stimmen natürlich auch die Preisstrukturen – abzulesen an den Tausendkontaktpreisen (TKP) – für die Werbewirtschaft.

Dies gilt auch nach den allmählichen Tarifanpassungen unseres Werbezeitenvermarkters IPA-plus in Frankfurt, der mit seiner Ge-

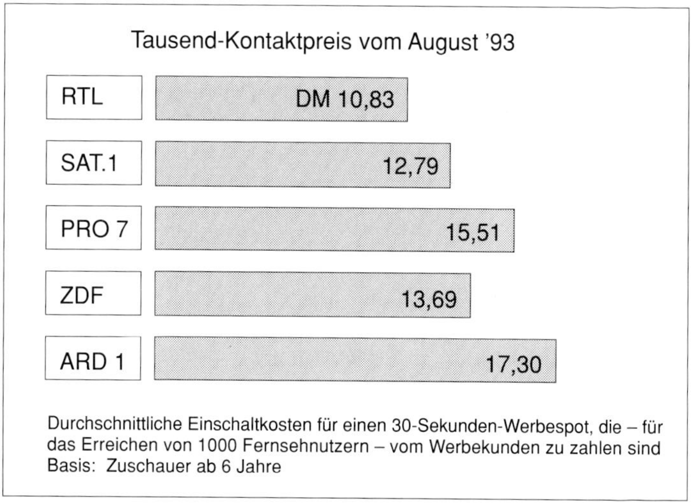

Abbildung 15: Tausend-Kontaktpreis, Werbekosten bei deutschen TV-Anstalten

Quelle: IPA-plus Research

schäftspolitik einen wesentlichen Anteil am wirtschaftlichen Erfolg des Senders hat. Daß nämlich der RTL-Prozentsatz an den gesamten Fernsehwerbeeinnahmen – derzeit weit über ein Drittel – nochmals höher liegt als der Marktanteil von bis zu 20 Prozent bei der Sehbeteiligung der Zuschauer, liegt nicht nur an den stärkeren Werberestriktionen der Öffentlich-Rechtlichen. Auch SAT.1 vermarktet seine Werbezeiten bislang deutlich schlechter als die RTL-Tochter IPA-plus: Rabattgewährung und Spotmassierung können das tatsächliche Wirtschaftsergebnis nämlich wesentlich beeinträchtigen.

Die klare Geschäftspolitik zahlt sich aus

Die Gewährung von Rabatten ist auch eine Frage von Transparenz und Glaubwürdigkeit. Preisnachlässe für Großkunden gehören zu den Selbstverständlichkeiten im Geschäftsverkehr. Der „Handel unter dem Tisch" führt jedoch zu Unsicherheit und Verdruß bei den Mediaplanern der Wirtschaft. So beträgt der Vorsprung von RTL gegenüber SAT.1 bei den Bruttowerbeeinnahmen „nur" 20, bei den Nettowerbeeinahmen dann aber sogar 40 Prozent – Folge der ausufernden Rabattpolitik der Konkurrenz. Auch in anderen Ländern bilden die ordentlichen Tariflisten der Fernsehwerbevermarkter nur einen groben Anhalt, mit der Folge, daß RTL nach Nettoerlösen schon frühzeitig der größte Werbeträger Europas war – und dies inzwischen auch nach Bruttoerlösen geschafft hat.

Der andere Vorteil der RTL-Werbezeitenvermarktung hängt eng mit der Programmplanung zusammen: Der Spotanteil in der Prime Time (20–23 Uhr) ist kontinuierlich zugunsten der Day/Night-Time abgebaut worden. Diese sogenannte „Prime-Time-Entzerrung" gelang durch attraktive Sendungen schon vor oder nach der Hauptsendezeit am Abend. Daneben erlauben Sendungen wie die Game-Show „Der Preis ist heiß" am Vormittag oder die Talkshow „Hans Meiser" am Nachmittag eine ganz genaue Zielgruppenansprache, die auch schon einmal außerhalb des Kernpublikums zwischen 14 und 49 Jahren liegen kann. So läßt sich

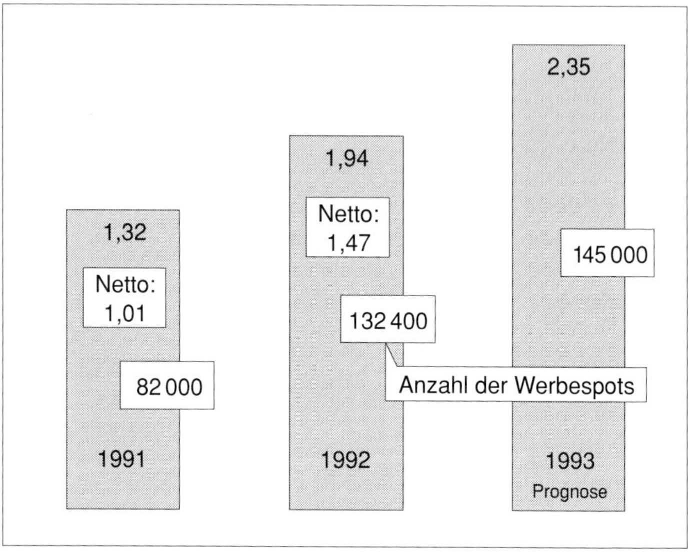

Abbildung 16: RTL-Werbeeinnahmen (Brutto-Werbeerlöse in Milliarden DM)

Quelle: IPA-plus Research

kontinuierlich die Werbezeitenauslastung während des gesamten Sendetags – inzwischen 24 Stunden bei RTL – optimieren.

Bürokratie vermeiden

Unser Werbevermarkter IPA-plus gehört aber noch aus anderen Gründen zu den wichtigen Bestandteilen der Unternehmenspolitik von RTL: Bestimmte Funktionen erfüllen externe Gesellschaften einfach besser und rationeller als das eigene Haus. Hinter diesem Gedanken steht ein radikales Dienstleistungskonzept mit dem Sender RTL als Steuerungs- und Verwaltungszentrale im Mittelpunkt, um den sich ein dichtes Geflecht von zahlreichen kleinen Tochter- und Auftragsunternehmen gruppiert. Diese „profit center" – nach dem Vorbild des amerikanischen Networksystems – sollen die Effizienz und Ideenvielfalt sichern, die in einem wachsenden Sender zunehmend verlorengehen könnte.

Die öffentlich-rechtlichen Anstalten – und als ehemaliger ORF-Justitiar verfüge ich über persönliche Erfahrungen – stehen immer wieder als prägnantes Beispiel für eine zunehmend unbewegliche Fernsehbürokratie. Das ZDF, das sich immer wieder als die größte Fernsehanstalt Europas rühmt, beschäftigt weit über 4000 Mitarbeiter, die genau wie die 700 festen RTL'er für ein Vollprogramm zuständig sind. Das Sendezentrum der Mainzer bietet gleichermaßen den Beleg für fernsehtechnische Überperfektion und unwirtschaftliche Kapazitätsplanung. Dagegen steht die dezentrale Auftragsvergabe und Ressourcennutzung in der wachsenden privaten TV-Branche.

Die Effizienz und Innovation kleiner Einheiten nutzen

Grundsätzlich können freie Produzenten sämtliche Sendungen eines Fernsehprogramms – abgesehen von den aktuellen Nachrichten und Magazinen – zuliefern. RTL arbeitet inzwischen mit über 30 Produktionsunternehmen zusammen – von den beiden großen niederländischen Companies JE Entertainment und John de Mol Produkties bis zu vielen kleinen TV-Gesellschaften. Wenn ein Programm auf Dauer innovativ und ideenreich bleiben soll, dann muß es sich einfach des externen Einfallsreichtums bedienen. Die kleinen Produzenten sollen zugleich das Gefühl haben, mit ihren guten Ideen auch bei einem so erfolgreichen Sender wie RTL noch landen zu können.

Eine besondere Variante dieses Dienstleistungskonzepts bildet die Gründung neuer TV-Unternehmen durch ehemalige RTL-Mitarbeiter, an denen sich der Sender zu Beginn mit eigenem Kapital beteiligt. Diese anfängliche Sicherheit hat bereits mehreren Abteilungen und Redaktionen des Hauses den Schritt in die Selbständigkeit ermöglicht: Hans Meiser und Olaf Kracht produzieren ihre Sendungen inzwischen mit ihrer Gesellschaft crea-tv, der frühere RTL-Herstellungsleiter Klaus Roche stellt mit der Produktionsfirma MMC die Studiokapazitäten zur Verfügung. RTL sichert sich bei diesen Projekten zwar ein Erstzugriffsrecht, grundsätzlich können und sollen die Gesellschaften aber ihre Leistungen auch anderen Sendern anbieten und damit eine effiziente Nutzung der aufgebauten Kapazitäten ermöglichen.

Das spezifische Profil durch Eigenprogramme stärken

Mit dieser Strategie sichern wir derzeit nochmals rund 2000 Arbeitsplätze in der TV-Branche. Die florierende Medienstadt Köln liefert hierfür einprägsame Belege. Das Ausgabenvolumen für Auftragsproduktionen von RTL ist in den letzten Jahren massiv angestiegen und bestimmt – zusammen mit den Eigenproduktionen – inzwischen rund 90 Prozent des Gesamtprogrammaufwands von über einer Milliarde Mark im Jahr. Hierbei nimmt der Sender vor allem Investitionen in ein eigenes Profil vor, das mit steigenden Marktanteilen und Reichweiten zugleich eine erfolgreiche Refinanzierung auf dem Werbemarkt ermöglicht.

Mit gleichem Nachdruck hat RTL in seiner Entwicklung die Ausgaben für Kaufprogramme – also vor allem amerikanische Serien

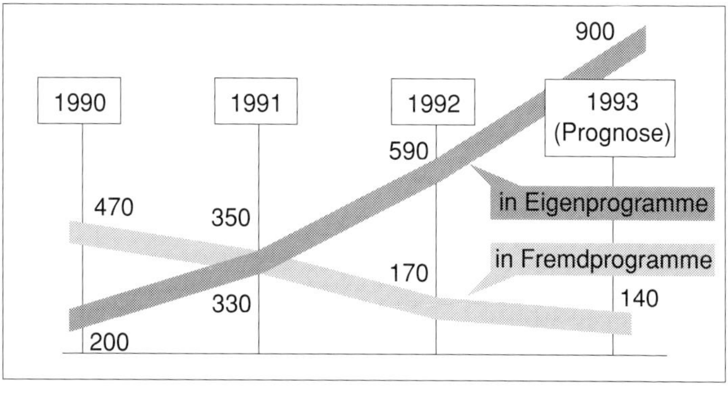

Abbildung 17: RTL Programm-Investitionen (in Millionen DM)

Quelle: IPA-plus Research

und Spielfilme – verringert. Wir besitzen zwar durch die Verträge mit den beiden Major Companies MCA/Universal und Columbia inzwischen den Zugriff auf ein enormes Programmpotential. Das einfache Kino erhält jedoch wegen der „Verwechslungsgefahr" solcher Angebote in dem Dschungel der immer zahlreicheren TV-Kanäle immer seltener einen Platz in unserem Programm. Es bleiben hochrangige Filme, darunter viele Oscar-Preisträger. RTL ist der erste Sender, bei dem die Eigenprogramme – bestehend aus Auftrags- und Eigenproduktionen – deutlich über die Hälfte des Gesamtsendeangebots ausmachen.

Der Publikumserfolg hat seinen Preis

Allerdings hat die konsequente Konzentration auf Eigenprogramme auch zu einer enormen Steigerung der Aufwandspositionen geführt. Erfolgreiches Fernsehen ist zugleich auch äußerst teures Fernsehen – diese Erkenntnis gilt nicht nur für die Investoren in neue Programmprojekte, sondern auch für einen bereits etablierten Sender. Die größten Kostensteigerungen lassen sich dabei im Sportsektor feststellen: 8500 Mark kostet RTL derzeit die durchschnittliche Sendeminute in diesem Bereich – eine unmittelbare Folge des Preisauftriebs bei den Sportrechten, der selbst einem Sender mit großer Reichweite keine ausreichende Refinanzierung über die zu verkaufenden Werbezeiten im Umfeld der Übertragungen ermöglicht. Die großen Sportereignisse im Fernsehen lassen sich zumeist nur noch als Imagekampagnen für einen Sender rechtfertigen. Das regelmäßige Programm erzielt inzwischen oft genug bessere Publikumswerte als die außerplanmäßigen Sportübertragungen.

Die gestiegene technische Reichweite – RTL empfangen inzwischen fast 90 Prozent aller bundesdeutschen Haushalte – hat zugleich auch das Niveau der absoluten Zuschauerzahlen bei den privaten Sendern erhöht. Aber allein RTL schafft es regelmäßig, die flächendeckend verbreiteten Programme von ARD und ZDF bei den Marktanteilen zu übertreffen. Diese neue Rangfolge gehört

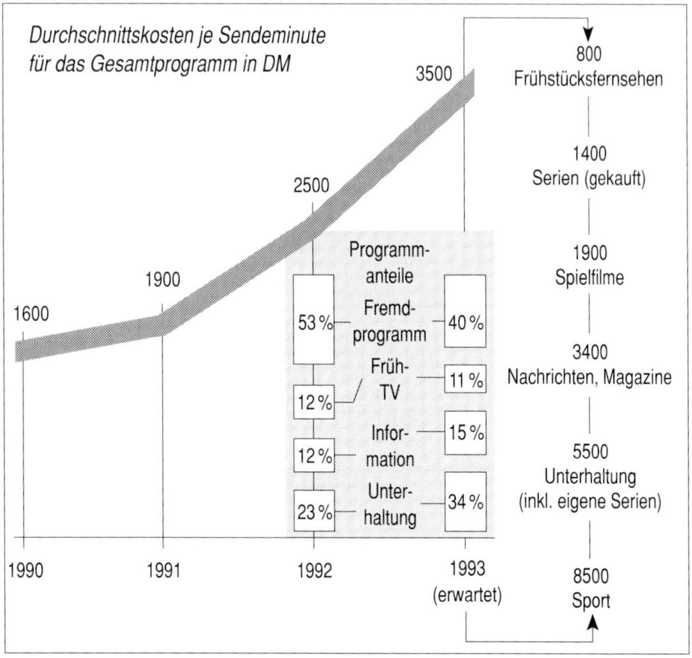

Abbildung 18: So teuer ist Fernsehen bei RTL

Quelle: RTL-Controlling

in den Kabel- und Satellitenhaushalten – mit gleichen Empfangsbedingungen für alle Sender – schon seit längerer Zeit zu den Selbstverständlichkeiten. Auch bei den jüngeren Zuschauern unter 50 Jahren und beim Publikum in den neuen Bundesländern liegt RTL bereits dauerhaft in Führung. In dieser Situation stellt sich natürlich die Frage nach den weiteren Zielen des Senders am deutschen Fernsehmarkt.

Die TV-Zukunft hat bei RTL schon begonnen

Sicherlich gilt es für RTL, die Marktführerschaft vor den Öffentlich-Rechtlichen auch dauerhaft zu etablieren. Das erfordert jedoch weniger den gleichmäßigen Erfolg bei allen Altersgruppen – also auch bei ben Zuschauern über 50 Jahren – als vielmehr eine noch stärkere Profilierung des Programms bei den für einen werbefinanzierten Sender wesentlichen Zielgruppen. Eng damit verbunden ist die Absicht, sich im Programm die Frische und Unkonventionalität zu bewahren, die das Image von RTL bei seinem Aufstieg geprägt haben. Die Zuschauer müssen neben und in den gewohnheitsorientierten Programmleisten auch die schrillen und schrägen Töne finden, mit denen das Fernsehen tagtäglich für Überraschung und Abwechslung in der heimischen Stube sorgt.

Die weitere Verstärkung der Eigenprogramme und die Rückführung der amerikanischen Kaufware wird zudem zwangsläufig auch zu einer Reduzierung bestimmter Programmelemente wie Action und Gewalt bei RTL führen. Der Trend geht eindeutig hin zu harmonie- und humorbetonten Sendungen, wie sich auch in Amerika – dem „Fenster zur TV-Zukunft" – sehr leicht beobachten läßt. Allerdings bedarf es in Europa und speziell in Deutschland – im Fernsehbereich nach wie vor ein „Entwicklungsland" – weiter eines konsequenten Ausbaus der TV-Infrastruktur. RTL hat auf diesem Gebiet mit seinen Konzepten und Aufträgen bereits viele Entwicklungen angestoßen. Das große Vorbild waren natürlich auch hier die USA, wenn wir Formate wie etwa „Notruf" oder die Sitcoms „eingedeutscht" – im Amerikanischen mit dem Begriff „to germanize" umschrieben – haben.

Auf Dauer brauchen wir auch in Deutschland ein ausreichendes Reservoir an Autoren und Produzenten, die den Bedarf der zahlreichen Sender an geeigneter Programm-Software entsprechend den Wünschen des deutschen Publikums decken können. Neue Projekte – wie die Entwicklung eigener TV-Movies – haben wir in jüngster Zeit auf den Weg gebracht. Daneben bemüht sich RTL auch um eine weitere Profilierung des Informationssektors: spannende Reportageformen und kritische Politikmagazine sollen die

Produktpalette des Vollprogramms RTL noch komplettieren – und möglicherweise neue oder verlorengegangene Kunden an die Angebote des Fernsehens heranführen. Aber die schlichte Idee beim Start von RTL bleibt weiter ausschlaggebend: Bewegung, Leben und Farbe – diese Elemente auf dem Bildschirm müssen auch weiter das Fernseherlebnis bestimmen …

2. Phase

Umsetzung der Idee in ein Produkt

Wenn aus einer guten Idee ein konkretes Produkt werden soll, müssen alle Bereiche des Unternehmens von Beginn an Hand in Hand zusammenarbeiten. Wie sich bei IBM mit der Einführung des Total Quality Management gezeigt hat, gibt es viele unerwartete Möglichkeiten, die innerbetriebliche Organisation zu optimieren. Die Beiträge von Volkswagen und Mercedes-Benz belegen eindrucksvoll, zu welchen guten Ergebnissen ein geglücktes Zusammenspiel aller Beteiligten bei der Realisierung einer Produktidee führen kann. Schließlich verdeutlicht der Bericht über Wellas Einstieg in den japanischen Markt, daß sich ein guter Produktentwicklungsprozeß vor allem auch durch Flexibilität auszeichnet.

Ulrich Lang, Jahrgang 1949, studierte Elektrotechnik an der Universität Stuttgart. Nach seinem Studium ging er 1973 in die Entwicklung und Forschung Qualitätssicherung der IBM Deutschland GmbH, wo er von 1978 bis 1987 eine Karriere als Leiter Kanalentwicklung, Leiter Prozessoren Produktentwicklung, Assistent des Präsidenten der System Produkt Division, New York, Leiter System Produkt Entwicklung in Rochester, Minnesota, und Leiter Prozessoren Entwicklung IBM Deutschland GmbH durchlief. Heute ist er Leiter Anwendungsentwicklung Geschäftsunterstützung der IBM Deutschland Entwicklung GmbH.

TQM nach Malcolm Baldridge in der IBM-Software-Entwicklung

von Ulrich Lang

Übersicht und Einführung

Der Malcolm Baldridge National Quality Award der US Regierung

Die Managementschulen dieser Welt haben immer versucht, vollständige Erfolgsmodelle für Unternehmen anzugeben und damit das Unternehmertum aus einer Kunstform in eine mehr oder weniger exakte Wissenschaft zu überführen. Insbesondere der phänomenale Markterfolg japanischer Unternehmen in den letzten 20 Jahren machte es notwendig, diese Modelle um die japanischen Methoden zu erweitern.

Total Quality Management nach Malcolm Baldridge ist der Versuch, ein neues und im Sinne der Geschäftsleitung vollständiges Modell anzugeben. Baldridge macht sich den Absolutheitsanspruch von Deming zu eigen und konstruiert ein detailliertes, abstraktes Unternehmensmodell um das Prinzip von Total Quality Management herum. Das Modell ist gegliedert in die Kategorien:

1. Unternehmensführung,
2. Unternehmensdaten und Analysen,
3. Strategische Qualitätsplanung,
4. Mitarbeiterförderung,
5. Prozeßmanagement,

6. Qualitätsergebnisse und wirtschaftliche Ergebnisse,
7. Kundenorientierung und Kundenzufriedenheit.

Diese Kategorien sind numerisch bewertet und führen in der Summe bei einem nach diesem Modell idealen Unternehmen zu der Traumzahl von 1000 Punkten. Der Gedanke dabei ist, daß ein Unternehmen sich mit diesem Idealmodell regelmäßig selbst bewertet und sich daraus dann kontinuierlich neue Verbesserungsziele setzt.

Und daß damit der wirtschaftliche Erfolg des Unternehmens sich quasi von selbst einstellt.

Bei der Bewertung, die jede Kategorie wie einen Prozeß betrachtet, wird geprüft, inwieweit die Anforderungen an das Management dieses Prozesses in der Wirklichkeit des Unternehmens realisiert werden. Für alle Kategorien gilt folgendes:

- Das Management hat in einem nachvollziehbaren Prozeß meßbare Ziele für diese Kategorie vorgegeben.
- Das Erreichen dieser Ziele wird in sinnvollen Intervallen gemessen.
- Das Management bewertet in denselben Intervallen Soll-Ist-Abweichungen und definiert korrigierende Maßnahmen.
- Die Meßwerte sind sinnvoll – auch im Vergleich zu Mitbewerbern – und haben einen sichtbaren Trend zum Besseren.

Auch alle anderen qualitätszentrierten Management Modelle wie TQM, Kaizen oder gar ISO 9000 (internationale Norm zum Betrieb eines Qualitätssicherungssystems) lassen sich auf die Kategorien übertragen.

Das Modell wird verwaltet und fortgeschrieben von der American Society for Quality Control.

IBM und der Malcolm Baldridge Quality Award

Die IBM Corporation hat seit ihrer Gründung Qualität und Kundenzufriedenheit als Teil ihrer Unternehmensgrundsätze definiert, und die Qualität ihrer Produkte befand sich immer auf hohem Niveau.

Es zeigte sich jedoch in den achtziger Jahren, daß eine Verankerung in den Geschäftsgrundsätzen zwar eine gute Qualitätskultur im Unternehmen herbeiführt, daß aber eine methodische Umsetzung der Grundsätze über die Verfahren des Total Quality Management oder Kaizen zu einer weiteren Steigerung der Wettbewerbsfähigkeit des Unternehmens führen würde.

Dies führte zur Einführung des Modells Market Driven Quality oder kurz MDQ. MDQ ist die Übertragung des Malcolm Baldridge Modells sowie der Gedanken von Deming, Ishikawa und Imai auf die Organisation der IBM. In einer großangelegten Aktion wurden sämtliche Mitarbeiter der IBM in diesen Prinzipien geschult. Es wurde das hochgesteckte Ziel etabliert, bis Jahresende 1993 die Fehlerhäufigkeit bei allen Produkten und ihren Vorstufen auf ein hundertstel des vergleichbaren Wertes von 1989 zu senken.

Die Umsetzung dieser phänomenalen Herausforderung in der täglichen Arbeit einer großen Entwicklungsorganisation innerhalb des Unternehmens, des „German Software Development Laboratory", ist Gegenstand dieses Beitrags.

Das „German Software Development Laboratory"

Das „German Software Development Laboratory" (GSDL) in Böblingen ist Teil einer weltweiten Software Entwicklungsorganisation der IBM namens Programming Systems. Programming Systems ist zuständig für die Entwicklung von Software-Plattformen zur Anwendungsentwicklung, zum Management von Unternehmensdaten, und für branchenübergreifende Büroanwendungen.

Zusätzlich betreibt das GSDL Software-Auftragsentwicklung für andere Unternehmenszweige der IBM, zum Beispiel Networking Applications, Computer Integrated Manufacturing Applications und Banking Applications.

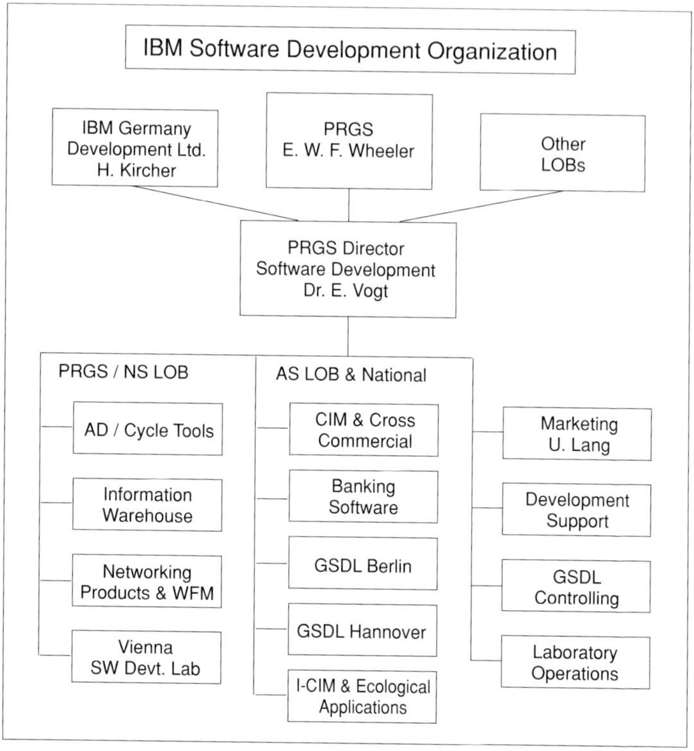

Abbildung 19: GSDL Organisation

Insgesamt sind im GSDL zur Zeit etwa 450 Mitarbeiter beschäftigt. Es gibt eine Managementstruktur mit drei Schichten: Labordirektor, Hauptabteilungsleiter und Abteilungsleiter. Der Labordirektor hat seine Gesamtverantwortung untergliedert in Geschäftsbereiche, die von den Hauptabteilungsleitern eigenverantwortlich wahrgenommen werden, das heißt sie sind zuständig für den Geschäftserfolg ihrer Produkte. Die Abteilungsleiter sind für die Durchführung von Projekten und Prozessen verantwortlich.

Zu den erfolgreichsten Produkten des GSDL gehören:

- Traditionelle Host Produkte
  - STAIRS /370, ein Textarchiv und Suchprogramm
  - COPICS, ein Produktionsplanungs- und Logistik-System
  - DW/370, der erfolgreichste Host Editor
  - MERVA, ein System für elektronischen Zahlungsverkehr
  - ASF, ein Dienstprogramm zur automatischen Erstellung von Dokumenten
  - Netview FTP, ein File Transfer Programm
  - CDF, ein objektorientiertes Repository für binary long objects
- Moderne Client/Server Groupware
  - PrDM, ein System zur Erstellung von hochwertiger Dokumentation im Team
  - Translationmanager, ein lernfähiges System zur Unterstützung von Übersetzerteams
  - Searchmanager, ein Textarchiv und Suchprogramm im LAN
- Software Technologie für andere Softwarehäuser
  - Tutorial Manager, ein Dienstprogramm zur Erstellung von Benutzerschulungen
  - AnDes, ein wissensbasiertes Dienstprogramm zur Animation und Verifikation von Prozeßdokumentationen

Die Produkte des GSDL werden von den Marketing Organisationen der IBM weltweit vertrieben, sein Erfolg wird vom Unternehmen gemessen an

- Qualität,
- Kundenzufriedenheit,
- Umsatz,
- Profit.

Die Ergebnisse in diesen vier Kategorien sind bestimmend für die Zukunft des GSDL im Unternehmen, denn nur wenn sie befriedigend verlaufen, kann das GSDL mit Anschluß-Entwicklungsaufträgen rechnen.

Die Aufgabe des GSDL Managements besteht also darin, seinen Mitarbeitern einen Weg in die Zukunft zu weisen, bei dem – ausgehend von vorhandenen Kunden, Produkten und Kompetenzen – neue Märkte erschlossen und neue Kompetenzen erworben werden können – und das auf einer tragfähigen wirtschaftlichen Basis.

Denn das traditionelle Geschäft mit der Datenverarbeitung, Hardware und Software, befindet sich in einem dramatischen und schnellen Strukturwandel, der zur Zeit fast alle Unternehmen der Branche in den Grundfesten erschüttert.

Das GSDL Management ist entschlossen, sich dieser Herausforderung mit den Mitteln des Malcolm Baldridge Modells weiterhin zu stellen und damit die Aufbau- und Ablauforganisation des GSDL immer näher an die Malcolm Baldridge Kriterien heranzuführen.

Unternehmensleitung (90 Punkte)

Malcolm Baldridge Kriterien

Gemeinsame Erkenntnis aller Unternehmen, die TQM nach den Malcolm Baldridge Kriterien erfolgreich eingeführt haben, ist, daß es ohne erhebliches persönliches Engagement der Unternehmensleitung, in unserem Fall des Labordirektors und seiner direkt Berichtenden, nicht geht. Das Modell braucht die persönliche Führerschaft dieses Personenkreises bei der Definition von Strategien, Systemen und Methoden, die das Unternehmen an die Ziele von TQM heranführen sollen. Außerdem wird von ihm häufige und regelmäßige persönliche Beteiligung bei der Überprüfung von Qualitätsdaten und eine aktive Rolle bei der Honorierung von qualitätsorientierten Leistungen erwartet. Wenn hier keine Vorbilder gegeben werden, so scheitert das Unterfangen im Ansatz.

Nahziele des Bereichs für 1992

Die Hauptziele für das Jahr 1992, etabliert vom Senior Management des GSDL, waren:

- Erreichen von 500 Punkten bei der Malcolm Baldridge Bewertung und einer Qualifikation für ISO 9000: In beiden Fällen durch externe Prüfer.
- Verbesserung des Solution Marketing (Integration von Produkten zu Problemlösungen für Kunden).
- Mehr Kundenzufriedenheit mit dem Kundendienst.
- Mehr Kundenzufriedenheit mit der Benutzerfreundlichkeit und Dokumentation der Produkte des GSDL.
- Bessere Rechenzentrumsdienste.
- Einführung von moderneren Methoden und Werkzeuge des Software Engineering.

Es ist interessant, daß die meßbaren Ziele, die meßbar gemacht wurden oder meßbar waren, auch erreicht wurden. GSDL erreichte 508 Punkte bei der Prüfung nach Macolm Baldridge, die ISO 9000 Zertifizierung wurde in der IBM Deutschland unternehmensweit geschafft. Ebenso verbesserte sich die gemessene Kundenzufriedenheit (siehe Kapitel Kundenorientierung). Wo die Ziele weniger klar umrissen waren, sind jetzt auch die Meinungen über das Ausmaß des Erreichten und über die Wirksamkeit der Maßnahmen geteilt.

GSDL-Maßnahmen

Zur Annäherung an die etablierten Ziele wurden folgende Managementprozesse erarbeitet und unter Beteiligung des Senior Managers durchgeführt:

- Stabsmeeting des Labordirektors (zwanzigmal pro Jahr) überprüft den Stand von MDQ Aktivitäten.
- Qualitätsprüfung (zehnmal pro Jahr) überprüft den Stand der Produktentwicklung bezüglich der Qualitätsziele (zum Beispiel Fehler pro LOC).
- Bereichs-Qualitätsmeeting (dreimal pro Jahr und Bereich) überprüft den Stand der Qualitätsanstrengungen im Bereich.

- Excellence Group (zwölf Meetings pro Jahr) steuert und koordiniert sämtliche Qualitätsaktivitäten des Labors.

Externe Bewertung

Dieses Ausmaß von Managementaktivitäten zum Thema Führung wurde von den Prüfern mit 47 Prozent des Möglichen bewertet, das heißt, daß von einem Modellunternehmen hier noch deutlich mehr erwartet wird. Kritikpunkte waren zum Beispiel, daß die Neuorientierung im Senior Management bei vielen Mitarbeitern noch nicht im Alltag spürbar war, das heißt, daß noch zu große Unterschiede zwischen den Soll- Vorgaben des Managements und der erfahrbahren Wirklichkeit des Unternehmens bestanden.

Dieses Wirkungsfeld wird als „deployment" bezeichnet und ist einer der wichtigsten Elemente bei der Umorientierung auf TQM. Hier braucht es Geduld, langen Atem und Energie seitens des Senior Managements.

Unternehmensdaten und Analysen (80 Punkte)

Malcolm Baldridge Kriterien

Als Kernsatz des Malcolm Baldridge Modells könnte gelten: „In God we trust, all others bring data." Gegenstand dieser Kategorie des Modells ist Ausmaß, Gültigkeit, Analyse, Management und Nutzung von Daten, die dazu dienen sollen, hervorragende Ergebnisse im Unternehmen hervorzubringen. Das Ideal postuliert ein wohldefiniertes Datenmodell des Unternehmens, das für alle die greifbar ist, die Entscheidungen treffen, also für alle Mitarbeiter. Die verfügbaren Daten charakterisieren den momentanen Stand der operationalen und qualitätsbezogenen Leistung des Unternehmens vollständig. Und zwar in Beziehung sowohl zu den gesetzten Zielen als auch zu Mitbewerbern und für jeden inneren Übergang in der Wertschöpfungskette des Unternehmens, das heißt, an jedem Endpunkt von internen Subprozessen.

Des weiteren sind die Daten so verwaltet, daß es keine Konsistenz- und keine Zugriffsprobleme gibt.

GSDL-Maßnahmen

Im GSDL ist jeder Prozeßverantwortliche, das heißt für die Schlüsselprozesse der Bereichsleiter, gehalten, die Schlüsseldaten für seinen Prozeß zu definieren und zu dokumentieren. Diese Daten sind durch einen einzigen Zugriffspunkt zu erreichen, durch den AE Advisor, ein Software Werkzeug, das jedem Mitarbeiter zur Verfügung steht. Der Gesamtprozeß wurde in folgende 23 Schlüsselprozesse aufgebrochen:

01	Requirements	13	Early Support Program
02	Business Planning	14	Product Service
03	Projekt Management	15	Financial
04	Design	16	Subcontracting
05	Coding	17	Customer Satisfaction Survey
06	Product Test	18	Tools Support
07	Documentation Development	19	Operating Plan
08	Build and Integration	20	Product Support
09	National Language Support	21	Education
10	Human Factors	22	Quality
11	Installation	23	Solution Marketing
12	Distribution		

Entscheidungsträger bekommen zusätzliche Informationen auf dem jeweils neuesten Stand durch IBM Standard Produkte wie Executive Decision/VM, mit deren Hilfe zum Beispiel Kundenzufriedenheitsdaten, die durch unabhängige Befragungen erhoben wurden, dargestellt und verwaltet werden. In diesen Datenbanken stehen u.a. folgende Datenkategorien zur Verfügung:

- kundenbezogen:
  - von Kunden entdeckte Programmfehler
  - Kundendienst-Antwortzeiten
  - Verteilung von Fehlern nach Schwere und Produkten
  - Kundenwünsche nach Funktion und Antwortzeit
  - Kundenzufriedenheit nach standardisierten Qualitätskategorien
  - Informationen über Benchmarks

- operational:
  - Soll-Ist-Vergleich der Nahziele
  - Änderungs-, Test- und Inspektionsgeschichte pro Projekt
  - Meßdaten über Rechenzentrumsdienste
  - Projektdaten wie Resourcenverbrauch und Zeitplan: Soll-Ist
- finanzbezogen (jeweils im Soll-Ist-Vergleich):
  - Kosteninformation pro Produkt und Kostenart
  - Verkaufszahlen pro Produkt und Marktsegment
  - Umsatz pro Produkt und Marktsegment
  - Analyse des aktuellen Anlagevermögens

Externe Bewertung

Die Prüfer bewerteten das vorliegende System mit 50 Prozent der möglichen Punktzahl. Positiv bewertet wurde das Konzept zur Auswahl der relevanten Daten und das integrierte Zugriffssystem zu diesen Daten.

Verbesserungswürdig erschien die Tatsache, daß kein durchgängiges Konzept dafür sichtbar war, wie operationale Daten zur Verbesserung der Produktqualität und der Durchlaufzeiten herangezogen werden.

Festgestellt wurde auch, daß kein durchgängiger Prozeß etabliert war, der zur Verbesserung der Qualität der Daten selbst führt. Außerdem würden Daten über Mitbewerber nicht systematisch genutzt oder beschafft und last not least Mitarbeiter nicht kontinuierlich in der Nutzung der vorhandenen großen Datenbanken geschult.

Strategische Qualitätsplanung (60 Punkte)

Malcolm Baldridge Kriterien

Erwartet wird hier ein kohärentes Konzept, das die kurz- und mittelfristige Zukunft des Unternehmens plant und dabei Qualitätsziele in den Mittelpunkt stellt. Das Modell verlangt einen Strategie-

Entwicklungsprozeß auf der Grundlage von Kundenanforderungen, Wettbewerbsanalysen, Risikobetrachtungen und eigener Kompetenzen, dazu einen Zielvorgabeprozeß, der für kontinuierliche Verbesserung operationaler Leistungsfähigkeit sorgt und ein Umsetzungskonzept, das sicherstellt, daß jeder Mitarbeiter oder Lieferant die Zielvorgaben kennt und erreichen kann. Das Ganze soll noch mit einer Rückkopplungsschleife zur Verbesserung des Prozesses der strategischen Planung selbst versehen sein.

Diese Prozesse müssen von einem geschlossenen Datenmodell gesteuert werden, aus dem hervorgeht, was die für das Erreichen der Strategischen Ziele wichtigsten Qualitätsfaktoren und operationalen Sollwerte sind. Ebenso die kurzfristigen Sollwerte.

GSDL-Maßnahmen

Das GSDL hat erst seit kurzer Zeit den Auftrag, sich zu einer wirtschaftlich unabhängig lebensfähigen Einheit zu entwickeln. Daher befinden sich die entsprechenden Planungsprozesse noch im Entstehungsstadium, denn in der Vergangenheit wurden Strategie, Operationale Ziele und die Qualitätsvorgaben im Hauptquartier der auftraggebenden übergeordneten Organisationseinheit entwickelt und den Labors vorgegeben.

Der Market Management Prozeß von Programming Systems in Verbindung mit dem GSDL Planungsprozeß liefert eine Produktstrategie für das GSDL, die wiederum zur Stimulation und Bewertung von Projektvorschlägen dient.

Produktvorschläge und Produktstrategie werden einmal pro Jahr in den Investment-Planungszyklus integriert und mit der übergeordneten Einheit abgestimmt. Danach werden die Produktvorschläge mit ausgewählten Kunden stichprobenartig validiert und mit einem Resourceplan (Produktplan) versehen.

Die Summe der Produktpläne ist die Basis des Commitmentplanes, in welchem auch die operationalen und Qualitätsziele Eingang finden, denn sie stellen die Basis für alle Aufwandsabschätzungen dar. Ein formaler Plan-Änderungsprozeß sorgt für Kontinuität und

Verantwortlichkeit. Die operationalen und die Qualitätsziele werden von der „Excellence Group“ Jahr für Jahr, ausgehend von Istwerten, strategischen Sollwerten und erreichbaren Zwischenstufen neu festgelegt.

Externe Bewertung

In dieser Kategorie ist das GSDL noch weiter von seinem Ziel entfernt als in den anderen Kategorien. Die Prüfer bewerteten den dokumentierten Ist-Stand mit 40 Prozent.

Positiv fielen die klaren Planungsprozesse und deren Nutzung von Marktdaten (Kunden und Mitbewerber) auf. Die operationalen Ziele sind sauber verbunden mit klar definierten Qualitätsindikatoren bei Produkten und Prozessen. Managementaktionen die gebraucht werden, um die strategischen Ziele zu erreichen, sind klar definiert und auf geplanten Resourcen des GSDL oder klar verstandenen Fähigkeiten von Lieferanten abgestützt.

Vermißt wurde die Integration der Einzelprozesse mit dem Ziel einer kohärenten Qualitätsstrategie ebenso ein nachvollziehbares Konzept zur Umsetzung der operationalen und Qualitätsziele in die Tagesarbeit, die die nötige Akzeptanz bei den Mitarbeitern ermöglicht. Unklar erschien den Prüfern, wie die Strategischen Ziele erarbeitet werden. Es wurde auch bezweifelt, ob sie aggressiv genug sind.

Ob und wie die strategischen Planungsprozesse selbst verbessert werden, wurde nicht deutlich. Darüber hinaus erschienen den Prüfern die festgelegten Ziele lückenhaft.

Mitarbeiterförderung (150 Punkte)

Malcolm Baldridge Kriterien

Diese Kategorie hat im Malcolm Baldridge Modell einen besonders hohen Stellenwert, wie man allein schon an der Punktzahl sehen kann. Das Ideal ist ein Unternehmen, in dem jeder Mitarbeiter in die Lage versetzt wird, sein volles Leistungspotential zu entwickeln, um damit die Qualitäts- und operationalen Ziele des Unternehmens verfolgen zu können. Als wesentliche Voraussetzung dafür wird erwartet, daß das Unternehmen große Anstrengungen macht, um ein Umfeld zu schaffen, das sich für volle Beteiligung des einzelnen an den Entscheidungsprozessen ebenso eignet wie für persönliches und organisatorisches Wachstum.

Gefragt sind Pläne zur Mitarbeiterentwicklung, Anerkennung und Entlohnung, kontinuierliche Selbstverbesserung dazugehöriger Prozesse via wohldefinierter Indikatoren und passendem Datenmodell, dessen Gültigkeit und Genauigkeit ebenfalls ständig verbessert werden muß.

Dazu sind Instrumente, die die Mitwirkung aller Mitarbeiter beim Erreichen der Unternehmensziele fördern, genauso gefordert wie Vorschläge zur Beurteilung und Verbesserung der Wirksamkeit dieser Instrumente. Vor allem aber braucht man Daten und Meßwerte, die zeigen, in welchem Ausmaß die Mitarbeiter tatsächlich in die Entscheidungsprozesse eingebunden sind.

Außerdem wird ein systematisches Konzept erwartet, das festlegt, wie das Unternehmen Schulungsbedarf für die Mitarbeiter feststellt, ob dieser Bedarf im richtigen Zusammenhang mit den Unternehmensplänen steht, wie Schulung und Fortbildung durchgeführt wird, und wie das Ganze kontinuierlich verbessert wird, ausgehend von klar definierten Qualitätsdaten.

Weiter muß ein System vorhanden sein, mit dem die Leistung des einzelnen Mitarbeiters beurteilt und entlohnt wird und das klare Zusammenhänge mit den operationalen und Qualitätszielen des Unternehmens erkennen läßt. Auch dieses System muß anhand von Daten kontinuierlich beurteilt und verbessert werden.

Und schließlich müssen allgemeine Arbeitsplatzbedingungen und allgemeine Zufriedenheit der Mitarbeiter Gegenstand systematischer Managementbemühungen sein:

GSDL-Maßnahmen

Das GSDL orientiert sich hier weitgehend an den Personalprozessen und Richtlinien der IBM Deutschland GmbH, die eine lange Tradition als mustergültiger Arbeitgeber hat. Diese Tradition basiert auf den Unternehmensgrundsätzen der IBM, wo Achtung vor dem Einzelnen ein unverrückbares Prinzip ist, auf den Leitsätzen des kooperativen Führungsstils und auf bewährten Instrumenten wie der anonymen Meinungsumfrage alle zwei Jahre, dem jährlichen Beratungs- und Förderungsgespräch zwischen Vorgesetztem und Mitarbeiter, dem Leistungsbeurteilungs- und Gehaltsfindungssystem, das an objektive Kriterien gebunden ist, und dem individuellen Entwicklungsplan, auf den jeder Mitarbeiter ein Anrecht hat. Diese hier im einzelnen zu beschreiben oder nur aufzuzählen würde zu weit führen.

Spezifisch für das GSDL sind eine sehr flache Managementhierarchie und ein ausgeprägtes Team-Konzept, das crossfunktionale Zusammenarbeit durch den Lebenszyklus eines Projekts möglich macht und dem Einzelnen die Möglichkeit gibt, praktisch alle Aspekte seiner Arbeit auf der Grundlage der Unternehmensziele zu beurteilen. Außerdem wird sehr viel Wert auf Erhaltung und Ausbau der Innovationskraft durch Schulung mit dazugehörigen Motivationsprogrammen und Wettbewerben gelegt.

Externe Bewertung

Die Prüfer kamen auch hier nur zu einem Ergebnis von 50 Prozent, obwohl die oben aufgezählten Instrumente alle positive Erwähnung fanden.

Vermißt wurde dagegen explizite Einbindung von Mitarbeiterentwicklungsplanung in die anderen Planungsprozesse der Organisation, zum Beispiel den Investmentplan. Eine Meinungsumfrage alle zwei Jahre wird nicht für ausreichend gehalten, um Mitarbeiterzufriedenheit kontinuierlich zu verbessern. Außerdem fehlen Daten und Trends zu wichtigen Indikatoren. Diese wurden eher qualitativ als quantitativ behandelt. Außerdem wurden vergleichende Untersuchungen mit anderen Organisationen vermißt.

Insgesamt kann man sagen, daß die richtigen Prinzipien bei der Mitarbeiterförderung angewendet wurden, daß aber überall noch die Datenmodellierung und die selbstverbessernden Rückkopplungen fehlen.

Prozeßmanagement (140 Punkte)

Malcolm Baldridge Kriterien

Hier wird ein komplettes System zum Management aller Geschäftsprozesse verlangt, das beschreibt, wie die Qualität und Effizienz dieser Prozesse gemessen, beurteilt und kontinuierlich verbessert werden. Folgende grundlegende Geschäftsprozesse werden beurteilt:

- Entwicklung und Markteinführung von Produkten und Dienstleistungen,
- Erzeugung von Produkten und Dienstleistungen,
- Auslieferung von Produkten und Dienstleistungen,
- Interne Geschäfts- und Unterstützungsprozesse,
- Qualität seitens der Lieferanten,
- Beurteilung des Qualitätssicherungssystems.

Für alle Prozesse wird ein Konzept für die Ermittlung der Operationalen und Qualitätsziele, die Messung der entsprechenden Kennzahlen während der Prozeßausführung und die kontinuierliche Verbesserung der Prozesse erwartet.

GSDL-Maßnahmen

Der Schwerpunkt des GSDL als Software Entwicklungshaus liegt naturgemäß auf der Entwicklung von Software. Hier ist ein kompletter Prozeß dokumentiert und eingeführt, der vom „Initial Business Proposal“ bis zu „Product in Service“ führt. Diese Prozeßbeschreibung ist die Leitlinie für crossfunktionale Teams, die am jeweiligen Projekt arbeiten. Bei dieser Prozeßbeschreibung gibt es zwei Schwerpunkte:

- Kundenbedürfnisse und Anforderungen,
- möglichst fehlerfreie Umsetzung im Produkt.

Für beide Schwerpunkte steht ein Instrumentarium von Werkzeugen zur Verfügung, die von den Teams ausgewählt und benutzt werden. Diese Werkzeuge, speziell die dazugehörige Software-Technologie, ist eine Kernkompetenz des GSDL, die im Zentrum der Management-Aufmerksamkeit steht und kontinuierlich und gezielt weiterentwickelt wird.

Für Prozeßmanagement gibt es einen generellen Ansatz, auf den jeder für einen Geschäftsprozeß Verantwortliche verpflichtet ist. Dieser generelle Ansatz enthält die theoretischen Grundlagen von Prozeßmanagement und kontinuierlicher Verbesserung und ist im AE Advisor interaktiv unterstützt. Dies gilt zum Beispiel für folgende direkte Prozesse:

- Definition von Kundenanforderungen,
- Produktentwurf,
- Produktimplementation,
- Integration und Test des Produkts,
- Entwicklung von Produktinformation,
- Ergonomie,
- Verteilung und Installation des Produkts,
- Kundendienst

und für folgende indirekte Prozesse:

- Entwicklungswerkzeuge,
- Rechenzentrumsunterstützung,
- Controlling,
- Schulung,
- allgemeine Administration.

Die Wirksamkeit dieser Prinzipien wird durch ein rigoroses Kontrollsystem begutachtet, das zum Beispiel folgende Maßnahmen enthält:

- Jährliche Kontrolle des Qualitätssicherungssystems durch die Deutsche Gesellschaft für Qualitätssicherung. Sichert den Status: Zertifiziert nach ISO 9000.
- Jährliche interne und externe Selbstbewertung nach Malcolm Baldridge.
- Verschiedene Audits/Revisionen durch IBM-interne Kontrollinstanzen.

Externe Bewertung

Die Prüfer bescheinigten dem GSDL eine überdurchschnittliche Reife bei der Durchführung des Prozeßmanagement-Prinzips: 57 Prozent der möglichen Punktzahl.

Als Stärken wurden zum Beispiel identifiziert:

- Wohldefinierter, effektiver Entwicklungsprozeß mit vollständiger Qualitätssicherung.
- Kausal-Analysen und moderne Methoden zur Fehlerverhinderung werden eingesetzt.
- Innovative Methoden zur Umsetzung von Kundenanforderungen werden eingesetzt.
- Vereinfachte und klare Aufbau- und Ablauforganisation.
- Klare Indikatoren für Geschäfts- und Unterstützungsprozesse.
- ISO 9000 Zertifizierung erreicht.
- Umfassendes System interner und externer Kontrollen.

Dennoch gibt es auch hier noch viel Spielraum für weitere Verbesserungen:

- Der Entwicklungsprozeß selbst ist noch in kein sytematisches Konzept zur kontinuierlichen Verbesserung eingebettet.

- Systematische Methoden zur Umsetzung von Kundenanforderungen in Designspezifikationen wie „House of Quality“ werden nicht durchgängig eingesetzt.
- Formale Strenge in der Fehlerursachenuntersuchung sowie in der Fehlervorbeugung wurden vermißt.
- Formales Management von Geschäftsprozessen ist nicht für alle wesentlichen indirekten Prozesse eingeführt.

Qualitätsergebnisse und wirtschaftliche Ergebnisse (180 Punkte)

Malcolm Baldridge Kriterien

In dieser Kategorie wird untersucht, welche Qualitätsergebnisse und wirtschaftlichen Ergebnisse erzielt wurden und welche Verbesserungstrends festzustellen sind, auch bei der Qualität der Lieferanten. Das Ganze wird in Beziehung gesetzt zu vergleichbaren Daten bei Mitbewerbern. Speziell untersucht werden:

- Qualität der Produkte und Dienstleistungen ausgedrückt in Indikatoren, die zur Kundenzufriedenheit beitragen, wie zum Beispiel
  - Zuverlässigkeit,
  - Leistung,
  - Kundendienst etc.
- Wirtschaftliche Leistungsfähigkeit des Unternehmens ausgedrückt zum Beispiel in folgenden Kategorien:
  - Verbrauch von Ressourcen,
  - Produktivität,
  - Durchlaufzeiten etc.
- Qualitätsergebnisse und Leistungsfähigkeit der indirekten Unterstützungsprozesse,
- Qualiätsergebnisse und Leistungsfähigkeit der Lieferanten.

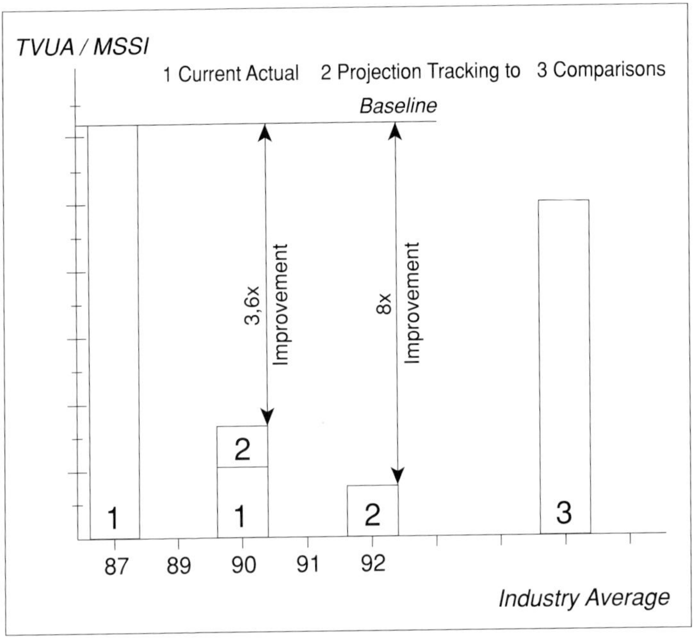

Abbildung 20: Display Write / 370 TVUA / MUJ

GSDL-Maßnahmen – Ergebnisse

Die Entwicklung der Produktqualität in den letzten Jahren, ausgedrückt in „Total Valid Unique Authorized Problem Analyses Reports / Million Shipped Source Instructions" (TVUA/MSSI) ist am Beispiel von DisplayWrite/370 in Abbildung 20 dargestellt. Den Durchschnitt aller Produkte sieht man in Abbildung 21.

Ein Schlüssel-Indikator für Kundendienstqualität ist die sogenannte Fix-Qualität, das heißt der Prozentsatz fehlerhafter Programmkorrekturen. Die Entwicklung dieses Indikators ist dargestellt in Abbildung 22.

Ein weiterer Indikator ist die Antwortzeit auf Fehlermeldungen vom Kunden (APARs). Tabelle 1 zeigt, wie der Anteil zeitgerechter Antworten stetig wuchs (für ein beispielhaftes Produkt).

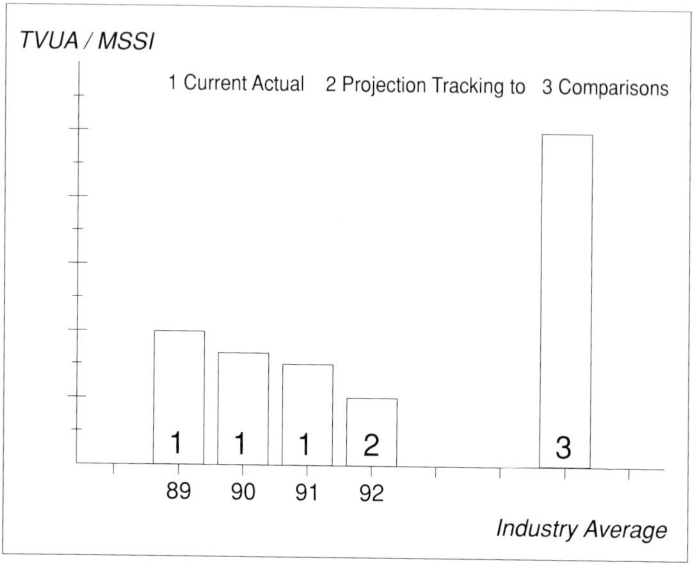

Abbildung 21: Durchschnitt aller GSDL Produkte im Vergleich zur Industrie

Tabelle 1: DW/370 Antwortzeitverhalten auf Fehlermeldungen nach Wichtigkeit der Fehler (Sev 1 = hoch, Sev 4 = gering)

Type	1989	1990	1991	1992	Ziel
Sev 1	92%	95%	84%	100%	≥80%
Sev 2	58%	75%	78%	82%	≥80%
Sev 3	60%	82%	92%	85%	≥80%
Sev 4	100%	94%	87%	86%	≥80%

Die wirtschaftliche Leistungsfähigkeit des GSDL wird wesentlich beeinflußt durch die Produktivität der Entwickler. Diese ist dargestellt in Abbildung 23 als „Changed Source Instructions / Person Year" (CSI/PY).

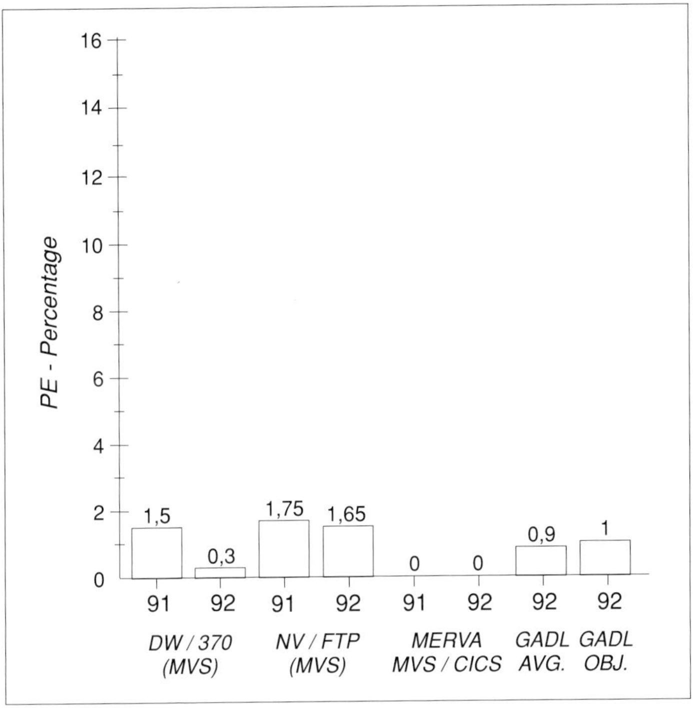

Abbildung 22: Fix-Qualität des GSDL

Die Umsatzentwicklung der IBM weltweit mit GSDL-Produkten ist dargestellt in Abbildung 24.

Insgesamt zeigen sich für das GSDL erhebliche positive Trends in den Ergebnissen! Die Umsetzung von Total Quality Management ist allerdings noch nicht überall gleich weit fortgeschritten. Daraus läßt sich ein noch dramatisches weiteres Verbesserungspotential ableiten, allein auf der Grundlage der jetzt etablierten Ziele.

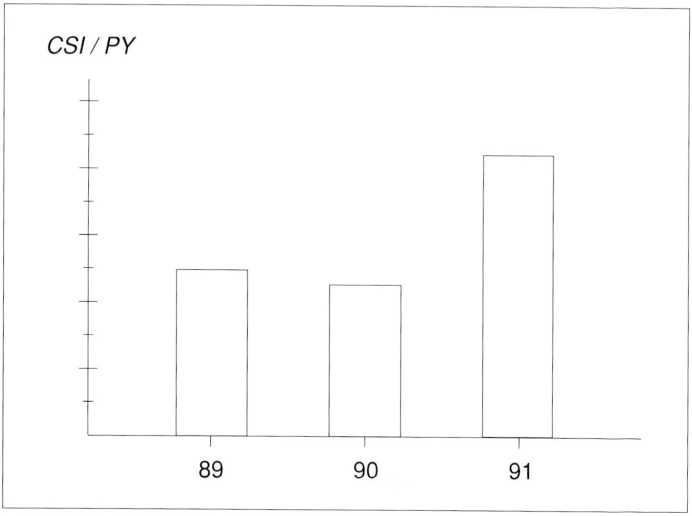

Abbildung 23: Produktivität in CSI / PY

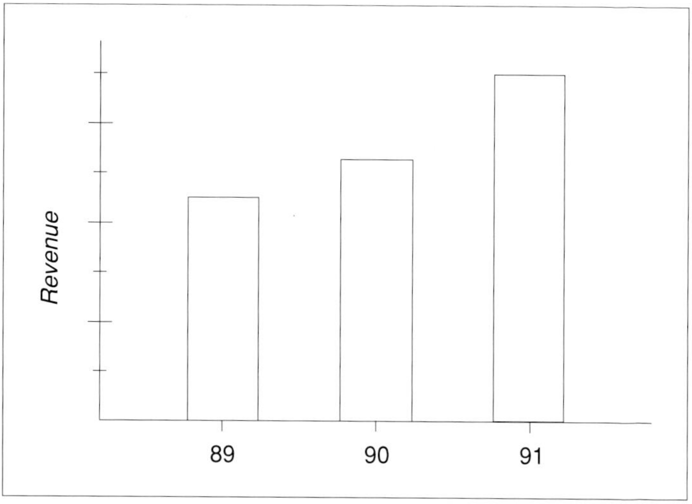

Abbildung 24: Umsatzentwicklung GSDL

Externe Bewertung

Die Prüfer bewerteten die vorgefundene Situation mit 52 Prozent des möglichen Resultats, und zwar aufgrund folgender Stärken:

- Die dargestellten Trends zeigen generell Verbesserungen und zwar nachweisbar aufgrund der getroffenen Prozeßverbesserungsmaßnahmen.
- Die gewählten Qualitäts-Indikatoren sind klar definiert und bewegen sich in einigen Bereichen auf Weltklasseniveau.
- In den wichtigsten operationalen Bereichen sind positive Trends zu verzeichnen.
- Die ISO 9000 Zertifizierung wurde erreicht.

Viel zu tun bleibt, bis Verbesserungen in folgenden Punkten erreicht sind:

- Trenddaten für Kundendienst-Qualität fehlen noch.
- Quellen und Qualitätsstand der Daten über Mitbewerber sind oft unklar.
- Zu wenig direkte Vergleiche mit Mitbewerberprodukten.
- Die Gültigkeit der Produktdaten der Mitbewerber wird nicht verifiziert.
- Es fehlen Vergleichsdaten für indirekte Unterstützungsprozesse.
- Für einige negative Trends gibt es keine klare Erklärung.
- Die Daten zur Beurteilung von Lieferanten sind unvollständig.

Es zeigt sich hier deutlich, daß viel Zeit vergeht, bis die Prinzipien von Total Quality Management wirklich in allen Facetten des Unternehmens sauber umgesetzt sind, und daß Geduld weiterhin eine fundamentale Managementtugend bleibt.

Kundenorientierung und Kundenzufriedenheit (300 Punkte)

Malcolm Baldridge Kriterien

Das letzte Kapitel des Malcolm Baldridge Wertesystems ist das mit Abstand am höchsten bewertete. Es zeigt noch einmal ganz deutlich, was hier das Wichtigste bei einem Unternehmen ist: Kundenzufriedenheit. Diese ist aufgefächert in folgende Teilaspekte:

- Gegenwärtige und zukünftige Erwartungen des Kunden: Wie werden sie ermittelt und in Pflichtenhefte für zu entwickelnde Produkte unter Berücksichtigung von Technologie, Wettbewerb und sozialem Umfeld umgesetzt? Dies natürlich unter Zuhilfenahme eines formalen, sich selbst verbessernden Prozesses.
- Management der Kundenbeziehung:
  - Partnerschaftsprogramme Mitarbeiter-Kunden.
  - Leistungsstandards für Kundendienst.
  - Kundenunterstützungsprogramme zur Information und Hilfe.
  - Vorgangsverfolgung im Kundenunterstützungsfall bis zum erfolgreichen Abschluß.
  - Ausbildungsverfahren für Mitarbeiter mit Kundenkontakt.
  - Management und Integration von Beschwerde- und anderen Kundenfeedback-Daten und Nutzung derselben zur Verbesserung der Firma.
  - Wie werden die Strategien zur Verbesserung der Kundenbeziehungen bewertet und verbessert?
- Welche Produkt- und Service-Qualitätszusagen macht das Unternehmen an seine Kunden und wie werden diese ständig verifiziert und verbessert?
- Wie wird Kundenzufriedenheit ermittelt und wie wird die dazugehörige Meßgenauigkeit ständig verbessert?
- Was ist die tatsächlich vorhandene Kundenzufriedenheit, welche Trends gibt es?
- Wie ist die tatsächliche Kundenzufriedenheit im Vergleich mit Mitbewerbern?

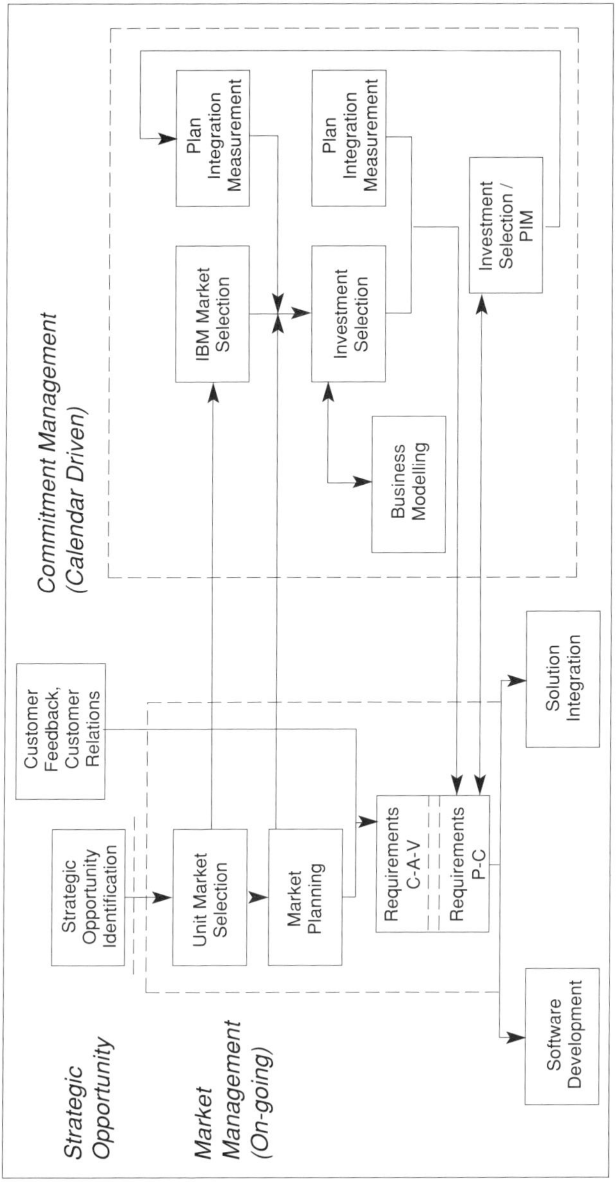

Abbildung 25: Requirements Prozeß

IBM Search Manager / 370			Customer Value Categieries				
		Support of Business Objectives	1 Bus Solns	2 Invst Prot	3 User Prod	4 Grow Enabl	5 Syst Mgmt
Product/System Characteristics		Functionality	X	X	X		X
	Capabilities	Usability	X	X	X		
		Performance		X			
		Reliability/Availability		X			
		Installability		X			
		Maintainability		X			
		Product Information			X	X	
		Adaptability	X		X	X	
		Exploitation	X	X	X		
		Standards and Architectures	X		X		
Priority			3	1	2	4	5

Abbildung 26: Customer Value Matrix

GSDL-Maßnahmen und Ergebnisse

Der Requirements-Prozeß im GSDL ist eingebunden in den unternehmensweiten Prozeß „Sammeln von Requirements“, dargestellt in Abbildung 25.

Er zerfällt in den Definitions-Subprozeß mit den Aktivitäten C (Capture), A (Analyze), V (Validate) und dem Investment-Selektion-Subprozeß mit den Aktivitäten P (Prioritize) und C

(Commit). Einzelheiten des GSDL Prozesses sind in einer Wissensbasis (AE Advisor) an jedem Arbeitsplatz zugänglich.

Die Umsetzung der Requirements in Produkt-Konzepte erfolgt mit Hilfe von MD/REQ, einer Requirements Management Software auf der Basis einer Relationalen Datenbank. Dieses Werkzeug fordert systematischen Umgang mit Kundenanforderungen auf Basis der sogenannten Customer Value Methology, einer umfassenden Checkliste zur Ermittlung des Nutzens von Produkten. Die Ergebnisse werden mit Schlüsselkunden validiert und mit Technologie- und Mitbewerbertrends verglichen. Ein vereinfachtes Ergebnis ist in Abbildung 26 abgebildet.

Kundenbeziehungen: Regelmäßige Kundenkontakte stehen ganz oben auf der Prioritätsskala des GSDL und sind Bestandteil der Organisationskultur. Formelle Marktforschungsstudien erzeugen eine Datenbasis zur Kundenzufriedenheit. Die wichtigsten werden anonym durchgeführt.

Pilotinstallationen (Beta tests) sorgen für Validierung von neuen Produkten durch Kunden. Erst dann werden die Produkte allgemein verfügbar.

GSDL Personal nimmt regelmäßig an Benutzerveranstaltungen teil und führt selbst Produktinformationsveranstaltungen durch.

Kundendienst-Standards werden regelmäßig mit den Service-Organisationen vereinbart und durch Messungen überprüft.

Einen Einblick in die Kundenzufriedenheitsdaten für drei Produkte des Hauses gibt Tabelle 2. Dort sind angegeben: Relative Wichtigkeit und tatsächliche Zufriedenheit in Prozent mit den Einzelkriterien der Größe CUPRIMD:

C	=	Capability	: Funktionen
U	=	Usability	: Benutzerfreundlichkeit
P	=	Performance	: Antwortzeitverhalten
R	=	Reliability	: Zuverlässigkeit
I	=	Installability	: Installierbarkeit
M	=	Maintainability	: Wartungsfreundlichkeit
D	=	Documentation	: Qualität der Handbücher

Tabelle 2: Relative Wichtigkeit und tatsächliche Zufriedenheit (in Prozent)

	Imp Merva	DW	FTP	Sat Merva	DW	FTP
C	87	77	83	81	69	73
U	89	86	81	76	41	74
P	91	86	84	81	61	78
R	95	93	93	92	77	86
I	88	75	70	65	57	71
M	94	75	86	77	64	81
D	87	77	77	72	53	69

Externe Bewertung

Die Bewertung der Prüfer war hier eher durchschnittlich: 50 Prozent, trotz erheblicher Stärken:

- Es gibt ein umfassendes Instrumentarium zur Pflege der Beziehungen mit Kunden, Kundendienststandards und dazugehörige Messungen und Verbesserungsprozesse.
- Kundenorientierung ist in vielen Bereichen sichtbar: Von der sorgfältigen Behandlung von Kundenforderungen beim Produktdesign bis zu Antwortzeitverpflichtungen beim Kundendienst und kostenlosen Produktverbesserungen steht durchgängig Kundenzufriedenheit im Mittelpunkt der täglichen Arbeit des GSDL.
- Die Kundenzufriedenheitsdaten haben positive Trends und sind im Vergleich mit internen und externen Mitbewerberdaten positiv zu bewerten.

Aus Sicht des Malcolm Baldridge Modells fehlt allerdings noch viel:

- Die crossfunktionale Einbindung des IBM-Außendienstes in die Service Standards ist nicht evident.

- Es gibt noch keinen systematischen, proaktiven Prozeß zur Verbesserung der Kundenzufriedenheit oder zur Verbesserung des Umgangs mit Kundenanforderungen.
- Es gibt auch kein systematisches Programm zum Erlangen von direktem Kundenfeedback.
- Es gibt nur wenige Vergleiche zu Mitbewerbern oder Mitbewerberprodukten.
- Es ist keine spezifische Strategie zur Rückgewinnung von Mitbewerberkunden sichtbar.
- Der Prozeß zur Verbesserung der Kundenzufriedenheit erscheint unvollständig umgesetzt.

Resümee

Das GSDL-Management überstand den Prozeß der Selbstprüfung und der externen Prüfung nach Malcolm Baldridge mit gemischten Gefühlen. Das Prüfungsergebnis von 508 Punkten plaziert das GSDL solide im vorderen Mittelfeld der anderen IBM Softwareentwicklungslabors, dennoch wurde das eigene Selbstbewußtsein in einigen Fällen doch erheblich angekratzt.

Dieser zwangsweise Abschied vom liebgewordenen Mythos der eigenen Hochwertigkeit setzte aber auch erhebliche konstruktive Energie frei, die bis heute, sechs Monate nach der Bewertung, schon erhebliche Verbesserungen, sowie einen detaillierten Plan, wie die Fitneß der Organisation noch erheblich weiter gesteigert werden kann, nach sich gezogen hat.

Was jetzt gefordert ist, ist Stehvermögen und langer Atem. Wie sagt Konfuzius: Der Weg ist das Ziel.

Dieter Dixius, Jahrgang 1941, studierte Luftfahrttechnik und Fahrzeugbau in Aachen. Von 1963 bis 1969 arbeitete er bei Dornier-System als Entwicklungsingenieur auf dem Gebiet unbemannter Flugkörper und Forschungsraketen. Danach wechselte er zu Volkswagen, wo er als Projektingenieur bei verschiedenen Fahrzeugentwicklungen im Pkw-Versuch tätig war. Anschließend war er Leiter der Abteilung Fahrzeugausstattung. Von 1985 bis 1990 übernahm er im Rahmen einer Job-Rotation eine Stelle als Entwicklungsleiter bei dem Kfz-Zulieferer Naue. Seitdem ist er als Projektmanager bei Volkswagen für Neuentwickungen in der Passat-Klasse zuständig.

Erfolgreiche Fahrzeug-Entwicklung in kürzerer Zeit durch Projektmanagement und Simultaneous-Engineering

von Dieter Dixius

Automobilentwicklung heute

Der langanhaltende Verkaufserfolg eines Fahrzeugtyps mit hohem Kundenwert beruht auf dem – gemäß Leitthema des vorliegenden Buches – harmonischen Zusammenspiel der Regelkreisphasen Produktidee, Entwicklungsprozeß, Marktsegment und Kundenbetreuung. Eine zündende Idee, überlegt geplant zum begeisternden Produkt hoher Qualität weiterentwickelt, öffnet den Markt und ermöglicht das Erobern oder Halten des angestrebten beziehungsweise bereits mit einem Vorgängermodell erreichten Segmentanteiles. Eine der Kundschaft angepaßte Betreuung sichert einem solchen Fahrzeug darüber hinaus ein langes Verkaufsleben gegenüber ähnlichen, aber weniger einzigartigen Produkten.

Der Volkswagen-Käfer war ein solches Ereignis und ist es in Mittelamerika heute noch. Der Mercedes-Unimog hat sich in einem anderen Marktsegment gleichermaßen unangefochten durchgesetzt.

Heute ist einer der ganz Großen der Volkswagen-Golf mit inzwischen über 14 Millionen gebauten Exemplaren. Er konnte den Erfolgskurs des Käfers als seinem Vorgänger aus gleichem Hause nahtlos fortsetzen. Beiden lag die Idee des klassenlosen, in großen Stückzahlen zu produzierenden Familienautos zugrunde. Beide

Fahrzeuge erreichten den selben Markt, den der Käfer vorbereitete und der Golf in seiner ersten Modellvariante übernehmen konnte.

Wurde der Käfer als Idee und Produkt noch einzig von seinem Allein-Entwickler mit wenigen Mitarbeitern geschaffen, beruht der Erfolg des Golf auf der Gemeinschaftsleistung aller Geschäftsbereiche eines großen Industrieunternehmens. Eine vielfach höhere Komplexität aufgrund zahlreicher neu geschaffener Gesetze und Vorschriften erforderte bereits beim ersten Golf im Jahre 1973 einen wesentlich höheren Aufwand an Entwicklungsleistung, Fertigungseinrichtungen und Betreuungsmarketing. Hinzu kam der Wunsch des Marktes nach umfangreicherer Ausstattung und breiterem Leistungsangebot.

Inzwischen sind die Forderungen an Gestaltung, Fertigung und Betreuung eines Fahrzeuges weiter gestiegen, geprägt durch den weltweiten Wettbewerb bei Kosten und Preis, Qualität und Funktion, voran aktive und passive Sicherheit und Umweltschonung sowie höherer Ausstattungs- und Komfortanspruch. Eine erfolgreichere Art der Zusammenarbeit aller an Entwicklung und Produktion beteiligten Geschäftsbereiche, Fertigungsstätten und externen Zulieferern wurde erforderlich.

Neue Projektziele

Als Fahrzeug-Entwicklung wird fälschlicherweise oft allein die Arbeit in Konstruktion und Versuch verstanden, vielleicht noch die des Stilisten, wenn die von ihm gefundene oder vorgegebene Form mit der im Interesse des späteren Kunden gewünschten Funktion von Teil, Baugruppe oder Gesamtfahrzeug harmonisiert wird. Dagegen beschreibt der bei Volkswagen „Produktentstehungs-Prozeß“ (PEP) genannte Ablauf alle Arbeitsgänge von der ersten Marktstudie bis zu einem Zeitpunkt nach der Markteinführung. Erst danach zeigt sich, ob das Projekt die gestellten Ziele erreicht hat beziehungsweise über die geplante Laufzeit vermutlich erreichen wird, oder ob sofort und mit welchen Vorgaben ein neues Projekt zu beginnen ist, nämlich das einer Modellpflege (auch Facelifting genannt) oder gar des Nachfolgers, nach einer kürzeren als wirtschaftlich sinnvollen Laufzeit des aktuellen Modells.

An der Entwicklung eines Fahrzeuges sind also alle operativen Geschäftsbereiche beteiligt, einschließlich Personalwesen, das bereits frühzeitig Personal für neu entwickelte oder einzuführende Fertigungsmethoden oder Arbeitsprozesse zu qualifizieren hat. Dem trägt der Begriff Produkt-Entstehungs-Prozeß Rechnung, der ursprünglich „Entwicklungs-Prozeß" hieß, was jedoch eine falsch zu verstehende Doppelsinnigkeit des Wortes „Entwicklung" bedeutete.

Als Projektziele ergeben sich somit nicht nur die aus Kundensicht erkennbaren und mit dem Wettbewerb vergleichbaren Funktionsmerkmale, Leistungen, Daten und Preise, sondern ein Bündel von internen Zielsetzungen, die durch ihre Festschreibung im Zielkatalog und später im Lastenheft für alle an der Entwicklung Beteiligten verbindlich werden. Bei Volkswagen gelten als Hauptziele bei derzeitigen und künftigen Fahrzeugprojekten:

- Verkürzung der Entwicklungszeit durch intensive projektungebundene Vorentwicklung von Baugruppen und Systemen,
- dadurch größere Kundennähe aufgrund schnelleren Reagierens auf Marktwünsche,
- sowie Senkung der Entwicklungskosten beziehungsweise Freisetzen vorhandener Kapazitäten für weitere Projekte,
- geringere Komplexität bei Baugruppen und Modellen ohne Angebotsverringerung für den Kunden aber mit höherer Produktivität,
- Senkung der Kosten in allen wertschöpfenden und nicht wertschöpfenden Bereichen und damit Ertragsverbesserung pro verkauftem Fahrzeug,
- weltweiter Einkauf von Teilegruppen und vormontierten Modulen,
- Anheben der Wettbewerbsfähigkeit der eigenen Werke für Teile- und Baugruppenlieferungen gegenüber externen Anbietern,

- Anheben der Fertigungs- und Auslieferungsqualität über heutige Weltspitze hinaus,
- konzernweite Nutzung derselben Plattform für Fahrzeuge der gleichen Klasse und dadurch Schaffung stückzahlbedingter Synergieeffekte.

Nicht genannt sind hier die selbstverständlichen, produktspezifischen Ziele von Funktion, Sicherheit, Umweltverträglichkeit, Kundendienstfreundlichkeit, Gewichtsreduzierung, Erfüllung neuer Gesetze usw.

Benötigt wird eine effektive Projekt-Organisation mit bereichsübergreifender Gesamtverantwortung für das Projekt. Ihre auf interfraktionelle oder crossfunktionale Teamarbeit gegründete Zusammenarbeit sollte in den Linienabteilungen gestützt werden auf eine gleichermaßen auf Teams ausgerichtete Arbeitsmethodik, das Simultaneous-Engineering (SE). SE bedeutet „gleichzeitiges, verantwortliches Zusammenarbeiten aller an der Produktplanung, Produktentwicklung und Marktbetreuung beteiligten Bereiche in Teams von Anfang an“ und ermöglicht ein projektnahes Erarbeiten, Verfolgen und Erreichen der vorgegebenen Projektziele in kürzerer Zeit und ohne unproduktive Entwicklungsschleifen.

Projekt-Struktur: Simultaneous-Engineering-Organisation

Der finanzielle Rahmen eines Produkt-Entstehungs-Prozesses liegt in der Größenordnung bis zu mehreren Milliarden DM, entspricht also einem mittleren Projekt in der Luft- und Raumfahrtindustrie. Damit wird klar, warum auch der Straßenfahrzeugbau ohne effektive Projekt-Organisation nicht mehr auskommt. Nicht das frühere „Wieviel wird das Fahrzeug kosten?“ sondern „Wieviel darf es kosten?“ ist der Leitsatz einer heutigen Fahrzeugentwicklung. Dies zu akzeptieren oder gar zu verstehen fällt so manchem innovativen, eingefleischten Entwickler oder Produktionsplaner schwer. Häufig widersetzt er sich dem Gedanken, ein künftiges Wettbewerbs- beziehungsweise Verhaltensumfeld berücksichtigen zu müssen. Er setzt seine vom Entwickler-/Planerstandpunkt aus gesehen fortschrittliche Idee um, ohne Betrachtung der Wirtschaftlichkeitsanforderungen in den eigentlichen – weit vorausliegenden – Einsatzjahren.

Um eine derartige Verhaltensweise von vornherein auszuschließen, wurde für den Golf der dritten Generation die bis dahin dezentrale Projekt-Organisation grundlegend umstrukturiert und als Basis für nachfolgende Projekte festgeschrieben. Inzwischen machten engeres Zusammenrücken der einzelnen Konzernmarken, die Stärkung der produzierenden Werke im Konzernverbund und eine Ausdünnung der Hierarchieebenen in Verbindung mit erweiterten Projektzielen einige Ergänzungen nötig.

Die aktuelle Projekt-Organisation steht bei Volkswagen nach wie vor neben der Linienstruktur und setzt sich aus den Grundelementen Produktmanager mit Produktteam zusammen, die gesamtverantwortlich für eine Produktklasse, beispielsweise Passat, eingestellt sind. Dieser Gruppe sind das Projektteam mit dem Projektleiter als Gesamtverantwortliche für ein Einzelprojekt innerhalb einer Produktklasse untergeordnet. Beispiele dafür sind die Projekte Golf-Cabriolet und Golf-Variant, die beide dem Produktmanager der Golf-Klasse zugeordnet sind. Es folgen die Fachgruppen zur Steuerung der eigentlichen Linienarbeit und nachgeschaltet die sogenannten Simultaneous-Engineering-Teams (SETs) als Kernzentren des Produkt-Entwicklungs-Prozesses. An der Spitze der Linienstruktur steht der Fahrzeug-Projektkreis. Abbildung 27 zeigt die Verknüpfung dieser Gremien.

Alle Gremien sind querfunktional besetzt, also mit Vertretern der unterschiedlichen Geschäftsbereiche Forschung und Entwicklung, Beschaffung, Finanz, Qualitätssicherung, Vertrieb und Produktion. Hinzu kommt die Einbindung von Entwicklungslieferanten, wozu auch die einzelnen Werke des Konzerns zu zählen sind, sofern sie aufgrund des Nachweises ihrer Wettbewerbsfähigkeit Bauteile oder Aggregate an das jeweilige Fahrzeugwerk liefern.

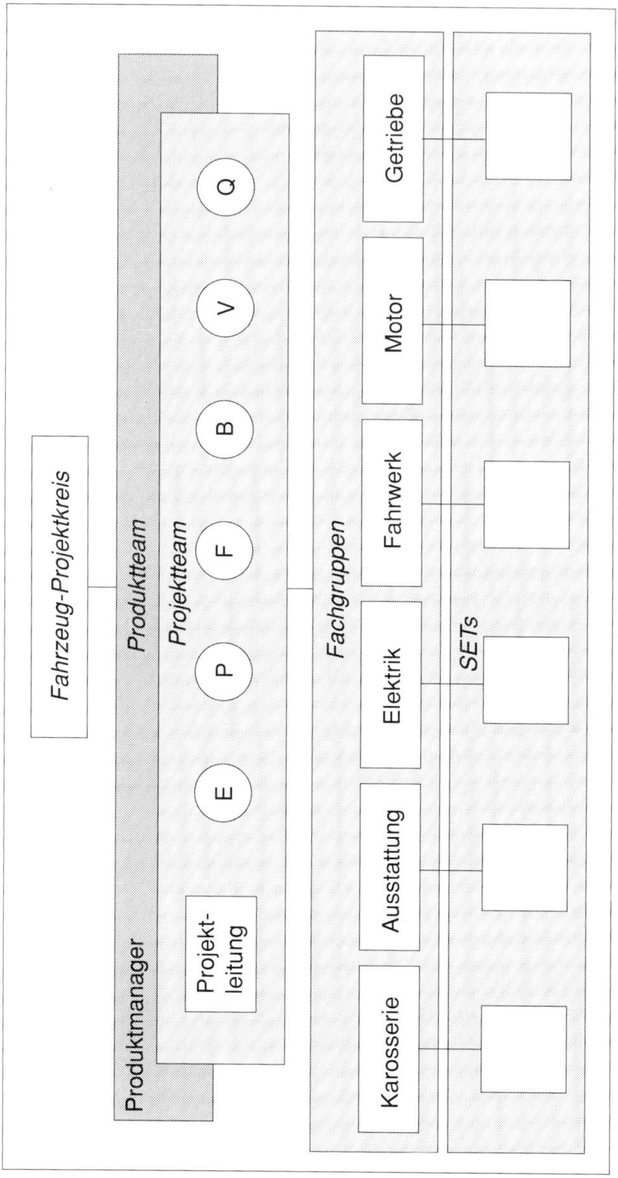

Abbildung 27: Organisationsstruktur

Während der Bewährungsphase der neuen Projekt-Organisation ergaben sich im Lernprozeß wiederum eine Reihe von Erkenntnissen, die jeweils beim nächsten neu begonnenen Projekt umgesetzt wurden beziehungsweise dann Eingang finden werden. Dieser Wandel zum ständig Besseren ist ein gewollter kontinuierlicher Verbesserungs-Prozeß (KVP), eine inzwischen bei Volkswagen in allen wertschöpfenden Bereichen praktizierte Geisteshaltung des ständigen Optimierens aller eingesetzten Verfahren, Abläufe, Verhalten.

Der vorliegende Beitrag kann nur stark komprimiert die Zusammenhänge innerhalb der zu beschreibenden Projekt-Organisation wiedergeben. Die wichtigsten Bausteine werden jedoch erwähnt und die Zusammenhänge so erklärt, daß sie auch auf Unternehmen und Produkte anderer Größenordnung und Bedeutung sinngemäß zu übertragen sind.

Beschränken sich die beim Aufbau einer Projektorganisation möglicherweise auftretenden Probleme weitgehend auf die reine Sachebene, tritt beim Einführen des SE-Prozesses die emotionale Ebene in den Vordergrund. Ein feinfühliges Eingehen auf die gewachsene Unternehmensstruktur und das bisherige Verhältnis der Mitarbeiter untereinander ist erforderlich.

Der Fahrzeug-Projektkreis

Der Fahrzeug-Projektkreis als oberstes Liniengremium unterhalb der Produkt-Strategie-Komission der Marke Volkswagen (M-PSK) – entspricht dem um weitere Fachleute ergänzten Markenvorstand, Chairman ist das für Forschung und Entwicklung zuständige Vorstandsmitglied – verantwortet diesem gegenüber die Zielwerteverträglichkeit aller Projekte untereinander. Die Mitglieder des Projektkreises sind hochrangige und einflußreiche Vertreter aller an der Fahrzeugentwicklung beteiligten Geschäftsbereiche. Sie bestätigen die ihren Bereich betreffenden Projektziele als Commitment und sorgen durch Setzen von Prioritäten und Bereitstellen entsprechender Ressourcen für deren Einhaltung.

Produktmanager und Produktteam

Dem Produktmanager (PM) stehen als Projektstab (PS) einige ihm direkt unterstellte Mitarbeiter zur Seite. Sie rekrutieren sich aus den einzelnen Geschäftsbereichen, insbesondere Finanz, Produktion, Entwicklung oder verfügen zumindest über entsprechendes Hintergrundwissen. Der Produktmanager ist Beisitzer im PSK und stimmberechtigtes Mitglied im Fahrzeug-Projektkreis, die Belange seiner Produktreihe betreffend. Er verantwortet mit seinem Produktteam den zielkonformen Projektverlauf und stellt die Einhaltung der Projektziele sicher – bezüglich der Hauptkriterien Kosten und Investitionen, Termine, Qualität, Technik und Kundenwert.

Daß der Produktmanager eines Fahrzeugprojektes in der Unternehmenshierarchie hochrangig einzustufen ist, war von Anfang an unstrittig. Gemeint ist hiermit nicht ein bereits durch den Fettdruck im Telefonverzeichnis oder an der Preisklasse des Bürostuhles erkennbares Rangabzeichen, sondern die Akzeptanz, die man ihm in den Linienbereichen über alle Hierarchieebenen entgegenbringt.

Uneinigkeit entsteht eher bei der Frage nach der tatsächlichen Verantwortung des Produktmanagers. Sehr schnell verweist man auf die Heavy-duty-Projektmanager japanischer Autofirmen, welche die „volle Verantwortung" für ihr Projekt zu tragen scheinen. Tatsächlich ist – auch in diesem Falle – das japanische System nicht auf europäische Verhältnisse übertragbar.

Die von uns so bewunderte gründliche Entscheidungsvorbereitung der Japaner: Stufe für Stufe von unten nach oben (bottom up), die eine Übernahme der Verantwortung an der Spitze relativ leicht macht, beruht auf dem fehlenden Mut des Japaners, von der eigenen fundierten Meinung als der richtigen überzeugt zu sein und sie gegenüber anderen mit nur geringen Kompromissen durchzusetzen. Demgegenüber werden wir Europäer seit Generationen dazu erzogen, bereits als Kind von uns selbst überzeugt zu sein und auf jeden Fall unsere eigene Meinung, unseren eigenen Willen durchzusetzen. Unseren Erziehern war es gleichgültig, ob diese Meinung objektiv betrachtet die richtige war, das heißt diejenige, hinter der am schließlichen Erfolg gemessen auch die richtige Idee steckt. Dies führt zum oft angeprangerten, aber so schwer zu beseitigenden Bereichsdenken (top down), das nur selten zum optimalen Ergebnis führt. Hauptsache ist, die vorgegebene Meinung des eigenen Bereiches wurde „erfolgreich" durchgesetzt!

Volkswagen hat sich für den Produktmanager entschieden, der seine „Macht" bezieht durch die ihm gegebene Möglichkeit, regelnd den gesamten Entwicklungsprozeß im Sinne aller übergeordneten Projektziele zu koordinieren.

Hierarchisch angebunden ist er am Chairman des M-PSK, üblicherweise der Entwicklungsvorstand. Dies ermöglicht dem Produktmanager in der frühen Vorentwicklungsphase eines Projektes einen ungehinderten Einblick in die zu diesem Zeitpunkt dominierenden Aktivitäten des Entwicklungsbereiches. Er kann somit die übrigen Geschäftsbereiche rechtzeitig und bedarfsgerecht am Projektfortschritt beteiligen und die übergeordneten Ziele gemeinsam abstimmen.

Das Produktteam setzt sich aus ständigen Beauftragten der Geschäftsbereiche zusammen, also ebenso querfunktional wie der Fahrzeug-Projektkreis. Die Teammitglieder sorgen innerhalb ihrer Bereiche für die linienübergreifende Durchsetzung der Projektziele, informieren das Produktteam über den bereichsspezifischen Fortschrittsgrad der Zielerreichung und erarbeiten Korrekturmaßnahmen zur Vermeidung von Vorgabeüberschreitungen.

Projektleiter und Projektteam

Beide werden vom Produktmanager bei Bedarf eingesetzt und verfügen über gleiche Funktion und Verantwortlichkeit wie das Produktteam. Der inhaltliche Umfang ist allerdings geringer und bezieht sich auf ein Einzelprojekt. Bei bisher realisierten Entwicklungsprojekten fungierten Produkt- und Projektleiter beziehungsweise Produkt- und Projektteam in Personalunion für das gesamte Vorhaben oder wesentliche Teile davon.

Fachgruppen

Die Fachgruppen sind für die fachbezogene Projektarbeit zuständig und decken mit den Hauptbaugruppen Motor, Getriebe, Fahrwerk, Karosserie, Ausstattung, Elektrik das Gesamtfahrzeug lückenlos ab. Auch hier sind die Geschäftsbereiche durch je ein Mitglied vertreten, vorzugsweise aus einer mittleren Hierarchieebene. Die Fachgruppen erarbeiten im Rahmen des Projekt-Zielrahmens gemeinsam mit Produkt- oder Projektteam die baugruppenbezogenen Einzelvorgaben. Sie brechen diese Zielvorgaben herunter auf kleinere Baugruppeneinheiten, die wiederum dem Arbeitsinhalt der SETs entsprechen (Simultaneous-Engineering-Teams) und von diesen in Bauteilziele aufgegliedert werden, jeweils unterstützt durch Controlling. Die solchermaßen heruntergebrochenen Kostentargets gelten als Kosten-Obergrenze bei der Beschaffung dieser Einzelteile als Kauf- oder Hausanfertigungsteile.

Sprecher jeder Fachgruppe ist im Normalfall der Vertreter des Entwicklungsbereiches. Er hat gegenüber den übrigen Mitgliedern keine Weisungsrechte, sorgt jedoch für das Herbeiführen einer einheitlichen Gruppenmeinung und vertritt diese gegenüber Produktmanager/Projektleiter und deren Teams.

Simultaneous-Engineering-Teams

Durch die Fachgruppen werden je nach Aufgabenschwerpunkten des Gesamtprojektes Simultaneous-Engineering-Teams gebildet, nachfolgend SETs genannt. Sie setzen sich ebenfalls aus Mitarbeitern aller beteiligten Geschäftsbereiche zusammen, vorwiegend aus der Sachbearbeiterebene, bei Kaufteilen ergänzt durch Vertreter der Lieferfirmen. Der Sprecher wird von der Fachgruppe bestimmt. Auch er wird üblicherweise vom Entwicklungsbereich gestellt, ein späterer Wechsel der Sprecherfunktion, beispielsweise auf den Vertreter der Produktion, ist unter Umständen sinnvoll, um damit den sich wandelnden Projektanforderungen gerecht zu werden.

Von den SETs werden die gleichen Aufgaben bearbeitet wie bei früheren Projekten zum Teil von denselben Mitarbeitern in den unterschiedlichen Linienabteilungen. Das Erarbeiten der Aufgaben zur Zielerreichung erfolgt jedoch nicht mehr sequentiell, sondern gemeinsam und von Anfang an. Damit verliert die Technische Entwicklung das „Recht des ersten Entwurfes", die lex prima nocte des Entwicklungsingenieurs. Nicht mehr sein erster Entwurf, der oft eine frühe Einschränkung der Kreativität anderer Geschäftsbereiche bedeutet, wird nachträglich bewertet, sondern alle Bereiche erstellen den Entwurf gemeinsam und im Konsens.

Damit ein solches Vorgehen möglich wird, erfolgt die Zusammenarbeit, das heißt die Ideenfindung und -umsetzung, in Arbeitsgruppen oder Teams. Die Aufgabe wird also nicht mehr in vorher festgelegten Einzelabschnitten nacheinander von den Linien begonnen, bearbeitet, abgeschlossen und mit der Unterschrift eines hochrangig Verantwortlichen weitergegeben zur nächsten beteiligten Abteilung. Sie wird als gemeinsam anerkannte und mit derselben Zielsetzung versehene Problemstellung aus den unterschiedlichen Blickwinkeln aller beteiligten oder betroffenen Bereiche alternativ beurteilt und gelöst oder als Lösungsvorschlag der übergeordneten Fachgruppe zur Entscheidung vorgestellt. Abbildung 28 zeigt die mögliche personelle Besetzung eines SET und die Anbindung an die übergeordnet verantwortliche Fachgruppe.

Die SETs bedürfen wie die gesamte Projektarbeit einer ausreichenden EDV-Unterstützung. Je technisch anspruchsvoller die Arbeitsmittel und -methoden der Linienmitarbeiter sind, desto hochwertiger beziehungsweise schneller und genauer muß auch die Projektarbeit ablaufen. Geeignete Datengeräte und Programme/Dateien sind erforderlich. Die genaueste Zielvorgabe ist wertlos, wenn die Einzelschritte auf dem Wege zur Zielerreichung nicht genau genug gemessen werden können.

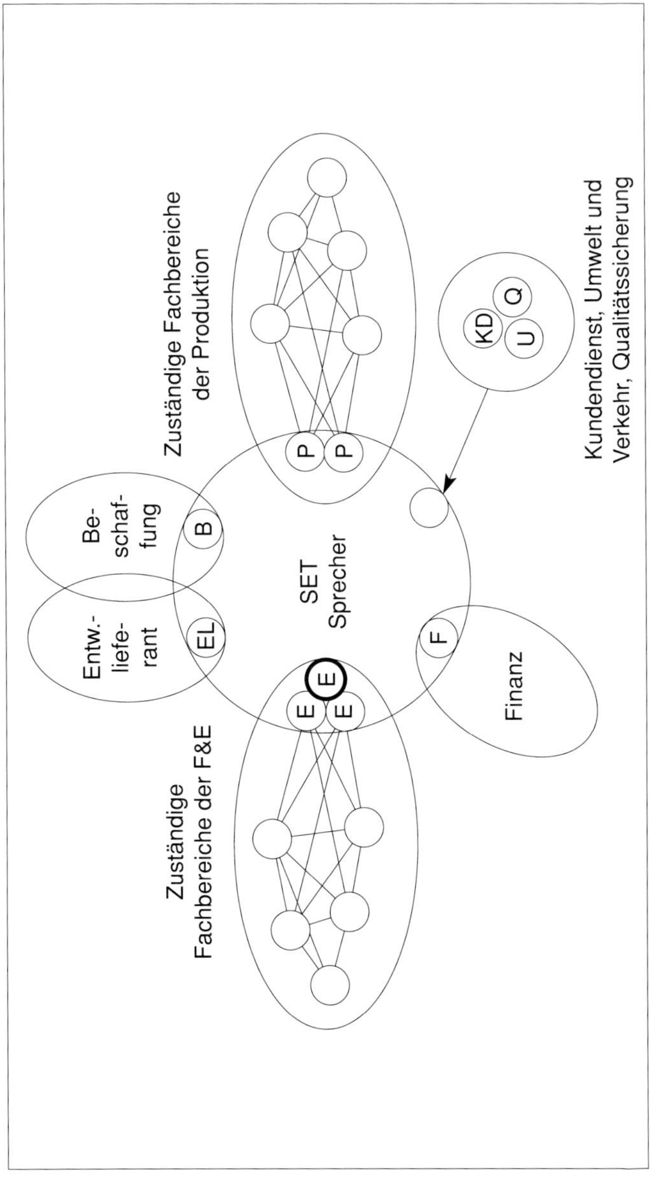

Abbildung 28: Projektorganisation aus Sicht des SET-Sprechers

Projektraum

Um den SETs optimale Arbeitsbedingungen zu ermöglichen und gleichzeitig ein „Wir-Gefühl" zu erzeugen, insbesondere auch als Zeichen der Zusammengehörigkeit gegenüber dem fahrzeugbauenden Werk, wurde bei Volkswagen eine stillgelegte Produktionshalle zum geeigneten Großraumbüro ausgebaut. Dort sollten neben der Projektleitung einschließlich Projektteam und Projektbegleitung auch die SETs zusammengefaßt werden. Projektraum (controlroom), Besprechungsräume und technische Einrichtungen für Lieferanten sind vorhanden. Eine Freifläche bietet Platz für Prototypen, Wettbewerbsfahrzeuge oder Komponenten. Eine positive und optimistische Arbeitsatmosphäre ist gewährleistet.

Die Nutzung durch die SETs erfolgte nur zögernd. Aus Kapazitätsgründen der Linie sind die meisten Mitarbeiter an mehr als einem Projekt beschäftigt, eine Teamarbeit im Sinne des projektgebundenen Simultaneous-Engineering ließ sich folglich noch nicht in allen SETs umsetzen. Der Wille der Mitarbeiter, im SET miteinander zu arbeiten, wurde vorübergehend auch gebremst durch Nichtverfügbarkeit ausreichender Hardware – CAD/CAM, PC und periphäre Geräte.

Für eine ungehinderte Kommunikation aller Projektgremien mit- und untereinander ist ein allein dem Projekt zugeordneter, abschließbarer Projektraum sinnvoll, in dem der aktuelle Stand des Projektes in Form von Graphiken, Tabellen und Terminplänen dargestellt ist. Für die Pflege der Unterlagen ist ein Verantwortlicher zu benennen. Die im Projektraum tagenden Gremien können die Ergebnisse ihrer jeweiligen Besprechung auf denselben, allen gleichermaßen zur Verfügung stehenden Basisdaten aufbauen. Das Wissen um „unseren Raum, unsere Daten" stärkt gleichzeitig das selbstmotivierende „Wir-Gefühl": Das Projekt hat eine Heimat.

Projekt-Abläufe: Simultaneous-Engineering-Prozesse

Die Akzeptanz der heutigen Projekt-Organisation durch Führungskräfte und Mitarbeiter der Linienstruktur war von Anfang an relativ hoch, da sie sehr schnell als stets bereite Dienstleistung erkannt und genutzt wurde. Insbesondere gilt dies für die in dieser Form vorher nicht vorhandenen Produktmanager/Projektleiter und deren Teams. Die Einführung des Simultaneous-Engineering war ungleich problematischer, obwohl hier eigentlich nur mit einem modernen Begriff alte Tugenden wiederhergestellt werden, nämlich: sich gegenseitig als gleichwertige Partner anzuerkennen, zuzuhören, sich mit der partnerschaftlich gefundenen Lösung zu identifizieren und sie umzusetzen. Erst mit größer werdender Komplexität unserer Unternehmen und Organisationen ging diese Tugend verloren zugunsten straff geregelten Bereichsdenkens, gleichbedeutend mit nicht nur voneinander unabhängigen, sondern gegeneinander kämpfenden Fürstentümern innerhalb eines immerhin gemeinsamen Staatenbundes. Es entstanden die Mauern in den Köpfen, die Abkehr vom Gleichklang bei der Zielerreichung. Die Mitarbeiter erkannten daher auch recht schnell, und eher als ihre Vorgesetzten, die Vorteile des wiedereinzuführenden Systems. Richtig angewandt ist SE die Freude daran, von Anfang an für ein gemeinsames Arbeitsergebnis verantwortlich sein zu dürfen. Die Arbeitsergebnisse haben demgemäß eine höhere Qualität, die Entscheidungsfindung erfolgt schneller und die Ideen- und Erfahrungsverluste sind geringer, wie in den Abbildungen 29 und 30 dargestellt .

Bei Volkswagen fielen Diskussion und Einführung des SE-Prozesses in eine Zeit, die in den Augen der betroffenen Vorgesetzten eine neue systematisierte Arbeitsweise nur mit geringer Priorität zuzulassen schien. Die eigentlichen und vermeintlich viel wichtigeren Aufgaben rekrutierten sich aus den aktuell in den Vordergrund gerückten, situationsbedingten Fakten im Unternehmen:

- Starker Rückgang des Verkaufsvolumens auf allen Märkten – obwohl weniger stark betroffen als der Wettbewerb.

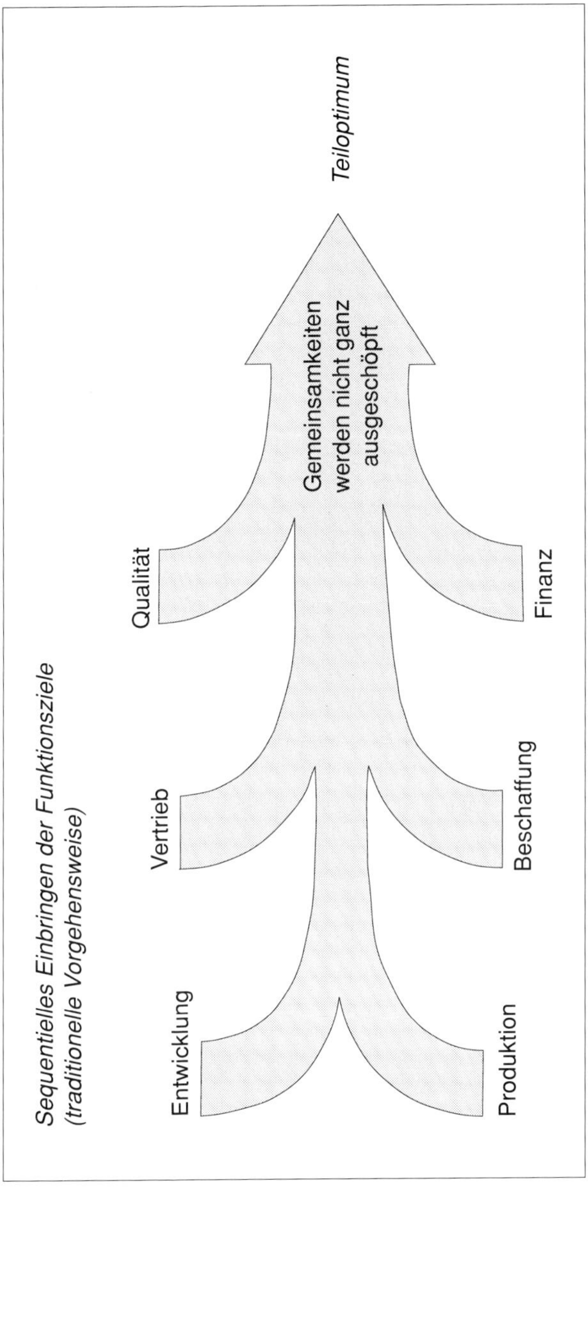

Abbildung 29: Prinzip traditioneller Projektabwicklung

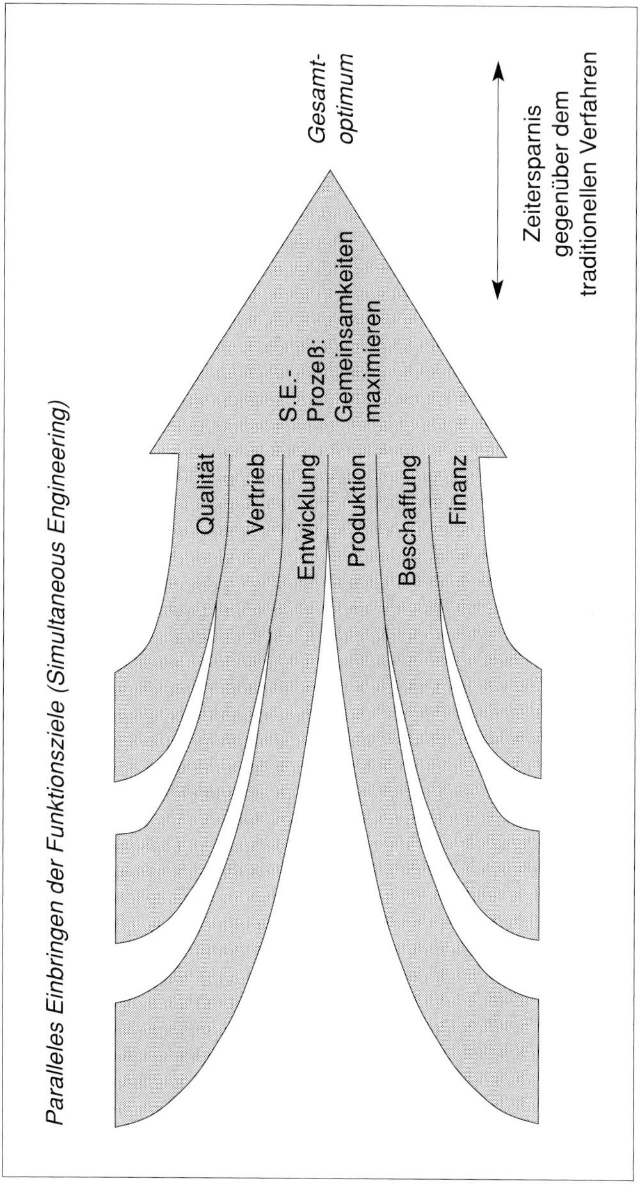

Abbildung 30: Prinzip des Simultaneous Engineering

- Personalabbau mittels Vorruhestandsregelung. Genutzt von vielen erfahrenen Mitarbeitern, die als Kernbesetzung der SE-Teams vorgesehen waren.
- Erhöhter Kapazitätsaufwand durch vorgezogenen Serienanlauf mehrerer Projekte.
- Wechsel in der Vorstandsspitze mit Änderung der Unternehmenszielsetzung.
- Dadurch bedingte Umstrukturierungen in fast allen Geschäftsbereichen und Umsetzen schnell greifender Maßnahmen zur Kostensenkung bei gleichzeitiger Qualitätssteigerung.
- Anschieben neuer parallel laufender Entwicklungsprojekte.

Keine der aktiv am PEP beteiligten Linienabteilungen war in der Lage, das neue „Werkzeug SE“ sofort mit der nötigen Begeisterung und den erforderlichen Ressourcen einzusetzen. Daß es dennoch gelang, zeugt von der Überzeugung und dem Willen einiger stark engagierter Mitarbeiter und Führungskräfte in Schlüsselpositionen, zeigt aber auch, daß Zeit und Unternehmen für ein solches Instrument der Effizienzsteigerung einfach reif waren.

Einführungsphase

Bei der Konzernschwester AUDI hatte man bereits erste SE-Erfahrungen gesammelt. Die Einführung wurde dort nach einem Stufenplan gezielt vorbereitet und umgesetzt. Verantwortlich hierfür war ein weitgehend hauptamtlich tätiges Prozeßbegleitungsteam, koordiniert von einem SE-Projektleiter, der sich unbelastet durch ein von ihm selbst zu verantwortendes Fahrzeugprojekt voll und ganz auf die SE-Thematik konzentrieren konnte. Die Einführung von SE war bei AUDI also selbst ein (Organisations-) „Projekt“.

Bei Volkswagen wurde SE in Verbindung mit einem konkreten, anspruchsvollen Fahrzeugprojekt eingeführt, bei gleichzeitiger Verkürzung der Entwicklungszeit und starker Beschränkung der

Projektkosten gegenüber denen früherer gleichartiger Vorhaben. Erfahrungen wurden auch hier vorher gesammelt an einem kleineren Motorenprojekt sowie einer mit einem Kooperationspartner gemeinsam durchgeführten Fahrzeugentwicklung. Sie waren wegen der grundlegend anderen Voraussetzungen jedoch nur sehr eingeschränkt zu übertragen.

Die Einführung des SE blieb im wesentlichen dem Produktmanager des betroffenen Fahrzeugprojektes überlassen. Zu diesem Zeitpunkt – vor dem eigentlichen „Projektanstoß“ – bestand noch kein Produktteam und damit auch keine direkte personelle Unterstützung in den Geschäftsbereichen.

Über die Bildung erster rein praxisorientierter SE-Teams (SETs) erfolgte jedoch indirekt die beabsichtigte Verbreitung des SE-Gedankens in den Linienbereichen. Wesentliche Erfahrungen wurden dafür einerseits in den Vorentwicklungs-SETs und andererseits in den Modul-Arbeitsgruppen gesammelt.

Vorentwicklungs-SETs

In der Vorentwicklungs- beziehungsweise Konzeptfindungsphase des genannten Projektes wurden für besondere Entwicklungsschwerpunkte Teams gebildet aus Mitarbeitern der Abteilung „Vorentwicklung“. Verstärkt wurden sie durch solche aus allen Entwicklungs- sowie anderen Geschäftsbereichen, vorwiegend aus der Produktionsplanung, Finanz, aber auch bereits Einkauf und Logistik. Diese VE-SETs bearbeiteten Themenschwerpunkte wie beispielsweise „Motorraumsystematik“, mit Motor, Getriebe, Zentralelektrik, Klimaanlage, Motorkühlung oder „Hinterwagen“ mit Hinterachse, Kraftstofftank, Abgasanlage. In sehr viel kürzerer Zeit als bei früheren Projekten und mit höherer Bearbeitungsqualität konnten die schnittstellenbedingten Probleme lokalisiert und dafür vom SET gemeinsam getragene Konzeptlösungen gefunden werden. Diese wurden auch von den Linienbereichen (home base) als Grundlage für die eigentliche Serienentwicklung akzeptiert.

Modul-Arbeitsgruppen

Im gleichen Zeitraum waren andere, ebenfalls bereichsübergreifend (crossfunctional) besetzte Teams damit beauftragt, aus der Vielzahl von in der Fahrzeugendmontage einzeln zu verbauenden Kauf- und Eigenfertigungsteilen geeignete „Module" zusammenzustellen. Diese Module sollen künftig den Fertigungsprozeß im fahrzeugbauenden Werk entlasten (Lean Production) und – kostengünstiger als die große Zahl von Einzelteilen – von einem einzigen Anbieter entwickelt, gefertigt, einbaufertig und vorgeprüft angeliefert werden. Der Wettbewerb zwischen externen Lieferanten und der Eigenfertigung war dabei durchaus gewollt und führte bereits in einigen Fällen unter aktiver Mitwirkung des Betriebsrates zu vorher nicht erwarteten Rationalisierungsmaßnahmen. Auch in diesen Arbeitsgruppen waren Schnittstellen zu überbrücken und unterschiedliche Bereichsinteressen aufeinander abzustimmen, was in vorbildlicher Weise ohne Umweg über höhere Hierarchieebenen gelang; ein Beweis für die effiziente Arbeitsweise des SE.

Prozeßbegleitung

Bei der Arbeit in den VE-SETs und den Modul-Arbeitsgruppen entwickelte sich trotz aller sachlichen Erfolge eine Reihe von Problemen, die in den oder durch die Teams nicht zu lösen waren, insbesondere organisatorische und soziale Fragen betreffend:

- Verantwortung und Kompetenz im SET,
- Delegation seitens der Linie,
- Entscheidungstreue und Akzeptanz der Teamentscheidung durch die Linie,
- wer beurteilt die Leistung des einzelnen?,
- Kommunikationswege.

Hinzu kam die nicht ausgeprägte, weil zuvor selten praktizierte Teamfähigkeit mancher in die Teams delegierten Mitarbeiter. Für

Verhaltensweisen und Abläufe wurde ein lockerer Regelkatalog gewünscht, kein Gesetzbuch, da sich das Arbeiten im SET möglichst „on the job" entwickeln sollte, ähnlich den berühmten Trampelpfaden in einer neu angelegten Parklandschaft.

Um die reine Projektarbeit im Rahmen des Produktentstehungsprozesses nicht zusätzlich mit all diesen Fragen zu belasten, wurde vom Produktmanager Unterstützung beim Vorstand erbeten, die auch gewährt wurde. Aus Mitarbeitern des Personalwesens und dem Bereich „Führungs-Organisation und Systeme" wurde ein zuletzt vierköpfiges Unterstützungsteam aus Psychologinnen und Organisationsfachleuten zusammengestellt, die „Projektbegleitung SE".

Mit dieser engagierten Mannschaft, z.T. mit SE-Erfahrung aus anderen Unternehmen, wurden Programme zur Schulung und Motivation der für das betreffende Fahrzeugprojekt infrage kommenden Mitarbeiter erstellt und durchgeführt. Die Projektbegleitung stand und steht während der Projektlaufzeit allen ins Projekt eingebundenen Mitarbeitern, Führungskräften und Gremien als Ansprechpartner für emotionale, aber auch projektunabhängige sachliche Fragen zur Verfügung. Sie hilft bei der Moderation von Teamsitzungen und der Verbesserung von Kommunikationsstrukturen, sowie der Lösung ganz persönlicher Sorgen im Rahmen der Team- oder Projektarbeit, also beim „Miteinanderumgehen" auch in kritischen Situationen.

Vorbereitung der Mitarbeiter

Die VE-SETs und Modul-Arbeitsgruppen nahmen ihre Arbeit auf, ohne im besonderen für Teamarbeit, Konfliktfähigkeit und Kommunikationsverhalten qualifiziert worden zu sein. Der Wille zur Zusammenarbeit und die Begeisterung, gemeinsam neue Lösungen finden zu können und zu dürfen war vorhanden, die Arbeitsergebnisse waren entsprechend positiv. In Einzelgesprächen zwischen den Teammitgliedern und den Mitarbeitern der damals gerade im Aufbau befindlichen Projektbegleitung kamen jedoch immer häufiger Fragen hoch, die auf Probleme in der SE-Arbeit schließen ließen.

In einer gemeinsamen Diskussionsrunde wurden Fragen, Probleme, Kritik und Vorschläge gesammelt und zu Themenkomplexen für weitere Veranstaltungen zusammengestellt, in welchen die SETs die gewünschten Antworten erhielten. Ungewichtet ergab sich folgender Klärungsbedarf:

Innerhalb der SETs:

- Unklarheiten über Entscheidungskompetenz,
- zu geringe Unterstützung durch die home base,
- Team noch nicht ausreichend zusammengewachsen,
- Mitglieder mit zu geringem Fachwissen,
- unzureichende Arbeitsmittel.

Zwischen den SETs:

- Schnittstellen nicht eindeutig geklärt,
- mangelnde Bereitschaft zur gegenseitigen Abstimmung,
- schleppender Informationsaustausch,
- räumliche Trennung zu groß.

Zwischen den SETs und den Fachabteilungen:

- SE-Prozeß nicht ausreichend bekannt,
- zu geringe Ressourcenbereitstellung durch home base,
- schlechter Informationsrückfluß,
- Parallelarbeit.

Zwischen SET-Mitgliedern und Linienvorgesetzten:

- mangelnde Bereitschaft zur Kompetenzübertragung,
- Maulkorbvorschriften,
- Hineinregieren in SET-Entscheidungen,
- Priorität der Linienarbeit.

Es überwogen jedoch die vorteilhaften Aspekte der SE-Arbeit. Besonders herausgestellt wurden:

- Ideenvielfalt,
- Feuerwerk an Vorschlägen,

- Effizienz,
- besseres Problemverständnis,
- Motivation,
- Selbsterziehung,
- kürzerer Instanzenweg,
- weniger Profilierungssucht,
- Wir-Gefühl,
- Sachlichkeit,
- schnelleres Entscheiden,
- keine Bereichspolitik.

Also eine insgesamt positive Bilanz nach relativ kurzer Zeit mehr improvisierter als geplant vorbereiteter und praktizierter SE-Arbeit.

Für die später im Rahmen der eigentlichen Projektarbeit zusammengestellten SETs konnten auf diesen Erfahrungen aufbauend zielgerechte Personal- und Organisationsentwicklungsmaßnahmen erarbeitet werden. Zielsetzung war im wesentlichen

- die Erhöhung der Identifikation mit dem SE-Prozeß,
- Verbesserung
  - der Teamfähigkeit,
  - der Konfliktfähigkeit,
  - des Kommunikationsverhaltens,
  - der Informationsbereitschaft,
- Ausbildung von Moderatoren,
- Coachen von Einzelpersonen und Teams.

Die wichtigste Aufgabe der Prozeßbegleitung ist es, bei der Erfüllung dieser Ziele Unterstützung zu leisten.

Vorbereitung der Führungskräfte

Nach Vorliegen und Auswerten erster Erfahrungen aus der SET-Arbeit wurde zur Vorbereitung und Motivation aller Führungskräfte der Marke Volkswagen in Abstimmung mit dem Vorstand eine SE-Workshopveranstaltung geplant und vorbereitet. Mitarbeiter, die sich bereits für SE-Arbeit auf den unterschiedlichen Hierarchiestufen einsetzten, sollten durch Vorträge, Rollenspiele, Videobeiträge usw. alle Aspekte des SE beleuchten, für dessen Akzeptanz durch das Forum werben und mit diesem gemeinsam die wichtigsten für Volkswagen sinnvoll anwendbaren SE-Regeln erarbeiten.

Anstelle dieser Großveranstaltung wurden jedoch gezieltere Workshops mit jeweils kleinerem, direkt betroffenem Teilnehmerkreis aus der Führungsmannschaft veranstaltet, bereits unter Führung der SE-Projektbegleitung.

In den Fragerunden und Diskussionsbeiträgen stellten sich bei den Teilnehmern dieselben Schwerpunkte heraus wie bei den Veranstaltungen mit den SET-Mitarbeitern, jedoch aus der ent-

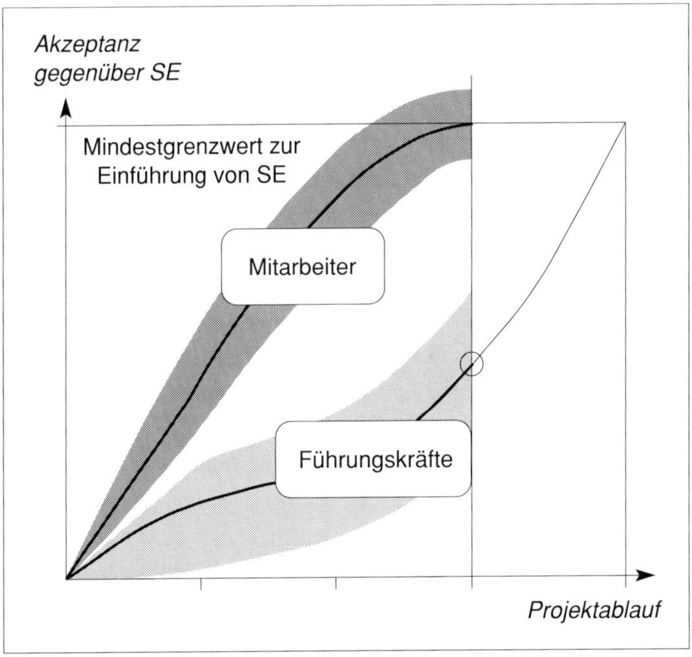

Abbildung 31: SE-Akzeptanz im Projektablauf

gegengesetzten Sicht des Vorgesetzten beziehungsweise der Linie. Befürchtet wurde vor allem der Verlust fachlicher Einflußnahme auf den ins SET abgestellten Mitarbeiter, das „Nicht-mehr-gefragt-werden", also die drohende Möglichkeit, ins fachliche und disziplinarische Abseits zu geraten.

Abbildung 31 zeigt, um wieviel schneller die Mitarbeiter bereit waren, SE anzunehmen und zu praktizieren als die direkten Vorgesetzten, und dies bei jeweils gleichem Informationsstand über SE.

Vielen Vorgesetzten war anfangs nur schwer klarzumachen, daß künftig derjenige die beste Führungskraft sei, dessen Mitarbeiter sich in den SETs am besten bewähren, mit Unterstützung an Wissen und Ressourcen durch die Linie und im Sinne der gemeinsamen unternehmerischen Projektziele. Das kompromißlose Voranstellen der Bereichs- oder Abteilungsziele ist nicht mehr gefragt, der Maßstab zur Beurteilung der eigenen Leistungsbereitschaft hat sich mit SE geändert.

Noch heute ist die Schnittstelle zwischen der Projektarbeit nach SE-Methodik einerseits und der keineswegs aufgehobenen, aber etwas verlagerten Verantwortung der Linie andererseits an manchen Stellen nicht ganz verheilt. Mancher Stachel muß erst herauswachsen. Wie bei der Einführung jeder neuen Organisationsform oder -struktur sind persönliche Belange zu bedenken und möglichst zu berücksichtigen, um die vereinte Schlagkraft aller Beteiligten nicht zu verringern, sondern sie im Sinne des Vorhabens zu erhöhen.

Einrichten der SETs

Bei dem diesem Aufsatz zugrundeliegenden Fahrzeugprojekt sollten die Daten des Zielkataloges bereits durch die SETs erarbeitet werden, ausgehend von den schon an den früheren Meilensteinen Technischer-Projektbeginn, Projektanstoß und Zielsetzung immer konkreter definierten Gesamt-Projektzielen, wie in Abbildung 32

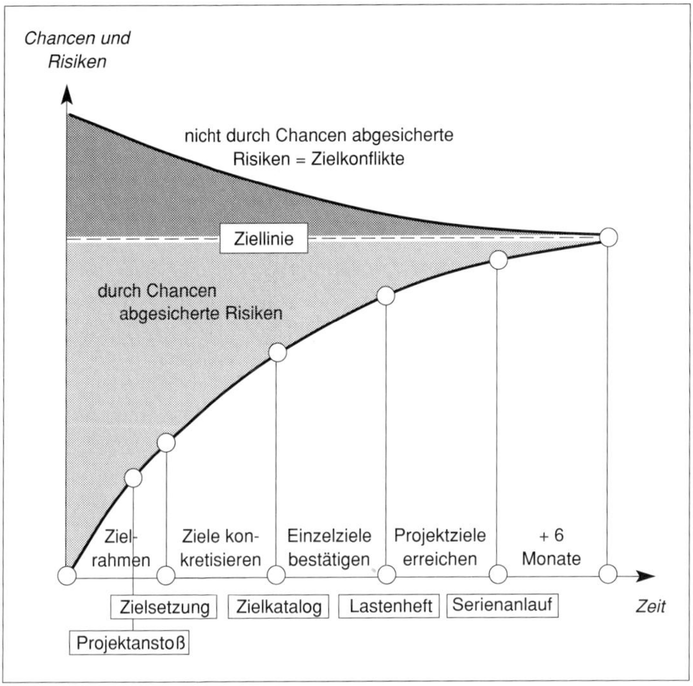

Abbildung 32: Zielphasen im Projektablauf

gezeigt. Die SETs sollten die noch recht grob definierten Ziele durch Lösungsansätze so absichern, daß diese mit dem Lastenheft vom PSK endgültig verabschiedet werden konnten.

Zwischenzeitlich wirksam werdende Maßnahmen einer geänderten Konzernstrategie führten jedoch zu einschneidenden Zieländerungen des Projektes, insbesondere in den Bereichen Beschaffung, Fertigung und Marketing, von denen indirekt auch die Technische Entwicklung tangiert wurde. Gleichzeitig kam erschwerend dazu, daß der Serienanlauftermin vorgezogen wurde. Eine Neuorientierung und -abgrenzung einzelner Aufgabengebiete wurde erforderlich und damit eine Änderung von Anzahl und personeller Besetzung der ursprünglich vorgesehenen SETs. Hinzu kam, wie schon erwähnt, die parallele Bearbeitung weiterer, bis dahin terminversetzt geplanter Fahrzeugprojekte, so daß die vorhandenen Ressourcen aufgeteilt werden mußten. Die meisten SETs konnten somit erst nach Genehmigung des Zielkataloges ihre Arbeit aufnehmen. Bei der Aufteilung des Gesamtfahrzeuges spielt die Anzahl der letztendlich installierten SETs eine untergeordnete Rolle. Wichtiger ist, daß die Arbeitsbelastung annähernd gleich ist, daß eine Baugruppe oder ein Funktionsmodul nicht geteilt wird und daß kein Bauteil ohne Zuordnung bleibt, das heißt: vergessen wird. Nicht einwandfrei einem SET zuteilbare Inhalte können an die übergeordnete Fachgruppe direkt angebunden werden, beispielsweise die Akustikumfänge.

Wichtig ist auch das Herbeiführen einer klaren Kostentransparenz, die im SE andere Voraussetzungen zu erfüllen hat als bei der früheren Bearbeitung in der Linie. Wird zum Beipiel von einem SET die gesamte Heckklappe bearbeitet, finden sich in diesem SET die Fachgruppen Karosserie, Ausstattung und Elektrik wieder, die jeweils ihre fachgruppen-bezogenen Kostenziele als Vorgabe (target costing) einzuhalten haben. Gleichzeitig gibt es für die komplette Heckklappe eine Einzelvorgabe, allein schon um sie bei Lieferanten oder in der Hausfertigung als Komplettmodul anfragen zu können. Durch eine Matrixbetrachtung, also „doppelte Buchführung“, konnten die unterschiedlichen Kostenziele in allen derartigen Fällen transparent gemacht werden. Immer noch nicht ganz reibungslos verläuft der Kostenausgleich (gleiches gilt für die Bauteilgewichte) zwischen einzelnen SETs oder Fachgruppen, in dem Fall, daß eine Einzelvorgabe überschritten wird und dafür anderswo ein Ausgleich zu finden ist.

Daß die Einführung einer neuen Arbeitsmethode auch Auswirkungen auf grundlegende Bausteine des Produkt-Entstehungs-Prozesses hat, sei an einem Beispiel erläutert: Jedes Bauteil des in Entwicklung befindlichen Fahrzeuges sollte einerseits eine feste SET-Zuordnung erhalten, andererseits muß ein späterer Ausgleich von SET zu SET oder von Fachgruppe zu Fachgruppe möglich bleiben. In der „Technischen Stückliste“ mußte folglich durch aufwendiges Ändern der von mehreren Geschäftsbereichen unterschiedlich genutzten Inhalte die Möglichkeit geschaffen werden, jedes Teil mittels Kennzeichnung sowohl einer Fachgruppe als auch einem SET und – wenn nötig – dem übergeordneten Modul zuordnen zu können.

Instrumente zur Bewältigung der Schnittstelle Projekt/Linie

Die emotionalen Mauern auf der Seite der Führungskräfte waren bei Diskussion und Einführung des SE-Prozesses unerwartet hoch. Trotz jahrzehntelanger Erfahrung im Rahmen des kooperativen Führungsstils stand die Sorge um die eigene Position im Vordergrund, sicher auch ein Ergebnis der anfangs unzureichenden mentalen Vorbereitung aller Betroffenen. Daneben galt es aber auch, sachliche Schranken zu überwinden.

Instrument Nr.1: SE-Handbuch

Die SE-Arbeit ändert bisher festgeschriebene, zum Teil in Organisationsanweisungen genau geregelte Abläufe im Unternehmen. Damit der SE-Prozeß nicht von jedem der daran Beteiligten nach eigenem Gutdünken ausgelegt werden kann, sind einige schriftlich fixierte Grundregeln nötig. Diese betreffen im wesentlichen die Gebiete Verantwortung/Delegation/Befugnisse sowohl bei reinen Fachfragen als auch in organisatorischen Angelegenheiten wie Gewährung von Urlaub, Beschaffung von Arbeitsmaterial usw.

Daneben gibt es Regelbedarf bei Kommunikation/Information innerhalb der Linien- und Projektstruktur sowie untereinander und bei personalpolitischen Fragen wie Gehalt und Leistungsbeurteilung. So kann es durchaus vorkommen, daß ein Mitarbeiter eine hervorragende und vom SET auch anerkannte Leistung im Rahmen des Projektes erbringt, mit seinem disziplinarischen Vorgesetzten aber weniger Kontakt hat als früher, als er alle Arbeitsaufträge noch von diesem persönlich erhielt und auch die Ergebnisse direkt an ihn zurückmeldete. Der Vorgesetzte mag diesen Mitarbeiter mittlerweile für inaktiv halten, weil der sich kaum noch in seinem Beurteilungs-Blickfeld bewegt. Es muß also durch Anpassen des bisherigen Beurteilungsprozesses an die veränderten Gegebenheiten gewährleistet sein, daß die Leistung jedes in den SE-Prozeß eingebundenen Mitarbeiters und Vorgesetzten jederzeit objektiv beurteilbar ist.

Ebenso muß sichergestellt sein, daß die in den Linien verfügbaren Ressourcen allen gleichzeitig bearbeiteten Projekten gleichermaßen zur Verfügung stehen, das heißt nach den durch die Unternehmensleitung vorgegebenen Prioritäten und nicht nach Interessenlage der Fachabteilung.

Es gilt also eine ganze Reihe von Regeln oder Empfehlungen aufzustellen und gegenüber den Betroffenen in geeigneter Weise offenzulegen. Bei Volkswagen wurde ein solches Regelwerk von den für Organisationsfragen zuständigen Mitarbeitern der Projektbegleitung als Entwurf erstellt und in mehreren Gesprächsrunden mit den Bereichsleitern der Geschäftsbereiche diskutiert und verabschiedet.

Diese Regeln sind Teil eines von der Projektbegleitung in Abstimmung mit dem Produktmanager und seinem Stab herausgegebenen SE-Handbuches. Enthalten sind in diesem Handbuch – eine Lose-Blatt-Sammlung, die jederzeit ergänzt werden kann – auch die Projektstruktur mit Namen und Funktionen aller Verantwortlichen, Darstellung der Informationsabläufe, Ziel- und Berichtshierarchie u.a. Es enthält ebenfalls wichtige Projektdaten zu Technik, Qualität, Terminen und Kosten, aber auch strategische Ziele der Bereiche.

Dem SET-Mitarbeiter wird nicht nur das Gefühl vermittelt, er stehe im Mittelpunkt des Projektes, er erhält auch tatsächlich die erforderlichen Informationen, die er sich als engagierter Mitarbeiter im übrigen ohnehin beschafft hätte, dann allerdings scheibchenweise mit viel Aufwand und der Gefahr der Falschinformation. In deutschen Unternehmen ist auf allen Hierarchieebenen immer wieder geradezu eine „Ich bin nicht informiert“-Hysterie zu erleben. Die Informationsweitergabe des direkten Vorgesetzten wird als durch dessen Interessen gefiltert betrachtet: „es muß also noch mehr dahinter stecken". Ein „Mehr" an Information, für alle Betroffenen in gleicher Weise dargestellt, kommt dem gemeinsamen Arbeitsergebnis zugute und fördert die Intensivierung des SE-Prozesses.

Daß der personalpolitische Teil des SE-Handbuches, also das eigentliche Regelwerk, vorher mit dem Betriebsrat abgestimmt wurde, ist selbstverständlich.

Instrument Nr. 2: Methodik zur Festlegung von Einzelzielen

SE ist, wie bereits erwähnt, ein Werkzeug zur Erreichung besserer Projektziele in kürzerer Zeit. Diese anspruchsvolleren Ziele werden jedoch nicht allein dadurch erreicht, daß man lediglich die vorhandene und bisher bewährte Arbeitsstruktur ändert. Mit SE erhält die bisher verantwortliche Linie die Ziele nicht mehr direkt, sondern indirekt und portionsweise über die Gremien der Projektstruktur. Da alle Mitarbeiter der einzelnen Projektgremien auch gleichzeitig Mitarbeiter ihrer der Linie angehörenden disziplinarischen Vorgesetzten sind, haben diese nun eine Doppelverantwortung. Vordergründig und nach außen wird die Zielerreichung tatsächlich jedoch nur durch das SE-Team sichergestellt, also immenhin durch einen organisatorischen Querschnitt des Unternehmens, bezogen auf eine Baugruppe. Jedes SET ist folglich vom Verständnis ein Cost-Center. Dabei ist es unerheblich, ob der Entwickler durch eine besonders geschickte Konstruktion die Erreichung des Kostenzieles ermöglicht oder ob der Einkäufer durch kluge Einkaufspolitik oder gar der Fertigungsfachmann aufgrund einer von ihm initiierten, zwar aufwendigeren Konstruktion aber eines einfacheren Montageablaufes dazu beiträgt.

Im vorliegenden Fall hat sich gezeigt, daß es sinnvoll ist, die Ziele nicht zu sehr mit den „Bearbeitern" zu diskutieren, sondern sie als „Setzung" vorzugeben (Zielsetzung). Dies erfolgte in zwei Stufen:

Die erste Setzung erhielten die Fachgruppen aufgrund eines Vorschlages durch Controlling, abgestimmt mit Produktmanager und Produktteam. In der zweiten Setzung wurden diese Werte durch die Fachgruppen zusammen mit Controlling auf SET-Ebene, das heißt auf die dort zu bearbeitenden Bauteile, „heruntergebrochen".

Bei Zielabweichungen ist eine Klärung durch die Sprecher der SETs oder, übergeordnet, der Fachgruppen untereinander herbeizuführen. In Ausnahmefällen kann zum Ausgleich das Produktteam eingeschaltet werden. Eine Überschreitung der vorgegebenen Gesamtkosten wird von diesem jedoch nicht zugelassen.

Instrument Nr. 3: Berichtswesen

Jedes SET erstellt für die von ihm bearbeiteten Hauptbaugruppen regelmäßig einen zweiteiligen Statusbericht. Der erste Teil enthält eine Management-Zusammenfassung in graphischer Darstellung mit Trendaussage über den Stand der Kriterien Kosten, Qualität, Funktion, Gewichte, Termine gegenüber Vorgabe. Im zweiten Teil wird auf Einzelkriterien auch textlich näher eingegangen. Das SET hat hierin die Möglichkeit, die zehn aktuellen Schwerpunkte seiner Arbeit darzulegen (top ten), wobei es die Rangfolge zwischen den in Art und Anzahl unterschiedlichen Problemen der Geschäftsbereiche selbst festlegt.

Der SET-Statusbericht wurde formal von der Projektleitung entwickelt und vorgeschlagen und ersetzt in seiner über alle SETs einheitlichen und übersichtlichen Gestaltung und Inhaltsdarlegung die bisher unterschiedlichen Berichte der einzelnen Bereiche. Somit ist in allen am PEP beteiligten und damit im SET vertretenen Bereichen ein inhaltlich identischer und zeitgleicher Informationsstand gewährleistet. Die Aussage des – EDV-gestützten – Berichtes wird von allen Mitgliedern des SETs im Konsens erarbeitet beziehungsweise getragen. Hier tritt ein Konflikt zwischen SET und Linie dann zutage, wenn das SET gemeinschaftlich die Leistung einer dienstleistenden Linienabteilung als noch nicht zielgerecht bemängelt und entsprechende Maßnahmen fordert. Für die Zielabweichung mag es im Rahmen der Gesamt-Arbeitsbelastung der Abteilung verständliche Gründe geben, zum Beispiel Personalmangel, Ausfall eines Prüfstandes, Verzögerung durch externe Einflüsse. Im Rahmen der Projekt-Berichterstattung interessiert aber nur der augenblickliche Soll-Ist-Vergleich, damit zielgerichtet entgegengesteuert werden kann.

Empfänger der Statusberichte sind die jeweils zuarbeitenden Linienabteilungen, die Fachgruppen und das Produkt-/Projektteam. Bei Bedarf kann der Produktmanager eine Zusammenfassung aller SET-Berichte erstellen und für seine eigenen Statusberichte dem PSK gegenüber verwenden. Die Statusberichte finden ebenfalls Anwendung bei im wesentlichen von Entwicklungslieferanten zu entwickelnden Baugruppen und Modulen.

Instrument Nr. 4: Terminablaufplan

Ein gewichtiger Part des Statusberichtes ist der jeweilige Stand der SET-Arbeit im Terminablauf. Für die Baugruppen jedes SETs wurden Terminablaufpläne erstellt, ausgehend vom Meilensteinplan des Gesamtprojektes. Während dieser allgemeine Projektplan vielfach nur Zeiträume für bestimmte Ablauffolgen enthält, zum Beispiel „Bau einer ersten Prototyp-Baustufe", ist im auf SET-Ebene heruntergebrochenen Terminablaufplan jede SET-spezifische Aktivität aufgeführt, beispielsweise der genaue Termin für die Bereitstellung eines vom SET zu entwickelnden Bauteiles für ein ganz bestimmtes Prototypfahrzeug sowie dessen Erprobungstermine.

Dieser an sich selbstverständliche Anspruch des SET erfordert eine sehr frühzeitige Termin- und Ressourcenplanung der Linie. Während der Projektlaufzeit ist ein Ausgleich zwischen einzelnen SETs kaum noch möglich, da das diesen vom Projekt vorgegebene Terminkorsett außerordentlich eng ist. SE ermöglicht zwar kürzere Entwicklungszeiten, erfordert aber andererseits eine genaue Planung und absolute Termintreue. Damit ergibt sich eine weitere vorprogrammierte Konfliktzone mit der Linie.

Voraussetzung dafür, daß nicht jedes SET einen nicht auf die der anderen abgestimmten Zeitplan erstellt, ist die Unterstützung seitens der Projektleitung. Dieser stehen Mitarbeiter der „Zentralen Terminplanung" zur Verfügung, welche aktiv zusammen mit den

SETs deren spezielle Pläne erstellen und dafür Sorge tragen, daß alle Termine aufeinander harmonisiert sind. Daß hierfür ausreichend erprobte, EDV-gestützte Systeme zur Verfügung stehen, ist selbstverständlich.

Instrument Nr. 5: Projektbudget

Weiterer Konfliktstoff zwischen Linie und SET entsteht beim Zugriff auf das Projektbudget, das im vorliegenden Fall noch den einzelnen Linienbereichen zugeordnet ist. Verwalter und Verfügungsberechtigter ist somit allein der jeweilige Linienvorgesetzte, dessen Mitarbeiter im SET lediglich Anforderer. Somit ist nicht auszuschließen, daß die Budgetmittel für das eigene Projekt bei Anforderung durch das SET bereits für ein anderes, zeitlich etwas früher terminiertes Vorhaben aufgezehrt wurden und innerhalb der Linie nicht mehr kompensiert werden können.

Künftig ist dem Produktmanager ein Verfügungsrecht über einen Teil der Budgetmittel einzuräumen, um zumindest eine Risikovorsorge zu garantieren. Die Freigabe von Mitteln aus diesem Topf ist mit dem Produktteam einvernehmlich abzustimmen.

Ausblick

Die reine Linienarbeit bisheriger Projekte führte nicht nur häufig zu unproduktiven Schuldzuweisungen und vorbeugenden Verteidigungsmaßnahmen bei nicht eindeutig einem bestimmten Bereich zuordenbaren Fehlern – meist ist ohnehin die Technische Entwicklung „schuld“, denn sie ändert ja aufgrund eines irgendwo im PEP-Ablauf entstandenen Fehlers „nachträglich“ die Zeichnung – sondern auch zu anerkennendem Lob für positive Gemeinschaftsleistungen.

Wer nickte nicht anerkennend, wenn es dem Einkauf gelang, in die nächste Lieferperiode mit reduzierten Einkaufspreisen zu starten oder wenn der Vertrieb den Absatz zusätzlicher Fahrzeuge über Plan meldete.

Im SE-Prozeß werden derartige Erfolge baugruppenbezogen im wesentlichen vom gesamten SE-Team erzielt. Um den gemeinsamen Erfolg möglichst groß werden zu lassen, nüchterner betrachtet: Um die Targets zu erreichen, ist künftig auch der Entwickler im Team bereit, die eine oder andere Werkstoffanforderung jener des Wettbewerbs anzupassen oder gar mit dem Konkurrenten ein gemeinsames, über Stückzahleffekt kostengünstiger erworbenes Gleichteil einzusetzen. Der Fertigungsplaner wird auf manchen hochmechanisierten Arbeitsgang verzichten zugunsten einer weniger eleganten, aber kostengünstigeren manuellen Handhabung.

Hier geht die bisher so erfolgreiche Linie vordergründig leer aus. Der Erfolg gehört dem Team. Der Linie muß klar werden, daß sie an dem für alle meßbaren Erfolg durch Abstellung von Mitarbeitern in ein Projektgremium maßgebend beteiligt war. Als Wiederholung: Derjenige Linienvorgesetzte ist der beste, dessen Mitarbeiter im erfolgreichsten SET arbeiten.

Für Einführung und Anwendung des SE-Prozesses gibt es bereits eine Reihe von Vorreitern in Unternehmen und Organisationen unterschiedlicher Branchen und Größenordnungen. Einigkeit besteht überall bei den beabsichtigten Zielen:

- Schnellere Marktpräsenz neuer Entwicklungsideen durch kürzere Entwicklungszeit.
- Geringerer Kostenaufwand für den gesamten Produkt-Entstehungsprozeß.
- Abbau der Hierarchieebenen.
- Und hierdurch Einbeziehen aller Mitarbeiter in die Prozesse der Entscheidungsfindung.

Glaubt man den offiziellen Stellungnahmen jener SE erfolgreich praktizierender Unternehmen, scheint man für die eigene Firma ein leicht umsetzbares Konzept oder gar übernehmbares Rezept gefunden zu haben. Stellt man Kontakt her mit der Basis einer solchermaßen SE-erfahrenen Unternehmung, ist eine Reihe guter

Gründe zu hören, warum das Vorhaben bisher noch nicht so umgesetzt werden konnte wie geplant und nach außen propagiert. SE wird oft nur scheinbar praktiziert.

Ursache dafür ist fast ausnahmslos die mangelnde Bereitschaft der Führungsmannschaft, sich aus der fachlichen Ebene des Vorschlagens, Gestaltens und Bestimmens kraft Amtes zurückzuziehen und sich auf Zielsetzung und Personalführung zu „beschränken". SE bedeutet für den Vorgesetzten in der Linie jedoch nicht weniger, sondern mehr Verantwortung: nämlich die individuelle Leistung des Mitarbeiters im Team zu fördern, ihn zu motivieren und zu stützen, ihn darin zu schulen, gute von weniger guten Alternativen zu unterscheiden und diese vor Gremien selbstbewußt, weil fundiert recherchiert, vertreten zu können. SE heißt, eine Explosion von Ideen zu kanalisieren, im Sinne der Gesamtziele des Unternehmens.

Ein solches Umdenken von „oben nach unten" muß seitens der Unternehmensführung im Gleichklang mit der Führungsmannschaft vorbereitet werden. Danach sind die Mitarbeiter durch persönliche und nicht anonyme Informationsworkshops oder -zirkel dahin zu führen, die durch die Verhaltensänderung der Führungskräfte frei gewordenen Aktionsräume zielführend zu besetzen.

Bei allem fortschrittlichen Wollen: Nicht jede Unternehmenskultur läßt SE von heute auf morgen zu. Manche Unternehmenskultur muß nicht nur vorbereitet, sondern nötigenfalls revolutioniert werden. Eine starke Revolution, die auch vor der Unantastbarkeit der in starren Systemen verwurzelten Führungspositionen nicht haltmacht, schafft Luft für die Zukunft des Unternehmens.

Das Ergänzen einer eingefahrenen und bewährten Linienstruktur durch eine parallel wirkende Projektstruktur bei gleichzeitiger Verwirklichung des SE-Gedankens bedarf also zuallererst der Überwindung von Schranken auf der emotionalen Ebene.

Daneben müssen jedoch rechtzeitig auch auf der Sachebene entsprechende Voraussetzungen geschaffen werden. Die wichtigsten seien, abgestützt auf die bei Volkswagen gemachten Erfahrungen, zusammenfassend nochmals erwähnt:

- Eindeutige Zielhierarchie.
- Starke Projektstruktur: Produktmanager und -team beziehungsweise Projektleiter und -team.
- Hohe Akzeptanz der Teammitglieder in ihren Bereichen.
- Intensive Kommunikation innerhalb und zwischen den Gremien.
- Handbuch mit wichtigen Projektdaten.
- Klar personenbezogene Besetzung der SE-Teams.
- Herunterbrechen der Gesamtziele auf SET-Ebene.
- Regeln über Verantwortung und Befugnisse zwischen SE-Teams und Führungskräften.
- Eindeutige Abgrenzung der Bearbeitungsumfänge zwischen den SE-Teams.
- Abgrenzung des Projekt-Budgets zwischen Linie und Projekt.
- Klares Berichtswesen.
- Einflußreiche Terminsteuerung.
- Genügend Arbeits- oder Besprechungsräume für SE-Teams.
- Einsatz moderner Arbeitsmittel.
- Projektraum zur Darstellung des aktuellen Projektstandes.
- Prozeßbegleitung neben dem Projektteam.
- Moderationsunterstützung für Teamarbeit.
- Schulung in Team- und Konfliktfähigkeit.

Auch wenn alle emotionalen und sachlichen Voraussetzungen erfüllt sind, ist mit einer Gewöhnungsphase zu rechnen, in welcher schmerzhafte Fehler gemacht werden. Erst wenn das Unternehmen diese Fehler als unvorhergesehene, aber nicht vermeidbare Abweichungen vom ansonsten positiven Verlauf der Zielerreichung akzeptiert, kann ein SET auch der folgenden Beschreibung gerecht werden:

Die einzelnen Geschäftsbereiche delegieren ins SE-Team Mitarbeiter, die aus Bereichssicht ideale Vorstellungen zum Produkt-Entstehungs-Prozeß haben.

Tragbare Abstriche für ihre eigene Arbeit tauschen sie ein gegen ein optimales Gesamtergebnis.

Dieses steht im Einklang mit dem wichtigsten Unternehmensziel, dem Erfolg.

Dieter Zetsche, Jahrgang 1953, studierte Elektrotechnik in Karlsruhe bevor er 1976 in die Daimler-Benz AG eintrat. 1982 promovierte er an der Technischen Universität Paderborn. Von 1984 an war er in der Nutzfahrzeuge-Entwicklungsleitung für die Koordination der Entwicklungstätigkeit im Ausland zuständig. 1986 betraute man ihn als Hauptreferent mit der Konstruktion von Geländewagen und übergab ihm die Entwicklungsverantwortung für den Unternehmensbereich Geländewagen. 1987 wurde ihm die Leitung des Entwicklungsbereiches der Mercedes-Benz do Brasil übertragen, 1988 wurde er zum Präsidenten der Mercedes-Benz Argentina und 1991 zum Präsidenten der Freightliner Corp. in Portland, Oregon, ernannt. Seit 1992 ist er als stellvertretendes Vorstandsmitglied der Mercedes-Benz AG für das Ressort Entwickung im Geschäftsbereich Personenwagen bestellt.

Der Mercedes-Benz S 350 Turbodiesel

von Dieter Zetsche

Im Oktober 1992 wurde auf der „Mondiale de l'Automobile" in Paris die S-Klasse von Mercedes-Benz mit dem Preis „THE WORLD CAR 1992" ausgezeichnet. In der Begründung von Herrn Sergio Favia del Core, Fachmagazin „Motor" und Sprecher der internationalen Jury, heißt es: „Wir halten die S-Klasse von Mercedes-Benz aufgrund ihrer absoluten technischen Perfektion für den weltweit besten Personenwagen. Die neue S-Klasse weist Innovationen auf, die für den gesamten Automobilmarkt zukunftsprägende Bedeutung haben werden, beispielsweise im Hinblick auf Umweltverträglichkeit, Sicherheit und Komfort."

Als einziger europäischer Autohersteller erhielt Mercedes-Benz darüber hinaus den „Ozone Protection Award 1992" der amerikanischen Umweltschutzbehörde „Environmental Protection Agency". Damit wurde die S-Klasse als Wegbereiter für eine FCKW-freie Autozukunft gewürdigt.

Vor diesem Hintergrund gewinnt die Tatsache besondere Bedeutung, daß auf diesem Salon 1992 Mercedes-Benz erstmals als Erweiterung der Motorisierungsvarianten ein Mercedes S-Klasse-Fahrzeug mit Dieselmotor für den Weltmarkt der Öffentlichkeit vorgestellt hat. Mercedes-Benz ist damit bis heute der einzige Pkw-Hersteller, der in der Oberklasse ein Fahrzeug mit Dieselmotor anbietet. Darüber hinaus ist dieses Fahrzeug, das äußerst wirtschaftlich und besonders schadstoffarm ist, zugleich auch das sparsamste dieser Klasse und eröffnet damit nach den USA auch in den übrigen Weltmärkten ein neues, besonders verbrauchsoptimiertes Marktsegment in der automobilen Oberklasse.

In Anbetracht des intensiv zunehmenden Bewußtseins, daß mit nichtregenerierbaren Energien sparsam umgegangen werden muß und die Umwelt weniger mit Abgasschadstoffen belastet werden darf, ist das Interesse an einem exklusiven Reisewagen mit großzügigem Raumangebot, aber besonders sparsamen und umweltverträglichem Antrieb, in den letzten Jahren, insbesondere auch im Inland, deutlich stärker geworden.

Der Kundenkreis, der sein besonderes Augenmerk auf die Wirtschaftlichkeit und zugleich ökologische Verträglichkeit eines Fahrzeugs richtet und trotzdem alle Vorteile der S-Klasse genießen möchte, erhält mit dem S 350 Turbodiesel eine wichtige Alternative, mit der er zum Vorreiter in einer ökologisch veränderten Landschaft wird.

Hinter der Typbezeichnung S 350 Turbodiesel verbirgt sich – in der Karosserieversion mit normal langem Radstand – der vollgekapselte turboaufgeladene 6-Zylinder-Dieselmotor OM 603 A mit 3,5 Liter Hubraum, der auch seit Herbst 1991 modifiziert im Mercedes-Benz-Geländewagen G 350 Turbodiesel eingesetzt wird. Zur Serienausstattung, deren Umfang sich am S 320 orientiert, gehören unter anderem Fahrer- und Beifahrer-Airbag, Automatic-Getriebe sowie ein Tempomat.

Historie

Bereits seit 1978 wird in den USA – zuerst in der Baureihe 116, dann in den Baureihen 126 und 140 – Fahrern der Pkw-Oberklasse die Gelegenheit geboten, die dieseltypischen Verbrauchsvorteile in Anspruch zu nehmen.

Dort erfreut sich der S-Klasse-Turbo-Diesel seit der Markteinführung so großer Beliebtheit, daß sein Anteil 1983 sogar einen Rekordwert von 75 Prozent erreichte. Bis heute wurden ca. 130 000 Fahrzeuge verkauft.

Der auf dem USA-Markt seit März 1991 angebotene S 350 Turbodiesel der Baureihe 140 hat dort wie auch europaweit, in 1993 jeweils einen Baureihenanteil von ca. 8 Prozent; in Deutschland sogar einen von über 20 Prozent, ein geradezu sensationeller Wert für die Oberklasse.

Die zeitlich versetzte Einführung des S 350 Turbodiesel in Europa wurde aufgrund einer für den europäischen Fahrbetrieb notwendigen marktspezifischen Weiterentwicklung erforderlich.

Produktprogramm und -positionierung

Traditionell hat Mercedes-Benz einen hohen Anteil an Diesel-Pkw. Zum Zeitpunkt der Vorstellung des S 350 Turbodiesel in 1992 waren auf dem deutschen Markt ein Drittel der Neufahrzeuge der C- sowie der E-Klasse Dieselfahrzeuge. Im europäischen Ausland lag der Dieselanteil bei der C-Klasse ebenfalls bei einem Drittel und bei der E-Klasse sogar bei nahezu der Hälfte der Neufahrzeuge. Darüber hinaus bietet Mercedes-Benz bei der G-Klasse ebenfalls zwei Dieselmotorvarianten an.

Der S 350 Turbodiesel berücksichtigt in Europa unter anderem die Nachfrageverlagerung in Richtung verbrauchsarmer Fahrzeuge und definiert, beziehungsweise besetzt, eine hier noch freie Nische im Oberklasse-Segment. Und zwar für eine Kundengruppe mit Anspruch auf

- höchsten Komfort, Geräumigkeit, Sicherheit, Technologieinhalt und Wertbeständigkeit,
- starke Wirtschaftlichkeitsorientierung,
- besondere Umweltverträglichkeit,
- hohe Fahrleistungskapazität.

Der S 350 Turbodiesel wird, wie alle anderen Modelle der S-Klasse, höchsten Kundenansprüchen gerecht und stellt eindrucksvoll unter Beweis, daß Luxussegment und Wirtschaftlichkeit beziehungsweise Umweltfreundlichkeit keine unüberwindbaren Gegensätze sein müssen. Gerade auch in Hinblick auf zukünftige Fahrzeugantriebe bietet der Dieselmotor nach wie vor die größten

Chancen für einen sparsamen und zugleich umweltfreundlichen Antrieb.

Produktentscheidung und -entwicklung

Die Vorbereitung, Entscheidung und Durchführung des Einsatzes des S 350 Turbodiesel in Europa läßt sich nach den involvierten Entwicklungsbereichen und Gremien sowie dem zeitlichen Ablauf wie folgt beschreiben:

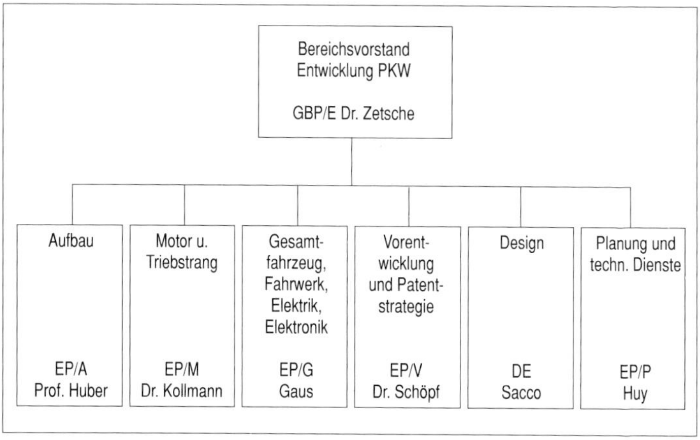

Abbildung 33: Organigramm der Pkw-Entwicklungsstruktur

Von den im Organigramm der Pkw-Entwicklungsstruktur (Abbildung 33) aufgeführten Direktionsbereichen waren am Projekt „S 350 Turbodiesel" neben der Typprüfung/Zertifizierung beteiligt:

- EP/G Gesamtfestlegung und Dauerlauferprobung.
- EP/M motorspezifische Änderungen und Motorprüfstandläufe.
- EP/P Aufnahme in das Entwicklungsprogramm, Ablaufplanung, Dokumentation.

Die Projektentscheidung erfolgte vorbereitend in Ausschüssen und Kommissionen, beziehungsweise endgültig auf einer Sitzung der Geschäftsleitung Pkw.

Für den zeitlichen Projektablauf sind fünf Meilensteine von besonderer Bedeutung:

Zweite Hälfte 1991:	Dauerlauferprobung zur Herbeiführung der Machbarkeit und damit zur Aufnahme in das Entwicklungsprogramm
Anfang 1992:	Aufnahme in das Entwicklungsprogramm mit anschließender Absicherung der motorspezifischen Änderungen mit Programmaufnahme für den Europamarkt (u.a. Hochgeschwindigkeitsdauerlauf, Kühlungsmessungen, Motorprüfstandsläufe)
Mitte 1992:	Erreichung des Entwicklungszieles, das heißt: Freigabe zur Produktion
Zweite Hälfte 1992:	Typprüfung beziehungsweise Zertifizierung mit ersten in der Produktion gefertigten Fahrzeugen
Oktober 1992:	Bau erster kundenfähiger Fahrzeuge

Die Änderungen für die Europaversion, die insgesamt eine wesentliche Weiterentwicklung darstellen, wurden anschließend in die bestehenden Serien für USA und den Geländewagen übernommen.

Motor- und Abgaskonzept

Serienmäßig ist der Motor des S 350 Turbodiesel mit Abgasrückführung zur Stickoxidreduktion und mit einer gegenüber der USA-Ausführung anderen Vorkammer sowie zusätzlichem Oxidationskatalysator ausgerüstet. Er zeichnet sich durch eine moderate Langhubigkeit aus, die zum fülligen Drehmomentverlauf beiträgt.

Das Mercedes-Benz-Vorkammereinspritzsystem mit Schrägeinspritzung bietet eine besonders effiziente und schadstoffarme Verbrennung und stellt bei diesem Motor ein Optimum in puncto Schadstoffemission, Verbrauch, Drehmoment, Leistung, Kaltstartqualität und Laufkultur dar.

Motorcharakteristik

Bei der Auslegung des Vollastverlaufes wurde bewußt auf die maximal mögliche Motorleistung verzichtet. Die Nennleistung von 110 Kilowatt wird bereits bei einer Motordrehzahl von 4000 Umdrehungen pro Minute erreicht. Der Abregelbeginn liegt nicht wie sonst üblich kurz über der Nenndrehzahl, sondern erst bei 4250 Umdrehungen pro Minute. Bei dieser Drehzahl beträgt die Leistung immer noch ca. 105 Kilowatt, so daß über eine Drehzahlspanne von ca. 500 Umdrehungen pro Minute eine hohe Antriebsleistung zur Verfügung steht.

Das maximale Drehmoment von 310 Newtonmeter liegt bereits bei einer Motordrehzahl von 2000 Umdrehungen pro Minute an. Durch den sehr flachen Drehmomentverlauf können 300 Newtonmeter über den für den Fahrbetrieb wichtigen Drehzahlbereich von 1500 bis 3500 Umdrehungen pro Minute voll genutzt werden.

Der für einen Pkw-Motor frühe Abregelbeginn ermöglichte es, die Turbine des Turboladers relativ klein auszulegen und damit einen starken Ladedruckaufbau bereits bei niedrigen Drehzahlen zu erreichen. Ähnliches gilt für den Verdichter, der durch den Verzicht auf hohe Luftdurchsätze so ausgelegt werden konnte, daß er im Hauptfahrbereich mit Wirkungsgraden nahe dem Bestwert arbeitet.

Eine sehr anspruchsvolle Regelelektronik (Elektonisches Diesel-System) steuert in geschlossenen Regelkreisen und als Funktion aller relevanten Parameter wie Motortemperatur, Drehzahl, Last und Atmosphärendruck neben dem Abgasrückführungsventil auch das Bypass-Ventil des Turboladers. Dieses hat einen entscheidenden Anteil an dem ab Leerlaufdrehzahl steil ansteigenden Drehmoment. Schon bei 1900 Umdrehungen pro Minute erzeugt der Turbolader 0,9 Bar – ein Spitzenwert bei Seriendieselmotoren. Mit steigender Drehzahl reduziert die Regelelektronik durch das Bypass-Ventil den Turboschub, wodurch eine sehr starke und trotzdem ausgeglichene Leistungscharateristik entsteht.

Abgasreinigungstechnik

Die aufwendige Abgasreinigungstechnik mit Abgasrückführung und Oxidationskatalysator wird zur Vermeidung von Verbrauchsnachteilen vom Elektronischen Diesel-System unterstützt. Der Mikroprozessor steuert dabei die Abgasrückführung auf Basis gespeicherter Soll-Kennfelder für den Ladedruck und die Ansaugluftmenge und regelt die Leerlaufdrehzahl. Das Fahrzeug unterschreitet die Emissionsgrenzwerte nach Anlage XXIII zu § 47 StVO und den besonders strengen Grenzwert von 0,08 Gramm pro Kilometer für Partiekel-Emissionen. Insgesamt unterschreiten die Emissionen auch deutlich die Grenzwerte des optional gültigen US-Testverfahrens.

In besonderem Maße beeinflußt auch der große Hubraum die Schadstoffemission günstig, speziell die bei Dieselmotoren höhere NO_x-Emission. Eine dem jeweiligen Fahrwunsch entsprechende Last wird hier bei – im Vergleich zu hubraumkleineren Motoren – niedrigerem Mitteldruck erzeugt, bei dem sowohl die spezifischen Emissionen geringer als auch – wegen des größeren Abstandes zur Vollast – höhere Abgasrückführraten möglich sind.

Fahrleistungen und Verbrauch

Die nutzerorientierte Drehmoment- und Leistungscharakteristik des S 350 Turbodiesel erlaubt Beschleunigungen aus dem Stand bis 100 Kilometer pro Stunde in 13,1 Sekunden beziehungsweise aus Teillastfahrt ohne spürbares „Turboloch". In Verbindung mit dem serienmäßigen Viergang-Automatgetriebe überzeugt der S 350 Turbodiesel besonders im unteren Geschwindigkeitsbereich durch Spontanität und Durchzugskraft. Die große Beschleunigungselastizität erlaubt, zum Beispiel in 14,5 Sekunden von 60 auf 120 Kilometer pro Stunde zu beschleunigen.

Das hohe, über einen weiten Drehzahlbereich nutzbare Drehmoment macht sich neben kurzen Beschleunigungsphasen besonders auch bei Bergfahrten positiv bemerkbar. Rückschaltungen sind selten erforderlich, was sich vorteilhaft auf Kraftstoffverbrauch und Geräuschentwicklung – und damit Fahrkomfort – auswirkt.

Bei Autobahnfahrten (Fahrzeughöchstgeschwindigkeit 185 Kilometer pro Stunde) kommen die Vorteile des Leistungsverlaufes im oberen Drehzahlbereich voll zum Tragen. Der dort im Bereich des Maximums flache Leistungsverlauf gewährleistet weitgehend die Möglichkeit, die Fahrgeschwindigkeit auch an Steigungen beibehalten zu können.

Insgesamt führt der laufruhige Reihensechszylindermotor in Verbindung mit dem Viergang-Automatgetriebe zu einer entspannten Fahrweise und paßt damit in die komfortgeprägte S-Klasse.

Der Verbrauch, nach EG-Richtlinie mit dieseltypischen Vorteilen im Teillastbereich, bleibt dagegen mit einem „Drittelmix"-Wert von 9,7 Litern auf 100 Kilometern beziehungsweise 7,7 Litern bei 90 Kilometer pro Stunde sowie 9,7 Litern bei 120 Kilometer pro Stunde und 11,7 Litern pro 100 Kilometern im Stadtzyklus auf dem Niveau von Mittelklassefahrzeugen. In Verbindung mit dem 100 Liter-Tank sind hohe Reichweiten möglich.

Die zertifizierten Kraftstoffverbrauchswerte des S 350 Turbodiesel liegen damit noch deutlicher unter denen des „Einstiegsmodells" S 280 mit Ottomotor (142 Kilowatt, 270 Newtonmeter) mit Vier-Gang-Automat und einem Minderverbrauch von 2,1 Litern im Drittelmix beziehungsweise 1,9 Litern bei 90 Kilometer pro Stunde, 1,9 Litern bei 120 Kilometer pro Stunde und beachtlichen 2,4 Litern im Stadtzyklus.

Marketing und Werbung

Die Kernbotschaften, die gerade in Deutschland zu vermitteln waren, konzentrierten sich auf die Neuigkeit, daß in der Oberklasse erstmals ein leistungsstarker Turbodiesel angeboten wird und auf die zeitgemäße Wirtschaftlichkeit, die über den günstigen Basispreis und den extrem niedrigen Kraftstoffverbrauch erreicht wird. Dazu galt es, die Umweltverträglichkeit des Diesel zu kommunizieren, die in der breiten Öffentlichkeit immer noch in Zweifel gezogen wird.

Anzeigen in Tageszeitungen und Publikumszeitschriften brachten schon in den Headlines diese Anliegen auf den Punkt: Das Motiv „Auf diesem Bild haben wir einen Diesel versteckt" zeigt, daß man mit dem S 350 Turbodiesel eine vollwertige S-Klasse bekommt und daß man den Diesel-Motor weder sieht noch riecht.

Die Motive „100 km S-Klasse schon ab 7,7 Liter" und „Die S-Klasse, die keinen einzigen Liter Benzin verbraucht" konzentrieren sich auf den sensationellen Kraftstoffverbrauch.

Die Aussage „Über 1000 km ohne Tankstopp" in einem weiteren Motiv wird als Weltrekord in der Oberklasse publiziert, nachdem bei einem praxisgerechten Langstreckentest von Stuttgart nach Rom eine Distanz von 1198 Kilometern erzielt wurde. Das entsprach einem Durchschnitt von 8,5 Litern auf 100 Kilometern bei einem Reisetempo von 100 Kilometer pro Stunde.

Diese Argumente für den S 350 Turbodiesel gaben der S-Klasse insgesamt neue Impulse und sorgten dafür, daß die Marketingziele für den Turbodiesel in Deutschland sogar übertroffen wurden.

Bild 2: Anzeigenbeispiel von Mercedes Benz „100 km S-Klasse schon ab 7,7 Liter"

Resümee

Insgesamt stellt der S 350 Turbodiesel ein Serienfahrzeug dar, das für das Oberklassensegment richtungsweisend ein Höchstmaß an Fahrkomfort und aktiver sowie passiver Sicherheit in vollen Einklang mit ökologischen Forderungen nach minimierten Verbrauchswerten (Ressourcenschonung) und Schadstoffemissionen aufweist. Dieses ist nicht nur die Sicht des Fahrzeugherstellers, sondern auch die durchgängige Meinung der Presse – in einer Flut außerordentlich positiver Kommentare dokumentiert.

In Verbindung mit seiner kompromißlosen Wirtschaftlichkeit, Langlebigkeit und Motorlaufleistung sowie niedrigem Kraftstoffverbrauch und hohem Werterhalt ist dieses Modell nicht nur für Privatpersonen besonders interessant, sondern auch für Unternehmen, Verbände und Behörden.

Dieter Schneidewind, Jahrgang 1935, trat 1969 – nach Studium, Promotion und acht Jahren Berufserfahrung bei Siemens – in die WELLA AG, Darmstadt, ein. Er gründete und leitete die Wella AG Asien-Firmen, insbesondere in Japan. 1978 bis 1991 war er Mitglied des Vorstandes im Stammhaus Darmstadt, seitdem hat er einen Sitz im Aufsichtsrat. Seit 1979 unterrichtet er als Lehrbeauftragter, Honorarprofessor oder Lehrstuhlvertretung an verschiedenen Universitäten (Bochum, Duisburg, Marburg). Er ist Mitglied des Vorstandes der Schmalenbach-Gesellschaft, der Fachkommission Betriebswirtschaftslehre der Deutschen Hochschulrektorenkonferenz und Mitherausgeber der Zeitschrift für Betriebswirtschaftslehre (ZfB). Seit 1991 ist er Geschäftsführender Gesellschafter der Amari Pacific Consultants, Zwingenberg.

Management von Spitzenprodukten im japanischen Markt

Prozesse der Rückkoppelung und Vernetzung zwischen den Faktoren im Unternehmen und im Markt

von Dieter K. Schneidewind

Einleitende Forderungen

Unternehmen sollen in ausgewogener Weise kurz-, mittel- und langfristig Gewinne erzielen. Als Vehikel der Gewinnerzielung dienen bekanntlich Produkte und Dienstleistungen. Der schlagartige Erfolg bei Neuheiten (zumeist mit hohen Margen verknüpft) gehört dazu ebenso wie die nachhaltige Markt-Akzeptanz von soliden Marken (die sich in hohen Marktanteilen niederschlägt) und die in der Regel kräftige und nachhaltige Investitionen erfordert.

Markt und Unternehmen dienen im Wechselspiel der Erfolgsrealisierung. Daraus ergibt sich ein Regelkreis von der Entwicklung marktfähiger Ideen über die Umsetzung dieser Ideen in Produkte, die zum strategischen Angebotsinstrumentarium führen und dann eine Kundenbeziehung begründen und erhalten. Diese wird von einem Servicepaket begleitet, das in steter Rückkoppelung zwischen Kunden und Anbietern wieder zu neuen Marktideen führt.

In einem kontinuierlich operierenden Unternehmen gibt es zwischen diesen vier Stufen weder einen Anfang noch ein Ende; es handelt sich um revolvierende Prozesse. Nur beim Start in einem Markt ergibt sich die besondere Situation, daß die Produktideen deutlich am Anfang der Geschäftstätigkeit stehen. Erfolge oder

Mißerfolge in diesem Anfangsstadium sind dann deutlich zurechenbar. Hierzu sollen später sechs Beispiele aus dem für Europäer und Amerikaner als anspruchsvoll geltenden japanischen Markt gebracht werden.

Zur überragenden Bedeutung der humanen Faktoren

Die pragmatisch denkenden Japaner sehen das unternehmerische Geschehen vornehmlich als die Arbeit von Menschen für andere Menschen. Ihre eigenen Ressourcen betrachten sie dabei in steter Rückkoppelung mit den Interessen der Nachfrager. Die eigenen Vorlieben und Wünsche treten dahinter zurück; sie dienen einem Prozeß des Interessen-Ausgleichs.

Ganzheitliche Sicht der Antriebe und Nachfrage im Markt

Je globaler die Märkte werden, um so größere Chancen erhalten japanische Unternehmen, wenn es ihnen gelingt, ihre Inselmentalität abzustreifen und die Nachfrager in den Weltmärkten wie ihre eigenen Bürger zu behandeln. Das gelang bisher nur in wenigen selektiven Feldern.

Konsumenten entwickeln sehr subjektive Nutzenvorstellungen auf dem jeweiligen Hintergrund ihrer spezifischen sozialen und generellen kulturellen Situation. Die Anwendung technologischer Kenntnisse und Fertigkeiten und deren wirtschaftliche Umsetzung dienen der Befriedigung vielfältiger Nutzenvorstellungen. Neben dem funktionalen Optimum der Produkte steht der anhängige Fertigungs- und Verteilungsprozeß unter dem Primat von Qualität, Kosten und Service; bei letzterem wird neben den humanen Faktoren vor allem der Zeitvorteil immer wichtiger, da ein ständiger Wandel die heutige Welt regiert.

Unternehmen, die mit einer gegebenen Ausstattung von Bauten und maschinellen Einrichtungen sowie einem einmal erworbenen Wissensstand ihrer Organisation operieren, finden es zunehmend schwieriger, sich auf eine permanent wandelnde Nachfragewelt einzustellen. Der vorurteilsfreie und flexible Manager und Mitarbeiter gewinnt den Vorzug vor einem mit unerschütterlicher Überzeugung, festen Prinzipien und unwandelbarer Haltung, wie sie die Akteure der Vergangenheit in Europa und Amerika auszeichneten.

Motive bei Managern und Mitarbeitern

Individuelle Ziele eines im Westen bekannten Managertypus liegen in der persönlichen Kapitalakkumulation (Wohlstandsvermehrung) sowie der Ausschöpfung von Privilegien (gehobene Ausstattung mit Diensträumen und Wagen, Essen, Reisen etc.). Insbesondere (jedoch keineswegs ausschließlich) führt dies zu einem guten Standing in der nordamerikanischen Gesellschaft.

Die Ziele liegen ferner in der Machtausübung, das heißt dem Herrschenwollen; insbesondere (jedoch keineswegs ausschließlich) dadurch wird in der europäischen Gesellschaft Autorität erzwungen.

Schließlich liegen diese Ziele in persönlicher Anerkennung, das heißt Einfluß. Dies gilt sehr häufig (jedoch keineswegs ausschließlich) auch für die japanische Gesellschaft. Im realen Managerleben können sich diese Typologien stark überlappen.

Nennenswerter persönlicher Reichtum läßt sich nun weder mit den Marktteilnehmern noch mit den Mitarbeitern teilen, denn dann wird er durch deren große Zahl aufgezehrt. Daher legen zum Beispiel viele US-amerikanische Manager wenig Wert auf Sympathie oder ein warmes Verhältnis zu ihren Abnehmern, Partnern oder Mitarbeitern; stattdessen wollen sie mit hohem Werbeaufwand und raffiniert ausgedachten „deals“ verblüffen und ihre Kunden zum Erwerb ihrer Produkte bewegen sowie diesen dabei den Eindruck lassen, daß sie ein besonders vorteilhaftes Geschäft abgeschlossen haben. Sowohl gegenüber eigenen Mitarbeitern als auch gegenüber Außenstehenden regieren prinzipiell Reserviertheit und Mißtrauen.

Herrschenwollen läßt sich ebensowenig wie Reichtum mit Marktteilnehmern und Mitarbeitern teilen, denn partnerschaftliches Sharing der Macht verwässert das Lustgefühl des Herrschens. Daher legen außerordentlich viele europäische Manager Wert auf einzigartige Technologien, Marktmonopole oder abgestimmte Oligopole; viele deutsche Führungskräfte setzen gar auf nationale Abschottung und vor allem starre, vielfältig abgestufte innerbetriebliche Hierarchien, die ihre Herrschaft befestigen. Den Kunden verbleiben dann wenig Wahlmöglichkeiten und die Mitarbeiter üben sich in Regelbefolgungen statt in Kreativität und persönlichen Beiträgen. Die Beziehungen zu Kunden und Mitarbeitern sind generell lau.

Persönliches Ansehen oder gar Beliebtheit eröffnet die besten Chancen, bei Abnehmern und Mitarbeitern etwas zu erreichen (daher wird für Gast und Kunde in Japan das gleiche Wort: „okyakusama" verwendet) und die Mitarbeiter bezeichnen ihren Arbeitgeber als „uchi no kaisha", was „unser Unternehmen" bedeutet. Daher lassen die meisten japanischen Manager extensiv die Wünsche ihrer Kunden erforschen und beteiligen ihre wichtigen Mitarbeiter (im nationalen Durchschnitt über ein Drittel der Beschäftigten) am Management. Dazu ist das japanische Unternehmen in hohem Grade offen. Inner- und außerbetriebliche Menschen werden zu einem Regelkreis, in dem Vertrauen und „sich öffnen" vorherrschen.

Einstellungen zu beruflichen Fähigkeiten

In Japan lernt man in der Schule ein elemtares Basiswissen wie Sprachlichen Ausdruck, Mathematik und Teamfertigkeiten. Die Universität vermittelt ein Netz von Bekanntschaften und Beziehungen. Die fachlichen Kenntnisse und Fähigkeiten werden on the job im Unternehmen erworben und permanent ergänzt; durch job rotation wird Verständnis für unterschiedliche Arbeitsbereiche gewonnen. Das trägt dazu bei, daß die Unternehmen zu ständigem Wandel fähig – und sofern notwendig – sogar bereit sind, ihre Produkte auszuwechseln oder gar die Branche zu tauschen.

Mit Kaizen (der ständigen Verbesserung) nähert man sich approximativ einer hundertprozentigen Lösung oder performance; da diese allerdings – um im Bild der sich an eine Achse anschmiegenden Assymptote zu bleiben – im Unendlichen liegt, werden die Zuwächse an Qualität schließlich so gering, daß die Rivalen die Gelegenheit zum Auf- und Einholen erhalten. In dieser Situation ist für die japanischen Unternehmen dann kaitaku angesagt, die Erschließung eines neuen, oft ganz anderen Produktes oder Geschäftsfeldes. Das heißt, daß die alte Spruchweisheit „Schuster bleib' bei Deinen Leisten" nur solange gilt, wie Schuhe preiswert mit der Hand repariert, gefertigt und überhaupt nachgefragt werden. Maschinelle Fertigungsmethoden, das Aufkommen von sports boots oder niedrigpreisiger Konkurrenz aus Niedriglohnländern können den Beruf rasch obsolet werden lassen.

Im modernen Markt ist es sinnvoll,

- von alternativen Produktideen auszugehen,
- marktfähige Produkte zu erarbeiten,
- schnelle, kostengünstige und qualitativ hochwertige Service-Prozesse (Fertigung, Logistik, Verwaltung) zu entwickeln und
- sodann die Unternehmens-Strukturen daran anzupassen.

Die Methode, mit vorhandenen traditionellen Strukturen und Know-how zu hantieren, bringt nur in wenigen Fällen und für kurze Zeit Erfolg.

Eine Typologie dreier Spezies von Managern

Für die Manager der oben vorgestellten drei Typen läßt sich folgendes Szenario entwickeln:

1. Der *an der eigenen Vermögensanhäufung Interessierte* springt rasch auf erfolgversprechende Produkte und versucht sie schnell auszubeuten. Kommt der Zeitpunkt „der abgegrasten Wiese" näher, wechselt er wieder in ein Unternehmen, das gerade attraktive, schnell vermarktbare Produkte aufweist. Der Prozeß der eigenen Kultivierung von Produkten und Märkten erscheint

ihm zu mühsam, kostenaufwendige Entwicklungen werden zugunsten hoher Gewinnausweise vermieden.

2. Der *Machtbewußte* versucht den Wettbewerb zu beschneiden oder ganz auszusperren, wo immer ihm das opportun erscheint. Damit will er seine bewährten Produkte möglichst lange im Rennen halten, weshalb er auch viel in deren Weiterentwicklung investiert. Langfristige Investitionen in Forschung und Entwicklung schrecken ihn nicht. Es ist wohl wahr, daß die Lebenszyklen von Produkten tendenziell immer kürzer werden; jedoch erreichen die wichtigen Weltmarken im Konsumgüterbereich ein „biblisches" Alter: Persil, Kodak, Cointreau, Coca Cola, Leica und viele andere befinden sich seit mindestens 1925 im Markt, obwohl an der Verpackung in kleinen Schritten viele Änderungen vorgenommen wurden und der Inhalt oft kaum noch etwas von der ursprünglichen Zusammensetzung enthält. Dieses Vorgehen entspricht dem machtbewußten Managertypen. Er scheut hingegen radikale Modellwechsel sowie die Aufnahme neuer Produkte und Marken, da er nicht sicher ist, daß er bei einem Wechsel alles „hundertprozentig" unter Kontrolle behält. Das Unternehmen an sich interessiert ihn vornehmlich als Vehikel oder Spielwiese für seine eigenen Absichten und Ziele.

3. Der *Beliebtheitsführer* muß fortwährend den Erwartungen seiner Umgebung entsprechen. Diese bilden eine relative Zufriedenheit vieler Marktteilnehmer und Mitarbeiter heute und eine langfristige Sicherheit aller in der Zukunft. Er muß daher ernsthaftes Verständnis für die Kunden aufbringen und ihre Sympathie für sein Unternehmen wecken und erhalten. Seine „Transmissionsriemen" sind die eigenen Mitarbeiter, denen ein großer operativer Spielraum und damit viel Platz für Selbstverwirklichung vorbehalten ist. In einem ausgewogenen Zeitmix verbleibt ihnen hinreichend Initiative für kurz-, mittel- und langfristige Experimente. So halten sie ihr Unternehmen flexibel und machen auch substantielle Wechsel jederzeit möglich.

Sechs Beispiele aus dem anspruchsvollen japanischen Markt

Zur Illustration der Erfolgsträchtigkeit des Managements vom Typ drei, dem Beliebtheitsführer, sollen nachfolgend sechs Beispiele eines europäischen Unternehmens der Körperpflege-Branche aus dem japanischen Konsumgütermarkt beschrieben werden. Die kundenoffene, recht wechselwirksame Kultur des europäischen Stammhauses wurde dabei dank der Rezeptionsfähigkeit der Mitarbeiter in Japan nicht ohne Geschick auf den dortigen Markt umgesetzt.

Verknüpfung traditioneller und unkonventioneller Elemente

Das Management der japanischen Niederlassung erhielt drei Jahre Zeit zum Geschäftsaufbau, ohne in dieser Zeit allzu stark vom Apparat des Stammhauses kontrolliert zu werden. Damit wurde den Schwierigkeiten der Aufbauphase und der Pioniersituation Rechnung getragen und so die Gewöhnung an einen Markt mit ungewohnten Spielregeln bewältigt. Die Geschäftsleitung erhielt vor allem durch zeitraubende Besuche vor Ort (ca. 180 Großhändler und etwa die dreifache Anzahl von Gewerbebetrieben, das heißt Schönheitssalons) ein umfassendes Bild von den Spezifika dieser Branche des Gastlandes. Umgekehrt bewirkte ihre Teilnahme an über 120 fachlichen Seminaren, Veranstaltungen und Shows - mit Teilnehmerzahlen zwischen 15 und 1500 Menschen - daß sie selber bei ihren künftigen Kunden bekannt wurde.

Allein die organisatorische Leistung hinter diesen Zahlen wäre ohne das Engagement von angeworbenen Partnern und Mitarbeitern, dem außerordentlich beflissenen fremden Geschäftsleiter, fachlich zunächst noch unbeholfen und unbedarft, unmöglich gewesen. Auf der Basis der gesammelten Erfahrungen und in stetem Dialog mit den potentiellen Kunden wuchsen Ideen heran, wie die Stammhausprodukte auf den eigenwilligen japanischen Markt zu übertragen seien. Für die Umsetzung, Realisierung und Betreuung mußten sodann Mitarbeiter gewonnen und für diese dann ein lokales Unternehmen (mit Produktion, Logistik und Verwaltung) maßgerecht aufgebaut werden.

Durch die Schaffung eines neuen Unternehmens zu Beginn des Geschäftsaufbaus erhöhte sich zwar die Belastung aller Beteiligten sehr stark, sie bot jedoch auch die willkommene Chance, unbeeinflußt durch bereits Vorhandenes zielgerechte Strukturen zu schaffen, die in optimaler Form den notwendigen Prozeßabläufen gerecht wurden. Der Mangel an Mitarbeitern, Mitteln und Zeit führte dabei zu vielfacher Improvisation. Dies erwies sich weitgehend als segensreich, da es eine Konzentration auf das Wesentliche bewirkte und sehr schlanke Strukturen erzwang. Der enge räumliche Kontakt von Vertrieb und Verwaltung in einem Großraumbüro förderte Kommunikation, Verständnis, Vertrauen und aufopferungsvolle Zusammenarbeit.

Die Werksverwaltung (an einem anderen Ort) nahm nur etwa fünf Prozent der insgesamt angemieteten Produktionsfläche ein. Fehlende Maschinen wurden mehr als einmal durch Handarbeit in Nachtschicht vom gesamten Büropersonal und in Einzelfällen dessen Ehefrauen ersetzt. Terminliche Verzögerungen waren in der Aufbauphase absolut nicht tolerabel, obgleich sie wegen der 20 000 Kilometer langen Nachschublinien nach Westeuropa immer wieder drohten.

Bei allen Akteuren entwickelte sich die Erwartung, daß die völlig unbekannten Produkte sofort erfolgreich sein müßten, denn sonst wären die Lohnzahlungen aller am Monatsende gefährdet gewesen. Die japanischen Führungskräfte bewiesen in dieser kritischen Zeit eine vorbildliche Einstellung, mit der sie die Mitarbeiter mitrissen. Porter schreibt zu neuen Märkten: „Es kann kein Eintritt jemals einen überdurchschnittlichen Ertrag auf das eingesetzte Kapital ergeben" (Porter, 1990). Er erklärt dies mit hohen Anfangsinvestitionen und den Vergeltungsmaßnahmen der Wettbewerber. Um dieses Dilemma zu überwinden gibt er sechs Ratschläge, von denen das neue Unternehmen in Japan drei ebenfalls verwendete:

- Bieten Sie ein höherwertiges Produkt an.
- Entdecken Sie eine neue Nische.
- Führen Sie eine Marktinnovation ein.

1. Beispiel: Zur „Elastizität" eines Produktes

Unter den erprobten und erfolgreichen Produkten des Stammhauses befand sich ein Rinse (Haarspülmittel), das neben den gewöhnlichen Eigenschaften dieser Produktkategorie die spezielle Fähigkeit aufweist, Oxydationsreste von vorangegangenen Haarfärbeprozessen zu neutralisieren, damit sie im Haar keinen Schaden anrichten können. Vom Stammhaus wurde dieses Produkt erfolgreich in Europa an gewerbliche Verwender (Friseure) verkauft. Zur guten Kundenakzeptanz trug ein intensiver Kräutergeruch bei, der wesentlich half, den stechenden Geruch der in den Betrieben verarbeiteten Dauerwellpräparate zu überlagern und damit abzumildern. Fasziniert vom guten (auch finanziellen) Erfolg des Produktes in Mitteleuropa versuchte der Geschäftsführer in Japan es im dortigen Markt heimisch zu machen. Der Erfolg blieb zunächst aus.

Nach dem Vorbild des Stammhauses waren in Japan ebenfalls zwei sogenannte „Studios" eingerichtet worden. Es handelte sich praktisch um Modellsalons, in denen unter realistischen Bedingungen die eigenen Produkte (Körperpflegeartikel, Scheren/Messer/Klingen, elektrische Geräte wie Föne, Solarstrahler, Trockenhauben, Haarsaunen und schließlich komplette Ladeneinrichtungen samt Stühlen und Waschbecken) an Endverbrauchern erprobt wurden. Die Ausbildung des gewerblichen Nachwuchses, die Vermittlung chemisch-fachlichen Wissens sowie internationaler modischer Trends an Gesellen und Meister und die Schulung eigener Mitarbeiter gehörten zu den erklärten Aufgaben dieser Einrichtungen. Als wichtiges Know-how galt dabei das Feedback vor allem der von außen eingeladenen Fachleute, aber auch der Endverbraucher. Die bereits aus dem Markt vernommenen Meinungen zu Vorzügen und Mängeln verifizierten sich konkret bei den systematischen Untersuchungen in diesen Studios:

1. Geringer Bekanntheitsgrad von Marke und Produkten, da keine Medien-Werbung und nur wenig verkaufsfördernde Maßnahmen möglich waren. In der Anfangsphase standen dafür keine externen Mittel zur Verfügung und die importierten Artikel beließen nur eine geringe Marge wegen der signifikanten Transportkosten, der damals hohen Importkosten (Zölle, Labor- und Prüfkosten etc.), sowie der Investitionskosten in Japan;

2. die Produktnamen waren für japanische Zungen teilweise unaussprechbar;

3. der starke Kräutergeruch, insbesondere des oben genannten Rinses, wurde als nahezu unerträglich empfungen (nama kusai = naturwild riechend);

4. im heißen japanischen Sommer wurde das Präparat dünnflüssig, was fachlich zwar unerheblich war, jedoch einem unbegründeten Verdacht der Panscherei Vorschub leistete;

5. das fachlich wichtige Argument des Antioxydationseffektes war obsolet, da sich das Haarfärben damals in Nippon weitgehend nur auf Grauabdeckung beschränkte. Hinzu kam, daß bei der Gewohnheit in Japan, täglich das Haar zu waschen und zu spülen, Oxydationsreste im Haar weitgehend verwässert und entfernt wurden. (Statt oxydativer Haarfarben wurden den Kunden zu jener Zeit meistens direktaufziehende Präparate mit speziellen Applikationsschwämmen aufgetragen);

6. generell werden im japanischen Markt Komplettpreise (alles inklusive) angeboten. Anders als bei der zum Beispiel in Deutschland üblichen Zuschlagskalkulation kann ein Friseur in Japan eingesetzte teure Zusatzprodukte dem Kunden nicht gesondert berechnen; er trägt sie also aus eigener Tasche. Um diese Erlösschmälerungen gering zu halten, werden nur wenig zusätzliche Produkte im Salon eingesetzt; und diese werden professionellen preiswerten Großgebinden entnommen.

Das infragestehende Produkt wurde daher neu positioniert. Aus zahlreichen Einzelgesprächen mit Handel und Verwendern destillierte sich sodann folgendes Produktprofil:

- Der (finanziellen) Not gehorchend wurde das an sich singuläre Produkt in eine Produktreihe eingeordnet und diese dann ökonomisch als Produktfamilie beworben.
- Der zungenbrecherische Name wurde optisch beibehalten, da er ein exotisches Alleinstellungsmerkmal im japanischen Markt bildete; in der lautmalerischen Umschreibung der japanischen Silbenschrift (katagana) wurde er allerdings geglättet.
- Der Geruch wurde nur geringfügig gemildert. Er entwickelte sich ebenfalls zu einem Alleinstellungsmerkmal; in seiner unverwechselbaren Art wurde er im Laufe der Jahre zu einem wichtigen Wiedererkennungs- und Identitätsmerkmal.
- Nach aufwendigen chemischen Untersuchungen wurde die sommerliche Dünnflüssigkeit beseitigt.
- Zufällig hatte das Rinse einen weichmachenden Effekt (unerwünscht bei dünnem europäischen Haar). Bei der harten und ihren Trägerinnen unangenehmen japanischen Haarqualität wurde dieser Effekt jedoch zum schlagenden USP und fortan entsprechend ausgelobt.
- Die Salons mit diesem (und weiteren besonderen Qualitätsprodukten) konnten hinfort ihr Preisniveau nicht unbeträchtlich anheben, so daß sie ihre Ertragssituation deutlich zu verbessern vermochten. Wie auch der Großhandel entwickelten sie eine besondere Dankbarkeit für den neuen Anbieter im Markt.

In der Folge wurde das bewußte Rinse quasi zum Markenzeichen des japanischen Tochterunternehmens und nicht nur zum Hauptumsatzträger, sondern auch zu einem überproportionalen Ertragsfaktor.

2. Beispiel: Verknüpfung von sachlichen Erfordernissen mit ihrem soziokulturellen Hintergrund

Die geschilderte Situation der preislichen Komplettangebote im Salon gebar einen Gedanken, der Besuchern gehobener japanischer Bars bekannt ist: die keep-bottle. Man kauft eine Flasche guten Whisky im Lokal, beläßt sie dort, solange sie nicht ausgetrunken ist und kommt gelegentlich mit Freunden und Gästen zurück, die ob der teuren Marke hohen Respekt bezeugen. Die Tatsache, daß die Flasche mit dem deutlich aufgepinselten Namen des Gastes sichtbar in einem besonderen Regal plaziert ist, trägt zu einer höheren gesellschaftlichen Achtung des Besitzers bei.

Es wurden daher besondere Gebinde von 0,4 bis 0,5 Litern entwickelt, die zwischen den Retailgrößen (zwischen 0,1 und 0,2 Litern) sowie den professionellen Größen (ein bis fünf Litern) lagen. Sie wurden den Kunden vom Personal während des langwierigen Bedienungsprozesses verkauft. Nach dem Gebrauch verblieben sie mit ihrem Rest im Salon. Der glückliche Umstand, daß das Unternehmen Läden selbst einrichtete, begünstigte dabei den maßgeschneiderten Einbau von Regalen als Raumteilern im Geschäft, in denen diese Produkte zumeist an exponierter Stelle aufgehoben wurden.

Daraus ergaben sich für die Kunden folgende Vorteile:

- die Sicherheit, mit einem guten professionellen Shampoo bedient zu werden;
- ein zwar hoher, jedoch mit dem allgemeinen Publikumspreis verglichen noch vorteilhafter Preis.

Für die Saloninhaber ergaben sich daraus folgende Vorteile:

- sofortige Bareinnahmen in Höhe von 35 bis 40 Prozent des Verkaufspreises (Handelsspanne), bei Stückpreisen zwischen DM 10 und DM 20;
- die Kunden spürten die gute Qualität gegenüber den vorherigen, (oft heimlich in besonderen Gebinden) eingesetzten Billigprodukten;
- die Kunden kamen treu zu dem Salon zurück, in dem ihre keep bottle stand;
- die fachgerecht eingebauten Regale trugen zum guten Ambiente der Salons bei und boten nebenbei noch praktische Stellflächen für Arbeitsgeräte, Grünpflanzen und Büromaterial in einem am

Boden eigens eingerichteten Fach. Dies wurde wegen der Enge in japanischen Geschäften besonders begrüßt.

Das Unbehagen der Kundinnen darüber, daß sie zwischen den Salonbesuchen zuhause wieder andere Produkte benutzen mußten, wurde rasch erkannt und dadurch behoben, daß sie (bevorzugt) auch eine keep-bottle für den Hausgebrauch – oder, wenn ihnen das zuviel war, ein eigens entwickeltes kleineres Retailgebinde – mit heimnehmen konnten. Dadurch war ein neuer Markt geschaffen, dessen anfänglich fast hundertprozentiger Anteil sich inzwischen auf hohem Niveau stabilisiert hat.

Da in Japan die in guten und durchschnittlichen Salons eingesetzten Produkte bis dahin extrem niedrigpreisig waren, konnte auf diese Weise die relativ bescheidene Ertragssituation des Friseurhandwerks kräftig verbessert werden, worüber auch die Großhändler sehr erfreut waren. Ihre Dankbarkeit bezeugten sie durch lautstarke Mund zu Mund Werbung für die Produkte des neuen ausländischen Anbieters.

3. Beispiel: Umsetzung in neue Marktsegmente

Das Publikumsgeschäft der Körperpflege-Branche erfordert vergleichsweise hohe Investitionen in den Markt, wobei die Margen nur bei hohem Kapitalumschlag befriedigen. Nach dem Vorbild des europäischen Stammhauses, das damals dieses Geschäft zuhause noch vermied, war auch die japanische Geschäftsleitung zunächst nicht sehr darauf erpicht. Doch der Erfolg mit den relativ hochpreisigen Qualitätsprodukten als Verkaufsartikel im Salonbereich provozierte Überlegungen auch in Richtung des Publikumsmarktes.

Die üblichen Vertriebskanäle waren mit niedrigpreisigen Artikeln zahlreicher, darunter sehr potenter, internationaler und nationaler Hersteller verstopft. Deren Werbeaufwand war aus der Sicht des neuen europäischen Anbieters gigantisch und in keiner Weise nachzuvollziehen. Die Aufmerksamkeit richtete sich daher auf die japanischen pharmacies, drug stores, kesshohinten (Kosmetikgeschäfte) und parfumeries, also dem qualifizierten Fachhandel. Sie betrieben entweder Einzelgeschäfte, Kettenläden oder auch shop in shops in großen Supermärkten. Dieser Fachhandel hatte bis dahin kein Interesse an Artikeln gezeigt, die zwischen DM 1,50 und DM 2,75 angesiedelt waren und als sogenannte toiletteries in ihrem Sortiment keine Gnade fanden.

Alle bewährten Friseurartikel (außer den heiklen Dauerwellen, die gleichzeitig das bread and butter-Geschäft der japanischen Salons darstellten), wurden daher mit hochwertigen Rohstoffen, Zusätzen, Parfüms und teilweise Perlglanz aufgewertet, in aufwendige Verpackungen (sogar Faltschachteln mit gewellten Pappeinlagen bei Shampoos) verpackt und dadurch von toiletteries zu cosmetics aufgewertet. Das bedeutete Preisanhebungen um das Dreifache, wodurch sie beim bezeichneten Fachhandel zur willkommenen Sortimentsbereicherung mutierten.

Die im Salonbereich erfolgreichen Fachveranstaltungen, Schulungsmöglichkeiten und generellen persönlichen und beratenden Kontakte wurden auf das neue Geschäftssegment übertragen, was besonders gut bei den eigenwilligen, sehr geschäftsverbundenen japanischen Pharmazeuten ankam. Die Gleichpreisigkeit der Marktsegmente Friseur und Fachhandel auf hohem Niveau verringerte signifikant die sonst üblichen Rivalitäten und Eifersüchteleien zwischen den beiden Branchen.

Für den Anbieter ergaben sich beträchtliche Synergieeffekte in der Werbung sowie der allgemeinen Darstellung im Markt. Deutschland oder die Schweiz gelten in Japan nicht als modisch-kosmetische Autoritäten, jedoch stehen sie für fachlich und qualitativ überzeugende Produkte, insbesondere mit den soliden Assoziationen eines pharmazeutischen Hintergrundes. Da kaum Mittel für Werbung zur Verfügung standen, wurden nach dem Vorbild von Parfüm-Anbietern, aber auch Pkw-Herstellern in Japan, originalgetreue Muster – sogenannte miniature samples – als Probefläschchen produziert und verteilt. Dadurch wurde ein durchschlagender Erfolg erzielt: Japaner mögen kleine, verspielte Sachen, die sie anfassen, beriechen und heimnehmen können, wo sie sie selber ohne Beeinflussung durch Dritte ausprobieren und sich ihre eigene Meinung bilden können. Für die Anbieter wirklich guter Qualitäten bildet dies einen unschätzbaren Vorzug.

Im Salongeschäft konnten die sehr alten Großhandelsstrukturen nicht übergangen werden. Im Fachhandel mit modernen Produkten gab es diese Tradition nicht, so daß zumindest in den großen Städten und Ballungszentren eine eigene sales force aufgebaut und in den Handel geschickt werden konnte. Das war dem Transport von anspruchsvollen Marketing-Konzeptionen sowie der fachlichen Beratung bei problemlösenden Produkten sehr förderlich.

Der Marktanteil in diesem (relativ kleinen, obgleich ertragsstarken) Segment ist bis heute noch recht hoch, wenngleich er nur noch ein Viertel der Ausgangsposition beträgt, da die großen Anbieter Japans das neue Konzept sogleich rigoros nachstellten. Auch dieses Handelssegment (der Fachhandel) hat bis jetzt dem Pionier eines neuen Sortiments eine deutliche Dankbarkeit und einen hohen Respekt bewahrt.

4. Beispiel: Erarbeitung eines USP beim Produktauftritt

In der stark von Image-Komponenten geprägten Körperpflege-Branche in Nippon stellte die hochpreisige Positionierung des sich in den dortigen Markt einführenden Hauses in der ersten Dekade einen Segen dar, der nicht nur die hohen Anlaufkosten zu überwinden und eine ordentliche Rendite zu erwirtschaften half, sondern auch zu hoher Marktgeltung führte. Gerade von ausländischen Marken erwartet man in Japan das Beste und will bei ihnen keinesfalls eine mittelmäßige Qualität erwerben. Wer mit niedrigpreisigen Anbietern in diesem Land konkurrieren will, der muß seine ausländische Herkunft verbergen.

Mit relativ hohen Marktanteilen in den engen hochpreisigen Marktsegmenten wird die Hochpreisigkeit jedoch später zum Fluch; insbesondere wenn man auf den Bereich „Haar“ – der nur einen vergleichsweise kleinen Teil des gesamten Körperpflege-Spektrums ausmacht – begrenzt bleibt. In dieser Situation ergab sich aus der Suche nach neuen, originellen, hochpreisigen Produkten und den Exportverpflichtungen einer chinesischen Schwestergesellschaft eine interessante Verbindung.

Chinesische Kräutermedizin (kampoyaku) spielt seit über tausend Jahren in Japan eine beachtliche Rolle. Hier galt nie der dogmatische Gegensatz „entweder naturwissenschaftliche Medizin oder Naturheilverfahren" sondern beide koexistieren in einem „sowohl als auch" Verhältnis.

An das gute, mild-medizinische Image der traditionellen chinesischen Kräuterpräparate hängte sich das Japan-Team des neuen Anbieters an. In fast beispielloser Teamarbeit zwischen deutschen Labors, chinesischen Professoren der Kräuterheilkunde und japanischen Marketing-Experten wurde eine Produkt-Serie kreiert, die die engere Fachwelt überzeugte und trotz eines sehr hohen Preisniveaus (eine kleine Flasche Haarwasser über DM 60) einen treuen Kundenkreis sowohl im japanischen Friseur- als auch Fachhandelsbereich und ebenfalls bei den Endverbrauchern fand.

Die Verwendung originärer chinesischer Wirkstoffe ermutigte zu einer entsprechenden Auslobung sowie dem Einsatz assoziativer chinesischer Schriftcharaktere auf der Vorderseite der Gebinde, die auch bei rein japanischen Produkten der großen Hersteller Nippons aus Gründen eines internationalen Images grundsätzlich in englischer Sprache gehalten werden. Mit sehr wenig Werbung, jedoch vielen Fachveranstaltungen, Publikationen und Vorträgen chinesischer Wissenschaftler wurden die Präparate den Kunden nahegebracht.

Ausgesuchte Abnehmer, Verbandsvertreter und Journalisten durften die neuerrichteten Fertigungsanlagen in China besuchen, was zu einem hohen Vertrauensbonus führte. Deutsche Entwicklungschemiker und ein japanischer Fertigungsleiter vor Ort bauten die Qualitätsvorbehalte gegenüber einem „Made in China" ab.

Die Richtigkeit des Produkt-Konzeptes wurde in offenkundiger Weise durch die rasche Nachahmung durch führende japanische Hersteller (einer von ihnen zählt zur internationalen „Creme" in der Körperpflege-Branche) erwiesen.

Wiederum wurde auf kreative Weise ein neuer Teilmarkt in Japan kreiert, was in diesem Fall durch die gute Zusammenarbeit internationaler Teams ermöglicht wurde. Der erbrachte Marketing-USP lag in der Koordination verschiedener Stärken in diversen Ländern. Ziemlich unterschiedliche Strukturen standen im Dienst erstmaliger Prozeßabläufe, die die neue Produktfamilie authentisch gestalteten.

5. Beispiel: Erarbeitung eines USP über Life-Style

Bei den stetigen Überlegungen, den Umsatz über die begehrten, hochpreisig angesiedelten Märkte hinaus auszuweiten, ohne dabei Image-Verluste und die Abwanderung prestigebewußter Kunden zu riskieren, ergaben sich durch genaue Beobachtung der sozialen Landschaft Japans nachstehende Überlegungen. Die hohe Positionierung des Hauses in Japan erfuhr ihre glaubwürdige Berechtigung durch das Anbieten von Spezialpräparaten zur Lösung spezifischer Probleme wie trockenes, fettes, poröses, gesplisstes oder schuppiges Haar. Sie standen im Gegensatz zu den im Markt angebotenen üblichen Allerweltsprodukten.

Ursprünglich hatte man mit einem recht jungen Kundenkreis begonnen, zum Beispiel aktiven jungen Sekretärinnen großer Firmen, die weltoffen, modebewußt und zahlungskräftig waren. Dieser Kreis kam dann allmählich in die Jahre. So galt es, wieder in die Reihen der jungen Verwenderinnen einzudringen. Von den über 90 Prozent der jungen Leute Japans, die Abiturienten sind, nimmt fast die Hälfte ein Studium an einer Hochschule, Kurzuniversität, Akademie oder einem College auf.

Diese Studentinnen verfügen für die nächsten zwei bis vier Jahre über kein nennenswertes Einkommen. Nach den Zwängen der streng regulierten Schulzeit in Japan erwarten sie in diesem studentischen Lebensabschnitt eine gewisses Maß an Freiheit. Da sie gesund und jung sind, bestehen bei ihnen die oben aufgeführten Haarprobleme noch kaum.

Daher würde für sie ein relativ preiswertes Angebot – deutlich unter den eigenen Standardprodukten, aber noch klar über den niedrigpreisigen Massenartikeln – glaubwürdig sein. Die Analyse ging dabei davon aus, daß die jungen Kundinnen später bei wachsendem Einkommen und aufkommenden Haarproblemen treue Abnehmer bleiben und in die höherpreisigen Produktkategorien hineinwachsen würden.

Die latente Gefahr, daß ein großer Teil bisheriger Kundinnen von den hochpreisigen Produkten zu den neuen mittelpreisigen abgleiten würde, sollte durch ein spezifisches Life-Style Konzept gebannt werden. So wurden in Fernsehspots junge Menschen bei allerlei Allotria in ihren Klassenzimmern gezeigt oder wie sie ihren kleinen Campingbus (damals ein boomartiges Vergnügen junger Leute in Japan) reinigten und sich dabei quietschend mit Wasser bespritzten. Mit solchem Verhalten kann und will sich in Nippon kein erwachsener Mensch identifizieren und er geht daher bewußt auf Distanz zu solcher Atmosphäre.

Aus diesem Grunde mußte das bekannte Markenzeichen des Hauses ganz in den Hintergrund gerückt und stattdessen eine separate Marke geschaffen werden. Sie wurde mit jugendlichen Attributen beladen, während der bekannte Herstellername nur noch als Qualitätsgarant auftrat. Da Körperpflegeartikel in Japan ganz überwiegend von Frauen gekauft werden, wandte sich die Werbeansprache dezidiert an weibliche Käufer. Anfang der achtziger Jahre drängten die Japanerinnen auf ihre Emanzipation auch im öffentlichen Leben. Dem leistete nun die neu kreierte Werbeansprache Vorschub. Sie ermunterte zu weiblicher Freiheit und bediente sich im Fernsehen sogar einer weiblichen Sprecherin, was praktisch bis dahin eine männliche Domäne in Nippon gewesen war. Der Markenname gab sich mit „Dancin'“ bewußt provokativ, denn freier öffentlicher Tanz war für die besseren Töchter in den Familien (und dazu zählen sich in Meinungsumfragen fast alle) noch tabuisiert (obwohl – weit mehr als die Eltern glaubten – heimlich bereits praktiziert).

In den TV-Werbespots wurden daher beim Tanz mit jungen Männern lebhaft die Röcke geschwungen. Wegen des in Japan latent vorhandenen männlichen Chauvinismus konnten die japanischen Wettbewerbsunternehmen auf dieses soziologische Glatteis nicht folgen. Dadurch erschien man in der Rolle eines Anwaltes für für women's lib und kassierte die entsprechenden Sympathiepunkte. (Dabei soll nicht verschwiegen werden, daß auch im eigenen Unternehmen die männlichen japanischen Mitarbeiter bedenklich ihre Köpfe wiegten und gelegentlich die Frage artikulierten, ob man nicht eigentlich „Verrat an der männlichen Sache" begehe).

Aus dem Projekt wurde – trotz des werbegewaltigen japanischen Wettbewerbes – der für ein erstes volles Geschäftsjahr umsatzmäßig erfolgreichste Shampoo/Rinse Launch im japanischen Markt bis dahin. Auch das Erreichen des break even zu Vollkosten in kurzer Zeit wurde in Fachkreisen respektvoll kommentiert. Im Bestseller eines früheren Marketing Direktors von Sony (Ueyama, 1985) wurde das Dancin'-Konzept unter die erfolgreichsten neuen Marketing-Strategien einer Dekade im japanischen Markt eingereiht (darunter das Pajero Landrover-Projekt von Mitsubishi, die 8 mm Kamera von Sony, das Laser Desk von Pioneer oder die White Liquor Revolution, das heißt Shochu-Schnaps von Takara). Als Erfolgskomponenten verweist der japanische Autor vor allem auf die extensive Marktforschung vor dem Projekt, auf die mutige Botschaft eines neuen Lebensstils für junge Frauen, die landesweite Proben-Verteilung sowie die exzellenten Präsentationen, die die Einführung flankierten.

Die Presse berichtete mit Hochachtung, daß die Mitarbeiter des Hauses, alle Manager und Büroangestellten eingeschlossen, sich vor U-Bahnstationen und großen Bürohochhäusern für die Verteilung von miniature samples und anderem Werbematerial engagiert zur Verfügung gestellt hatten.

6. Beispiel: Produkte als Kommunikationsträger

Auf der Suche nach weiteren Marktsegmenten mit Nischencharakter stieß man auf das Hotelgeschäft. Aus nordamerikanischer oder westeuropäischer Sicht scheint hier kein gewinnbringendes Geschäft möglich. Die erzielbaren Preise sind gering und in vielen Fällen muß man gar Geld mitbringen, um überhaupt in die Baderäume der Zimmer von Luxushotels zu gelangen.

In diesem Geschäft geht es um Portionsware in Kleingebinden (wie miniature samples) von Produkten wie Shampoo und Rinse. Die Hotelgäste benutzen sie täglich, so daß die Umsätze nicht unbeträchtlich sind. Den Beherbergungsbetrieben wurde angeboten, sie mit erstklassigen Produkten – auf Wunsch garantiert durch das Markenzeichen eines renommierten Herstellers, jedoch immer mit einer individuellen Ausstattung auf der Vorderseite der Fläschchen – zu beliefern; und zwar pünktlich, da Lagerraum für mehr als den Verbrauch weniger Tage in Japan grundsätzlich nicht zur Verfügung steht. Wahlweise wurden winzige Flaschen und Sachets angeboten.

Der bemerkenswerte Erfolg des Konzeptes gründete vor allem im Einsatz eines exklusiv für dieses Geschäft verantwortlichen Managers mit wenigen, eigenen Assistenten. Die großen Marketing-Bereiche des Unternehmens wurden mit diesem rasch wachsenden Geschäft und seinen hunderten von unterschiedlichen Ausstattungen nicht befaßt. Dadurch wurde eine Beeinträchtigung des Stammgeschäftes vermieden, dessen Mitarbeiter auf die rasch wechselnden Kundenanforderungen ohnehin kaum hätten eingehen können.

Im Fertigungsbereich standen die Maschinen bereits für die promotions durch miniature samples zur Verfügung und wurden nun im Dreischichtensystem teilweise ausgelastet. Für die Sachets ließ man neue Maschinentypen entwickeln; mit ihnen konnten später auch Proben für Beipackungen oder auch direkte Verteilung hergestellt werden, wodurch wieder Synergieeffekte aktiviert werden konnten. Eine lebendige Zusammenarbeit zwischen Marketing und Fertigungswirtschaft wurde zum wirtschaftlichen Erfolgsschlüssel in dieser neuen kleinen Geschäftssparte.

Kapazitätsauslastung, hohe Deckungsbeiträge (da fast keine marketing expenses anfielen) sowie eine effiziente Unterstützung des hohen Images des Hauses, insbesondere in den internationalen Luxushotels, schlugen positiv zu Buche, ohne daß die Konzentration auf die Kerngeschäfte dabei gelitten hätte.

Dies ist kein Beispiel für eine nennenswerte Geschäftsausweitung, sondern dafür, daß ein operatives Geschäft durch solch unkonventionelles Vorgehen flankiert und gestützt werden kann. Persönliche Besuche bei den Einkaufschefs wichtiger Hotels und sofortiges Eingehen auf deren Ideen bildeten die Grundlage dieses peripheren Geschäftes, das ohne einen bemerkenswerten Grad an Flexibilität nicht zu bewältigen gewesen wäre.

Erst allmählich versuchten eifersüchtige maßgebende Wettbewerber in dieses Geschäft einzudringen, nachdem sie dessen strategischen Werbewert erkannt hatten. Da hatten sie allerdings erhebliche Kosten in Kauf zu nehmen, die manchem das Geschäft schon nach kurzer Zeit verleideten. In anderen ostasiatischen Märkten ohne prominente lokale Anbieter floriert dieses Hotelgeschäft fast ohne Reibungen. Auch dieses Beispiel zeigt, daß am Anfang die Idee stand, dann neue Prozesse dafür entwickelt wurden und zuletzt bis dato nicht existente Strukturen entwickelt wurden.

Zur Priorität der Prozesse vor den Strukturen

Die vorangehenden Beispiele, denen noch weitere hinzugefügt werden könnten, stehen nicht für ein ausgesprochenes Nischen-Marketing. Sie befaßten sich jedoch mit sehr spezifischen Marktsegmenten und führten in drei Fällen zur Kreation neuer, wenn auch kleiner Märkte. Für die große Aufgabe, einen signifikanten Massenmarkt zu erschließen, sind sie hingegen nur vorbereitende Maßnahmen. Sie bieten kein Beispiel für modernes, offensives Marketing, sondern tragen eher den Charakter eines underdog oder des leisen Markteintritts durch eine Nebentür. Dafür können sie als Lehrbeispiele für den Aufbau einer respektablen Marktposition (Ausnahme Dancin') ohne nennenswerte Marktinvestiionen dienen. Dies muß allerdings vor dem Hintergrund eines japanischen Marktes gesehen werden, der auf extravagante Produkte und alle

Arten von Neuheiten erpicht scheint. Die Verteidigung einer solchen Anbieterposition bedarf eines ständigen neuen kreativen inputs.

Aus diesen Beispielen läßt sich eine entscheidende Erkenntnis ziehen: Die ideellen Impulse (sogenannte soft factors) eines Unternehmens wie Innovationskraft, Image beziehungsweise Geltung, eine motivierte, fähige Mannschaft, können wichtiger sein als die gegenständlichen Strukturen, die sich in Grundstücken, Gebäuden, maschinellen Anlagen und Kapital darstellen.

Die Situation bei den vorangehenden Beispielen für die Aufnahme einer Geschäftstätigkeit zeigt, daß die eingehende Marktanalyse am Beginn steht. Sie umfaßt neben konkreten Zahlen vor allem auch die persönlichen Erfahrungen durch viele menschliche Begegnungen mit intensiven Gesprächen. Japaner kennen keine Arroganz, wenn es sich um die Erforschung der Meinungen und Bedürfnisse ihrer japanischen Verbraucher handelt: jede Regung wird zunächst einmal registriert und in den meisten Fällen auch diskutiert, Voreingenommenheiten zählen nicht.

Daraus folgten auch in den angegebenen Beispielen zum Teil neue Produktideen, die allerdings den Mut und Willen erforderten, sie gegen mancherlei Widerstände durchzusetzen. Die Struktur des Unternehmens als eine später angesiedelte Priorität, ergab sich erst in der Folge aus den Anforderungen.

Damit ist jedoch nur die zeitliche Priorität gemeint, denn Projekte müssen nach japanischem Verständnis ganzheitlich statt von „scharf und klar" abgegrenzten Verantwortungsbereichen geführt werden. Kein Glied in der gesamten Prozeßkette darf Schwächen aufweisen. Strukturen dürfen demnach niemals a priori vorgegeben werden. In Japan gilt, daß das Ziel den Weg bestimmt und nicht umgekehrt.

Wenn eine Fabrik ein gefordertes Kostenniveau nicht zu erreichen vermag, dann muß konsequenterweise eine neue, bessere errichtet werden. Ist das nicht möglich, dann müssen die entsprechenden Geschäftszweige aufgegeben werden. Das gleiche gilt für Qualität und Zeitabläufe. Sie werden determiniert durch ihre urprüngliche Implementierung beim Aufbau von Prozeßabläufen. Ein späteres Aufpfropfen ist nicht nur schwierig, sondern auch kostspielig und gefährdet die Ertragsziele.

Hingegen lassen sich alle Prozesse, auch solche auf hohem Effizienzniveau, immer noch verbessern. Die Philosophie des Kaizen hierzu geht davon aus, daß auf dieser Welt praktisch nichts vollkommen und damit verbesserungsunfähig ist. Da alle Wettbewerber in Japan Kaizen praktizieren, können sie naturgemäß Vorsprünge aufholen und Vorteile marginalisieren. In diesem Stadium kommt der Zeitpunkt, an dem es dann gilt, mit einem entschlossenen Satz das Alte abzustreifen und hinter sich zu lassen, um etwas radikal Neues aufzubauen; hierfür steht im Japanischen der Begriff kaitaku. Diese Einstellung hat den Strukturwandel in der japanischen Industrie stets stark gefördert.

Anmerkungen zum Business-Management in Japan

Japanische Unternehmen haben außerordentlich viel Management Know-how von westlichen Ländern übernommen und lernen auch heute noch, obgleich sie ihr System inzwischen für überlegen halten. Diese Übernahmen geschahen nicht mechanisch, sondern stets nach der „Philosophie“ forschend, die jeweils hinter den Methoden stand.

In Japan erhebt sich zu Beginn unternehmerischen Handelns stets die Frage, was man erreichen will; erst danach sucht man sich die besten Methoden oder Verfahren als Weg dazu aus – oder entwickelt adäquate neue. Im Vordergrund stehen immer die Menschen und deren Bedürfnisse. Die Gesamtheit aller Menschen bildet die japanische Nation, der daher erste Priorität bei allen wirtschaftlichen Handlungen zukommt. Geht es der Nation schlecht, dann geht es letztlich allen schlecht, verliert die Nation ihr Gesicht, dann verlieren alle ihr Gesicht. Diese Auffassung erklärt, warum Japaner sich bis heute im internationalen Management sehr schwer tun.

Wegen der notwendigen Einkäufe von Nahrungsmitteln, Rohstoffen und Know-how im internationalen Markt müssen Waren exportiert werden. Das gelingt um so eher, je überlegener die eigenen Produkte sind. Daher wird viel Wert auf Entwicklung und neuerdings auch Forschung gelegt, die strikt anwendungsbezogen ist, und die knappen Ressourcen optimal einsetzt.

Die knappen Ressourcen des Heimatlandes erzogen zur traditionellen Frugalität und natürlich zum lebhaften Wettbewerb um sie. Wettbewerbsgeist gilt als Motor der japanischen Gesellschaft. Er wurde allerdings in Gruppen kanalisiert und schaltete damit exzessive Individualität aus. Viele Experten sehen in dem enorm starken Wettbewerb im japanischen Markt, der intelligenterweise den Preiswettbewerb aus ökonomischen Gründen ächtet, den eigentlichen Grund für die japanischen Wirtschaftserfolge. Wer sich in dem „Stahlbad" des inländischen Wettbewerbs durchsetzt, der hat auch das Zeug dazu, international zu siegen.

Da ungezügelter Wettbewerb schnell chaotische Züge annehmen kann, gilt es, ihn zu ordnen und zu kanalisieren. Dazu gehört die rechte Wirtschaftsgesinnung. Sie wächst aus Ethik und Moral einerseits sowie einer guten Ordnung andererseits. Beides beruht in Japan weitgehend, wenn auch keineswegs ausschließlich, auf dem Konfuzianismus mit seinen Postulaten der kollektiven Verantwortung, des Dienens an der Gemeinschaft, dem Patriarchalismus, der Loyalität, der Hierarchien, dem Wert des Lernens und Lehrens, der Sparsamkeit und dem gegenseitigen Vertrauen. Die Menschen dürfen gleiche Grundrechte beanspruchen; da sie jedoch verschieden begabt sind, ergeben sich überall Unterschiede. Dabei bilden sich keine Klassen, sondern außerordentlich fein abgestufte Privilegien, sozusagen stufenlose Übergänge in der Gesellschaft.

Nach diesem Muster versuchen sich auch japanische Unternehmen auszurichten. Nach außen darf die Konkurrenz mit den Wettbewerbern auf die Spitze getrieben werden – innen gilt das Ideal der Harmonie und der ausgewogenen Balance. Alle sind aufgefordert mitzuwirken: Das gilt nicht nur für die internen Mitarbeiter, sondern auch für im keiretsu (Unternehmenskosmos wie Mitsui oder Sumitomo) verbundene Unternehmen, Partner (Transportunternehmer, Werbeagenturen, Reisebüros etc.) und treue Kunden, die man gern in großen Gruppen organisiert. Unternehmen stellen also keine juristisch geschlossenen, sondern sozial offene Organisationen dar.

Gesamtgesellschaftlich betrachtet wird volle Loyalität von nur etwa einem Drittel der Mitarbeiter erwartet (bei Großunternehmen können es bis zu 90 Prozent werden, während es bei Kleinunternehmen oft nur fünf Prozent sind). Dieses Drittel bildet die bekannten Stammarbeiter in Japan, für die ausgesuchte Privilegien gelten (Schneidewind, 1991). Sie verfügen fast ausschließlich über eine exzellente Bildung und Ausbildung. Sie verhalten sich beinahe wie Eigentümer des Unternehmens und viele verfügen tatsächlich auch über Aktienanteile, die bei Managern recht beträchtlich sein können. Daher fühlen sie sich für das Wohl des Unternehmens, das bekanntlich von seinen Kunden lebt, verantwortlich. Folglich richtet sich ihr Interesse und ihre Teilnahme auf die Kunden; das ganze Unternehmen ist auf den Markt ausgerichtet. Alle Funktionen haben dem Markt zu dienen, besitzen also Service-Charakter. Das führt jedoch keineswegs zu einer geringeren Bedeutung dieser Service-Funktionen, denn beim Ganzheitsdenken bestimmt das schwächste Glied der Kette deren Belastbarkeit.

So bestimmt kein einzelner Produkt-Manager den Werdegang eines neuen Produktes, sondern unter der möglichen Federführung eines Marketingmannes arbeiten Kostenrechner, Marktforscher, Entwickler, Fertigungsingenieure und Finanzleute zusammen, um ein optimales Produkt auf die Beine zu stellen. Schließlich forderte schon Davidson: „der Marketing Manager muß ein Allround-Geschäftsmann sein, mit einem guten Verständnis für die Grundprinzipien der operations, der Finanzen, des Verkaufs und der Distribution. Das ist weit entfernt von der immer noch populären aber unrichtigen Karikatur des Marketingmannes als Liebhaber von Verpackung, Werbung, Verkaufsförderung und Marktforschung.“(Davidson, 1987).

Wie das Beispiel des Produkt-Management-Teams zeigt, wird Wert auf direkte Kommunikation im Unternehmen gelegt; das führt zu den bekannten, funktional flachen Strukturen japanischer Betriebe, die sich ganze Ebenen von Mittelsmännern, Stabsleuten und Kontrolleuren ersparen. Wenig Menschen bedeuten wenig Reibungsverluste, viel Verantwortungsbewußtsein bedeutet wenig Verschwendung – so lautet die einfache Formel, die im Westen kürzlich unter dem Etikett des Lean Management bekannt wurde.

An dieser Stelle erfolgen in der Regel Einwände von Japankennern, die auf komplexe Vertriebsstrukturen und übertriebene Verwaltungen in der japanischen Wirtschaft hinweisen. Da Japaner sehr gegenständlich denken, arbeiten sie in der Tat dort besonders perfekt, wo sie Prozesse managen, die sich mit Materialien, Teilen oder Produkten befassen, also in der Fertigung, Logistik und dem direkten Verkauf. Konzernzentralen, insbesondere traditioneller Unternehmen, laufen hingegen häufig Gefahr, ihre Verwaltungsapparate aufzublähen und in deren Bürokratie zu ersticken. Dies bildet den Grund für den Eifer, mit dem ganze Sparten, regionale Vertriebe und Funktionen in Nippon gern in eigenen Unternehmen organisiert und ausgegliedert werden. Sie verfügen dann über große Selbständigkeit, eine interne Handlungsautonomie und eine erstaunliche Effizienz. (Aus den oben angedeuteten Gründen funktioniert dies nicht bei Niederlassungen im Ausland, da dort mit fremden Mitarbeitern und Kunden gearbeitet werden muß, auf die japanische Systeme – außer in der Fertigung – nur schwer zu übertragen sind.)

Entscheidend bleibt die japanische Auffassung, daß ein Unternehmen in erster Linie aus Menschen besteht, also einen lebenden Organismus bildet, der wie alles Leben eng mit seiner Umwelt vernetzt ist. Die lebendige Rückkoppelung zwischen Unternehmen und Markt führt zur Ausschöpfung von Opportunitäten, was sich auf Dauer den an Schreibtischen abstrakt erdachten Strategien als überlegen erweist.

Diese Dynamik zwischen Unternehmen und Markt ist bei relativ großen Märkten mit nennenswertem Potential, für die eigene (Teil-)

Strategien angebracht erscheinen, erwünscht. In kleinen Märkten ist hingegen aus wirtschaftlichen Gründen eine übergeordnete Strategie einer Zersplitterung der Ressourcen vorzuziehen. Es gilt die Aussage Mefferts: „Soviel Standardisierung wie möglich, soviel Differenzierung wie nötig“ (Meffert, 1989).

Literatur

Porter, Michael E. (1990): Wettbewerbsstrategie, 6. Aufl., Frankfurt 1990, S. 423 und 435

Ueyama, Shinichiro (1985): Pariti no Jidai, Tokyo 1985, S. 155–172

Davidson, Hugh (1987): Offensives Marketing, London 1987, S. 43

Schneidewind, Dieter (1991): Das japanische Unternehmen, Heidelberg et al. 1991, S. 89

Meffert, Heribert (1989): Marketingstrategien, globale, in: Macharzina, K./Welge, M. K.: Handwörterbuch Export und Internationale Unternehmung, Stuttgart 1989, Sp. 1419

3. Phase

Angebot des Produktes am Markt

Ein wesentlicher Erfolgsfaktor für das Angebot eines Produktes am Markt ist die Gestaltung der drei klassischen Marketinginstrumente Werbung, Verkauf und Distribution. Werden sie richtig genutzt, kann der Kunde nicht nur rational, sondern auch emotional erfolgreich an das Produkt gebunden werden. Wie aber positioniert man ein Produkt am besten am Markt?

Sechs Produkte, die jeweils völlig unterschiedliche Zielgruppen ansprechen, werden im folgenden als Beispiel vorgestellt: die Kreditkarte von American Express, der Disomat B von Schenck, die Hertie Trend Company, die Heimtextilmesse in Frankfurt, Mirácoli von Kraft General Foods und das Warsteiner Pilsener. Denn obwohl diese Produkte so unterschiedlich sind, haben sie doch eines gemeinsam: Ihr Erfolg gründet nicht zuletzt auf der gelungenen Kommunikation und Betreuung der jeweiligen Kunden.

Jürgen Aumüller, Jahrgang 1940, kam, nach Mitarbeit bei führenden Unternehmen der Konsumgüterindustrie, 1978 als General Manager Reisen für Deutschland, Österreich und die Schweiz zu American Express. Nacheinander war er Vice President und General Manager für Deutschland und Osteuropa. 1987 wurde er zum President Europe, Middle East and Africa (EMEA) von American Express TRS (reisebezogene Dienstleistungen) ernannt. Sein Aufgabenbereich umfaßt alle Aspekte des Karten-, Reise- und Reisescheckgeschäftes innerhalb der Region Europa, Mittlerer Osten und Afrika. Er hat Büros in Frankfurt und London, dem Hauptsitz von TRS EMEA.

„Bezahlen Sie mit Ihrem guten Namen“

Wie ein Dienstleistungsunternehmen zum Markenbegriff wird

von Jürgen Aumüller

Was ein Produkt zur Marke macht

„Auf dem Weg zur Spitzenleistung“ hieß der deutsche Titel des Bestsellers der amerikanischen Marketingexperten Thomas J. Peters und Robert H. Watermann. Weltweit entfachten sie Anfang der achtziger Jahre die Diskussion darüber neu, welche Faktoren für den Erfolg von Produkten am Markt als maßgeblich zu erachten sind. Diese Diskussion währt bis heute und hat nichts von ihrer Aktualität eingebüßt.

Die neue Realität, der sich Unternehmen in der ganzen Welt zu stellen haben, ist die beobachtbare Verjüngung des Altersspektrums von Produkten. Hatten früher erfolgreich eingeführte Produkte eine zu erwartende Lebensdauer von vielen Jahren, ist heute die Spanne zwischen Markteinstieg und Niedergang des Produkts auf wenige Jahre geschrumpft. Bei Siemens zum Beispiel ist der Anteil der Produkte, die weniger als fünf Jahre alt sind, in den vergangenen zehn Jahren von 40 Prozent auf über 55 Prozent angestiegen.

Reichte früher das Wachstum des bestehenden Produktprogramms über längere Zeiträume aus, um das angestrebte Umsatzwachstum zu sichern, müssen inzwischen die Einführungszeitpunkte neuer Produkte äußerst sorgfältig vorausbestimmt und durch konsequentes Entwicklungsmanagement eingehalten werden. Der Zeitpunkt des Markteintritts eines neuen Produkts entscheidet heute mehr als früher – wo es unternehmerisch sinnvoll sein konnte, als „Follower“ aufzutreten – über die Lebensfähigkeit und die Kapitalrendite eines neuen Produktangebots.

Dies bedeutet eine erhebliche Verschärfung der Markt- und Wettbewerbssituation. Hermann Simon spricht von dem „kriegerischen Verdrängungswettbewerb“, der an die Stelle des „friedlichen Wachstumswettbewerbs“ der Jahrzehnte des Aufbaus getreten ist (Simon, 1988).

In diesem Kontext kürzer werdender Lebenszyklen von Produkten erhält die Frage nach den zentralen Faktoren für ihren Erfolg vitale Bedeutung. Die hier zugrundeliegende These besagt, daß die erfolgreiche Marktbehauptung eines Produkts – das selbstverständlich auch ein Dienstleistungsangebot sein kann – nur möglich ist durch wettbewerbsgerechtes Verhalten in allen zentralen Phasen des Lebenskreislaufs. Dieser beginnt mit der Entwicklung einer marktfähigen Idee, geht über in die Produktentwicklung, dann erfolgt die Markteinführung und schließlich der Prozeß der Marktbehauptung einschließlich der begleitenden Produkt- und Kundenpflege.

Besonders augenfällig ist die Bedeutung dieses Regelkreises bei Marken. Charakteristikum von Marken ist es, sich der Kurzlebigkeit von Produktlebenszyklen zu widersetzen. Die Profilierung zur Marke allerdings erfolgt genau durch jenes dauerhaft marktgerechte Verhalten des anbietenden Unternehmens. Marken also sind Produkte, die sich durch ihre Lebensfähigkeit bewiesen haben. Sie sind am Markt erfolgreiche Produkte.

Gemäß der klassischen Definition werden als Marken solche Güter bezeichnet, die unter der individuellen Marke des Erzeugers in stets gleicher Art, Aufmachung (und Mengenabpackung) sowie gleichbleibender oder verbesserter Qualität über lange Zeit in einem größeren Absatzraum erhältlich sind. Als Marken werden solche Erzeugnisse bezeichnet, die eine dauerhafte Kundenpräferenz genießen, somit also von Verbrauchern und Händlern anerkannt sind. Diese Definition für die Warenmarke gilt ebenso für die Dienstleistungsmarke.

Überragende Produktpersönlichkeiten, wie es sie im Konsumbereich in großer Zahl und teilweise schon sehr lange gibt, finden sich im tertiären Sektor eher selten. Offensichtlich scheint Dienstleistern die Positionierung zum Markenartikel nach wie vor schwerer zu fallen als den Unternehmen der herstellenden oder der Konsumgüterindustrie. Da, wo Namen zu Dienstleistungsmarken geworden sind, handelt es sich meist um große, international operierende Serviceunternehmen – häufig angelsächsischen Ursprungs –, die früher als andere die Marke als marktbewegenden Faktor erkannt und ihre Marketingstrategien entsprechend definiert haben.

Markenprofilierung des Dienstleistungsunternehmens

Die Profilierung eines Dienstleistungsunternehmens als Marke stellt eine besondere Herausforderung dar, die durch das Wesen des Produkts bedingt ist. Die größte Schwierigkeit besteht darin, Dienstleistungen zu erbringen, die immer denselben, von einer Markenprofilierung geforderten hohen Qualitätsstandards genügen. Die Ware „Service" ist das Ergebnis eines Prozesses, der für jeden Kunden neu zu erbringen ist. Damit ist die Dienstleistung in ihrer tatsächlichen, individuellen Qualität möglicherweise erheblichen Schwankungen unterworfen. Servicequalität definiert sich bei Dienstleistungen über eine objektive und eine subjektive Komponente. Das heißt, daß eine objektive beziehungsweise technische Qualität der Leistung in Kombination mit einer subjektiven, beziehungsweise funktionalen Qualität erbracht werden muß.

Die technische Qualität der Leistung wird erreicht durch kundenorientierte, zielgruppenspezifische Service-Inhalte, die einen echten, für den Kunden erlebbaren, reproduzierbaren Nutzen darstellen. Sie schaffen Kundenpräferenzen – das wichtigste Kriterium für einen Markenartikel.

Ein Faktor, der langfristig Differenzierung gegenüber dem Wettbewerb schafft, ist die funktionale Qualität der Leistung. Im Dienstleistungsbereich hängt sie unmittelbar von der Qualität derer ab, die die Leistung erbringen, nämlich den Mitarbeiterinnen und Mitarbeitern in kundennahen wie auch in Back Office-Bereichen.

Die Serviceeinstellung und -bereitschaft der Mitarbeiter ist demnach ein integraler Qualitätsbestandteil der Dienstleistung und essentiell für ihren Markencharakter.

Die Markenstrategie eines Dienstleistungsanbieters muß also bei der Ausstattung der Leistung und bei der Art ihrer Darbietung ansetzen. Als entscheidender Faktor für die Durchsetzung von Servicequalität – und damit für die dauerhafte Behauptung auf dem Markt – gilt eine kontinuierliche, umfassende Qualitätskontrolle und ein systematisches Qualitätsmanagement. Unter sich verschärfenden Wettbewerbsbedingungen auf einem allseits wachsenden Dienstleistungsmarkt ist die Qualitätssicherung von überlebenswichtiger Bedeutung für Unternehmen. Die geringe Zahl echter Marken im Dienstleistungsbereich läßt sich ohne Zweifel darauf zurückführen, daß diese drei Erfolgsfaktoren – objektive und subjektive Qualität sowie Qualitätsmanagement – in den Strategieansätzen der Dienstleister unzureichend berücksichtigt oder behauptet werden. Erst langsam scheint sich die Erkenntnis durchzusetzen, daß nur außergewöhnliche Servicequalität die überlebensnotwendige dauerhafte Kundenpräferenz und -treue hervorbringt.

Eines der erfolgreichsten Dienstleistungsunternehmen weltweit ist seit mehr als 100 Jahren die American Express Company mit ihren Markenprodukten American Express Reisescheck, American Express Karten und Reiseservice. Diese Produkte bilden den Kern der Travel Related Services (TRS), des wichtigsten und größten Geschäftsbereichs der Company.

Produktkonzeption und -profil des Finanz- und Reisedienstleisters werden im folgenden zunächst allgemein dargestellt. Dann folgt eine Darstellung der seit den achtziger Jahren veränderten Marktsituation mit neuen Herausforderungen an American Express als einen Kartenemittenten, der über Qualitätsmanagement und Produktinnovation seine Marktposition gefestigt hat. Am Beispiel der Firmenkarte, die zu Beginn der neunziger Jahre entwickelt und eingeführt wurde, wird schließlich die Perspektive auf ein einzelnes Produkt und seinen Lebenszyklus gerichtet.

American Express: Dienstleistungsmarke mit besonderem Profil

American Express ist heute eines der größten privatwirtschaftlichen Dienstleistungsunternehmen der Welt. Durch ihre Reiseorganisation, ihre Reiseschecks und die American Express Kartenfamilie ebenso wie durch ihre Bedeutung als internationale Bank mit allen verwandten Services haben die American Express Company und ihre Tochtergesellschaften – 1850 in New York gegründet und 1965 als Aktiengesellschaft eingetragen – eine führende Stellung auf dem Gebiet weltweiter finanz- und reisebezogener Dienstleistungen.

Den Ruf als Dienstleistungsmarke begründete American Express bereits um die Jahrhundertwende mit der Erfindung, Einführung und Durchsetzung des American Express Reiseschecks. Seither ist der American Express Reisescheck der Inbegriff für finanzielle Sicherheit auf Reisen und wird heute fast überall auf der Welt wie Bargeld angenommen. Er ist in acht Währungen erhältlich und basiert auf dem System der zwei Unterschriften, wobei die erste beim Kauf, die zweite jedoch erst bei der Einlösung zu leisten ist. Die Sicherheit wird für den Kunden erweitert durch den kostenlosen Ersatz bei Verlust oder Diebstahl.

In Erweiterung des Produktangebotes entwickelte American Express in den fünfziger Jahren ein neuartiges Instrument des bargeldlosen Zahlungsverkehrs, die sogenannte Travel & Entertainment-Karte, die als Charge-Card funktioniert: Der Karteninhaber legt dem mit dem Kartenemittenten vertraglich verbundenen Unternehmen zur Begleichung seiner Außenstände anstelle von Bargeld oder Schecks die Karte vor.

Bild 3: American Express-Karte

Der Vertragspartner läßt sich den Betrag vom Kartenemittenten erstatten, dieser übermittelt den Karteninhabern monatlich eine detaillierte Rechnung zur Begleichung. Der Kartenemittent steht also für die Bonität seiner Karteninhaber ein und garantiert den Akzeptanzstellen die Bezahlung.

Charakteristika des Produkts sind über die Basisfunktion des bargeldlosen Bezahlens hinaus der kostenlose Kartenersatz innerhalb von 24 Stunden, garantierte Reservierung, Quick Check-Out, Lastschriftverfahren, Dokument-Register, Zusatzkarten für Familienangehörige, Wegfall der Mietwagenkaution. Zusätzliche Finanzdienstleistungen umfassen weltweiten Bargeldservice im Notfall, Verkehrsmittel-Unfallversicherung, Krankenhaustagegeld sowie Erstattung von Bergungskosten. Ein globaler telefonischer Informations- und Hilfsdienst unterstützt Reisende in der ganzen Welt. Diese Produkteigenschaften sind für den Kunden zunächst ein Angebot, das dann zur Leistung werden muß, wenn der Kunde den Service wünscht.

Um diesen Service zuverlässig erbringen zu können, bedurfte es des Aufbaus eines weltweiten Netzes von Vertragspartnern und

Reisebüros, die den Karteninhabern jene Dienste erweisen, um die sie gebeten werden. Im Lauf der Jahre wurden dazu in über 120 Ländern der Erde mehr als 1700 Reisebüros und Repräsentanzen eingerichtet, die umfangreiche Reiseserviceleistungen und ausführliche Beratung erbringen. Hinzu kommen weltweit über 3,5 Millionen Vertragspartner wie Fluggesellschaften, Autovermietungen, Tankstellen, Hotels, Restaurants, Einzelhändler und Warenhäuser mit gehobenem Standard.

Die Bereithaltung und Erbringung der angebotenen Finanz- und Reisedienstleistungen wird durch das weltweite Zusammenwirken verschiedener Partner ermöglicht. Diese sind in horizontalen und vertikalen Strukturen vertraglich mit dem Kartenunternehmen verbunden. Erst durch die reibungslose Kooperation zwischen den Leistungserbringern erzielt der Karteninhaber den Nutzen, der ihm bei Vertragsabschluß zugesichert wurde.

Die etablierte Infrastruktur ist also nur die Voraussetzung für Qualität. Markenkennzeichnung basiert, wie angeführt, auf der dauerhaften und zuverlässigen Leistungserbringung auf gleichbleibendem oder verbessertem Qualitätsniveau. Die Durchsetzung auf dem Markt ist das Ergebnis eines Qualitätsmanagements im Sinne einer permanenten Überprüfung der für den Kunden erbrachten Dienstleistungen.

Die Entwicklung und Durchsetzung dieses weitreichenden Kooperationsverbundsystems, dessen Leistungen mittels einer Karte abgerufen werden können, war zur Zeit der Markteinführung Ende der fünfziger Jahre eine Pionierleistung. Der deutsche Markteinstieg zu Beginn der siebziger Jahre erwies sich binnen kurzer Zeit als ebenso erfolgreich. Bis heute ist das Prinzip der Verbindung von Bank- und Reisegeschäft ohne echte Konkurrenz geblieben.

Kunden- und Produktpflege

Behauptung im Markt, so die Ausgangsthese, verlangt marktgerechtes Verhalten. Dienstleistungsunternehmen können ihre Existenz dauerhaft nur durch Kundennähe und Servicequalität sichern.

Deshalb hieß die erfolgreichste Markenstrategie bei der Dienstleistung Qualitätsmanagement. Da Qualitätsansprüche ebenso dem Wandel unterworfen sind wie das Verbraucherverhalten insgesamt, ist eine zielgerichtete Differenzierung des Leistungsumfangs wichtiger Bestandteil der Marketingstrategie.

Das bedeutet, daß sich das Reise- und Finanzdienstleistungsunternehmen auf eine genau definierte Kernzielgruppe konzentrieren muß, an deren Bedarf sich Leistung und Serviceniveau seiner Kartenprodukte orientieren. Traditionell besteht diese Gruppe bei American Express aus Menschen mit intensiver Reisetätigkeit, besonders ausgeprägter Mobilität und hohen Ansprüchen; sie sind durch ein relativ hohes Einkommensniveau charakterisiert. Von Anfang an hat sich das Unternehmen damit im oberen Marktsegment angesiedelt und das Ziel verfolgt, mit seiner Travel & Entertainment-Karte die persönliche Lebensqualität dieser Klientel durch Vereinfachung und Entlastung in alltäglich anfallenden Organisationsangelegenheiten im Finanz- und Reisebereich zu steigern.

Um Spitzenleistung im Dienstleistungssektor erbringen zu können, braucht man intensive Kommunikation zwischen Leistungsanbieter und Kunden, um neuartige Verbrauchererwartungen aufzunehmen und Nachfragestrukturen zu antizipieren. Ein serviceorientiertes Unternehmen ist darauf ausgerichtet, seine Zielgruppe – und letztlich den einzelnen Kunden – sehr genau zu kennen und eventuelle Schwächen seines Angebotes rasch aufzudecken, um gezielt Serviceverbesserungen vornehmen zu können. Dabei werden zunehmend hochgradig personalisierte Problemlösungen zum Maßstab für Dienstleistungsqualität. Sie erhöhen die Recovery-Fähigkeit, das heißt die Fähigkeit, Kunden zu halten, also die erfolgsentscheidende Kundenloyalität.

Voraussetzung dafür ist der ständige Dialog mit den Kunden, aber auch den Mitarbeitern im Kundenkontakt, die Kundenprobleme unmittelbar erfahren, sowie die Untersuchung von Serviceprozessen. Wenn heute, wie eine Untersuchung bei amerikanischen Unternehmen ergeben hat, nur etwa 20 Prozent des Marketing-Budgets zur

Erhaltung der Kundenloyalität ausgegeben werden, so steht dies im Gegensatz zu den Anforderungen an ein effizientes Qualitätsmanagement.

Im besonderen Bemühen um die Loyalität seiner Kernzielgruppe hat American Express vier differenzierte Loyalty-Strategien entwickelt, die darauf abzielen, wertvolle Kunden an das Unternehmen zu binden und Umsatzpotentiale besser auszuschöpfen. Im Ergebnis führt dies zu einer Kombination aus kostensenkenden Faktoren (zum Beispiel geringere Akquisitionskosten, verbesserte Operative Prozesse) und ertragssteigernden Faktoren (zum Beispiel erhöhter Karteneinsatz), schließlich zu Gewinnzuwächsen.

Die Verbesserung des Produktangebots und der Servicequalität resultiert aus solchen Feedback-Prozessen, die durch systematische Untersuchungen des Marktes und der Verbrauchererwartungen unterstützt werden.

American Express setzt diese Analyseinstrumente zur Unterstützung des Marketing regelmäßig ein. Daraus resultiert die genaue Kenntnis der Zielgruppen im oberen Marktsegment, die nicht homogen sind, sondern ausgeprägte demographische wie ideelle Unterschiede aufweisen.

Die Kenntnis dieser Unterschiede innerhalb des eigenen Marktsegments ermöglicht die zielgruppenspezifische Ausgestaltung der Leistungsinhalte. Im Laufe der Jahre wurde daraus eine Kartenfamilie mit vier verschiedenen Karten und maßgeschneiderten Leistungsprogrammen entwickelt. Mittels dieser zielgerichteten Marktdifferenzierung deckt American Express die unterschiedlichsten Wünsche und Bedürfnisse seiner Kartenmitglieder ab. Das Spektrum reicht von Standardleistungen wie etwa bargeldlosem Zahlungsverkehr oder Bargeldservice per Karte bis hin zu besonderen Lifestyle-Aspekten wie beispielsweise die Einladung der „Mitglieder“ – wie die Karteninhaber bezeichnet werden – zu exklusiven Starkonzerten oder das Arrangement einer Geschäftsreise in letzter Minute.

Die aus dieser Differenzierung entstandene Kartenfamilie umfaßt zunächst die klassische American Express Personal Card, die als die Grüne Karte bekannt ist. Die Gold Card, mit deren Einführung in den deutschen Markt im Jahr 1984 die Positionierung im oberen Marktsegment der anspruchsvollen Kunden gelungen ist, bietet Mitgliedern ein umfassendes Servicepaket. Es geht über die Basisleistungen der American Express Personal Card hinaus und enthält eine Vielzahl zusätzlicher Leistungsangebote. Die Platinum Card vervollständigt die American Express-Produktfamilie für den privaten Gebrauch. Sie hat nach der Einführung die Erwartungen an Akzeptanz deutlich übertroffen. Diese exklusive Karte ist mit Serviceleistungen für die höchsten Ansprüche ausgestattet und umfaßt zum Beispiel die Betreuung durch einen „Personal Attaché“. Die Corporate Card schließlich wurde 1992 eingeführt und bietet ein maßgeschneidertes Service-Paket für alle Firmenkunden: es ermöglicht erhebliche Entlastung bei der Abrechnung von Geschäftsreisekosten.

Mit dieser gezielten horizontalen Produktinnovation hat American Express zum einen vermieden, inkonsistente, andersgeartete Produkte anzubieten und zum anderen, sich vom oberen Marktsegment – als ausschließlich gewünschtem Kundenstamm – zu entfernen beziehungsweise in den Massenmarkt einzutreten.

Exklusivität versus Massenmarkt: Der Wandel des deutschen Kartenmarktes

Ein Massenmarkt für Kreditkarten – hier als Gattungsbegriff unabhängig von ihrem Charakter als Charge-, Debit- oder echte Kreditkarte verwendet – entstand in Deutschland erst in den achtziger Jahren. Während im davor liegenden Jahrzehnt Karteninhaber einem exklusiven, kleinen Zirkel – eben meist der Besserverdienenden – angehörten und der deutsche Kartenmarkt im mäßigen und friedlichen Wettbewerb erschlossen wurde, entbrannte vor allem in der zweiten Hälfte der achtziger Jahre jener „kriegerische Verdrängungswettbewerb“, von dem eingangs gesprochen wurde. Im Zuge der Allfinanzstrategie deutscher Geldinstitute wurden Kreditkarten als Instrument des Cross-Selling entdeckt. Verwendet als Marketing- und Akquisitionsinstrument sollten mit ihrer Hilfe neue Kundenkreise für die anderen Finanzdienstleistungen der Institute erschlossen werden. Andere Kartenemittenten wie Einzelhandelsorganisationen, Mineralölgesellschaften, Automobilclubs u.a. traten hinzu und verstärkten die Instrumentalisierung der Karte als strategisches Kampfmittel zur Kundengewinnung auf den Teilmärkten.

Für den breiten Kartenmarkt in der Bundesrepublik hatte dies weitreichende Folgen, vor allem einen erbitterten Preiskrieg und einen Wegfall der Servicekultur bei den Massenemittenten. Diese Kultur ist jedoch das Kennzeichen der exklusiven, klassischen Reise- und Bewirtungskarte geblieben, wie sie American Express verkörpert.

In Deutschland ist der Kartenmarkt noch immer ein Wachstumsmarkt. Befanden sich 1987 erst 1,6 Millionen Karten im Umlauf, so waren es 1992 bereits 7 Millionen, und es ist mit einem Zuwachs bis zu 15 Millionen weiteren Karten im Laufe des Jahrzehnts zu rechnen. Erst nach der Jahrtausendwende dürften sich Wachstumsgrenzen mit ersten Sättigungstendenzen abzeichnen.

Die Entwicklung des Kampfes um Marktanteile läßt, ungeachtet der Unterscheidung in Handels- und Hauskarten, eine deutliche Spaltung in zwei Marktbereiche erkennen. Zum einen hat sich ein Massenmarkt etabliert, auf dem mit niedrigen Nutzergebühren ohne besonderes Zielprofil Kunden akquiriert werden. Gleichzeitig wird mit marginalem Disagio eine große Zahl von Akzeptanzstellen ohne zielgruppenspezifische Ausrichtung angeworben.

Die Karte dient in diesem Marktbereich im wesentlichen als bargeldloses Zahlungsinstrument, während zusätzliche Serviceangebote in der Regel nicht über weitere Finanzdienstleistungen hinausreichen.

Zum anderen steht dem Massenmarkt das obere Marktsegment mit seinem definierten Kundenkreis gegenüber. Der Kundenkreis dieses Segments zeichnet sich durch ein höheres Einkommen, ausgeprägten Lebensstil und entsprechendes Konsumverhalten aus.

Das umfangreiche Finanzdienstleistungs- und Serviceangebot ist auf die Interessen und Bedürfnisse seiner spezifischen Klientel zugeschnitten und mit einer entsprechend höheren Nutzergebühr verbunden. Die Akzeptanzstellen für diese Karte sind zielgruppenspezifisch ausgewählt und gehören in die Erlebniswelt des Karteninhabers, das heißt in seine Reise-, Konsum- und Dienstleistungspräferenzen.

Vermutlich läuft diese Entwicklung der starken Marktsegmentierung darauf hinaus, daß die Karten der Massenemittenten zu austauschbaren No-Names degenerieren, die für jeden Minimaleinkauf eingesetzt werden. In Verbindung mit ruinös niedrigen Nutzergebühren und geringem Disagio wird dies die Rechnungsabwicklung erheblich verteuern. Auf die Dauer dürfte sich also der Wettbewerb der Massenemittenten über Dumping-Preise kaum durchhalten lassen, selbst wenn im Zuge von inflationär betriebenen Co-Branding-Strategien die Verluste mit möglichen Zugewinnen auf anderen Geschäftsfeldern bis zu einem gewissen Grad noch ausgeglichen werden können. Die Tendenz zeigt sich bereits: Auch im Massenmarkt ziehen die Preise für Basiskarten an. Man versucht, durch ein abgestuftes Kartenangebot mit höheren Gebühren sowie verschiedenen Serviceleistungen finanziellen Verlusten, die man in der frühen Phase des Kampfes um Marktanteile noch in Kauf genommen hatte, entgegenzuwirken.

Qualitätswettbewerb statt Preiswettbewerb

Die Entwicklung des Massenmarkts für Karten ist für alle Karten im Wettbewerb eine besondere Herausforderung. Konsumenten prüfen kritisch das Preis- Leistungsverhältnis und den Nutzen, den sie aus dem angebotenen Leistungsumfang ziehen können. Diesem Test müssen sich alle Anbieter, ob im oberen Marktsegment oder im Massenmarkt, in gleicher Weise stellen.

Je mehr neue Kartenprodukte mit sehr unterschiedlichen und zum Teil kaum noch vergleichbaren Leistungsprofilen auf den Markt traten, desto mehr verloren die jeweiligen Zielgruppen an Konturen, im Massenmarkt an Bedeutung. Auf dieser Basis sind im Massenmarkt wenig Bindungen zwischen Anbietern und Kunden gewachsen. Am oberen Ende des Marktes, wo nicht der Preis, sondern Produkt- und Servicequalität entscheidende Auswahlkriterien sind, ist diese Bindung ausgesprochen eng. Kundenloyalität beruht auf einem zuverlässigen, hohen Standard an Servicequalität, die über Qualitätswettbewerb zu sichern ist. Der Preiswettbewerb spielt im oberen Marktsegment eine untergeordnete Rolle. Schließlich wird die Kundenakzeptanz eines Markenprodukts nicht vom Preis bestimmt, sondern von der Preiswürdigkeit des Angebots.

Zwingen die Marktverhältnisse zu Preisanpassungen – wie sie auch American Express in letzter Zeit beim Disagio vorgenommen hat –, so suchte das Unternehmen den Ausgleich hier nicht über „verbilligte" Qualität, sondern in aller Konsequenz mit Hilfe anderer Mittel (zum Beispiel Rationalisierung von Prozeßabläufen, Erhöhung der Mitarbeiterproduktivität, exaktere Zielgruppendefinition, weitergehende Segmentierung u.a.) zu schaffen. Der „Abstieg" in die Riege der vergleichbaren Produkte und Services würde den Verlust der Markenqualität bedeuten, die gerade vom anspruchsvolleren Kunden gern bezahlt wird.

Insbesondere in einer solchen Situation müssen also Dienstleistungsmarketing und Qualitätsmanagement eine noch engere symbiotische Verbindung eingehen. Dabei geht die Markt- und Kundenorientierung bei American Express so weit, daß die Identifikation mit dem Kunden zum Handlungsprimat wird: Die Übereinstimmung von Kultur und Leistungen des Unternehmens mit den Werten und Erwartungen seiner Kunden. Voraussetzung hierfür ist die perfekte Kenntnis der Zielmärkte beziehungsweise der Zielgruppen des Unternehmens.

Marktführerschaft durch Produktinnovation: Die Corporate Card

Die achtziger Jahre waren für Finanz- und Reisedienstleister ein Jahrzehnt gegenläufiger Entwicklungstendenzen. Es setzte der beschriebene kriegerische Verdrängungswettbewerb ein, in den zahlreiche neue Mitbewerber antraten, mit Dumping-Preisen den Markt zu erobern, und mittels scharfer Preispolitik alle Anbieter zur Rechtfertigung ihrer Preise zwangen. Die Exklusivität des Kartenbesitzes, die noch bis in die achtziger Jahre ein Charakteristikum des Markenprodukts Karte war, ging verloren. Dieser Entwicklung wurde – wie dargelegt – durch dezidiertes Qualitätsmanagement entgegengewirkt.

Gleichzeitig wuchs die Welt durch eine überraschende Explosion der internationalen Reisetätigkeit zusammen, besonders auch im Bereich der Geschäftsreisen. Dieser Entwicklung hat offensichtlich der internationale Fortschritt der Telekommunikation – einschließlich des zunehmenden Aufkommens von Videokonferenzen – nicht entgegengewirkt. Marktanalysen ermittelten ein rasantes Anwachsen der Geschäftsreise- und Spesenkosten im Unternehmensbereich.

Lag das Reise- und Bewirtungsvolumen 1982 weltweit bei ca. U$ 70 Milliarden, so betrug es 1990 bereits U$ 115 Milliarden und wurde nach einem neuerlichen Wachstumssprung Ende 1992 auf U$ 320 Milliarden geschätzt. Selbst weltweite Rezession und Golfkrieg bremsten diesen Trend, dessen Fortsetzung erwartet wird, nicht. Bis zum Jahr 2000 rechnet man mit einem Wachstum auf U$ 800 Milliarden.

Aus der Sicht eines Anbieters von Finanz- und Reisedienstleistungen aus einer Hand ist der interessanteste Gesichtspunkt dieser Entwicklung die Tatsache, daß noch heute rund 50 Prozent der Travel & Entertainment-Ausgaben per Rechnung, Scheck oder Bargeld beglichen werden. Damit eröffnet sich ein Marktsegment, das von American Express ansatzweise erschlossen, aber keineswegs penetriert worden ist.

Weiterreichende Marktstudien ergaben, daß der Anteil an Reise- und Bewirtungskosten der Unternehmen pro Angestellter 1992 47 Prozent höher lag als noch 1990. Neun von zehn deutschen Unternehmen befürchten außerdem einen zu den Einnahmen proportionalen oder sogar überproportionalen Anstieg der Reisekosten. Sie gehören zu den größten Kostenfaktoren für Unternehmen und sind nach den Personalkosten sowie den Kosten für die Datenverarbeitung der drittgrößte kontrollierbare Kostenfaktor im Betrieb.

Produktinnovationen, die aus dem Markt stammen beziehungsweise aus den Markterfahrungen und der gewonnenen Erkenntnis von Bedürfnissen und Bedarf, haben erfahrungsgemäß eine größere Chance auf Erfolg als jene, die am grünen Tisch oder in der F&E-Abteilung entwickelt wurden. Vor dem Hintergrund der Marktentwicklung, der durch jahrzehntelange Marktpräsenz und Kundenpflege gewonnenen Erfahrung sowie der Ergebnisse der kontinuierlich betriebenen Marktuntersuchungen stellte sich für American Express das Chancen-Kosten-Dilemma der Innovation nicht.

In logischer Weiterentwicklung der Idee der Kreditkarte als Zahlungsmittel für Vielreisende und Geschäftsleute entwickelte American Express eine Firmenkreditkarte, die American Express Corporate Card. Im September 1990 eingeführt, gelang es, als Pionier in den Markt einzutreten. Das heißt, die Karte war auf dem Markt bereits verfügbar, als der rasante Anstieg der Geschäftsreisekosten sich anschickte, noch einmal über die Erwartungen hinaus zu wachsen. Es zeigte sich, daß der Zeitpunkt des Markteinstiegs von strategischer Bedeutung ist. Mitbewerber folgten bereits nach einem knappen Jahr. Schon 1992 waren in Deutschland von 6 Millionen Kreditkarten 20 Prozent Firmenkarten. Jedoch noch immer läuft das Gros der Reiseumsätze an den Kartenemittenten vorbei, nach wie vor besteht ein großer Wachstumsmarkt.

Die von American Express angebotene Corporate Card bietet Unternehmen einen strategischen Ansatz zur Kontrolle der Reisekosten durch einen externen Dienstleister. Die Möglichkeit, das Reisekostenwesen außer Haus abwickeln zu lassen, kommt der Suche vieler Unternehmen nach „schlanken" Strukturen entgegen. Existierende Sparpotentiale können durch Kostentransparenz und Kontrollbündelung aufgedeckt werden. Monatliche Reports dokumentieren die Ausgaben, je nach Firmenbedarf zusammengefaßt nach Karteninhabern, Kostenstellen, Kostenarten, nach Vertragspartnern oder auch nach Ländern. Der von American Express angebotene Travel Management Service bietet dem Unternehmen die

Übernahme des gesamten Reisekostenvorschußwesens an. Dies funktioniert so, daß der reisende Mitarbeiter einen Vorschuß aus der Firmenkasse erhält und sein Firmenkreditkarten-Konto in der Höhe des Betrages belastet wird.

Wie eine „normale“ Akzeptanzstelle reicht der Betrieb den Beleg bei der Kartengesellschaft ein und erhält die Zahlung nach vier Wochen. Der Kartenemittent übernimmt dann das Inkasso der an den Mitarbeiter ausgezahlten Vorschüsse. Das Unternehmen muß also nicht mehr eine Vielzahl von Barvorschüssen und auftretenden Differenzen verfolgen. Statt dessen fällt für die Rückzahlung der Vorschüsse nur noch einmal monatlich ein Buchungsvorgang mit der Kartengesellschaft an. Das Vorschußwesen wird kalkulierbar, Verwaltungs- und Zinskosten werden gesenkt, und die Höhe der gezogenen Vorschüsse kann unter beliebigen Gesichtspunkten, beispielsweise der Abteilungen, verglichen werden.

Entsprechend der klassischen Produktphilosophie des Kartenemittenten, bietet diese Firmenkarte nicht nur ein Finanzdienstleistungsangebot, sondern ebenso den Zugriff auf ein weltweites Netz von Reisebüros über die integrierten Reise-Management-Services. Die Reisebüros des Kartenemittenten arrangieren Dienstreisen, buchen Flüge und Mietwagen und können durch die Bündelung der Buchungen spezielle Firmenkonditionen und zweistellige Rabattbeträge aushandeln. Das erlaubt Unternehmen jeder Größenordnung, Sparpotentiale aufzudecken, mit den Reiseunternehmen und Hotels noch bessere Konditionen auszuhandeln und genauere Budgetpläne zu erstellen.

Das umfassende Angebot an Finanz- und Reisedienstleistungen, das den Unternehmen über die Firmenkarte von American Express angeboten wird, steht im Markt außer Konkurrenz. In Deutschland, wo derzeit 36 Prozent der Unternehmen Firmenkreditkarten nutzen, entschieden sich bereits rund 60 Prozent für American Express.

Der Markt ist noch immer ein Wachstumsmarkt, in Deutschland und international. Das 1992 veröffentlichte Ergebnis einer Umfrage von American Express unter 300 Führungskräften in Deutschland, Großbritannien und Spanien zum Thema Business Card belegt die außerordentliche Wertschätzung der Firmenkarte. Besonders hervorgehoben wurde der Vorteil, Reisekosten nicht mehr selbst vorstrecken zu müssen, sowie die Vereinfachung des Abrechnungssystems durch den Wegfall unzähliger Einzelbelege. Die Befragungen, die American Express in regelmäßigen Abständen bei europäischen Unternehmen durchführt, ergaben außerdem, daß ein erhebliches Potential für das Kreditkartengeschäft auf dem Sektor Travel & Entertainment besteht. Daher ist der Ausbau der Travel Management Services Teil einer europa- und weltweiten Marktdurchdringungsstrategie.

Der Weg zur Spitzenleistung

Erfolgreiche Produkte am Markt können nur solche Güter sein, die sich dauerhaft durch Qualität auszeichnen und mit einem zureichenden Maß an Innovation verbunden sind. Nur die marktgerechte Produktbetreuung und Kundenpflege durch den Anbieter beziehungsweise Hersteller sichert dem Produkt Lebensdauer und erlaubt dauerhaft die Positionierung als Marke. Bezieht man die Erfolgsdeterminanten nach Cooper in das Lebenszyklustheorem ein, so spielen überragende Leistung, genaue Marktkenntnisse und Marketing Know-how, Technische Synergien und Wachstumsmärkte eine wichtige Rolle, wenn es um Marktanbindung geht oder um die Erfolgsstory eines internationalen Finanz- und Reisedienstleisters.

Beim Blick auf den Fall American Express fällt auf, daß das Unternehmen im Unternehmensbereich Travel Related Services (mit Traveller-Schecks, American Express Karten und Reisebüros) über Jahrzehnte seinem Kerngeschäft treu geblieben ist. Die Produktpalette wurde horizontal erweitert, in logischer Fortentwicklung der Grundidee, Finanz- und Reisedienstleistungen für Vielreisende und Geschäftsleute anzubieten. Diese Innovationen wurden durch systematische Untersuchungen der Märkte sowie des Verhaltens und der Bedürfnisse der eigenen Zielgruppe vorbereitet.

Dabei verfolgte man ebenso aufmerksam die Ausdifferenzierung der angestammten Zielgruppe wie den Werte- und Konsumwandel in der Gesellschaft. Auf der Seite des Leistungserbringers akzeptierte man immer die Herausforderung, für Spitzenleistungen permanent im Wettbewerb mit sich selbst stehen zu müssen, um einen gleichmäßig hohen Servicestandard immer und überall gewährleisten zu können. Servicequalität erweist sich bei der Dienstleistung als die beste Markenstrategie.

Literatur

Albach, H. (1989): Dienstleistungen in der modernen Industriegesellschaft, München 1989

Aumüller, J.: Entwicklungstendenzen des Markenartikels aus Sicht der Praxis, in: Handbuch des Markenartikels (im Erscheinen)

Bauer, H./Müller, W. (1992): Integratives Dienstleistungsmarketing im Automobilhandel, Marketing-Forschung: Dienstleistungsmarketing, Teil 1, in: *Absatzwirtschaft* 11/1992

Berry, L./Parasuraman, A. (1992): Service Marketing. Wettbewerbsvorsprung durch erstklassige Qualität, Frankfurt/Main et al. 1992

Bruhn, M./Strauss, B. (Hrsg.) (1991): Dienstleistungsqualität, Konzepte – Methoden – Erfahrungen, Wiesbaden 1991

Heskett, J.L./Sasser, W.E./Hart, Ch.W. (1991): Bahnbrechender Service, Standard für den Wettbewerb von morgen, Frankfurt/Main et al. 1991

Arthur D. Little International (Hrsg.) (1986): Management der Geschäfte von morgen, Wiesbaden 1986

Liswood, L.A. (1990): Serving them right, Innovative and powerful customer retention strategies, New York 1990

Simon, H. (1988): Management strategischer Wettbewerbsvorteile, in: *Zeitschrift für Betriebswirtschaft* 4/1988

Tietz, B. (1990): Marketing rückt ins Zentrum, in: *Absatzwirtschaft* Sondernummer Oktober 1990

Hans-Peter Nottrodt, Jahrgang 1950, studierte in Frankfurt und promovierte dort 1977 in Experimenteller Kernphysik. Anschließend wurde er Entwicklungsingenieur bei der Carl Schenck AG. Er arbeitete auf den Gebieten der Werkstoffprüfung, Betriebslastensimulation und Kontinuierliche Wäge- und Dosiertechnik. Von 1987 bis 1990 übernahm er die weltweite Verantwortung für den Geschäftsbereich Schwingungsmeßtechnik – Maschinenüberwachung. Seit 1990 ist er Mitglied des Vorstandes der Carl Schenck AG und für mehrere Geschäftsbereiche sowie den Zentralbereich F&E verantwortlich.

Wolfgang Monzert, Jahrgang 1959, trat nach seinem Studium des Wirtschaftsingenieurwesens an der TH Darmstadt 1986 bei der Carl Schenck AG in Darmstadt als Referent für Marketing ein. Nach anderthalbjähriger Mitarbeit bei einem englischen Tochterunternehmen wurde er 1991 zum Leiter der Marketing-Abteilung im Geschäftsbereich „Industrielle Wäge- und Automatisierungstechnik" der Carl Schenck AG ernannt.

Der Europass – eine originelle Markteinführung in der Wäge- und Automatisierungstechnik

von Hans-Peter Nottrodt und Wolfgang Monzert

Was wäre die Ware ohne Gewicht, was die Fertigung ohne Förderung, was die Technik ohne Prüfung?

Wägen, Fördern, Prüfen und Auswuchten gehören zu den Grundlagen der modernen Industrie. Die Technik auf diesen Gebieten hat sich in den letzten 100 Jahren sprunghaft entwickelt. Seit seiner Gründung im Jahr 1881 hat SCHENCK die Entwicklung der eingesetzten Technologien maßgeblich bestimmt.

Die Carl Schenk AG

Heute ist die CARL SCHENCK AG ein internationales Unternehmen mit Fertigungsstätten, Tochtergesellschaften und Vertretungen in mehr als 80 Ländern, das mit über 7000 Mitarbeitern – davon mehr als 1000 Ingenieuren – weltweit zu den führenden Unternehmen, der Wäge-, Förder-, Prüf- und Auswuchttechnik zählt.

Oberste Unternehmensleitlinie ist der Anspruch, die entscheidenden Dinge besser zu machen als andere. Ziel ist, auf allen Tätigkeitsfeldern technologische Spitzenleistungen anzubieten und auf wichtigen Märkten eine führende Rolle einzunehmen.

SCHENCK ist in strategische Geschäftseinheiten organisiert, die – unterstützt von sogenanten Zentralbereichen – die Entwicklung und Vermarktung ihrer Produkte mit eigener Ergebnisverantwortung betreiben.

Die Geschäftseinheit „Industrielle Wäge- und Automatisierungstechnik" liefert für alle Teilaufgaben eines modernen Wäge- und Automatisierungssystems – sei es in der Produktion, in der Weiterverarbeitung oder im betrieblichen Transport von Gütern – komplette Produkte zur Gewichtsbestimmung, Betriebsdatenverarbei-

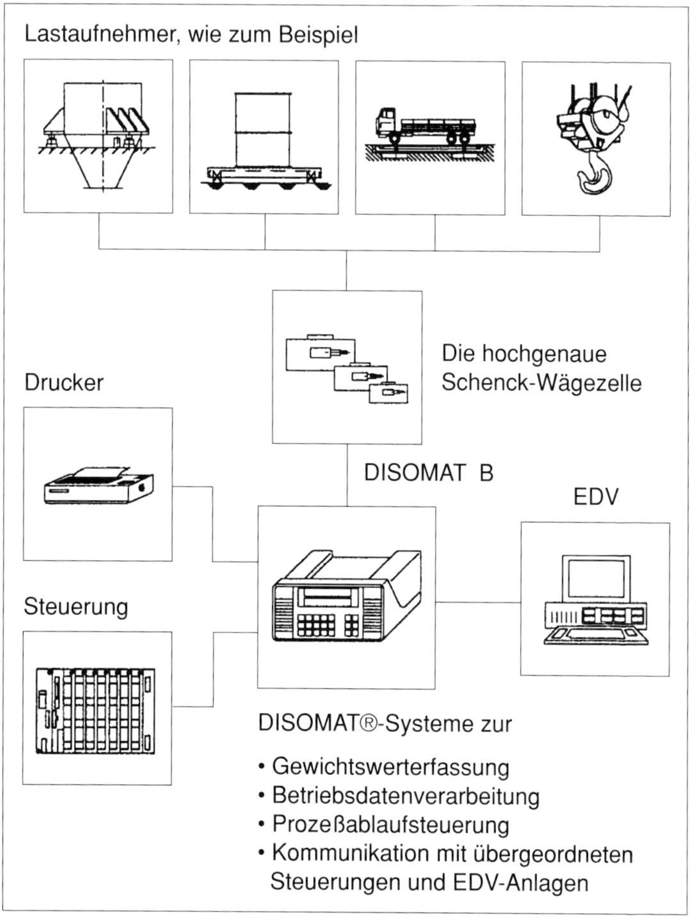

Abbildung 34: Baugruppen der SCHENCK-Wäge- und Automatisierungs-Systeme

tung, Prozeßsteuerung, bestehend aus aufeinander abgestimmter Mechanik, Elektrik und Software.

Fahrzeugwaagen, Kranwaagen, Behälterwaagen, Wägeeinrichtungen in Fahrzeugen und Maschinen oder Abfüllsysteme sind typische Produkte dieser Geschäftseinheit. Den prinzipiellen Aufbau eines modernen industriellen Wägesystems veranschaulicht Abbildung 34.

Das meßtechnische Kernelement eines industriellen Wägesystems stellt die hochgenaue und robuste Ringtorsionswägezelle dar. Eingebaut unter einem Lastaufnehmer liefert sie eine Ausgangsspannung, deren Verhältnis zur aufgelegten Masse direkt proportional ist. Das analoge Meßsignal wird im elektronischen Auswertegerät DISOMAT® digitalisiert und dann verwendet um

- das Gewicht auf einer Anzeige darzustellen und über einen Drucker auszugeben sowie
- mit übergeordneten Prozeßleitsystemen und DV-Anlagen zu kommunizieren.

Auswertegeräte des Typs DISOMAT, versehen mit modernen, leistungsstarken Mikrocontrollern sind darüber hinaus in der Lage, eigenständige Datenerfassungs- und Datenverarbeitungs- sowie Steuerungsfunktionen zu übernehmen.

Die Nachfrager dieser Produkte sind endverbrauchende Anwender in nahezu allen industriellen Branchen sowie OEM (Original Equipment Manufacturer) und kleinere Waagenbaufirmen.

Im europäischen Markt für industrielle Wäge- und Automatisierungstechnik nimmt SCHENCK eine führende Position ein.

Erfolgsfaktoren im Markt für industrielle Wäge- und Automatisierungssysteme

Folgende Elemente sind Schlüsselfaktoren für den Erfolg der Geschäftseinheit:

- *Ein kundennaher Direktvertrieb, der sich sowohl mit den eigenen Produkten, als auch mit den Arbeitsprozessen seiner Kunden gut auskennt.*

  Investitionsgüter werden „von Mensch zu Mensch" verkauft. Je komplexer die Produkte sind, um so wichtiger wird die vertrauensvolle Beziehung zwischen Käufer und Verkäufer. SCHENCK setzt im Außendienst technisch versierte Verkäufer ein, die in der Lage sind, die Probleme ihrer Kunden technisch zu durchdringen und sie den Kollegen im Stammhaus derart zu „übersetzen", daß dort kurzfristig ein qualifiziertes Angebot erstellt werden kann, in dem der Kunde seine Aufgabenstellung wiedererkennt. Im engen Kontakt mit dem Kunden lernt der Vertrieb viel über die sich wandelnden Kundenbedürfnisse. Diese wichtigen Erkenntnisse fließen direkt in die eigene Produktentwicklung ein.

- *Produkte, deren Funktionalität und Qualität im Wettbewerb eine führende Position belegen.*

  Im Produktionsprozeß der Kunden eingesetzt, übernehmen Wägesysteme von SCHENCK wichtige Meßaufgaben. Sie sind die Basis für vielfältige Steuerungs- und Regelungsvorgänge. Ausfallzeiten in der Wägetechnik haben direkte Auswirkungen auf die Produktivität der Kundenprozesse. Daher werden wägetechnische Systeme vor der Auslieferung an den Kunden im SCHENCK-Prüffeld aufgebaut und im kompletten Funktionsumfang durchgeprüft, so daß nur fehlerfreie Anlagen zur Auslieferung gelangen.

- *Engineering- und Fertigungskapazitäten, die die Produkte kundenspezifisch anpassen können.*

  Mechanische und elektrische Komponenten eines modernen Wägesystems werden als flexible Standardmodule gefertigt. Die dem Vertrieb nachgelagerten Konstruktionsabteilungen definieren durch kundenspezifische Softwareanpassung beziehungsweise -neuerstellung das fertige Produkt, das dadurch auf die individuellen Kundenbedürfnisse abgestimmt ist. Entsprechend ist die SCHENCKsche Fertigung organisiert: Ihre Stärke liegt in der flexiblen Klein- und Einzelfertigung mechanischer und elektrischer Komponenten.

- *Eine gut ausgebildete Service- und Montagetruppe mit schnellen Reaktionszeiten.*

  Beim Kauf von komplexeren Systemen wird das Angebot auf eine fachgerechte Montage in der Regel gerne angenommen. Aufgrund wachsender Personalkosten reduzieren derzeit immer mehr Unternehmen das eigene Wartungspersonal und greifen statt dessen auf den Service ihrer Lieferanten zurück. Für diese Kunden hält SCHENCK ein differenziertes Angebot an Wartungsverträgen bereit. Die Schnelligkeit im Service ist unser Trumpf, insbesondere dann, wenn aufgrund eines Fehlers in der wägetechnischen Anlage der gesamte Produktionsprozeß beeinträchtigt wird. SCHENCK bietet einen 24-Stunden-Service an. Die Servicemannschaft ist dezentral organisiert und flächendeckend über Europa verteilt.

1991: Die Herausforderung

1991 sah sich SCHENCK mit mehreren Tatsachen konfrontiert:

- Drei Geräte am unteren Rande der Leistungsskala näherten sich dem Ende ihres Lebenszyklus. Neue Geräte mußten entwickelt werden.
- Es war erkennbar, daß die Einführung des europäischen Binnenmarktes 1993 gravierende Auswirkungen auf die Hersteller von Wägesystemen haben würde. Die nationalen Eichbestimmungen sollten harmonisiert werden, um zum ersten Mal eine europaweit einheitliche Eichgesetzgebung zu erreichen.
- Es zeichnete sich ab, daß Qualitätssicherungssysteme, zertifiziert nach ISO 9000, europaweit große Bedeutung in der Dokumentation der Qualität von Produkten und Dienstleistungen erlangen würden.

Ende 1991 wurde der Startschuß zu einer Geräteentwicklung gegeben, die dem europäischen Binnenmarkt Anfang '93 ein topmodernes, in seiner Leistungsklasse neue Maßstäbe setzendes Produkt präsentieren sollte. Parallel hierzu wurde der Aufbau eines Qualitätssicherungssystems nach DIN ISO 9001 betrieben.

Zur Produktentwicklung fand sich ein interdisziplinäres, internationales Team aus Mitarbeitern der Funktionsbereiche Marketing, Vertrieb, Konstruktion und Entwicklung zusammen. Für das Lastenheft wurden die Anforderungen unterschiedlicher Marktsegmente gesammelt, in enger Abstimmung mit den europäischen Tochtergesellschaften und ausgewählten Kunden. Die Marktpositionierung des neuen Gerätes wurde definiert und seine Funktion festgelegt.

Das gleiche Team, ergänzt durch Mitarbeiter aus der technischen Dokumentation, erarbeitete auch das Pflichtenheft, in dem die Eigenschaften des Gerätes detailliert spezifiziert sowie ein Aktivitätenplan für die Erstellung der Hard- und Software und des Handbuches aufgestellt wurde.

Waagenterminal DISOMAT B

Für die Vermarktung entstand ein eigenständiges Kommunikationskonzept, in dem beschrieben wurde, wie unterschiedliche Marktsegmente differenziert beworben werden sollten.

Die Spanne der Kommunikationsmaßnahmen reichte von persönlicher Präsentation bei Großkunden und unterschiedlichen Mailingaktionen bei mehreren homogenen Zielgruppen bis hin zur Breitenwerbung mittels Pressemitteilungen und Anzeigen in Fachzeitschriften.

Die „Gretchenfrage" für sämtliche Kommunikationsmaßnahmen war die nach der Werbebotschaft.

Zum besseren Verständnis der weiteren Ausführungen hier die Darstellung einiger Highlights des neuen Gerätes, das mittlerweile seinen Namen hat:

„Waagenterminal DISOMAT®B" (B = Basisgerät)

- *Multifunktionalität:*

Sechs unterschiedliche Waagentypen können mit diesem Terminal bedient werden. Den am Gerät vorhandenen Funktionstasten werden durch die Auswahl des Waagentyps unterschiedliche Funktionen zugeordnet. Sämtliche Software ist im Eprom abgelegt. Eine weitergehende, auftragsbezogene Softwareprogrammierung findet nicht statt.

- *Mehrsprachigkeit:*

Der Bediener kann sich per Knopfdruck den Bediendialog in deutsch, englisch, französisch, italienisch oder spanisch auswählen.

- *Flexibilität:*

Sechs Gehäusevarianten gewährleisten, daß das Gerät in jeder industriellen Umgebung eingesetzt werden kann.

- *Systemfähigkeit:*

Serielle, binäre und analoge Schnittstellen ermöglichen die Integration in kundeneigene Systeme.

- *Eichfähigkeit:*

Nach der neuen Europanorm für nicht selbsttätige Waagen.

Zurück zur „Gretchenfrage" der Werbung: mit welcher Message, mit welcher Kernbotschaft sollte das Gerät dem Markt vorgestellt werden?

Das erste „A" der bekannten AIDA-Formel macht die Aufgabenstellung deutlich: Wie weckt man Aufmerksamkeit für ein Instrument, dem man seine Leistungsfähigkeit nicht ansieht?

In Fachzeitschriften findet man eine Vielzahl von Anzeigen und Produktbeschreibungen neuer Instrumente, die sich äußerlich nur geringfügig unterscheiden. Wie kann man verhindern, daß der Leser die Anzeige unter der Rubrik „ein weiteres neues Instrument" einordnet und geflissentlich übersieht?

Das neue Produkt vereinigte zwar eine Vielzahl von interessanten technischen Merkmalen in sich, jedoch kein einziges, das als dominierende und herausragende Eigenschaft erfolgreich zu propagieren wäre. Es war die Summe aller Vorteile, die dem DISOMAT B eine überlegene Marktposition verschaffen sollte.

Der Europass

Wie vermarktet man Funktionalität – mit einer Werbekampagne, die im gesamten europäischen Zielmarkt Erfolg verspricht? Mit dieser Aufgabenstellung wurde ein Wettbewerb unter Werbeagenturen ausgelobt.

Den Zuschlag bekam das *„Europa – Europass"-Konzept.*

Das „A" der AIDA-Formel, die Aufmerksamkeit der Zielpersonen wurde durch die Kreation des „Europass" bewirkt.

Der Europass hat das Format einer Kreditkarte. Die Vorderseite zeigt den DISOMAT B, im Hintergrund die Europaflagge. Zusammen mit der Nennung von wichtigen europäischen Normen und Prüfinstanzen wird die Assoziation „ein Gerät für Europa, für den europäischen Markt" geweckt.

Auf der Rückseite finden sich unter der Überschrift „Sales & Service Hot Lines" die Telefonnummern der europäischen SCHENCK-Töchter und -Vertretungen. Die Assoziation hierbei: „ein europäisches Unternehmen".

Die Schlüsselaussage für die Werbekampagne ist:

DISOMAT B. Der erste mit Europass.

Der Europass war der Eye-Catcher für alle folgenden Kommunikationsmaßnahmen wie Anzeigenwerbung, Direct-Mail, Messen.

In der Anzeigengestaltung dominiert das Bild-Motiv: „DISOMAT B mit Europass". Die Headline verbindet die Schlüsselaussage „DISOMAT B. Der erste mit Europass" mit jeweils einem konkreten Merkmal, wie

- „Accepted all over Europe“.
- „Die spielt mehr ein als jede Kreditkarte“.
- „Die Garantie für mehr Funktionen“.

In einem kurzen Text werden die Haupteigenschaften des DISOMAT B erläutert.

Die Anzeigenaktion begann im September 1992 und läuft europaweit etwa ein Jahr in allen relevanten Fachzeitschriften. So soll eine breite Aufmerksamkeit beim Zielpublikum bewirkt werden.

Um die Werbebotschaft zu verdichten, werden parallel zur Anzeigenkampagne einzelne Zielgruppen direkt per Werbebrief angesprochen. Auch in den Briefen findet sich die Aussage „DISOMAT B. Der erste mit Europass“ wieder. Im Gegensatz zu den Anzeigen, die visuelle Aufmerksamkeit erregen sollen, werden in den Briefen die zielgruppenrelevanten Funktionen und Nutzenmerkmale des DISOMAT B verbal herausgestellt. Begleitet wird der Brief von einem Prospekt, der auf der Titelseite das Anzeigenmotiv trägt und von einem Europass, der aufgrund großer Stückzahl weniger als DM 2 kostete.

In den Markt eingeführt wurde der DISOMAT B im Oktober ’92 auf der INTERKAMA, der weltweit größten Messe für Automatisierungstechnik in Düsseldorf.

Für das Marketing bedeutete diese Messe einen großen Endspurt. Nachdem schließlich drei Tage vor Messebeginn eine Ladung von ein paar tausend Europässen direkt aus Südkorea in Düsseldorf eingeflogen und zwei Tage vor Messebeginn die offizielle Eichzulassung durch die Physikalisch-Technische Bundesanstalt ausgesprochen worden war, stand einer erfolgreichen Messepräsentation nichts mehr im Wege.

Der DISOMAT B wurde an exponierter Stelle aufgestellt. Die Europässe, die als Messe-Gag einen Temperatur-Fühler enthielten, der das augenblickliche Streßniveau des Betrachters anzeigt, wurden großzügig verteilt. Viele Standbesucher wurden als Werbeträger gewonnen, indem sie ihre gesammelten Prospekte gerne in die angebotene Stoff-Tragetasche packten, die beidseitig mit dem Europass-Motiv bedruckt waren.

Diese Art der Werbung erregte die gewünschte Aufmerksamkeit. Sie hob sich ab von der „normalen", oft langweiligen und eintönigen Investitionsgüterwerbung. Man schaute hin und fragte: „Was ist denn damit gemeint?".

Um die Botschaft durchgängig zu penetrieren, wird der Europass in der Markteinführungsphase den jeweiligen Angeboten beigelegt. Auch dem Vertriebs-Außendienst ist der Europass ein willkommener Give-Away-Artikel, den er seinem Gesprächspartner zur Erinnerung überläßt.

Nach einem halben Jahr Markteinführungsphase ist SCHENCK mit dem Erfolg der Kampagne zufrieden. Die geplanten Verkaufszahlen werden übertroffen. Der Europass hat seinen Teil dazu beigetragen. Vielleicht kommt SCHENCK bei der Einführung des nächsten Produktes wieder darauf zurück. Als Headline bietet sich an: *„... – natürlich mit Europass."*

Bernd Bremora, Jahrgang 1955, war nach seiner Ausbildung zum Groß- und Außenhandelskaufmann in verschiedenen Unternehmen der Textilbranche tätig. 1987 trat er als Zentraleinkäufer und Produktmanager für „Junge Mode" dem Hertie Konzern bei. Er entwickelte die „Trend-Company" Idee und ist für die Umsetzung verantwortlich. Seit 1991 ist er stellvertretender Einkaufsdirektor für Textilien.

Stefan Thöne, Jahrgang 1968, studierte in Verbindung mit der HERTIE GmbH an der Berufsakademie Lörrach Wirtschaftswissenschaften im Fachbereich Handel. Seine Diplomarbeit befaßte sich mit der Analyse der „Trend-Company". Seit August 1992 ist er Mitarbeiter im Projektteam „Integrationstest-Optimierung Warenwirtschaft".

Stefanie Müller-Liebig, Jahrgang 1967, studierte in Verbindung mit der HERTIE GmbH in Lörrach Wirtschaftswissenschaften im Fachbereich Handel. Seit August 1992 ist sie im Projektteam „Interationstest-Optimierung Warenwirtschaft" im Einsatz und begann im April 1993 eine Weiterbildung zur Einkäuferin/Abteilungsleiterin.

HERTIE – Die Trend-Company als Kronjuwel

Eine Symbiose aus Marke und Eigenmarke

von Bernd Bremora, Stefan Thöne und Stefanie Müller-Liebig

Der HERTIE-Konzern blickt auf eine über 110 Jahre lange Geschichte voll Innovation und Initiative zurück. Einst als Einzelhandelsgeschäft „HERmann TIEtz" am 1. März 1882 in Gera gegründet, stieg der HERTIE-Konzern zum drittgrößten Warenhaus Deutschlands auf.

Im Gegensatz zu den anderen Warenhauskonzernen hat es der HERTIE-Konzern bis heute geschafft, gemäß dem HERTIE Unternehmensgrundsatz – „Selbständigkeit und Unabhängigkeit" – in Form einer GmbH mit Stiftungscharakter, zu bestehen.

Nicht weniger beeindruckend ist, daß der Konzern auch in wirtschaftlich schwierigen Zeiten voll auf das Warenhaus setzt und noch immer 75 Prozent des Konzernumsatzes in diesem Geschäftsbereich erzielt. Bei den anderen Warenhauskonzernen ist die Quote durch deren Diversifikationsstrategien erheblich geringer.

Durch den neuen ostdeutschen Markt und den Erwerb weiterer Kaufhäuser ergeben sich neue Herausforderungen, die weitere Wachstumschancen eröffnen. Ziel wird es sein, ein modernes, kundenorientiertes Warenhaus zu schaffen, das auch logistischen Anforderungen gerecht wird. Das Stichwort heißt „Erlebniskauf".

Daß HERTIE bereit ist, sich dem veränderten Kundenbewußtsein zu stellen, beweist u.a. die moderne und von Anfang an erfolgreiche Jeans- und Young-Fashion Konzeption der „Trend-Company",

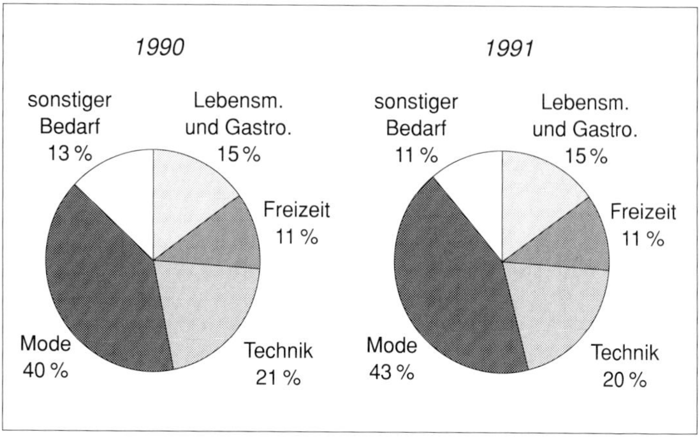

Abbildung 35: Sortimentsstruktur (bezogen auf den Konzernumsatz)

deren Erfolgsfaktoren im folgenden vorgestellt werden sollen. Es ist eine dynamische Konzeption. Der Kern steht fest, aber bestimmte Bausteine sind sehr flexibel, so daß ständig die neuesten Entwicklungen und Trends berücksichtigt werden können.

Tabelle 3: HERTIE-Konzernkennzahlen von 1989–1991

	1989	*1990*	*1991*
Bruttoumsatz (Mio. DM)	6178	6669	6761
Filialen (Anzahl)	309	267	274
Umsatzleistung pro qm-Verkaufsfläche (DM)	6790	7393	7929
Umsatzleistung pro Vollbeschäftigter (DM)	243000	267000	272000

Gemäß der Unternehmensaussage „Gut ist uns nicht gut genug", versucht das „Trend-Company"-Team aus der Zentrale und den Häusern, ständig auf die Wünsche der Kunden zu reagieren und es jeden Tag etwas besser zu machen. Nur so wird das Unternehmen „Trend-Company" am Markt bestehen bleiben können. Gerade im Warenhaus der Zukunft wird es wichtig sein, daß die einzelnen Bereiche im richtigen Geist konzipiert sind. Jede Abteilung muß ihre eigene kleine Oper sein. Genau diese Anforderung wird von den 18 Häusern, in denen seit 1991 „Trend-Companies" integriert wurden, erfüllt.

Da die „Trend-Company" gemeinsam mit der Szene Stilrichtungen der Gesellschaft prägen möchte, ist es wichtig, daß durch den Einsatz konkreter Marketinginstumente praktikable Aktionen sofort realisiert werden können.

Die Umsetzung einiger Anregungen der Diplomarbeitsergebnisse von uns, Stefan Thöne und Stefanie Müller-Liebig, hat gezeigt, daß HERTIE in der Lage ist, sich neuen Marktgegebenheiten anzupassen und Schwachstellen schnellstens zu beseitigen. In dieser Diplomarbeit wurde über eine empirische Befragung der Konzeptionsanspruch mit dem Ist-Zustand verglichen und in einer kritischen Analyse Optimierungsansätze aufgezeigt. Diese Ansätze wurden innerhalb des letzten halben Jahres von den Verantwortlichen aufgeriffen. Die enge Zusammenarbeit zwischen der Fachabteilung und wichtigen Stäben wie zum Beispiel der Marketingabteilung führte dann in kürzester Zeit zur Beseitigung der Schwachstellen beziehungsweise zum Ausbau der Stärken.

Unter diesen Aspekten wird das Bekenntnis zum Warenhaus gewahrt während sich gleichzeitig ein Handels- und Dienstleistungsunternehmen mit unverwechselbarem Profil ankündigt. Aus dieser Unternehmensstruktur heraus resultiert ein umfangreicher globaler Marketing-Mix, der keine alleinstehende Produktlösung bietet, sondern eine Verbundlösung in Form eines Konzeptes darstellt.

In diesem Konzept wird die Idee einer oder mehrerer Eigenmarken als Verbundschwerpunkt in Kombination mit renommierten Fremdmarken und wenigen Trend-Marken integriert. Aus dieser

Verknüpfung heraus entstand im Bereich „Junge Mode“ eine Symbiose, die in dem Konzept mit dem Namen „Trend-Company“ gipfelt.

Mit der „Trend-Company“ hat es HERTIE geschafft, aus langweiligen Jeansabteilungen attraktive und junge modische Erlebniswelten aufzubauen. Die „Trend-Company“ will jungen und junggebliebenen Kunden ein kompaktes Angebot im Jeans- und Young-Fashion-Bereich bieten. Man hat eine Marktlücke erkannt und systematisch besetzt. Dies ist das Ergebnis eines Anpassungsprozesses an die zuvor genannten jung und jung denkenden Kunden. Deren Verhalten ist von der Bereitschaft geprägt, den aktuellen Zeitgeist zu durchleben. Außerdem überrascht der hohe Informationsgrad dieser Kunden.

Ein halbes Jahrhundert „Jeans und Jugend“

Die Jeans kam mit den GI's aus Amerika ins Nachkriegsdeutschland und hat in knapp 50 Jahren eine unvergleichliche Entwicklung in ganz Europa gemacht.

Im Nachkriegseuropa, das mühevoll an seinem Wiederaufbau arbeitete, waren die strapazierfähigen Jeans eines der begehrtesten amerikanischen Produkte neben Nylons, Kaugummi und Coca-Cola. Sie wurden zunächst hauptsächlich auf dem Schwarzmarkt gehandelt, da der Import stark rationiert war.

Der Import konnte die Nachfrage in Deutschland nicht decken. So wurde die Jeans kopiert und in etlichen europäischen Ländern produziert. Die Qualität war jedoch nicht mit einer „echten“ Jeans vergleichbar, da für die Verarbeitung kein Denim zur Verfügung stand und nicht mit Indigo gefärbt wurde.

In den darauffolgenden Jahren war die Jeans dann in Army Surplus Stores und ab Mitte der fünfziger Jahre über den Versandhandel erhältlich. In dieser Zeit begann der Aufschwung der Jeans.

Er wurde von dem neuen Teenagertyp getragen, der als Verbrauchergruppe heranwuchs. Dies stand im Einklang mit dem gesamten wirtschaftlichen Wachstum in Europa. Die High-Lights dieser Zeit waren James Dean, Elvis Presley, Rock'n Roll, Petty-Coats und natürlich knallenge Jeans. Trotz der noch bestehenden Ressentiments konnte sich langsam ein Jeanssegment im Bekleidungsmarkt bilden.

Gleichzeitig reagierten flexible deutsche Kleinunternehmen, indem sie in großen Zentren ausschließlich Jeans vertrieben, da sie den gewinnbringende Absatztrend erkannt hatten. Dies blieb auch den amerikanischen Unternehmen nicht verborgen.

Nicht nur, um finanziell von diesem Trend zu profitieren, sondern auch, um eine bessere Marktübersicht erlangen, bauten Unternehmen wie Levi's und Wrangler Anfang der sechziger Jahre Verkaufsbüros und Produktionsstätten in Europa auf.

Genau in dieser Zeit begann die Wachstumsphase der Jeans. Sie wurde zum Wegbegleiter einer Jugendkultur und deren Musikrichtungen. Gerade die Beatles und die Rolling-Stones sind repräsentative Musikgruppen für diese Zeit.

Mit der in die APO-Bewegung mündenden Flower-Power-Generation entwickelte sich die Jeans vorübergehend zum Protestsymbol gegen das sich aufbauende Establishment. Trotz der bereits bestehenden Popularität wurde sie von der Bekleidungsbranche noch immer nicht als legitimes Segment anerkannt.

Als die wilden sechziger Jahre zuende gingen, brach mit dem Beginn der siebziger Jahre das „Goldene Zeitalter“ der Jeans an, welches sich in weitreichenden Veränderungen bei Design und Produktion der Hersteller auswirkte. Das Design wurde auf andere Textilarten ausgeweitet. Jeans mußten nicht mehr nur aus „Blue Denim“ sein. Dazu kamen noch neue Schnittmuster. So entstanden die noch heute als Trend-Setter bekannten klassischen Modelle. Die echte Denim-Jeans wurde zu einer Fashion-Kategorie, was zum Phänomen kurzlebiger, aber einflußreicher Marken führte.

Zu dieser Zeit wurden die Produktionsstätten aus Kostengründen nach Hong Kong verlegt. Die Ära der Importe begann. Sie stiegen Jahr für Jahr weiter an.

Die amerikanischen Jeansproduzenten entschieden, daß das europäische Marktsegment nun zu groß sei, um es lokalen Agenten und Distributoren zu überlassen. Das Management beschloß, die Geschäfte in professioneller Selbstorganisation selbst zu betreiben. Somit errichtete man die ersten Niederlassungen in Europa.

Der sich daran anschließende Aufschwung wurde ausgelöst durch Innovation in Design, Material und vor allem im Marketing. Mit dem wachsenden Modestatus der Jeans war es auch möglich geworden – wie bei Statussymbolen generell üblich – höhere Preise durchzusetzen. Die Nachfrage war größer als das Angebot.

Um die steigende Nachfrage zu befriedigen, wurden zusätzlich die ersten Jeans-Corner mit dem typischen Western-Flair („Stallgeruch“) eröffnet. Die Zahlen sprechen für sich, wenn man bedenkt, daß sich der Absatz in den Jahren von 1970 bis 1977 verzwölffachte. Das Mode-Establishment konnte sich bei diesem Erfolg der Jeans nicht länger verschließen. Der Bann war gebrochen. Die Jeans erhielt endlich die verdiente, gesellschaftliche Anerkennung.

Bis dahin war sie die einzige Mode, die nicht von Modeschöpfern am Reißbrett kreiert wurde, sondern den langsamen Weg von der Arbeiterklasse zur „Haut Couture“ nehmen mußte. Die ehemals so praktische und stabile Hose der Arbeiter wurde zum Statussymbol der feinen Gesellschaft.

Mitte der siebziger Jahre gelang der Jeans der Durchbruch zum anerkannten Modesegment. Nach 30 Jahren erhielt sie mit dem Magazin „Jeans International“ ihren Platz in der Fachpresse. Im Jahr 1977 bekamen die Jeansanbieter auf der Kölner Herren-Mode-Woche erstmals ihre eigene Messehalle.

Anfang der achtziger Jahre führten die Überproduktionen und das Überangebot unzähliger Marken zum Preisverfall, was dem Image der Jeans schadete. So waren in der ersten Hälfte der achtziger Jahre die Absätze rückläufig – ein Einbruch des Wachstums –, der die Branche hart traf.

Diese Entwicklung verlief parallel zu der Veränderung der Jugend. Denn mit den aufkommenden Yuppies und Poppern mauserte sich die Jeans zum Edelprodukt. Der Zeitgeist dieser Generation stellte sie nun gleichberechtigt neben Cashmere, Seide und Champagner. Die Jeans war „erwachsen und gesellschaftsfähig“ geworden.

Dieser Richtung wurde von Seiten der Hersteller Rechnung getragen, indem sie die Designerjeans schufen. Statt – wie in der Denim-Welt üblich – hauptsächlich für Männer, war die Designerjeans vornehmlich für Frauen bestimmt. Diese Ära war auf ihre Art bedeutsam, denn sie signalisierte, daß die Jeans – stilistisch und finanziell – auf einen Verfall zusteuerte.

Aber Mitte der achtziger Jahre erlebte die Jeans eine Renaissance durch die Intensivierung und Diversifizierung ihres Eigenlebens. Zum einen wurde die „Total-Outfit-Idee“ geschaffen, Jeanswear zur Headline einer Lebensphilosophie und gleichzeitig Zeitgeist der jungen und jung denkenden Menschen. Man begann nun, sich auf die Bekleidungsbereiche oberhalb des Hosenbundes zu konzentrieren. Zum anderen erlebten Trend-Setter ihr Revival, so zum Beispiel die 501, die die Bedeutung des Denim wieder heraushob. Diese Faktoren dienten u.a. der Stabilisierung des Marktes. Die Jeans hatte ihre „Midlife-Crisis“ überwunden.

Heute in den frühen neunziger Jahren ist der Absatz der Jeans und der gesamten Jeanswear wieder angestiegen. Die „Total-Outfit-Idee“ hat sich bewährt, die Jeans ist zu einem universalen Kleidungsstück geworden, sei es im Beruf oder in der Freizeit. Sie läßt sich mit allen Bekleidungselementen kombinieren.

Gerade die hohe Flexibilität der Jeanswear gewährleistet die Marktstabilität und führt somit bei den jung denkenden Konsumenten in Europa zu einer nach wie vor großen Nachfrage.

Die Jeans bei HERTIE – eine konzeptionelle Idee wird geboren

Die Jeans bei HERTIE hat zunächst ihren Weg als ungeliebtes Kind genommen. Da HERTIE wie auch andere Kaufhauskonzerne Ende der siebziger Jahre erkannte, welches Absatzpotential die

Jeans bergen könnte, wurde sie ins Sortiment aufgenommen. Ihr Einführungsthema war die „Berufsbekleidung“. Aus diesem Grunde wurde sie in der Modebranche bisher nicht als klassisches, designfähiges Modeobjekt angesehen. Deshalb war es mit besonderer Schwierigkeiten verbunden, sie einem bestimmten Sortimentsbereich eindeutig zuzuordnen. Da aus der Ideologie der Berufsbekleidung heraus eher eine Zuordnung zum maskulinen Konsumenten bestand, wurde die Jeans unternehmensintern dem klassischen Herrenkonfektionsbereich (HAKA) zugewiesen.

In der Anfangsphase fristete die Jeans somit ihr Dasein in hinteren Ecken auf einfachen Regalen. Kritiker sprachen in dieser Zeit von den „unbeleuchteten dunklen Hasenkästen“ als Präsentationsebenen für die Jeans. Es gab ja auch noch niemanden, der gezielt auf den Verkauf der Jeanswear fixiert war. Das allgemeine Interesse von Seiten der HAKA-Ein- und Verkaufsbereiche war einfach noch zu gering.

Die Situation der anderen Warenhauskonzerne war jedoch nicht besser. Im Gegensatz zu HERTIE behandeln die anderen Warenhauskonzerne das Thema Jeans und Young-Fashion immer noch sehr stiefmütterlich. Der zeitliche Vorsprung, den sich HERTIE durch die schnelle und gezielte Ideenumsetzung erarbeitet hat, läßt sich von den anderen Warenhäusern nicht mehr aufholen.

Da die Jeans auch im Bereich der Damenmode an Bedeutung gewann, wurde sie in deren Sortiment ebenfalls aufgenommen. Dadurch ergaben sich unrentable Doppelplazierungen, ein Problem, das durch die zunehmende Emanzipation der Frau in Sachen Mode und dem aufkommenden UNISEX -Design noch verschärft wurde. Vor allem im Vergleich mit dem „Status Quo“ der „Jeans bei HERTIE“ stellte sich also eine immanente Konzeptionslosigkeit dar.

Wie bereits beschrieben, nahm die Bedeutung der Jeans jedoch zu. Sie wurde in der Modewelt akzeptiert und war von da an aus dem Warenhaus nicht mehr wegzudenken.

In dieser Zeit, Mitte der achtziger Jahre, kam es von Seiten des HERTIE-Managements zu Umstrukutrierungsüberlegungen. Man erkannte frühzeitig, daß sich das Konsumentenverhalten geändert hatte und nun auf den Markt reagiert werden mußte. Das Anhängsel Jeans sollte vom HAKA-Bereich getrennt und eigenverantwortlich geführt werden. Es entstand eine neue Abteilung.

Die Schwierigkeit bei derartigen Umstrukturierungen ist die Besetzung der neu geschaffenen Stelle, vor allem dann, wenn es darum geht, einen desolaten Zustand zu optimieren. Dieses ist nicht im Sinne von Krisenmanagement zu verstehen, es geht vielmehr darum ein unerforschtes und vernachlässigtes Gebiet zu erschließen und ertragskräftig auszubauen. Da man zum betreffenden Zeitpunkt keine geeignete Fach- und Führungspersönlichkeit in den eigenen Reihen hatte, entschied man sich dafür, die Position mit einem Externen zu besetzen.

Dieses war der Zeitpunkt, zu dem ich, Bernd Bremora, ins Unternehmen eintrat. Durch meine Tätigkeit als Produktmanager im Jeans- und Young-Fashionbereich kannte ich sowohl den Handel als auch die Industrie. Bei HERTIE begann ich als Zentraleinkäufer für Jeans.

Mit modernen und unkonventionellen Vorstellungen entwickelte ich ein ganzheitliches Jeanskonzept, das sich mit dem Thema Jeans und allem, was dazugehört beschäftigte. Die Jeans erhielt eine Magnetfunktion. Es ging vor allem darum, ein Filialkonzept in einem Warenhauskonzern umzusetzen. Die Jeansfilialisten waren durch ihre geschlossenen Konzepte und ihre gezielte Spezialisierung und Flächenoptimierung erfolgreich. Sie machten vor, wie man mit Jeans Geld verdienen kann.

Das Schattendasein der Jeans sollte durch die Sortimentsoptimierung, die optimalen Darstellung am „Point of sale" und die Gipfelung in der ganzheitlichen Komplettlösung, der „Trend-Company" beendet werden. Dabei reicht es aber nicht nur aus, wenn die Unternehmensspitze hinter der Konzeption steht. Viel wichtiger ist die Umsetzung in den unteren Führungsebenen. Genau in diesen Ebenen muß der integrative Teamgedanke umgesetzt werden.

Die Probezeit

Die Umsetzung der Konzeption für die Trend-Company zeigte bereits in der Probezeit, daß der Umsatz und das Kundenpotential beträchtlich gesteigert werden konnten. Der Umsatz stieg in dem ersten Jahr um 13 Prozent und die Kundenzahl erhöhte sich sogar um 30 Prozent. Dieser Anstieg vollzog sich zu Anfang nur durch erste Sortimentsänderungen beziehungsweise -drehungen.

Anhand der Kalkulationsverbesserung (vgl. Abbildung 36) fällt positiv auf, daß der höhere Umsatz auf keinen Fall über den Preis erzielt wurde, sondern durch die Optimierung waren- und personalspezifischer Gegebenheiten. Die Grundvoraussetzungen wurden verbessert, woraufhin der Kunde bereit war, die angebotene Ware zu kaufen, ohne daß Preiszugeständnisse gemacht werden mußten.

Die obere Managementebene erhielt die Bestätigung, daß es je nach Betätigungsfeld richtig sein kann, forschen Jungmanagern, die sagen, was sie denken und auch nach dieser Maxime handeln, zu vertrauen.

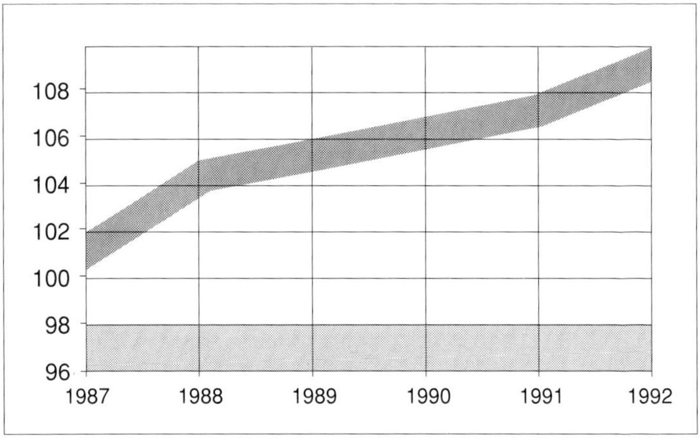

Abbildung 36: Kalkulationsentwicklung von 1987–1992 (Indexjahr 1987)

Die moderne und flexible Denkweise gab ihnen recht, und durch den meßbaren Erfolg wurde die erste Vertrauensbrücke gefestigt worden. Ich erhielt die Chance und die investiven Mittel, mein Konzept zu realisieren.

Oberziel war es, sich an das geänderte Konsumentenverhalten anzupassen und der Jeans mit einem ganzheitlichen Jeanskonzept im Warenhaus einen adäquaten Platz zu verschaffen.

Durch die materiellen Voraussetzungen und den Handlungsspielraum, den man mir einräumte, wurde ein Umdenkungsprozeß eingeleitet, der insgesamt eine Verjüngung der Mitarbeiterdenke in diesem Bereich initiierte und das Durchschnittsalter der Kunden im Warenhaus senkte.

Dies bedeutet nicht, daß grundsätzlich nur junge Mitarbeiter eingestellt wurden. Die langjährigen Mitarbeiter wurden in diesen Prozeß miteinbezogen, indem sie vor Ort das Konzept in Eigenregie umsetzten und gleichzeitig versuchten, sich in die Lebensweise junger Kunden zu versetzen. Somit wurde eine Vertrauensbasis in der gleichen und den untergeordneten Ebenen geschaffen. Der Erfolg war bereits in den Anfängen meßbar, und so wandelten sich die langjährigen „Statisten“ in umsatzsteigernde „Akteure“.

Diese beispiellose Entwicklung der Jeans bei HERTIE war nur durch die Umsetzung eines prozeßorientierten Vorgehens möglich. Dadurch entstand letztendlich die „Trend-Company“, wie wir sie heute kennen. Die prozeßorientierte Komponente wurde durch die Folge bestätigt: Bewußtseinsänderung, Sortimentsveränderung, Flächenverschiebungen, Aufbau eigener Abteilungen (zuerst Jeans-Shops und seit 1991 „Trend-Companies“).

Jeans-Shops oder was man vorfand

Ausgangspunkt für die Betrachtung im einzelnen waren die schon 1987 als HAKA-Anhängsel bestehenden Jeans-Ecken, die auch so aussahen.

Diese Jeans-Ecken waren mit den Jahrzehnten gealtert, hatten Patina angesetzt und zeigten damals aufgrund vieler, aber wenig koordinierter Einzelkämpferaktionen rundum Patchwork-Charakter. In vielen Verkaufsfilialen herrschte ein Sammelsurium von Warenträgern auf Pasilyteppichböden in dunkel ausgeleuchteten Abteilungen mit lauter blauen Wänden. Diese Stilblüten der sechziger und siebziger Jahre paßten überhaupt nicht mehr zu dem Zeitgeist der Jugend, der von einer Welt, mehrheitlich bestehend aus Chrom, Glas, High-Tech und Innovationen, geprägt war. Die ein junges, freches und witziges Ambiente vermittelnde Erlebniswelt fehlte gänzlich. Trotz dieser Darstellungsschwächen konnten Umsatz, Ertrag und Frequenz durch eine dynamische Sortimentsstrategie in den zwei Jahren 1987 und 1988 bereits erheblich gesteigert werden.

Erklärtes Ziel war es, mit einem entsprechend umstrukturierten Jeans-Shop bei HERTIE Marktführer am Standort zu werden. Um dieser Philosophie gerecht zu werden und den jungen Kunden auch bei HERTIE eine Identifikationsmöglichkeit in Sachen Jeanswear zu bieten, wurden die bestehenden Jeans-Ecken von Grund auf umgestaltet und dabei die unterschiedlichsten Bereiche berührt. Hier kam auch der große Anteil an Eigeninitiative der Mitarbeiter zum Tragen.

Da Jeanswear und Young-Fashion allgemein eine Einheit bilden, wurden zunächst alle Young-Fashion-Abteilungen auf einer Fläche zusammengefaßt. Dies geschah unter Beibehaltung der unteren, mittleren und gehobenen Preissegmente und richtete sich gleichermaßen an weibliche und männliche Kunden.

Der „Total-Outfit-Idee" entsprechend wurde die Einkaufspolitik für Jeans-Bekleidung umgestellt. Etliche Jeans-Marken bekamen innerhalb der Abteilung an guten Standorten ihre eigenen Shops. Besonders die Oberteilbekleidung wurde mit einem breiteren und tieferen Sortiment an Sweatshirts, T-Shirts, Hemden und Jacken ausgebaut. Dies gelang im gegenseitigen Wechselspiel mit der Industrie. Zusätzlich wurde die langfristige Integrierung von Tonträgerabteilungen oder von „World of music" (=WOM) anvisiert, um den Jeans-Filialisten auch durch das passende Ambiente Paroli zu bieten. Diese Komponente wurde aber erst in den „Trend-Companies" realisiert. Aus den oben genannen Gründen kamen in den Verkaufsfilialen somit auch nur bestfrequentierte Standorte in Frage.

Mit Blick auf die Konkurrenz wurde für die unterschiedlichen Hausgrößen der entsprechende Flächenbedarf festgelegt, um der Sortimentsidee gerecht zu werden und Umsatzsteigerungen zu ermöglichen. Im Rahmen der Flächenbelegung innerhalb der Jeans-Shops wurde dann nach Fremdmarke und Eigenmarke gewichtet, um der Industrie Darstellungsmöglichkeiten einzuräumen. Eine Berücksichtigung der Industie war wichtig, da diese zum Teil im Rahmen von Leasing-Verträgen und Werbekostenzuschüssen finanzielle Mittel für die Warenträger und das Marketing zur Verfügung stellte.

Ein Erfolgsfaktor

1987 wurde die Eigenmarke „Vingar" als eingetragenes Warenzeichen im HERTIE-Konzern eingeführt und steht heute dem gesamten Young-Fashion-Bereich zur Verfügung. Man hatte erkannt, daß mit dem Aufbau einer Eigenmarke Ertragsverbesserungen und eine größere Identifikation des Kunden mit dem Unternehmen möglich sind. Ferner erhoffte man sich Synergieeffekte für andere Warengruppen.

Nur traditionelle Marken und Eigenmarken haben langfristig Marktchancen. Im Gegensatz dazu verschwinden Trendmarken wieder schnell vom Markt. Deshalb sind langfristige Verträge mit Trendsettern zu vermeiden. Trendmarken werden in diesem Sinn gerne als „Trittbrettfahrer" bezeichnet, die in der Rezession mangels Kontinuität vom Markt verschwinden. Diese Situation existierte bereits Anfang der achtziger Jahre einmal.

Mit Eigenmarken anderer Warenhauskonzerne läßt sich Vingar nicht direkt vergleichen, da es keine kompetenten Mitanbieter gibt. Was ihre große Attraktivität ausmacht, ist der Preis für den Verbraucher, der zwischen DM 50 und 80 liegt. Trotz des niedrigen Verkaufspreises liegt die Gewinnspanne aber mehr als 10 Prozentpunkte über der der Fremdmarken.

Daß der Weg zur Eigenmarke nicht nur richtig, sondern auch in kürzester Zeit lukrativ war, belegt eine Studie der GfK-Nürnberg von 1990. Laut statistischer Erhebung zählte Vingar bereits nach drei Jahren 1990 zu den zehn stärksten Marken. HERTIE erzielte damit bundesweit einen Marktanteil von zwei Prozent. Levis hatte in dem Jahr einen Anteil von 8,3 Prozent und trotz des geringen Bekanntheitsgrades war der prozentuale Anteil der Vingar-Jeans größer als der von etablierten Marken wie Lee und Wrangler.

Vingar ist also ein wichtiger Meilenstein für die Erfolgsstory der Jeans bei HERTIE. Nur durch den Aufbau dieser Eigenmarke war es überhaupt möglich, im Laufe der Jahre die gewaltigen Umsatzsteigerungen zu erzielen, denen letztendlich die Durchsetzung der „Trend-Company" zu verdanken ist.

Vingar zielt als Eigenmarke darauf ab, ein mit den Femdmarken vergleichbares Produkt auf den Markt zu bringen, das dem Kunden u.a. einen unübersehbaren Preisvorteil bietet und gleichzeitig eine gute Kalkulation durch optimale Einkaufsgestaltung sichert. Die Vingar-Jeans besteht aus Paßformen bekannter und erfolgreicher Fremdmarken. Bei der Herstellung der Jeans wird sehr viel Wert auf mehr Qualität, eine genauere Paßform und eine bessere Verarbeitung gelegt. Diese drei Komponenten sollen nicht nur die Vergleichbarkeit gewährleisten, sondern sogar ein besseres Preis-Leistungsverhältnis offenbaren. Hierzu paßt eine Anekdote der Gebrüder Holy, Gründer der Firma Boss. Die Brüder Holy beschreiben das Geheimnis ihres Erfolgs wie folgt: „Wir kopieren ebenfalls bestehende Marken und deren Design, und zwar alle."

Voraussetzung für Vingar war und ist, daß diese Eigenmarke nur für „Junge Mode" steht und es zu keinen Verfälschungen oder Verwässerungen in andere Bereiche kommt. Denn nur eine klar abgegrenzte Marke läßt sich am Point-of-Sale eindeutig darstellen und kann dadurch erfolgreich sein.

Einkaufen will gelernt sein

Der Einkauf für die Jeanswear bei HERTIE steht in engem Zusammenhang mit der Produktion, insbesondere die der Eigenmarke. Letztere entspricht in weiten Teilen der der traditionellen Jeans-Hersteller. Vingar wird mehrheitlich in den gleichen Produktionsländern und -stätten hergestellt. Dabei werden aber Zwischenhändler und Importeure ausgeschaltet, woraus sich bemerkbare Vorteile in der Preisbildung ergeben. HERTIE konzentriert sich dabei auf kleine und mittlere Produktionsstätten, mit denen man partnerschaftlich zusammenarbeiten kann und die die notwendige Flexibilität besitzen, auf Marktveränderungen zu reagieren. Wo heutzutage eine traditionelle Markenjeans durchschnittlich weit über 100 DM kostet, wird eine Vingar Jeans zum halben Preis angeboten. Und trotzdem liegt die Handelsspanne noch über der der Herstellermarken. Dies kommt vielen Kunden zugute, deren Budget den Kauf einer traditionellen Marken-Jeans nicht zuläßt.

Bei allen Einkaufsaktivitäten wurde die Zentralisierung vorangetrieben, um bessere Konditionen zu erlangen. Ende der achtziger Jahre gab es im Jeans-Bereich noch über 80 Lieferanten. Heute sind es nur noch 16 inklusive der eigenen Hersteller. Dabei werden 90 Prozent der Jeansumsätze mit nur 10 Lieferanten gemacht.

Wichtig war, die ausländischen, speziell die asiatischen, Hersteller komplett in die Konzeption miteinzubeziehen, um dadurch ein Vertrauensverhältnis aufzubauen und somit Kosten zu sparen. So wurde zum Beispiel eine Palette von „Give-aways" aufgebaut, die sich als Verkaufsförderungsmaßnahme erwies. Sie mußten jedoch zurückgenommen werden, da laut Zugabenverordnung nur geringwertige Güter als „Give-aways" zulässig sind.

Für den Einkauf der Eigenmarke Vingar sind nach wie vor die gleichen Produktionsstätten und -bänder der Herstellermarken von zentraler Bedeutung. Die Produktion konzentriert sich in Asien. Es ist üblich, daß Entwicklungs- beziehungsweise Schwellenländer im Rahmen der Textilproduktion zunächst von Importeuren erschlossen werden. Nach dem Aufbau der Infrastruktur steigt der

Einkauf der Eigenmarken dort ein, und bei steigenden Produktionskosten und dem Vertrauen in die Qualität der Herstellung folgen schließlich die Herstellermarken.

Die in Asien produzierten Kollektionen werden jeweils für die Winter- und Sommersaison im Vorjahr festgelegt und sind wenig flexibel. Die Kollektionszusammenstellung wird hauptsächlich auf der Straße gemacht: Das eigene Design-Team besucht europäische Großstädte, um dort die aktuellen Trends und den Zeitgeist der Mode aufzuschnappen. So kommen viele Ideen von der Straße, wie auch die Jeans aus der amerikanischen Arbeiterschicht. Es wird auf einen internationalen Mix Wert gelegt, der Individualität bietet und eine Harmonie unterschiedlichster Käufer im Laden ermöglicht. Bei der Größenvergabe für Jeanshosen wurde unter anderem auch darauf geachtet, den Käufern Zwischengrößen anzubieten, wie zum Beispiel Weite/Länge zu 35/33 inches. Die Kunden bemängeln oft, daß die Größen der Markenjeans zum Teil nicht ganz genau passen. Vingar hat die Alternative.

Bei sich abzeichnenden Absatzschwierigkeiten ist jedoch ein mehr oder weniger großer Verhandlungsspielraum gegeben, der von der jeweiligen Vertrauensbasis zwischen Hersteller und Einkauf abhängt. Obwohl sehr früh geordert wird, sind teilweise auch schon mal Stornierungen bis zu 30 Prozent möglich, wenn man eng zusammenarbeitet. Die oberste Prämisse für die Kooperation mit asiatischen Partnern lautet dabei, daß man den anderen nie das Gesicht verlieren lassen darf. Es geht in Asien nicht nur um Geld, sondern um die Würde.

Da die Verträge auf gegenseitigem Vertrauen beruhen, werden auch die Risiken durch Bankbürgschaften ausgeschaltet. Bei Versäumnissen und Unpünktlichkeiten treten die Verträge außer Kraft, ebenso wird ein schlechter Warenausfall nicht akzeptiert. Dieses ist notwendig, um der Marke Vingar durch gleichbleibende Qualität Kontinuität zu verleihen. Schlecht ausgefallene Ware oder Seconds können zur Not noch in die preisgünstige Marke Power umgelabelt werden. Oft jedoch fällt die Ware besser aus. Diese Kriterien sind besonders im Hinblick auf die Saisonaktualität von Bedeutung. Bremora vergleicht die Verhandlungen oft mit einem Spiel, welches für einen der beiden Handelspartner auch in einem Drama enden kann.

Entwicklungsländer sind in der Produktion und auch bei der Einhaltung von Vereinbarungen meistens noch nicht firm. Teilweise gibt es immer mal wieder Abstimmungsprobleme durch sprachliche und kulturelle Unterschiede, wobei man aus jeder auch noch so delikaten Situation sinnvolle Erfahrungen sammeln kann. In diesem Zusammenhang wäre ein Vorfall aus dem asiatischen Raum zu nennen: Ein Exemplar eines jeden Produktes wird zur Kontrolle immer an die Zollaufsichtsbehörde des Landes vergeben. Diese Exemplare werden mit einem großen Stempel mit dem Aufdruck „Muster“ versehen. Zur Bestätigung des Auftrages wurde das Originalteil zur Produktionsfreigabe zurückgeschickt, so daß die Lieferung von über 100 000 T-Shirts von den Zollbehörden den Aufdruck „Muster“ erhielt.

Den Rahmen des Einkaufs bilden die Verabredungen, die zum Teil über die Maße der Werbekostenzuschüsse und Boni hinausgehen. Dies kam bei Neueröffnungen ins Spiel, wo wirtschaftliche Vorteile durch bessere Belieferungen erreicht werden konnten, immer untermauert durch gegenseitiges Vertrauen. Ziel war es immer, eine Unabhängigkeit von der Industrie zu schaffen. Dazu waren finanzielle Mittel des Konzerns nötig, worauf später eingegangen wird. Um den steigenden Abverkäufen gerecht zu werden und keine Fehlverkäufe zu haben, gilt für den Einkauf „never-out-of-stock“. Dies umfaßt monatliche Nachlieferungen, die weitaus flexibler gehandhabt werden können, als die Order für die Saisonware. Durch Eigenimporte, die in Nordafrika und Portugal hergestellt werden, ist dies sogar wöchentlich möglich. Hier besteht eine extrem hohe Flexibilität, da auch die hier produzierte Ware eine Verkaufsquote von 90 Prozent hat und dadurch preisgünstig angeboten werden kann. Durch die weiteren Produktionsstandbeine in Nordafrika und Europa kann man sehr gut auf kurzfristige Trends reagieren, wenn die Nachorder in Asien zu lange dauern würde. Dieser Schritt bedeutet eine weitere Annäherung an die Kundenwünsche.

Der beschwerliche Weg

Etliche wichtige Faktoren dieser Wegbeschreitung sind bereits genannt worden. Doch sollte man die Entwicklung des Marketing und das Zusammenspiel der Konzernleitung mit dem Wegbereiter der „Trend-Company“ nicht außer acht lassen.

Durch die Flächenbereinigung, die Ende der achtziger Jahre im Zuge des Umbaus der Jeans-Shops durchgeführt wurde, konnte innerhalb von zwei Jahren – verglichen mit dem Markt – das Dreifache an Zuwachsraten erreicht werden.

Dies orientierte sich an der Konzeption für die Jeans-Shops aus dem Jahre 1988. Sie lehnte sich an den neuen Filialtypen und nicht an der Konzernideologie an. Man wollte junge Leute und Spontankäufer für das Kaufhaus gewinnen und konnte so auch dem 1990 aufkommenden Verdrängungswettbewerb begegnen.

Das überwältigende Ergebnis ließ sich an den Umsatzzahlen und dem Kundenaufkommen messen. Innerhalb von fünf Jahren wurde der Umsatz verdoppelt und über eine Million mehr Kunden aktiviert. Dazu kommen noch die dadurch entstandenen Synergieeffek-

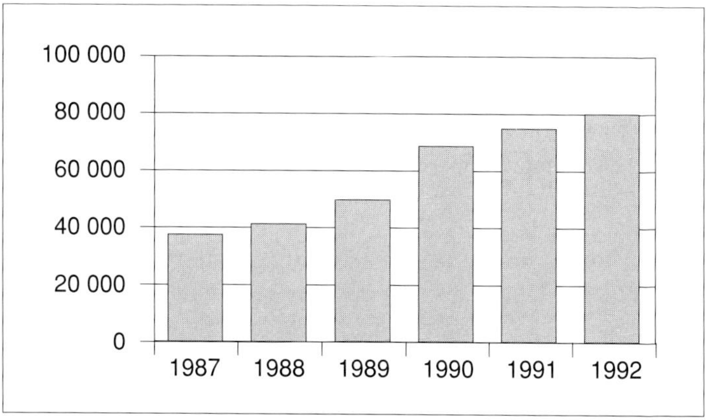

Abbildung 37: Umsatzentwicklung der Jeansshops von 1987–1992 (in TDM)

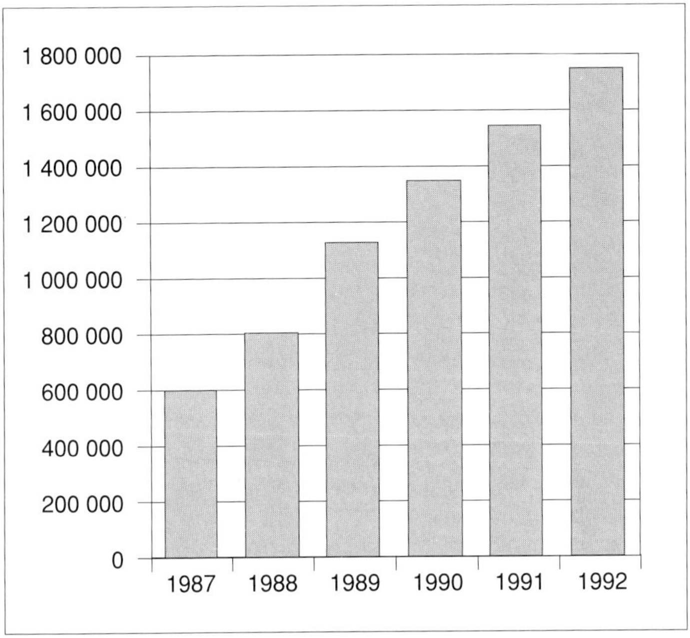

Abbildung 38: Verlauf der Kundenzahlen der Jeansshops von 1987–1992

te zu anderen Abteilungen und Warengruppen. Aus der unbegründeten Angst der Stammabteilungen, daß die „Trend-Company" zur Konkurrenz werden würde, entwickelte sich ein Motivationsschub, der diese Abteilungen jünger und modischer werden ließ.

Besonderes Augenmerk hatte man auf die Faktoren Zentralismus und Generalismus gelegt. Erhöhte Wirtschaftlichkeit läßt sich nur durch Zentralismus erreichen, welcher gleichzeitig die Gefahr des Generalismus in sich birgt. Ziel war es, für die einzelnen Jeans-Shops regionalspezifische Besonderheiten und Strukturen trotz zentraler Steuerung nicht außer Kraft zu setzen, sondern zu fördern. So ist zum Beispiel die Jeans-Marke Mustang in Freiburg traditionell gewachsen. Bei Sortimensveränderungen ist also darauf zu achten, daß diese Marke in Freiburg weiter ausgebaut wird.

Im Gegensatz dazu ist die Levis-Jeans in Köln sehr absatzstark. Hierbei wird ersichtlich, daß die Beachtung des Standortes notwendig ist. Je nach Standort und Hausgröße wird in A-, B- und C-Modelle unterschieden. Die Modelle werden in Weltstadt-, City- und Nahversorgerhäusern eingesetzt. In strukturschwachen Gebieten muß man zum Beispiel dem unteren Preissegment mehr Beachtung schenken.

Bei Aktionen wurde auf regionalspezifischen Charakter Wert gelegt. Dadurch wird den Mitarbeitern eine viel bessere Identifikationsmöglichkeit geboten. Dieses kommt auch bei den Kunden besser an. Der Teamgeist und das Gefühl der Zusammengehörigkeit wird dadurch gefördert. In Flensburg gab es den „Vingar-Cocktail“ (natürlich blau wie die Jeans) an der Power-Bar, in Wiesbaden wurden zu der Premiere des Musicals „Starlight-Express“ von Mitarbeitern auf Rollschuhen Handzettel verteilt und in Bayreuth gab es bei der Eröffnung bayrische Schuhplattler. Bestimmte Dinge lassen sich eben nicht zentralistisch steuern.

Hier wird vor allem das freiheitliche Denken und die Kreativität in den Aktionen gefördert, was nicht immer viel kosten muß. Da die Industrie anfangs aus Skepsis nicht bereit war, viel Geld zu investieren, mußte das meiste von HERTIE getragen werden. Bremora, als Seiteneinsteiger mit Durchhaltevermögen bekannt, hat es sich dabei einfach gemacht. Nachdem mehr investive Mittel von der Konzernspitze freigesetzt worden waren, forderte er von der Geschäftsleitung der Häuser „mehr Fläche gegen Geld“. Das Risiko, welches dadurch eingegangen wurde, war, daß durch die Flächenveschiebungen ganze Abteilungen kaputt gemacht werden können.

Um diese Gefahr zu minimieren, hat man investive Mittel für Einzelprojekte auf Umbauten beschränkt, die eine geringere Fläche als 600 qm betreffen. Liegt die betroffene Fläche über 600 qm, würde dies zu einer totalen Flächenverschiebung im Haus beziehungsweise auf der Etage führen. Diese Umbauten sind nur in Investitionsvorhaben für das gesamte Unternehmen möglich, da in der Regel Gangführung, Fassade und andere Abteilungen von den Flächenveränderungen beeinflußt werden. Diese Bedingungen sind trotz zeitlicher Hemmungen für die Expansion der „Trend-Company“ zwingend notwendig, um nicht Umsätze anderer Abteilungen zu gefährden.

Unterstützt wurde Bremora von den Abteilungen in den Häusern, in denen sich seine Lobby befand. Im Laufe dieser Umstrukturierung gab es keinen Platz mehr für verknöcherte Strukturen und Anweisungen. Durch die Aktionen ergab sich ein Beschleunigungseffekt, denn jeder (und damit sind Geschäftsleiter und Abteilungsleiter gemeint) wollte an den steigenden Umsatzzahlen und Erträgen teilhaben. Die Verkaufsfilialen im Ostdeutschland nicht mitgerechnet, wurden von 1988–1991 69 Häuser analog des Jeans-Shop-Konzeptes umgebaut. Ab 1991 folgten dann die Trend-Companies. 1990 wurde der Jeans-Shop sogar in beachtlicher Art und Weise in 27 Verkaufsfilialen integriert.

Eine andere meßbare Erfolgsgröße bei den Umbaumaßnahmen war die Pay-back-Periode. Ohne große Wirtschaftlichkeitsberechnung dauerte sie oft nur acht Monate, einmal sogar nur drei Monate, was für derartige Umstrukturierungen im Handel sehr kurz ist.

Ein weiterer wichtiger Erfolgsfaktor in der Umbauphase war die Bau-Technik-Einrichtungsabteilung in der Zentrale. Normalerweise sind einzelnen Mitarbeitern bestimmte Häuser zugeordnet. Bei der Umsetzung des Jeans-Konzeptes jedoch wurde nur eine Person mit dem Projekt Jeans für „alle Häuser“ beauftragt. So wurde die Geschlossenheit des Konzeptes auch unter diesem Aspekt gewahrt.

Die Philosophie der „Trend-Company“

Die Philosophie der „Trend-Company“, die in einem Konzept 1988 festgelegt und 1989 verfeinert wurde, baut auf der erfolgreichen Entwicklung der Jeans und der Jeans-Shops bei HERTIE auf. Das Konzept präsentiert sich als ausgereift und garantiert trotzdem ein hohes Maß an Flexibilität und Anpassung an sich ständig ändernde Marktsituationen. Es muß darauf hingewiesen werden, daß dieses Konzept in starker Anlehnung an die bisher beschriebene

Entwicklung der Jeanswear bei HERTIE erstellt wurde und sich somit inhaltliche Parallelen nicht vermeiden lassen.

Der Name „Trend-Company“ in Verbindung mit HERTIE wurde mit Einführung des Konzeptes geschützt. Die erste Realisierung der Idee fand im Herbst 1991 im Kölner HERTIE statt. Köln ist als härtester Jeansmarkt Deutschlands bekannt, und so konnte das Konzept einen optimalen Standorttest erfahren. Das Ergebnis war beeindruckend, da nur über Verdrängung anderer Mitbewerber das Dreifache an Umsatz gemacht werden konnte.

Man kann junge Leute nur durch Kompetenz und Leistung überzeugen. Das Konzept soll sie persönlich ansprechen. Es muß klar, schnell und in Form eines Erlebniskonzeptes realisierbar sein. Denn heutzutage wird der Bekleidungsbedarf nicht aus Notwendigkeit oder Ersatzgründen befriedigt, sondern aus modebezogenen Gründen. Die Zielgruppe reagiert nicht auf Masse, sondern hat einen eigenen starken Willen, der von Individualität und Emanzipation geprägt ist. Gerade die Jugend fordert Erlebniskonzepte, für die schnelle Individualprogramme geschaffen werden müssen, damit der Anbieter aus der Vergleichbarkeit herauskommt.

Schafft man eine frühzeitige Kundenbindung, so zieht das bekanntlich auch ältere Kundschaft nach sich. Wichtig ist die Kundenbindung schon deshalb, weil in den nächsten 30 Jahren die Altersgruppe bis 20 Jahre von derzeit 21,5 Prozent auf 16,3 Prozent der Bevölkerung sinken wird und der Anteil der jungen Erwachsenen bis 24 Jahre von 16 Prozent auf 9,4 Prozent sinkt.

Dennoch wird der Konsum in den nächsten zehn Jahren zunehmen, da in der kommenden Zeit der zweiten Generation von Nachkriegserben ca. DM 1800 Milliarden an Geldvermögen, Immobilienwerten und fälligen Lebensversicherungen frei wird, die auch den jungen Menschen zur Verfügung stehen werden. Denn gerade junge Menschen zwischen 10 und 19 Jahren streben heute frühzeitig an, viele Waren zu besitzen oder alles angeschafft zu haben. Aber nur diejenigen Anbieter werden von der steigenden freien Kaufkraft etwas abbekommen, die dem Konsumenten das beste Erlebniskonzept liefern.

Die Marketing-Konzeption der „Trend-Company“ orientiert sich konsequent an den Wünschen und Bedürfnissen der Kunden und setzt standortbezogene Schwerpunkte. Ihre Zielsetzung besteht in der erstmaligen und ganzheitlichen Zusammenfassung modischer Artikelgruppen. Dies betrifft nicht nur die Outfit-Bereiche, sondern auch alle dazugehörigen Accessoires. Die anvisierte Zielgruppe soll sich hier wohler fühlen als anderswo, das heißt ihren Laden, ihre Atmosphäre, ihr Umfeld und ihre Leute finden. Die „Trend-Company“ soll Stadtgespräch werden.

Damit diese Ziele erreicht werden können, benötigt man adäquate Instrumente des Marketing-Mixes. Die Sortiments-Segmente und somit auch die Warengruppen beziehungsweise Abteilungen werden für die „Trend-Company“ neu definiert. In enger Bindung an die Sortimente wurde ein Preiskonzept festgelegt. Nach der jeweiligen Hausgröße gibt es unterschiedliche Flächenquadratmeter- und Ladengestaltungskonzepte. Daneben gibt es auch noch ein spezielles Personalkonzept und ein Werbekonzept, das sowohl nach außen als auch nach innen wirken soll.

Das Angebot der „Trend-Company“ stammt zu ca. 75 Prozent aus den Bereichen der Damen- und Herren-Oberbekleidung. Der Rest umfaßt auch Artikel, die bisher nicht im HERTIE-Sortiment zu finden waren. Im Gegensatz zu den Jeans-Shops, in denen die Jeans bisher noch sortimentsbestimmend war, tritt diese in den Hintergrund und hat heute noch einen Anteil von 30 Prozent. Die Oberteilbekleidung ist der interessantere und ausbaufähigere Sortimentsteil. Diese Sortimente verleihen der Jeans erst den Freizeit-, Berufs-, oder Sportswear- Look.

Der Marken-Jeans-Shop (Herren sowie Unisex) mit Marken wie zum Beispiel Levis, Mustang, Edwin, Wrangler, His oder Fruit of the Loom wirkt edel. Er ist eine reine Jeansabteilung mit Herstellermarken. Der Sortimentsschwerpunkt liegt bei Jeans-Blue-Denim in der oberen Preislage (80 Prozent Jeans, 5 Prozent Denim-Jackets und 15 Prozent Shirts). Es werden 15–50jährige Männer und Frauen angesprochen. Dem Marken-Jeans-Shop entspricht bei der Damenoberbekleidung die Abteilung Modique. Hier finden sich Marken wie Esprit, She, Cartoon, Triangle oder Ann Christine, Herstellermarken der oberen Preislage, die auch eine umfassende Bekleidungsphilosophie haben. Der Sortimentsschwerpunkt liegt im Marken-Vollsortiment und spricht 25–40jährige Frauen an.

Im Gegensatz dazu gibt es die preisaggressiven, frequenzbringenden Abteilungen wie Power für Männer und Frauen mit Jeans, Herren-/Unisex-Oberteilen und Teenager-Mode. Als Zielgruppe werden 12–18jährige Jugendliche angesprochen.

Die Artikel haben ein gutes Preis-Leistungsverhältnis und üben außerhalb der Markenshops eine Magnetwirkung aus. Der Aufbau erfolgt nach Modefarben. In der Power-Abteilung sind die Oberteile Sortimentsschwerpunkt und in der Rush-Hour modische Einzelteile mit Farbkonzept. Im Gegensatz zu den Herstellermarken mit in der Regel zwei Jahreskollektionen, gibt es hier alle sechs bis acht Wochen neue Angebote. Realisiert wird dieser Angebotsrhythmus durch die Eigenmarkenprogramme von HERTIE. Im Jeanswear-Bereich ist es das Label Power, unter dem Artikel mit gleichbleibendem Niveau und Erlebnischarakter unter einer Marke zusammengefaßt werden. Der Wiedererkennungswert erhöht sich durch die Power-Aussage an und um das Produkt herum.

Zwischen den Markenshops und den preisaggressiven Abteilungsbereichen entstehen zwei neue Abteilungen. Für Herren gibt es die Abteilung Vingar-Man mit junger Herrensportswear. Für die Damen nennt sich die Abteilung Vingar-Woman mit modisch femininen Trend-Programmen.

Neben diesen sechs Säulen gibt es noch den Hartwarenbereich mit Accessoires, etwa junge, freche Dessous und Bademoden, Modeschmuck, In-Geschenke, Musikposter, einem Color-Shop und seit neuestem eine Kondomeria. Diese zusätzlichen Waren sollen die Erlebniswelt abrunden, damit sich der junge Kunde wohlfühlt. Sie differieren je nach Standort und Hausgröße.

Um eine gute Atmosphäre zu schaffen, sind an die „Trend-Companies“ Tonträgerabteilungen oder eine WOM-Abteilung angeschlossen. Besonders WOM zieht durch seinen Fachmarktcharakter ein junges Publikum an, welches durch die räumliche Lage automatisch mit der Trend-Company in Berührung kommt. Zusätzlich wird im Bereich der Restauration in großen „Trend-Companies" für das leibliche Wohl und für Kommunikationsinseln der Kunden untereinander gesorgt.

Im Haus Köln zum Beispiel ist noch für weitere Unterhaltung durch die Video-Wand, die täglich den Musiksender MTV bringt, gesorgt. Daneben gibt es eine Info-Wand für private Kleinanzeigen und eine Künstlerecke, in der junge Künstler ihre Exponate zeigen können.

Das Preiskonzept der „Trend-Company" orientiert sich sehr stark am Sortimentsniveau. Die dreifache Abstufung gilt auch für die Kategorisierung der Preispolitik. Das untere Preisniveau hat einen Anteil von ca. 30 Prozent, tritt dem preissaggressiven Wettbewerb entgegen und hat zudem eine Frequenzbringerfunktion. Das mittlere Preisniveau hat einen Anteil von ca. 20 Prozent und schließt die Abteilungen Vingar-Woman und -Man ein. In diesem Bereich kommt das hohe Kalkulationsniveau durch den ausschließlichen Eigenimport der Ware zustande. Das obere Preisniveau hat den Restanteil von 50 Prozent. Es wird ausschließlich von Markenherstellern gehalten und gilt als sicherer Umsatz- und Frequenzbringer.

Je nach Hausgröße gibt es für die „Trend-Company" drei Flächenquadratmeter-Konzepte. Wichtig ist, daß es sich dabei um eine geschlossene Etage oder Einheit handelt. Die Architektur muß ein eigenes Flair vermitteln. Das Spiel mit Material, Farbe, Licht, Decke und Fußboden schafft Orientierungshilfen, wie dies zum Beispiel an Gangführungen sichtbar wird, die für eine ausreichende Flächendurchflutung sorgen. Grundsätzlich ist die Gestaltung je nach Haustyp variabel, dennoch muß die konzeptionelle Grundlage jederzeit durchgängig erkennbar sein.

Durch die Werbung soll die „Trend-Company" als kompetenter, modisch hochaktueller und hochgradig leistungsorientierter Young-Fashion-Anbieter bekanntgemacht werden. Der Schwerpunkt der externen Werbeaktivitäten liegt in der Eröffnungsphase einer jeden neuen „Trend-Company" und beinhaltet hauptsächlich

Bild 4: HERTIE-Werbemaßnahme „Empörend junge Mode"

folgende Werbeaktivitäten: Anzeigen in Tageszeitungen, Schüler- und Studentenzeitungen, Verlosungen, Rundfunk- und regionalspezifische Eröffnungswerbung und Modeschauen, die von der Industrie unterstützt werden. Daneben wird Prospektwerbung gemacht. Zur Saisoneröffnung gibt es immer einen jungen, modischen Markenprospekt. Daran schließt sich ein Mittelpreisprospekt an, mit den Sortimenten von Vingar-Perfect-Outfit und in der Zeit des HERTIE-Marktes ein Power-Prospekt im unteren Preisniveau. Dadurch sind alle Sortimentsniveaus vertreten. Ergänzt werden diese Werbemaßnahmen durch regional flächendeckende Buswerbung, Großplakatierungen und Litfaßsäulen. Ziel ist es immer, den Bekanntheitsgrad der „Erlebniswelt Junge Mode" zu erhöhen.

Die meisten dieser externen Werbemaßnahmen werden von der Zentrale aus gesteuert und von der hauseigenen Werbeagentur Lintas ausgearbeitet. Sie führt komplette Konzepte unter der derzeitigen Aussage „Empörend Junge Mode", durch.

Die Schaltung der Werbemaßnahmen erfolgt immer standortbezogen, denn wettbewerbsintensive Standorte müssen auch intensiver und über einen längeren Zeitraum hinweg beworben werden.

Die internen Werbeaktivitäten in Form von Verkaufsförderungsmaßnahmen sind rein abteilungsspezifisch und dienen vor allem der Unterstützung der Eigenmarke. Vingar soll sich in den Köpfen der Verbraucher als gleichwertige Alternative zu den Herstellermarken festsetzen.

Das tragende Element

Mit der Einführung der „Trend-Company" wurde auch ein Personalkonzept erstellt, denn die richtigen Mitarbeiter sind der tragende Teil dieser Unternehmung zwischen Ware und Konsument. Besonderes Augenmerk fällt hier auf die Wahl der zielgruppenadäquaten Mitarbeiter. Junge Kunden wollen von keiner Oma bedient werden. Deshalb müssen junge weibliche und männliche Jeansträger, die entsprechend modisch gekleidet sind, als Verkaufspersonal eingesetzt werden. Wichtig ist, daß durch Einstellung, Aussehen und Auftreten der richtige „Draht“ zum Kunden entsteht, der durch gleiche Sprache, Freizeitaktivitäten und modische Richtung geprägt wird. Diese Faktoren sind deshalb notwendig, weil durch sie erst eine Akzeptanz beim jugendlichen Kunden erlangt werden kann.

Für junge Kunden ist die Selbstbedienung zwar eine gewohnte und beliebte Art des Einkaufens. Doch sind gerade hier die im Verkaufsraum anwesenden Mitarbeiter ein nicht zu unterschätzender Profilierungsfaktor. Gefragt sind freundliche und kompetente Hilfsbereitschaft. Gerade dies fällt in einem Warenhaus, zu dem die „Trend-Company“ gehört, außerordentlich angenehm auf. Die Jugendlichen wollen sich zunächst einmal in Ruhe umschauen. Die Mitarbeiter der „Trend-Company“ werden also nur akzeptiert, wenn sie der Zielgruppe angehören und zudem kompetent, freundlich, hilfsbereit und modebewußt sind. Denn der Konsument ist heute in Sachen „Junge Mode“ selbst sehr kompetent und möchte beim Einkaufen als Kunde ernst und wichtig genommen werden.

Der Mitarbeiter von heute muß in der Lage sein, sich auf das Einkaufsverhalten der Konsumenten einzustellen. Sowohl eine unabhängige Studie als auch die Untersuchungsergebnisse von Stefan Thöne und Stefanie Müller-Liebig haben gezeigt, daß der Kunde bei seinem Einkauf sehr emanzipiert und individuell vorgeht und viel Wert auf einen Erlebniskauf legt. Das Erlebnis ist ihm wichtiger als die Qualität. Somit wird der Kunde zu einer unberechenbaren Variabel, die kein starres Konzept zuläßt. Jeder Mitarbeiter muß demnach die Kundensprache sprechen und bei Beratungsgesprächen die Wünsche des Kunden herausfinden. Dieses setzt hohe kommunikative Fähigkeiten der Mitarbeiter voraus. Die Kommunikationsfähigkeit ist die Basis für schnelles und flexibles Reagieren auf Kundenwünsche.

Die Mitarbeiter müssen neben der Fachkompetenz auch Teamfähigkeit zeigen. Bei der Komplexität der Aufgaben und Anforderungen kann nur Teamarbeit zu optimalen Ergebnissen führen. Dabei übernimmt der „Trend-Company“-Leiter eine wichtige Moderatorenrolle.

Wenn den Mitarbeitern die Teamarbeit gelingt, können sie als Repräsentanten das Image wirksam mitgestalten. Gleichzeitig können sie durch den engen Kundenkontakt am ehesten die Verbraucherwünsche und brandaktuellen Trends erkennen. Diese Informationen sind als Feedback an den Zentraleinkauf weiterzuleiten. Die Mitarbeiter sind also auch im umgekehrten Sinne Vermittler zwischen Konsument und Ware.

Da ein hoher Identifikationsgrad der jungen Mitarbeiter mit der Jungen Mode naheliegt, werden auch viele unter ihnen eigene Ideen und Aktivitäten in dem Sortiment der „Trend-Company" wiedererkennen. Teamgeist verstärkt dabei die Identifikation mit den gestellten Aufgaben.

Durch eine positive Rückkopplung steigt die Motivation. Wenn sich also die Mitarbeiter in der „Trend-Company" wohlfühlen, überträgt sich dies auf ihre Besucher und Kunden. Aus diesem Grund arbeitet der Zentraleinkauf nicht unbedingt nur mit den Shop-Leitern der „Trend-Companies" direkt zusammen, wenn es um Musterungen oder Kollektionszusammenstellungen geht. Statt dessen werden die Mitarbeiter, die die Kundenwünsche vor Ort kennen, in die Arbeit miteinbezogen und somit der Teamgeist gefördert. Es sind die Warenfachleute vor Ort.

Der Aufbau der „Trend-Companies" bietet den jungen Mitarbeitern, die nicht unbedingt Hertianer sein müssen, eine reelle Aufstiegschance. Je nach Qualifizierung und persönlichem Engagement können Substituten und Erstkräfte nach einer Einarbeitungszeit, die teilweise auch im Zentraleinkauf absolviert wird, Shop-Leiter werden und bekommen dann für ihre „Trend-Company" die volle Ergebnisverantwortung.

Sie werden zunächst in C-Häusern eingesetzt und können sich dann über B- zu A-Häusern hocharbeiten, wobei natürlich auch auf die Wahrung des sozialen Friedens geachtet werden muß. Die noch sehr jungen Shop-Leiter von „Trend-Companies" sind Absatzprofis, die durch eine ganzheitliche Denkart „gläserne Wände" aufbrechen.

Als Anreiz für die Mitarbeiter existiert ein Provisionssystem. Die Provision besteht aus Gruppen- und Einzelprovision im Verhältnis 1:1 und wird mit der erbrachten Arbeitszeit abgeglichen. Die Provisionsgestaltung ist abhängig von der Warengruppe beziehungsweise dem Artikel.

Ein weiterer Punkt sind externe und interne Schulungen für Mitarbeiter. Externe Schulungen werden von einzelnen Lieferanten oder Herstellern organisiert, interne Schulungen laufen über den Zentraleinkauf der „Trend-Company“. So wurden letztens alle Mitarbeiter über den neuen Aufbau der verschiedenen Paßformen und Varianten der Vingar-Jeans ausführlich informiert.

Ohne rosa-rote Brille in eine rosige Zukunft

Die neueste Sortimentsveränderung hat im Eigenmarkenbereich stattgefunden. Das Angebot der Vingar-Jeans wurde im Januar 1993 neu strukturiert und teilweise verändert. Neben der Eigenmarke „Vingar“ (Mittelpreislage) gibt es nun die Eigenmarke „Power“ (Niedrigpreislage). Der Name Vingar soll nur noch für die mittelpreisigen Produkte verwendet werden, um einerseits keinem Identitätsverlust durch Qualitätsmängel ausgesetzt zu sein und andererseits eine klare Abgrenzung zu den Billigangeboten zu haben. Die Vingar-Jeans wird jetzt unterschieden in das Gold und Platinum Label. Für die einzelnen Paßformen und Denimqualitäten und -farben wurden Namen wie Henry, Julia, und Seattle vergeben, um sie klar voneinander abzugrenzen. Heutzutage kosten 65 Prozent der Markenjeans über DM 100. Teilweise wird sogar die DM 200 Grenze erreicht. Deshalb muß es Jeans mit gleicher Qualität geben, deren Preis aber unter DM 100 liegt, für Leute, die keine DM 100 für Jeans ausgeben wollen oder können. Obwohl eine exklusive „Vingar Limited Edition“ geplant ist, die die Preislage deutlich über DM 100 angreifen soll, befinden sich alle Vingar-Jeans im mittleren Preissegment bis DM 79,95. Die Power-Jeans, die nach dem gleichen Konzept gestaltet wurden, decken das untere Preisniveau bis DM 49,95 ab.

Dieses neue Jeans-Programm „Vingar“ und „Power“ ging bereits an alle Jeans-Shops und „Trend-Companies“ und ist dort eingeführt worden. Die Paßformen und Größen sollen genauso klar erkennbar sein wie bei den Fremdmarken. So kann dem Kunden die Eigenmarken-Jeans noch problemloser präsentiert werden. Diese Modelle bestechen nicht nur in Qualität und Aktualität. Sie sind gleichzeitig sehr preisgünstig und erzielen eine unglaublich gute Kalkulation gegenüber den Fremdmarken.

Die Eigenmarke Vingar ist einer der wichtigen Eckpfeiler der „Trend-Company“. Um den stetigen Anstieg des Kundenpotentials zu erhalten, unterliegt auch die Kollektionszusammenstellung dem ständigen Wandel. Einst als Jeans-Marke konzipiert, tendiert Vingar heute zur Sportswear-Young-Fashion-Marke. Auch der Oberteilbereich ist Veränderungen unterworfen und geht heute auch in Richtung „Trendy“ und „Exklusiv“. Nur die Jeans allein hat ihre Tradition beibehalten können, und das ist auch gut so.

Um Synergieeffekte auch für die Zukunft zu gewährleisten, wird für die Zielgruppe der ganz jungen Kunden (8–14 Jahre) ab 1994 „Vingar-Kids“ mit der gleichen Erfolgsstory aufgebaut. Dabei wird die Kinderkonfektionsabteilung miteinbezogen. Umfragen haben ergeben, daß man auch hier voll im Trend liegt. Es geht, wie die Philosophie der „Trend-Company“ besagt, um eine frühe Kundenbindung. Diese Bindung sichert aus strategischer Sicht langfristig die Erträge, wenn man den jungen Kunden schon heute von den Produkten überzeugen kann. Bisher gibt es im Warenhaus nur eine Kinderkonfektionsabteilung, die den Ansprüchen von Kindern zwischen 8–14 Jahre nicht voll gerecht werden kann. Dieses kann derzeit auch die „Trend-Company“ nicht, da es keine ausreichenden Größen und Schnitte an Jeanswear für diese Klientel gibt. Die nächste Marktlücke kann besetzt werden.

Dieses Beispiel weist ganz eindeutig auf die Integrierung weiterer Abteilungen in die „Trend-Company“ hin, wobei darauf geachtet werden muß, daß Doppelplazierungen auf jeden Fall vermieden werden und Abstimmungen jeweils komplett mit dem Sortiment und der Zielsetzung der „Trend-Company“ erfolgen.

Die Fremdmarken und die Billigangebote sind sichere Umsatzbringer. Schwieriger gestaltet sich da die mittlere Preislage. Die Konzeption hat sich dafür einen Traumkunden geschaffen. Der Traumkunde, der die mittlere Preislage bevorzugt, ist 25–35 Jahre alt, steht am Anfang seiner Karriere und ist zeitgeistorientiert. Er ist natürlich mit der Jeans aufgewachsen und hat ein ausgeprägtes Markenbewußtsein entwickelt. Doch mittlerweile trägt er eine soziale Verantwortung für seine junge Familie. Bisher war es für diesen Kunden kein Problem, Fremdmarken zu kaufen, da er von seinem Budget nur seine eigenen Bedürfnisse befriedigen mußte. Er konnte sich die Diesel-, Replay-, Levis- oder Joop-Jeans leisten. Durch die Familie wird sein Budget nun geschmälert, und er kann sich keine Originale mehr leisten. Auf die Qualität, den Schnitt und das Design der Fremdmarke möchte er jedoch nicht verzichten. Für diesen Kunden ist das mittlere Preissegment ideal, da die Eigenmarke Vingar diese Ansprüche erfüllt. Er kann seinem Stil treu bleiben, ohne Qualitätsverluste hinnehmen zu müssen.

Leider werden langfristige, gute Strategien immer wieder durch konjunkturelle Schwankungen beeinflußt. Diese Situation trifft auch in diesem Fall zu. Durch den Abschwung und die Suggerierung von Problemen durch die Politik und die Medien verhält sich der Konsument bereits wie in einer Rezession, ohne daß sie voll eingetreten ist. Die Rezessionsgerüchte reichen aus, um ein geändertes Konsumentenverhalten am Markt beobachten zu können. Im Moment und für die nächste Zeit wird es wahrscheinlich keinen Traumkunden für die „Trend-Company“ geben, da durch die Rezession und die politischen Wirren und Verwirrungen eine Polarisierung im Sortiment stattfindet. Entweder entscheidet sich der Kunde für hochpreisige Fremdmarken oder für die preisgünstige Eigenmarke Power. Insgesamt geht in dieser Situation der Trend zum preisbewußten Einkaufen. Der Traumkunde der mittleren Preislage entscheidet sich nun für die Billigangebote.

Deshalb wurde seit neuestem eine Rezessionskollektion mit Dauerniedrigpreislagen entworfen, um dieser gezielten Nachfrage zu entsprechen. Trotz der hohen Planungen für die mittlere Preislage wurde schnell und flexibel reagiert. So konnte man dem geänderten Marktverhalten heute und in Zukunft entsprechen.

Die Symbiose zwischen Eigenmarke und Fremdmarke wird weiter intensiviert. Der Nutzen der Präsentation beider Marken nebeneinander soll sich in Zunkunft nicht nur am Verkaufspunkt ergeben, sondern auch in den Werbemedien. Die ersten Schritte in diese Richtung sind getan mit dem „Trend-Company“ Magazin über die Themen Kino, Video, Musik und Mode, in dem auch die Fremdmarken ihren Platz gefunden haben. Zusätzlich wird es demnächst einen Werbefilm im Kino geben. Somit erhält die Eigenmarke ihre eigene Dynamik und schafft den Anschluß zur Trend- beziehungsweise Fremdmarke.

Das Vingar Kundenpotential kann nur einen langsamen Anstieg verzeichnen, da dem Produkt auch nur ein Prozent des Umsatzes an Werbevolumen zur Verfügung steht. Hiermit liegen die Werbeinvestitionen weit hinter denen der Markenindustrie. Wie bisher kann es also auch für die Zukunft nur heißen, daß man die geringeren Werbemöglichkeiten durch Aktualität und Qualität am „Point of sale“ ersetzen muß. Deshalb ist es wichtig, nach der Maxime des stellvertretenden Einkaufsdirektors und Projektleiters der „Trend-Company“, Bremora, zu verfahren: „Es geht nicht darum Pflichten zu erfüllen, sondern Ergebnisse zu erzielen.“

Eike Markau, Jahrgang 1935, war von 1960 bis 1973 in leitenden Vertriebsfunktionen bei AEG-Telefunken tätig. Anschließend wurde er alleiniger Geschäftsführer eines Unternehmens der Nahrungsmittelindustrie. 1987 trat er als Mitglied der Geschäftsführung der Messe Frankfurt GmbH bei, seit 1988 ist er ihr Vorsitzender.

Seit über 20 Jahren auf Wachstumskurs: Die Erfolgsstory der *Heimtextil*

von Eike Markau

Mit 2300 Ausstellern aus über 50 Ländern, mehr als 65 000 Fachbesuchern aus rund 100 Ländern und einer Ausstellungsfläche von über 200 000 Quadratmetern stellte die jüngste *Heimtextil*, Internationale Fachmesse für Heim- und Haustextilien, im Januar 1993 in Frankfurt am Main erneut Rekorde auf. Zuwachsraten von durchschnittlich drei Prozent bei den Ausstellern und vier Prozent bei den Besuchern sowie die hohe Zufriedenheit der Aussteller in den vergangenen Jahren belegen eindrucksvoll die Spitzenposition der *Heimtextil*, der weltgrößten Fachmesse für Heim- und Haustextilien, im internationalen Messemarkt.

Um den Weg der *Heimtextil* hin zum Spitzenprodukt nachzeichnen zu können, bedarf es vorab einiger grundlegender Begriffsdefinitionen. Denn: Ein „Messeprodukt" ist keine Ware beziehungsweise kein Markenartikel im traditionellen Sinn, der in gleichbleibender, qualitätskontrollierter Aufmachung mit in der Regel festem Preis präsentiert wird, sich anfassen läßt und überall erhältlich ist. Eine Messe ist als Marketing- und Kommunikationsinstrument eine Dienstleistung, deren Qualität durch die Güte der direkten Kommunikationsmöglichkeiten zwischen Ausstellern und Besuchern, dem Ereignischarakter und der Fähigkeit zur Anpassung an sich ständig wechselnde Marktbedingungen bestimmt wird.

Die *Heimtextil* ist eingebettet in eine dreistufige Marktstruktur. Den Primärmarkt machen die Hersteller beziehungsweise Anbieter und die Nachfrager von Heim- und Haustextilien – kurz: die Branche – aus. Darin integriert ist der Kommunikationsmarkt, in dem

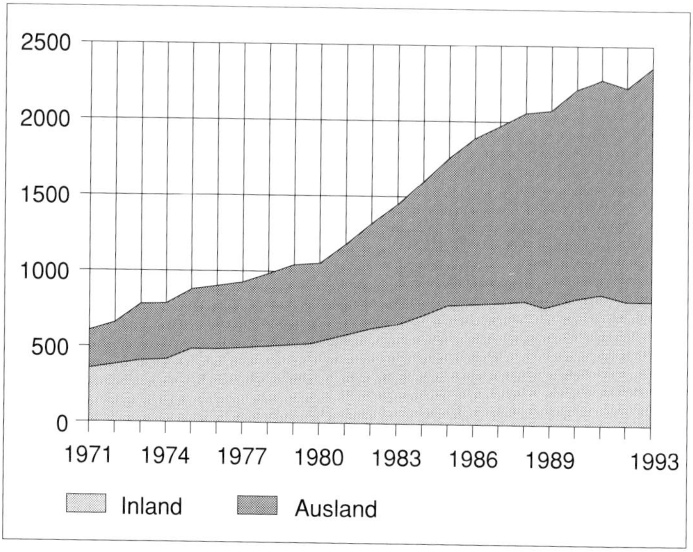

Abbildung 39: Entwicklung Heimtextil 1971–1993 – Aussteller

die direkte und indirekte Kommunikation der Primärmarktteilnehmer stattfindet, sowie der eigentliche Messemarkt als Teil des Kommunikationsmarktes. In diesem Messemarkt steht die Heimtextil im Wettbewerb.

Unser Geschäft ist somit die direkte Kommunikation. Als Messeplatzveranstalter und -betreiber fungieren wir nicht nur als Lieferant von Ausstellungsfläche. Auf unserem eigenen Gelände, an einem festen Ort, „vermitteln" wir durch die *Heimtextil* unseren Kunden die Möglichkeit der direkten Kommunikation. Deshalb stehen wir in ständigem Kontakt mit den Marktteilnehmergruppen der Primärmärkte und des Kommunikationsmarktes, um unsere „Sinnesorgane" für die Bedürfnisse unserer Kunden zu schärfen. Die Qualität einer überregionalen Fachmesse ist abhängig von der Internationalität, der Finanz- und Investitionskraft und der Branchenreputation der Aussteller und Besucher, die sich zum traditionellen Messetermin einfinden.

Die Qualität von Messeplatz und Messeservice sind weitere Erfolgsfaktoren für eine Messe: Die Lage Frankfurts im Verkehrsknotenpunkt Europas, die Übersichtlichkeit des Messegeländes, nutzenorientierte Service-Einrichtungen vom Standbau über die Zimmervermittlung bis zum elektronischen Informationssystem sind hier wichtige Parameter. Weiterhin beinhaltet der Messeservice als umfassende Betreuung unserer Kunden auch die Ergebnisse unsere Marktforschung, beispielsweise in Form von Aussteller- und Besucherbefragungen, sowie die weltweite Beratung durch unser Repräsentantennetz, das für rund 90 Länder etabliert ist.

Als Instrument im (Marketing-)Kommunikationsmix der Aussteller und Besucher muß sich eine Messe gleichzeitig gegen verschiedene Konkurrenten auf dem Markt behaupten. Zum einen sind dies andere Messen mit themengleichen oder -überschneidenden Inhalten. Zum anderen zählen dazu die Interaktions- und Werbemöglichkeiten, die unseren Kunden alternativ oder ergänzend auf dem Kommunikationsmarkt zur Verfügung stehen, wie etwa Anzeigenwerbung, Direct Mailings oder Außendienstmitarbeiter.

Unsere Kunden sind – ganz im Unterschied zum Produkt „Ware“ – integraler Bestandteil der Produktion, das heißt der Herstellung des Ereignisses Messe, und des Produktes, das heißt der Messe selbst. Anders als bei Waren findet bei Messen keine Distribution im klassischen Sinn statt.

Eine weitere Besonderheit der Dienstleistung Messe ist ihr „Verkauf“ als Produkt vor beziehungsweise während der eigentlichen „Produktion“. Dazu zählt neben der Bekanntmachung von Messe-Idee und -Inhalten naturgemäß der Verkauf von Standflächen und Eintrittskarten. Wir können – besonders bei neuen Veranstaltungen – unseren Kunden nur das Modell des jeweiligen Produktes „Messe“ durch punktgenaue Kommunikation „verkaufen“, mit der Besonderheit, daß unsere Kunden, nämlich die Aussteller und Besucher, wechselseitig Teile des Produktes sind und die Messe auch noch während der Produktionsphase „konsumieren“.

Ebenso komplex wie das Produkt gestaltet sich dessen Marketing-Kommunikation. Da Absatz und Verkauf bereits einsetzen, bevor das Produkt auf dem Markt sichtbar ist, „lebt“ dieses ausschließlich von und durch kommunikative Inhalte und den Vertrauensvorschuß in die Glaubwürdigkeit des Veranstalters. Glaubwürdig sind wir, wenn wir die gesamte Marketingpolitik der Messe an der Nutzenmaximierung für die Aussteller und Besucher ausrichten und uns ständig marktkonform im Sinne der beteiligten Branchen auf der Basis detaillierter Marktforschung aktuell orientieren. Erfolg haben wir, wenn wir dies richtig kommunizieren.

Da Herstellung und Vermarktung eine Einheit bilden, das heißt die Umsetzung der Idee in ein Produkt und das Angebot des Produktes am Markt zusammenfallen, kommt der Kommunikation ein extrem hoher Stellenwert zu. Dabei müssen die vier klassischen Instrumente des Marketing-Kommunikationsmixes – Werbung, Verkaufsförderung, Presse und Public Relations sowie direkte Akquisition, die im übrigen im Ausland durch die Repräsentanten stattfindet – detailliert aufeinander abgestimmt sein. Ihnen kommt von Beginn an eine produktstrukturierende Bedeutung zu, da die auf der Messe anwesenden Aussteller und Besucher die Struktur des Produktes ausmachen.

Entwickeln einer marktfähigen Idee

Generell ist es möglich, das Produkt Messe durch Ausgliederung tragfähiger Angebotsbereiche aus einer existierenden Großmesse oder durch die Kreation neuer Messethemen oder die Zuordnung beziehungsweise Arrondierung neuer Themen und Branchen zu einer existierenden Veranstaltung weiter zu entwicklen. Welche Lösung das Bedürfnis nach einer idealen Marketingplattform für unsere Kunden am ehesten erfüllen kann, erarbeiten wir in Zusammenarbeit mit den Markt- und Messeteilnehmern.

Die *Heimtextil* wurde von der Messe Frankfurt GmbH erstmals im Januar 1971 als selbständige Fachmesse durchgeführt. Vorausgegangen war eine Strategie der Produktentwicklung hin auf die Aussteller- und Besucherinteressen. Bis zu diesem Zeitpunkt war der

Angebotsbereich „Heim- und Haustextilien" Teil der damaligen Frankfurter Frühjahrsmesse gewesen, einer Mehr-Branchen-Messe mit einer umfassenden Konsumgüterpalette, die seit 1948 existiert.

Der Wunsch der Heim- und Haustextilienindustrie und des Handels nach einem günstigeren Termin und einer eigenständigen Darstellungsform, Anträge der Aussteller auf zum Teil erhebliche Standvergrößerungen, verstärkte Anfragen aus dem In- und Ausland sowie ferner der Wunsch nach einer Entzerrung hinsichtlich der Verkehrs- und Unterbringungsprobleme während der Frühjahrsmesse waren 1971 die Beweggründe für die Messegesellschaft, einen eigenen Termin für die Heim- und Haustextilien zu realisieren. Damit wurden zudem für die auf der Frühjahrsmesse verbleibenden Produktgruppen Flächenkapazitäten frei.

Umsetzung der Idee in ein Produkt

Der „Produktionszeitraum", das heißt die Vorbereitung und Kommunikation für die erste *Heimtextil* im Januar 1971, erstreckte sich über eineinhalb Jahre, sieht man einmal von den ersten Kontakt- und Ideengesprächen ab, die bereits im weiten Vorfeld zwischen Ausstellern, Verbänden, Institutionen und der Messeleitung geführt wurden. Von Anfang an gab es eine enge Verzahnung mit der Kommunikation auf internationaler Ebene. Parallel zur direkten Akquisition in Deutschland und im Ausland wurden Werbe- und PR-Maßnahmen durchgeführt, die über die Konzeption wie auch die Resonanz informierten. Höhepunkt war eine internationale Pressekonferenz mit 58 Fachorganen aus 14 Ländern drei Monate vor Messebeginn.

Für die neue *Heimtextil*-Messe vom 13. bis 17. Januar 1971 hatte man eine Aussteller- und Flächensteigerung von 20 Prozent gegenüber dem Heim- und Haustextiliensegment der vorangegangenen Frühjahrsmesse geplant. Die Erstveranstaltung übertraf dann allerdings die Erwartungen der kühnsten Optimisten: 40 Prozent mehr Aussteller und eine Verdoppelung der Ausstellungsfläche waren das Ergebnis. 607 Direktaussteller und 72 zusätzlich vertretene

Unternehmen, davon gut 40 Prozent aus dem Ausland, zeigten ein in dieser Vollständigkeit in Europa noch nie zuvor versammeltes Angebot auf über 75 000 Quadratmetern. Das Ausstellungsspektrum war weitgehend mit dem der heutigen *Heimtextil* identisch und umfaßte zusätzlich Teppiche, Teppichböden und andere textile Bodenbeläge. Über 40 000 Facheinkäufer, davon rund 20 Prozent aus über 50 Ländern, besuchten die Messe.

Eine Vorstellung von der Größenordnung der Besucher gibt ein Vergleich mit der Zahl der Fachhandelsgeschäfte im damaligen Westdeutschland: Mit maximal 30 000 wurde Anfang der siebziger Jahre die Zahl der Einzelhandelsgeschäfte für Heim- und Haustextilien, Inneneinrichtung, Tapeten und Raumausstattung angegeben. Angesichts der Tatsache, daß 54 Prozent der Besucher aus diesem Bereich kamen, war die Basis für weitere Besuchersteigerungen zu den kommenden *Heimtextil*-Messen abzusehen.

Als Erfolgsfaktoren zur ersten *Heimtextil* erwiesen sich: der für alle beteiligten Branchen gewählte Termin im Januar, die Tagesfolge Mittwoch bis Sonntag (seit 1984 Mittwoch bis Samstag), die räumliche Bündelung und Strukturierung des Ausstellungsangebots, bessere Präsentationsmöglichkeiten für die Aussteller durch größeres Flächenangebot, gute Produktqualitäten und attraktive Neuheiten, die geschäftlichen Resultate – das heißt höhere Aufträge und Umsätze – der Aussteller, ferner die bedeutende Informationsfunktion der Messe im Qualitäts-, Leistungs- und Preisvergleich und die Kommunikationsmöglichkeiten zwischen Ausstellern und Besuchern für das Nachmessegeschäft. Kurz, die ideale Präsentations-, Kommunikations- und Absatzfunktion der Messe für die Aussteller komplettierte die zielgenaue Informations-, Kommunikations- und Orderfunktion für die Fachbesucher.

Fazit: Eine erfolgreiche Idee hatte ihre Marktfähigkeit bewiesen. Und sollte dies in den folgenden Jahren weiter tun. Nach zehn Jahren, 1980, war die Zahl der ausländischen Firmen bereits höher als die der inländischen Anbieter. Über 1000 Aussteller auf 115 000 Quadratmetern weist die Statistik aus; der Internationalitätsgrad auf der Besucherseite war 1980 auf 30 Prozent bei insgesamt über 60 000 Facheinkäufern gestiegen.

Interessant ist, daß am Anfang, mit Außnahme des Jahres 1974, keine Sonderschauen in die *Heimtextil* integriert waren. Lediglich einige aktuelle Schwerpunktthemen wurden herausgestellt; 1980 stand beispielsweise das Thema Energiesparen mit Textilien im Mittelpunkt. Erst ab 1982 wurden Sonderschauen und Trendpräsentationen zum festen Bestandteil der *Heimtextil*.

Die sprunghafte Entwicklung der *Heimtextil* brachte ein Kapazitätsproblem mit sich, so daß man Mitte der achtziger Jahre an eine Segmentierung der *Heimtextil*-Produktpalette dachte. Aussteller-Wartelisten und zahlreiche Standvergrößerungswünsche in allen Angebotsbereichen bestärkten die Messeleitung, unterstützt von namhaften Branchenverbänden und Industrievertretern, in dem Entschluß, eine eigene Bodenbelagsmesse, die Format, ins Leben zu rufen.

Für diese Special-Interest-Messe sprach sich die überwiegende Mehrheit der deutschen Teppichbodenindustrie aus. Der seinerzeit anvisierte Termin von Ende April/Anfang Mai wurde jedoch international nicht mitgetragen. Der dann gewünschte frühere Termin konnte auf dem Messegelände in Frankfurt aus Kapazitätsgründen nicht realisiert werden.

Daß jedoch letztlich die Idee der Ausgliederung erfolgreich war, beweisen die positiven Entwicklungen sowohl der *Heimtextil* wie auch einer inzwischen in Hannover durchgeführten Bodenbelagsmesse. Beide Messen sind zugleich ein lebhaftes Beispiel für die Wettbewerbsintensität am Messemarkt.

Die *Heimtextil* erlebte durch die Ausgliederung der Teppichböden und Teppiche keinen Rückgang bei den Ausstellerzahlen und der Ausstellungsfläche, da Firmen auf den Wartelisten der übrigen Produktbereiche nunmehr berücksichtigt werden konnten. Auch die Besucherzahlen stabilisierten sich umgehend wieder auf hohem Niveau.

Durchsetzung des Produktes am Markt

Die Marktführerschaft der *Heimtextil* wird vor allem durch die steigende Internationalität dokumentiert: 65 Prozent der Aussteller und ein Drittel der Besucher reisen mittlerweile aus dem Ausland an. Inländische wie ausländische Fachbesucher sind hoch qualifiziert: Sie kommen aus dem Einzel- und Großhandel sowie der Industrie und dem Handwerk, sind selbständige Unternehmer, Geschäftsführer und Direktoren und haben zu über 80 Prozent Einkaufskompetenz.

Die Struktur der *Heimtextil* wurde in jüngster Zeit noch übersichtlicher und besucherfreundlicher gestaltet. Sieben in sich homogene Fachmessen wurden geschaffen: Dekorations- und Möbelstoffe sowie Gardinen, die Erlebniswelt Bad, der Tapetenpark mit Wandbekleidungen, die Sonnenschutz-Technik „Lichtblicke am Fenster“, der Haustextilienbereich mit Bettwaren, Bettwäsche, Wasserbetten und Matratzen, die Tischmode sowie die Design-Präsentation ATELIER. Ausgewählte Schwerpunktthemen komplettieren diese Fachmessen: Dazu zählen die Garn- und Faserfirmen und die Heimtechnik-Aussteller. Zur kommenden *Heimtextil* von 12. bis 15. Januar 1994 stehen den Ausstellern durch die vollkommen renovierte und vergrößerte Halle 10 nunmehr 230 000 Quadratmeter zur Verfügung.

Die Forderung nach branchenspezifischen Problemlösungen erfüllen wir durch die Organisation von internationalen Gemeinschaftspräsentationen und Sonderschauen zu ausgewählten Themen. Darüber hinaus erarbeitet der traditionelle TrendTable der Frankfurter *Heimtextil* jährlich die Trends für die textile Wohnwelt der kommenden Saison. Die Inhalte, Farben, Texturen und Materialien der Trendthemen sollen den Ausstellern Anregungen bei der marktnahen Produktentwicklung geben. Sie werden ferner im Rahmen einer Trendpräsentation während der Messe vorgestellt.

1993 inszenierte die bekannte Pariser Stylistin Li Edelkoort eine avantgardistische „Trend-Vision“ in der Kongreßhalle, nachdem bereits in den beiden Vorjahren der Trendspezialist Alfred Abele eine umfassende Trend-Multivision realisiert hatte.

Um das Produkt *Heimtextil* erfolgreich am Markt zu halten, hat sich die Teamarbeit aller Beteiligten bewährt. Dies gilt sowohl für die Mitarbeiter in der Messegesellschaft als auch für die Kunden und die Verbände, die im Beirat der Messe vertreten sind. Die *Heimtextil* wird durch ein Produktmanagement geführt, das ein integriertes Marketing- und Servicekonzept erarbeitet und damit Qualitätskonstanz garantiert. Vier „Bereiche" arbeiten hier im Rahmen eines Profitcenters zusammen: der Objektleiter mit seinem Team, die Technik- und Service-Abteilung, die Presse- und PR-Abteilung und der Internationale Vertrieb. Der Aussteller- und Fachbeirat der *Heimtextil* tagt in regelmäßigen Abständen, um die Konzeption der Messe marktgerecht mit- und weiterzuentwickeln.

Betreuung von Kunde und Produkt

Ebenso wie das jährliche Angebot der *Heimtextil* am Markt der permanenten Prüfung auf Marktfähigkeit unterliegt, so bietet die Betreuung von Kunde und Produkt in der Nachmessephase gleichzeitig neue Ideen und Ansatzpunkte für die nächste Veranstaltung.

Integrale Bestandteile dieser „Betreuungsphase" sind die kontinuierliche Marktforschung und Besuchererfassung ebenso wie punktuell durchgeführte Beratungsstudien. Unsere Marktforschung liefert Informationen zur Positionierung der *Heimtextil* im Vergleich zu themenähnlichen Veranstaltungen, zur Aussteller-, Besucher- und Flächenentwicklung, zum Internationalitätsgrad, zur Länderpräsenz und zu den Angebotsgruppen. Besucherbezogen werden vor allem die Wirtschaftszweige und Interessenschwerpunkte sowie die Sortimentsstruktur im Handel abgefragt.

Die erfaßte Beurteilung des Gesamtergebnisses der Messe als Absatz- und Beschaffungsinstrument liefert Argumente für die Produkt-Konzeption und die Kommunikation. Danach ist der wichtigste Teilnahmegrund für die Aussteller – dies gilt im übrigen für alle unsere Messen – das Kennenlernen von potentiellen Neukunden, während die Besucher vor allem Neuheiten sehen wollen. Unsere Aussteller und wir, die Messe Frankfurt, müssen unsere Konzepte danach ausrichten.

Während die messeinternen Befragungen und Erfassungen kontinuierlich zu jeder Messe durchgeführt werden, sollen externe Studien aus einer strategischen Bestandsaufnahme der Messe selbst, ihrer Märkte, Kunden und Wettbewerber heraus qualitativ und quantitativ langfristige Entwicklungsmöglichkeiten aufzeigen. Wir investieren damit in fundiertes Basiswissen, um die Position der *Heimtextil* zum Nutzen unserer Kunden langfristig zu stärken.

Zur Betreuung von Kunde und Produkt zählen wir auch unser Angebot einer Systemlösung, mit der wir unseren Kunden anbieten, sie nicht nur in Frankfurt, sondern weltweit zu betreuen. Zum einen geschieht dies durch die Präsenz der 59 Auslandsvertretungen und sieben Unterrepräsentanten für 88 Länder, die von unserem Internationalen Vertrieb mit drei Area Managern für Europa, Asien und Nordamerika geleitet werden. Zum anderen investieren wir in Märkte und Produkte, indem wir die *Heimtextil* auch in den beiden anderen nachfragestarken Weltmarktregionen Asien und Amerika durchführen. Auf diese Weise erschließen wir den Ausstellern wichtige Wachstumsmärkte und Neukunden. Die Realisierung eines tripolaren Weltmessen-Konzepts begannen wir 1987 mit der Interstoff Asia in Hongkong. Die *Heimtextil* haben wir inzwischen auch in Japan und den USA durchgeführt.

Eine abschließende Standortbestimmung der *Heimtextil* kennzeichnet die Fachmesse als weltweit bedeutendste Marktveranstaltung für Heim- und Haustextilien. Ihre Stellung ist in allen Produktbereichen weitgehend unangetastet. Dennoch gibt es Konkurrenten, denen sich die *Heimtextil* stellen muß. Ihre heutige Stärke in Hinblick auf Größe und Internationalität kann auch ein langfristiges Risiko enthalten. Dieses gilt es konzeptionell zu neutralisieren, indem die einzelnen Produktsegmente und Besuchergruppen individuell betreut werden. Darüber hinaus gehört es zu unseren Aufgaben, die europäische Branchenkonjunktur und das zunehmende Gewicht der asiatischen Märkte in die kontinuierliche Weiterentwicklung der Messe einzubeziehen.

Eine konsequent marktkonforme Produktpolitik der *Heimtextil* durch eine Struktur, die sich an den sich wandelnden Märkten hinsichtlich der Produktgruppen und den Bedürfnissen der Fachbesucher orientiert, der Ausbau der Informationsfunktion durch Sonderschauen und Trendaussagen, die Intensivierung messeeigener Dienstleistungen als Beitrag der Servicepolitik, eine Preispolitik, die ein vernünftiges Preis-Leistungs-Verhältnis für unsere Kunden enthält, und die aktive zielgruppenorientierte Kommunikation zwischen der Messe Frankfurt und unseren Kunden dürften jedoch die Weltbedeutung der *Heimtextil* auch für die Zukunft sichern.

Dieter Weng, Jahrgang 1943, studierte in Frankfurt Psychologie bevor er 1970 bei Maggi/Nestlé als Marketing Research Manager ins Berufsleben eintrat. Von 1973 bis 1986 war er bei Richardson-Vicks in unterschiedlichen Bereichen tätig, unter anderem als Marketing Director in den USA und Plans Group Director für Europa und Afrika. 1986 wechselte er zu Kraft General Foods, zunächst als Marketing Direktor, dann als Direktor Strategisches Marketing & Human Resources. Seit September 1992 ist er Sprecher der Geschäftsführung von Kraft General Foods.

Mirácoli – Convenience auf italienisch

von Dieter Weng

Der Trend von heute ist die Marke von morgen

Ein erfolgreicher Markenartikel zeichnet sich dadurch aus, daß er – einmal stabilisiert – Jahrzehnte überdauert. Er befriedigt ein bestimmtes Verbraucherbedürfnis, das aus einem Trend entstanden ist. Er ist daher einerseits eher „konservativ", was seine Qualität anbelangt, andererseits aber modern und anpassungsfähig in seinem Auftritt.

Was ist ein Trend?

Der statistischen Definition zufolge, die in die Soziologie und Betriebswirtschaftslehre übernommenen wurde, ist ein Trend die „Grundrichtung einer Entwicklung". Trends in der Gesellschaft entwickeln sich aus einer Grundstimmung oder Tendenz bestimmter Bevölkerungsteile heraus. Weil sie zunächst bei sehr kleinen Gruppen anzutreffen sind, verbreiten sie sich nur langsam. Trends haben Aussagekraft für die Zukunft, weil sie als Rinnsale beginnen, um sich dann zu mächtigen Strömen auszuweiten. Ein Trend muß, wenn er Verbreitung gefunden hat, für frühe Adopter, die wir Trendsetter nennen, „thematisch relevant" gewesen sein. Von Tendenzen unterscheiden Trends sich dadurch, daß sie bereits in breiten Bevölkerungsgruppen beobachtet werden können, während Strömungen nur in Insider-Kreisen auszumachen sind. Das frühzeitige Erfassen soziokultureller Trends und die rasche Umsetzung in bedürfnisgerechte Innovationen entscheiden über den Erfolg von Marken. Die Trends von heute bestimmen den Erfolg einer

Marke von morgen. Dies gilt ebenso für Food-Trends. Auch der Erfolg von Mirácoli kann auf das frühzeitige Aufspüren, die Aufnahme, die Verstärkung – die konsequente Nutzbarmachung – von Trends zurückgeführt werden.

KRAFT: Vom Käsehersteller zum Nahrungsmittelspezialisten

Mirácoli ist ein Produkt der Firma KRAFT General Foods GmbH, die seit 1988 der amerikanischen Philip Morris Gruppe angehört. Dem mittlerweile größten Konsumgüter-Konzern und gleichzeitig zweitwichtigsten Nahrungsmittelhersteller der Welt.

Mit dem Hersteller KRAFT verband der Konsument bis in die sechziger Jahre hauptsächlich Käseprodukte. 1903 hatte Mr. Kraft in Chicago einen ambulanten Käsehandel aufgebaut. Ende der zwanziger Jahre gab es bereits Produktionsstätten in Großbritannien, Kanada und Australien. Die 1927 in Hamburg gegründete KRAFT-Cheese-Company, Hamburg, führte mit sieben Mitarbeitern original englischen Chester-Käse in Deutschland ein. Nach Übernahme der Kohlerwerke in Lindenberg wurde mit der KRAFT-Käse-Werke GmbH in Lindenberg/Allgäu die erste eigene deutsche Produktionsstätte eröffnet. 1935 übernahm KRAFT die Molkerei Reichertshausen und 1937 die Molkerei Schwabmünchen. 1957 begann die Produktion im Werk Fallingbostel in der Lüneburger Heide, bereits damals eines der größten und modernsten Produktionswerke in Europa.

Vier Jahre später, im Jahre 1961, führte KRAFT mit Mirácoli ein völlig neuartiges Produkt ein. Die Unternehmensleitung setzte damit die Ende der fünfziger Jahre begonnene Diversifikation im Nahrungsmittelbereich (Tomaten-Ketchup, Feinkost-Saucen und Mayonnaise) fort. Heute zählen zum Marken-Portfolio neben Mirácoli so bekannte Markennamen wie Philadelphia, Lindenberger, Miracel Whip, Reis Fit und Kaba.

Die marktfähige Idee Mirácoli

Konsum und Trendanalysen ergaben Ende der fünfziger Jahre, daß Teigwaren und Saucen, besonders Tomatensaucen, sich weitverbreiteter Beliebtheit erfreuten. Hinzu kam, daß ein wachsendes Interesse an italienischen Pasta-Rezepten bestand. Auslöser war die erste große Reisewelle in den Süden. So entstand die Idee für ein italienisches Komplettgericht. Anvisierte Zielgruppen waren die damals langsam entstehenden kleinen Haushalte und jüngere Altersgruppen. Der Höhepunkt des Babybooms und damit die Geburt der später wichtigen Zielgruppe „Familien mit Kindern" standen noch bevor. Das zu entwickelnde Produkt sollte den Grundnutzen „Sättigung" erfüllen und convenient (bequem zuzubereiten) sein und damit den Trend zu wachsender Freizeit- und Erlebnisorientierung aufnehmen. Schließlich sollte das Pastagericht so schmecken wie in Italien und schwer zu imitieren sein.

Von der Idee zum Produkt

„Wundertüte" mit Geschmack

Wichtig bei der Produktentwicklung war vor allem die Aufgabenstellung, daß die Zutaten beziehungsweise deren Zusammenstellung einzigartig sein sollten. Die Entscheidung über die richtige Teigwarensorte fiel nach über hundert Kochversuchen auf italienische Hartweizennudeln. Daneben entstand ein neues Abfüllverfahren für Tomatenmark. Die Einzigartigkeit des Trockenfertiggerichts steckt – auch heute noch – in einem kleinen Beutel mit der „unnachahmlichen" Gewürzmischung. Die Packung enthielt also neben der Pasta Tomatenmark, Pamesello-Käse und die „geheimnisvolle" Gewürzmischung. Das Spaghetti-Komplettgericht konnte schnell und mühelos zubereitet werden und entsprach genau der deutschen Vorstellung von einem typisch italienischen Nudelgericht.

Die Packung ist die Marke

Als Marke kam sowohl der Firmenname als Herstellermarke als auch die Benutzung einer Einzelmarke mit Eigennamen in Frage. Die bei KRAFT-Tomatenketchup bereits verwendete Herstellermarke hätte von den vorhandenen Imagefaktoren wie hohe Qualität, Zuverlässigkeit, Vertrauenswürdigkeit und allgemeine Sympathie profitiert. Die Marke KRAFT wäre für ein Spaghettigericht tauglich gewesen. Dennoch entschied sich KRAFT für die Einzelmarke mit Eigennamen. Die bis dahin unbekannte Kombination von Einzelbestandteilen, Zubereitungsvorteilen und dem entscheidenden Geschmackserlebnis bot die einmalige Chance einer besonderen Auslobung. Speziell der Markenname sollte die Assoziation wecken: Noch einmal wie im Süden essen.

In Zusammenarbeit mit der Agentur J.W. Thompson (Frankfurt/Main), die die Marke bis heute betreut, entstand eine Liste mit über hundert Namensvorschlägen. Spontan entschied man sich für „Mirácoli“ (Mehrzahl von miracolo, italienisch: Wunder). Ein Markt mit immenser unausgeschöpfter Nachfrage ließ ungeprüfte, intuitive Entscheidungen dieser Art noch zu. Spontanes Handeln ist jedoch häufig Ursache von Mißerfolgen. Es darf nicht übersehen werden, daß nicht durch Tests abgesicherte Aktionen häufig Mißerfolge produzierten, die der allgemeine Aufschwung damals überdeckte. Zielgerichtete und im Rahmen der damaligen Möglichkeiten bereits stark marketingorientierte Unternehmen wie KRAFT erreichten jedoch, daß die Flop-Rate erheblich unter der Erfolgsrate blieb.

Der prägnant gestaltete Markenname, die Wiedererkennbarkeit, die graphische Aufteilung der Fläche, die farbliche Gestaltung, die appetitliche Darstellung des Gerichts, die Information über die Bestandteile und die Zubereitung sowie die im Konzept enthaltene italienische Grundstimmung sollten sich gesammelt auf der Packung wiederfinden. Sie sollten das ausdrücken, was man unter einer Markenpersönlichkeit versteht. Die entscheidenden Züge und Komponenten der Gestaltung blieben trotz der über die Jahre vorgenommenen Face-Liftings unverändert und deutlich sichtbar.

Vor allem in der damaligen Zeit, in der sich die Selbstbedienung sehr zügig ausdehnte, kam der Packung eine für die Kaufentscheidung immens wichtige Funktion zu. Dieses Konzept wurde von den Verantwortlichen in den späteren Jahren erhalten und gepflegt. Damit wurde der Wert der Marke erhalten. Das verdient besondere Erwähnung, weil es, obgleich es den allgemeinen Grundsätzen der Markenführung entspricht, häufig nicht beachtet wird. Besonders dann, wenn Marktschwankungen oder Wettbewerbereinflüsse zu Eingriffen herausfordern.

Erfolgsfaktor „Lifestyle"

Da das Produkt Mirácoli sehr stark emotional geprägt war, wurde über die sachliche Information „Convenience" hinaus die Vermittlung von Erlebniswerten angestrebt. Anzeigen und Plakate sowie später die TV-Spots warben mit italienischer Lebensart und Eßkultur. Italien war in der Zeit des „Wirtschaftswunders" Reiseland Nummer eins der Deutschen. Es war die Zeit als die Vespa rollte, der Bikini um die Welt ging und die „Caprifischer" Sehnsüchte nach Italien weckten. Produkte, die nicht nur die Primärfunktion „Sättigung" erfüllten, sondern darüber hinaus diese erwachsenden Sehnsüchte aufnahmen, setzte die Bevölkerung mit verbesserten Lebensbedingungen und optimistischen Zukunftserwartungen gleich. Die Slogans paßten sich dem Italien-Trend an. Sie lauteten: „Einmal wieder wie im Süden essen" oder „Italien zu Hause". Der Markenbegriff „Mirácoli" wurde über die Packung und die Kommunikation in der Verbrauchervorstellung so verankert, daß er seit nunmehr über 30 Jahren eine präzise Vorstellung von dem Produkt und seinem Nutzen, gepaart mit einem hohen Sympathiewert, auslöst.

Das „Italienische" sollte in der Zukunft als verbindendes Element der Marke Mirácoli noch wichtiger werden.

Produkt und Sortimentspflege

Über Jahre hinaus griff Mirácoli Trends immer wieder neu auf: durch Verbesserung der Qualität, Erweiterung des Sortiments durch neue Sorten, Kommunikation und Aktualisierung der Verpackung unter konsequenter Beibehaltung der Grundprinzipien der Markenführung. So wurden zunächst nur die Variante Maccaroni sowie verschiedene Portionsgrößen ergänzt. Der Babyboom in den fünfziger und sechziger Jahren sorgte dann jedoch auch für ein enormes Ansteigen einer großen Gruppe von Mirácoli-Fans: den Familien mit Kindern.

Bis Mitte der achtziger Jahre hatte die Marke Mirácoli weitgehend eine Alleinstellung im Markt der Fertiggerichte. Doch seit Anfang der achtziger Jahre verschärfte sich der Wettbewerb. Nachahmer-Produkte (Me-Too-Effekt) kamen auf den Markt. Die Produkt-Reichweite von Mirácoli stagnierte. Die Gewinnung von Neuverwendern mit dem bestehenden Sortiment war kaum noch möglich. Da bereits 67 Prozent der Käuferhaushalte Mirácoli mindestens einmal im Monat verwendeten, schien auch eine Steigerung der Konsum-Intensität nur schwer erreichbar. Die Zeit war reif für eine Erweiterung des Mirácoli-Sortiments.

Mit der Sortimentsausweitung wurden folgende Ziele angestrebt:

- die Gewinnung von Neuverwendern über neue Produkte und damit weiteres positives Umsatzwachstum,
- die Steigerung der Konsumintensität,
- die Sicherung und Stärkung der Marke Mirácoli durch Imagetransfer auf neue Produktkategorien,
- die Stärkung des italienischen Images.

1986 wurden die Sorten Cravattini und Spaghettini eingeführt. Der einsetzende Trend zur vollwertigen und bewußten Ernährung gab den Ausschlag für die Einführung von Vollkorn-Spaghetti.

Wachstumsmarkt Convenience-Produkte

Die gesamte Warengruppe Fertiggerichte setzte 1992 in Deutschland rund DM 4,3 Milliarden um. Auf Westdeutschland entfielen dabei DM 3,5 Milliarden. Dies entspricht einem Wachstum von plus 6,8 Prozent gegenüber dem Vorjahr. Der Markt für Trockenfertiggerichte (ohne Instant) repräsentiert dabei einen Umsatz von DM 238 Millionen in Gesamtdeutschland, mit einer überproportionalen Steigerungsrate von plus 13,3 Prozent gegenüber dem Jahr 1991. Davon wurden in Westdeutschland DM 217 Millionen realisiert (plus 6,7 Prozent).

Dieses Wachstum läßt sich wiederum an verschiedenen Trends festmachen:

Trend zu Erleichterung in der Zubereitung und schneller Verfügbarkeit

Die Entwicklung zu Ein- bis Zwei-Personenhaushalten, die bereits über 66 Prozent ausmachen, begünstigen diesen Trend. Im Hinblick auf dieses wachsende Potential an Single-Haushalten, die immer mehr Vielfalt verlangen, wurde 1989 die Mirácoli-Spezialitäten-Range eingeführt: Tortellini mit Tomaten-Sahne-Sauce (auch hier wieder mit der speziellen Gewürzmischung) und Tortellini mit Pilz-Rahm-Sauce. Diese Range wurde 1992 ergänzt um Produkte mit außergewöhnlichen Nudelformen und hochwertigen Saucen: Mirácoli Pennetti Bolognese und Mirácoli Thuna. Das zuletzt eingeführte Produkt im Spezialitäten-Sektor war im April 1993 Mirácoli Lasagne.

Die Zahl der Haushalte mit Kindern geht zwar zurück, dafür nehmen Kinder aber immer mehr Einfluß auf die Konsum- und Kaufentscheidung. Wie viele andere Hersteller hat KRAFT auf diesen Trend mit einem Produkt geantwortet, das speziell Kinder gern essen: Mirácoli Colori mit den beliebten und allseits bekannten Asterix-Figuren.

In der Zwischenzeit sind 45 Prozent aller Haushalte mit Mikrowellengeräten ausgestattet. Mahlzeiten im klassischen Sinn sind nicht mehr die Regel. Bereits 57 Prozent der Verbraucher essen nicht mehr regelmäßig dreimal am Tag. Der Verbraucher will heute nicht nur Produktangebote für die Arbeitserleichterung von geplanten Mahlzeiten, er sucht verstärkt situativ verfügbare Produkte, die „aus dem Stand heraus" konsumierbar sind. Wie alle anderen Mirácoli-Produkte, die viele Verbraucher auf Vorrat kaufen, um immer dann, wenn sie Lust auf italienische Pasta haben, sich diese zubereiten zu können, ist auch die Einführung von Mirácoli Pasta-Saucen in diesem Zusammenhang zu sehen.

Trend zu Internationalität und Genußvielfalt

Die Anregungen für neue und alte Gerichte nehmen stetig zu. Besonders die italienische Küche liegt seit mehreren Jahren voll im Trend und verzeichnet mit der asiatischen die höchsten Zuwachsraten. Rein statusorientierte Käufe von Premiumprodukten kommen kaum noch vor. Das Spiel mit vielfältigen und häufigen Genüssen ist dagegen beliebt. In der Vorstellung des Verbrauchers vereint die italienische Küche viele Vorteile einer bewußten Ernährung, die aus einfachen, natürlichen Zutaten raffinierte und schlichte Gerichte zubereitet. Die Marke Mirácoli ist im Kontext dieses italienischen Trends zu sehen.

Kommunikationsstrategie

Die drei Ranges Standard-Fertiggerichte, Pasta-Spezialitäten und Pasta-Saucen wurden von 1990 bis 1992 mit drei unterschiedlich italienisch ausgeprägten Kampagnen beworben. Werbewirkungsstudien zeigten, daß das verbindende Element, der Claim „Mirácoli – Wunderbar Italienisch" nicht stark genug war, um ausreichende Synergie-Effekte zu erzielen. In einer Zeit der Flut kommunikativer Impulse kommt es darauf an, daß Werbebotschaften „klar" sind. Erst dann besteht eine Chance für ausreichende Wirkung.

Wesentlich effizienter werden die aktuellen Maßnahmen für eine neu positionierte Mega-Marke eingesetzt. Die neue Strategie besitzt einen übergreifenden Benefit für das gesamte Sortiment. Gleichzeitig gibt es einen „Reason-Why", der diesen Benefit unterstützt, rational aus den Produkten abgeleitet wird und für alle aktuellen sowie für zukünftige Produkte gilt.

Die neue Strategie basiert auf dem Benefit „Geschmack", der bei Mirácoli „unnachahmlich" ist, das heißt außergewöhnlich im Gesamtmarkt der Fertiggerichte. Hinzu kommt, daß es äußerst schwierig ist, diesen Geschmack am heimischen Herd 100prozentig nachzukochen. Verantwortlich dafür ist die Würzmischung, deren einzigartige Komposition italienischer Kräuter und Gewürze so typisch für Mirácoli ist.

Mit einer nochmaligen Verstärkung der „Italianess" von Mirácoli wird die Marke zusätzlich aktualisiert. Sie profitiert von den emotionalen Komponenten, die mit der italienischen Lebensart verbunden werden: leckeres Essen, geselliges Beisammensein mit jeder Menge Spaß im Kreis der Familie. Aufbauend auf dieser Strategie sind sowohl Promotion-Aktivitäten für Verbraucher, wie das Telefon-Gewinnspiel mit der Millionen-Lire-Frage, als auch die neue TV-Kampagne für Mirácoli entwickelt worden.

Um die Synergieeffekte der einzelnen Filme für die unterschiedlichen Ranges untereinander zu verstärken, wurden ähnliche Filme entwickelt. Die Kampagne baut gleichzeitig die italienische Welt auf und ist authentisch italienisch, das heißt: Die Filme spielen in Italien, die Darsteller sprechen italienisch mit deutschen Untertiteln.

Zusammenarbeit mit dem Handel: Promotion-Aktivitäten mit „Lifestyle"

Überaus wichtig für die Markenführung, und damit auch den Erfolg einer Marke, ist die Kooperation mit den Handelspartnern. Hierbei geht es darum, durch geeignete Formen des Instore-

Marketings die Markenführung konsequent umzusetzen. Maßnahmen hierfür sind zum Beispiel:

- erlebnisbetonte Formen der Warenplazierung („una festa italiana"),
- Themenpromotions (Nudel-Promotion für Kinder),
- Verlosungsaktionen und
- Verkostungsaktionen.

Trends und Strategien

Starke Marken folgen nicht nur dem Verbrauchertrend, sie übernehmen auch Trendsetterfunktion, indem sie durch geeignete Strategien und Maßnahmen zum richtigen Zeitpunkt Trends verstärken und damit Märkte machen.

Nicht nur die Pflege von Marken ist wichtig, auch deren Entwicklung. Im Vorstoß in neue Kategorien sehen wir eine Herausforderung für uns als Markenartikelhersteller.

Die Marke Mirácoli soll auch in Zukunft im Kopf des Verbrauchers präsent sein. Hier setzt KRAFT auf starke werbliche Unterstützung, in der die Produktvorteile penetriert werden.

Unter Beachtung dieser Anforderungen wird der „ewig junge" Klassiker Mirácoli seine „Markenqualität" auch in Zukunft unter Beweis stellen.

Lothar Wiechers, Jahrgang 1947, studierte Rechtswissenschaften an der Universität zu Köln und promovierte 1975. Nachdem er als wissenschaftlicher Assistent an der Universität Gießen tätig war, trat er 1980 in die Rechtsabteilung der Warsteiner Brauerei ein. 1984 wechselte er in den Vertrieb als Vertriebsdirektor. Seit 1990 ist Lothar Wiechers Geschäftsführer in der Haus Cramer GmbH und verantwortlich für das Ressort Vertrieb und Marketing in der Warsteiner Brauerei und Paderborner Brauerei.

WARSTEINER – „Deutschlands größte und sympathischste Biermarke“

von Lothar Wiechers

Wenn sich WARSTEINER heute als die größte Biermarke Deutschlands darstellt, so hat dieser Erfolg, wie so oft, viele Väter. Eine ganze Reihe von Faktoren mußten ineinander greifen, um aus einer mittelgroßen Regionalbrauerei Deutschlands größte Privatbrauerei werden zu lassen, die ihre Marktstellung 1992 mit einem Ausstoß von 5,77 Millionen Hektolitern allein der Stamm-Marke WARSTEINER noch einmal deutlich unterstreichen konnte. Und dies in einem Markt, der von seiner Struktur her einmalig in der Welt ist: In keinem anderen Land der Welt gibt es auf einer so relativ kleinen Fläche derartig viele Braustätten wie in Deutschland. Im Bierland Nummer eins werben über 1200 Brauereien um die Gunst des Konsumenten.

Blättern wir in der Historie der Warsteiner Brauerei ein wenig zurück, so wird schnell deutlich, aus welchen Quellen dieses Unternehmen seine Kraft schöpft: Seit 1753 ist es im Besitz der Familie Cramer, in der die Wahrung der Tradition stets einherging mit der Entwicklung innovativer Ideen, die dank kurzer Entscheidungswege dann auch den Forderungen des Marktes entsprechend immer rechtzeitig in die Tat umgesetzt werden konnten.

War die Warsteiner Brauerei in der ersten Hälfte dieses Jahrhunderts eher eine von vielen kleinen Regionalbrauereien, so nahm das Unternehmen in den letzten vier Jahrzehnten eine Entwicklung an, die mit dem Wort „rasant“ sicherlich treffend beschrieben ist. Ein Vergleich zweier Zahlen mag dies verdeutlichen: Während im

Jahre 1953 noch ein bescheidener Ausstoß von knapp 50 000 Hektolitern zu verzeichnen war, kletterte er in nur 40 Jahren auf die Rekordmarke von 5,77 Millionen Hektolitern.

Wesentliche Faktoren für den beispielhaften Erfolg der Marke WARSTEINER sind:

1. Das permanente Bemühen um allerhöchste Produktqualität.

2. Der Aufbau einer nationalen Distribution über Getränkefachgroßhändler, die dazu geführt hat, daß die Marke WARSTEINER heute überall in Deutschland – von Helgoland bis zum Bodensee – vertreten ist.

3. Die Positionierung der Marke WARSTEINER als ein exklusives Spitzenpilsener der Premium-Klasse auf nationalen und internationalen Märkten.

4. Eine Firmenphilosophie, in deren Mittelpunkt der Gedanke des Teamworks, des partnerschaftlichen Miteinanders steht. Dieses Prinzip bestimmt dabei nicht nur das Verhältnis der Mitarbeiter auf allen Ebenen zueinander, sondern es bestimmt auch in den Außenbeziehungen des Unternehmens den Umgang mit den Geschäftspartnern.

Erfolgsfaktor 1: Die Produktqualität

Nur wer höchste Kriterien an die Qualität seines Produktes anlegt, kann langfristig auf einem so diffizilen Markt wie dem deutschen Biermarkt beständigen Erfolg haben. Unser Unternehmen hat aus dieser Erkenntnis Konsequenzen gezogen und in den letzten Jahrzehnten überdurchschnittlich in die Qualitätssicherung investiert. Von den rund 1000 Mitarbeitern unseres Unternehmens sind über 30 ausschließlich damit beschäftigt, in allen Produktionsbereichen permanent die Produktqualität zu überwachen. Nur so war es möglich, innerhalb der letzten drei Jahre den Ausstoß fast zu verdoppeln, ohne daß in puncto Qualität irgendwelche Zugeständnisse gemacht werden mußten.

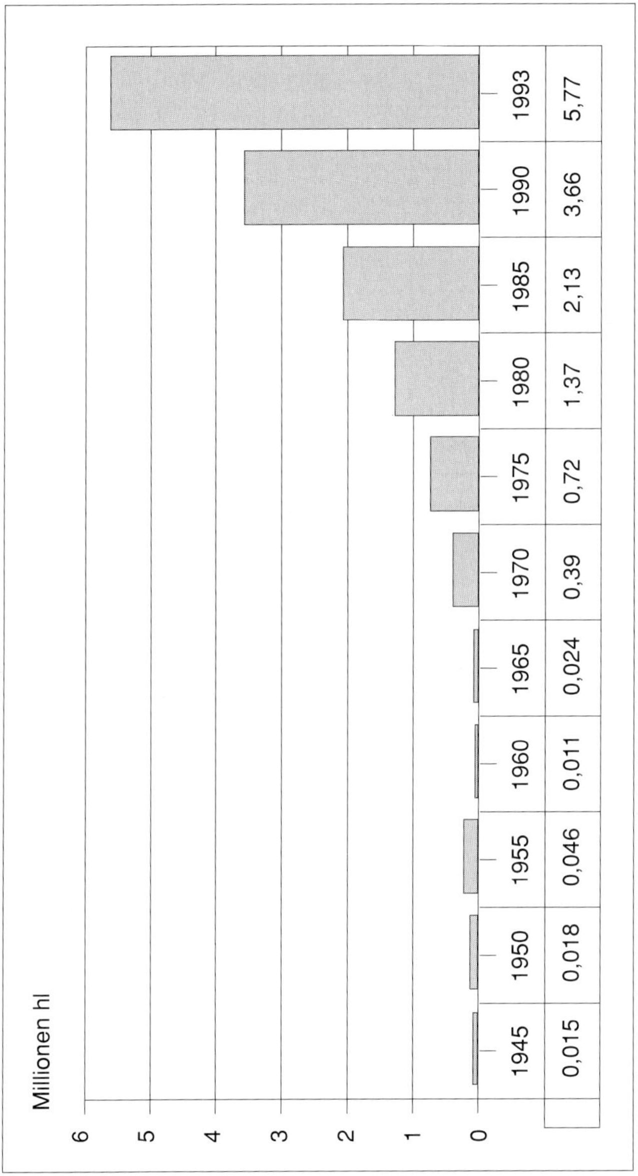

Abbildung 40: Entwicklung des Bierausstoßes bei WARSTEINER

Modernste Prozeßsteuerungs-Anlagen überwachen permanent den gesamten Produktionsprozeß – vom Sudhaus bis zur Abfüllung. High-Tech und die auf Tradition gründende, gediegene Erfahrung hochqualifizierter Braumeister finden zu einem harmonischen Konsens, sind gemeinsam Grundlage für die wirtschaftliche Produktion eines Genußmittels, das sich höchster Sympathie- und Akzeptanzwerte beim Konsumenten erfreuen kann.

Erfolgsfaktor 2: Teamwork

Die Entwicklung der Brau-Technologie und die Innovationsbereitschaft unseres Hauses erfordern Mitarbeiter, die mit überdurchschnittlichen Qualifikationen aufwarten können. Die Erkenntnis, daß die kontinuierliche Aus- und Weiterbildung aller Mitarbeiter für die Zukunftssicherung des Unternehmens von ganz entscheidender Bedeutung ist, spiegelt sich nicht zuletzt in der Tatsache wider, daß die innerbetrieblichen Maßnahmen zur Qualifizierung der Mitarbeiter in Produktion und Verwaltung in unserem Unternehmen seit jeher mit Vorrang betrieben werden. Ein firmeneigenes Aus- und Weiterbildungszentrum bietet jedem Mitarbeiter ein breites Spektrum an Möglichkeiten, sich entsprechend seinen Fähigkeiten zu qualifizieren. Telekommunikation und elektronische Datenverarbeitung stehen hier ebenso auf dem Lehrplan wie ganz praktische Anweisungen zur Schank- und Kühltechnik.

Der in der Firmenphilosophie eindeutig formulierte Grundsatz, daß die innerbetriebliche Karriere eines Mitarbeiters weniger von dessen Vorbildung als vielmehr von seiner Bereitschaft abhängt, sich neue Betätigungsfelder zu „erarbeiten“, ist ein essentieller Baustein der Teamwork-Philosophie und gleichzeitig motivierendes Element für jeden einzelnen Mitarbeiter.

Erfolgsfaktor 3: Die Positionierung der Marke WARSTEINER

Es mag wie eine Binsenweisheit klingen, doch ein hervorragendes Produkt allein macht noch nicht den Erfolg. Es gilt, eben dieses Produkt erfolgreich am Markt zu plazieren. Und so war denn auch die Entscheidung, WARSTEINER nicht mehr nur im „Stamm-Land“ Nordrhein-Westfalen, sondern national anzubieten, ein ganz entscheidender Faktor in der WARSTEINER-Erfolgsstory. Zu diesem Zweck wurde eine effektive Vertriebsstruktur aufgebaut, die gewährleistet, daß in besonderem Maße der enge, partnerschaftliche Kontakt zum Getränkefachgroßhandel und zur Gastronomie jederzeit gewährleistet ist.

Angesichts eines seit Jahren tendenziell stagnierenden Biermarktes in Deutschland konnte die erfolgreiche Plazierung der Marke WARSTEINER nur dadurch erfolgen, daß man neben einem leistungsfähigen Vertriebsnetz vor allem auch ein Produkt anbieten konnte, daß sich deutlich von Mitbewerbern im Markt unterschied. Eine der wesentlichen unternehmerischen Entscheidungen war sicherlich, in den sechziger Jahren die umfangreiche Produktpalette zu reduzieren und die gesamte Braukompetenz auf die Biersorte Pilsener zu konzentrieren, woran sich bis zum heutigen Tage im Prinzip nichts geändert hat.

Die weitere Entwicklung des deutschen Biermarktes bestätigt bis zum heutigen Tage die Weitsicht, die bei der Entscheidung damals an den Tag gelegt wurde. Auch heute noch sind nennenswerte Zuwachsraten vor allem bei den Herstellern von Bieren nach Pilsener Brauart zu registrieren, wobei vor allem die Premium-Pilsener mit überdurchschnittlichen Erfolgen aufwarten können.

War das Konsumverhalten der fünfziger Jahren und der frühen sechziger Jahre noch mit dem unschönen Begriff der „Freßwelle“ treffend charakterisiert, so entwickelten die Verbraucher schon bald ein ausgeprägtes Bewußtsein für Qualität, machten ihre Kaufentscheidung zunehmend weniger vom Preis als vielmehr von der Qualität des Produktes abhängig, waren bereit, für ein Spitzenprodukt auch einen entsprechend hohen Preis zu zahlen.

Diesem Bedürfnis nach hochwertigen Konsumgütern, die nicht nur in puncto Qualität, sondern auch in ihrer Produktausstattung neue Maßstäbe setzten, kam die Warsteiner Brauerei mit ihrer Marke WARSTEINER Premium Verum zielgenau nach. Konsequenterweise war denn auch die Warsteiner Brauerei die erste, die 1979 den Begriff „Premium" in ihr WARSTEINER-Markenzeichen aufnahm, um so dem Konsumenten eindeutig und zweifelsfrei zu dokumentieren, daß er sich für ein Produkt entschieden hat, das sich aus der breiten Masse der Konsumgüter abhebt. Zu jener Zeit also, als noch von der „Pilswelle" die Rede war, wurde damit ein Zeichen gesetzt für einen ausgewählten Kreis von Pilsbieren, wurde der Begriff „Premium" zum Synonym für Exklusivität.

Befand man sich zu jener Zeit noch in einem „erlauchten" Kreis weniger Brauereien, so war doch schon klar, daß auch wenige noch zu viele sind, wenn dem berechtigten Begehren des Vebrauchers nach Qualität und Exklusivität Rechnung getragen werden sollte. So waren denn in der Folge das Weglassen der Gattungsbezeichnung „Pilsener" und eine dezentere Darstellung des Zusatzes Premium Verum die nach außen sichtbaren Spuren für die Entwicklung des Begriffs, der heute alles beinhaltet: Qualität, hohe Geltung beim Verbraucher, Premium und Exklusivität – nämlich die Marke WARSTEINER.

Mit diesem kleinen Rückblick ist im Grunde bereits aufgezeigt, daß der Begriff Premium seine ursprüngliche Bedeutung heute weitgehend eingebüßt hat; er wertet nicht mehr Biere auf, die ihn tragen, sondern hat im Gegenteil nur noch dadurch Wertinhalte, daß wir ihn im Zusammenhang mit WARSTEINER gebrauchen.

Diese Plazierung der Marke WARSTEINER auf einem sehr hohen Image-Level wurde ermöglicht und wird bis zum heutigen Tage nachhaltig gefördert durch eine Marketing-Konzeption, in deren Mittelpunkt stets das Produkt steht.

Der werbliche Auftritt von WARSTEINER hat sich in den vergangenen Jahrzehnten zwar sicherlich verändert, ist jedoch in seiner grundsätzlichen Aussage stets gleich geblieben. Unverändert bindet bis heute einzig und allein das Produkt die Aufmerksamkeit des potentiellen Kunden. Die Konzentration der werblichen Aussage auf die Information über das Produkt ist konsequent bis auf den heutigen Tag durchgehalten worden, und es liegt wohl gerade in dieser Kontinuität der Erfolg des WARSTEINER-Werbeauftritts.

Im Jahre 1993 verzichtete die Warsteiner Brauerei erstmals auf die klassische TV-Werbung via Spot. Diese Entscheidung wurde in dem Bewußtsein gefällt, daß in den Werbeblöcken eine exklusive WARSTEINER-Präsentation nicht mehr möglich war. WARSTEINER-Spots, die in einem werblichen Umfeld mit drei bis vier Werbe-Spots der Mitbewerber stehen, machen aus unserer Sicht wenig Sinn, zumal Untersuchungen über das Fernseh-Verhalten der Bundesbürger uns in der Auffassung bestätigt haben, daß die „Reibungsverluste“ angesichts der erheblichen Kosten, die mit diesen Werbe-Auftritten verbunden sind, einfach zu groß sind.

Das heißt jedoch nicht, daß WARSTEINER im TV-Bereich keine Präsenz mehr zeigt. So war unser Haus 1993 als Hauptsponsor der Eishockey-WM auch Presenter-Sponsor der Eishockey-Übertragungen in ARD und ZDF. Flankiert wurde dieses Sponsoren-Engagement durch eine enge Kooperation mit einem auflagenstarken Print-Medium, das schon im Vorfeld der Weltmeisterschaft die WARSTEINER-Präsenz bei dieser Veranstaltung wünschenswert deutlich herausstellte.

Sponsoring hat in unserem Haus lange Tradition. War es zu Beginn dieses Engagements sicherlich noch erklärtes Ziel, durch die Präsenz vor allem bei Sportveranstaltungen den Bekanntheitsgrad der Marke zu steigern, so hat sich der Schwerpunkt im Laufe der Jahre sicherlich in Richtung Imageförderung verlagert. Dies vor allem auch vor dem Hintergrund einer unabhängigen wissenschaftlichen Untersuchung, die der Marke WARSTEINER mit 73 Prozent den höchsten Bekanntheitsgrad unter allen deutschen Bieren bescheinigt.

WARSTEINER und Sport-Sponsoring, das sind heute Begriffe, die oftmals in einem Atemzug genannt werden. Bei der Auswahl der geförderten Bereiche haben wir stets sehr genau darauf geachtet, daß die geförderten Sportarten eine hohe Affinität zu unserem Unternehmen haben, und ich denke, daß unser Sponsoring-Mix im Bereich des Sports sehr gut gewählt ist. Im folgenden sollen nur einige der Haupfelder genannt werden, in denen sich WARSTEINER als Förderer des Sports einen Namen gemacht hat:

1. WARSTEINER ist seit Jahren Partner von BMW im Motorsport. Die Entscheidung für den BMW fiel nicht zuletzt deshalb, weil daß beide Unternehmen von einer überdurchschnittlichen Dynamik gekennzeichnet sind, die sich in außergewöhnlichen Erfolgen im Markt manifestiert.

2. WARSTEINER ist exklusiver Sponsor der Deutschen Heißluftballon-Nationalmannschaft und verfügt heute mit fast 50 Ballonen, die das WARSTEINER-Markenzeichen tragen, über die wohl größte Flotte dieser aufmerksamkeitsträchtigen Werbeträger in Deutschland.

3. Der Skisport nimmt breiten Raum in der Sponsoring-Palette unseres Hauses ein. Unser Haus ist Mitglied im Sponsoren-Pool des Deutschen Skiverbandes. Unsere Banden-Präsenz bei so gut wie allen Weltcup-Skirennen ist seit Jahren im TV-Bereich unübersehbar. Die Förderung der klassischen Vier-Schanzen-Tournee und das ausgeweitete Engagement im Bereich des Ski-Langlaufs und der nordischen Kombination runden den Auftritt in den Wintersportarten optimal ab.

4. Seit vielen Jahren hat sich die Warsteiner Brauerei der Förderung des Tennis-Nachwuchses verschrieben. Heutige Weltstars wie Boris Becker, Michael Stich oder auch Stefan Edberg waren noch „Nonames", als sie sich in einer der beiden WARSTEINER-Turnierserien die ersten ATP-Punkte holten. Erst kürzlich wurde die hervorragende Kooperation mit dem Deutschen Tennis Bund (DTB) erneut bestätigt.

5. Die Deutsche Volleyball-Nationalmannschaft erfährt exklusive Unterstützung durch unser Haus, wobei gerade in letzter Zeit deutlich zu beobachten ist, daß wir hier „auf ein Pferd gesetzt

haben“, das aufgrund guter Leistungen in nationalen Wettbewerben stetig an Publikumsinteresse gewinnt.

6. Engagements im Reitsport auf nationaler und internationaler Ebene (Deutsche Meisterschaft und Europameisterschaft) ergänzen das Sponsoren-Engagement unseres Hauses in ebenfalls optimaler Weise.

Bei all diesen Aktivitäten gilt der Grundsatz, daß die Imagedimensionen die Markenaussage in allen Punkten – das heißt von der Exklusivität und Ästhetik bis hin zur Modernität und Dynamik – unterstützen müssen. Die durch die Sportart angesprochene Zielgruppe sollte möglichst deckungsgleich mit der von WARSTEINER sein. Außerdem sollte die Sportart ein hohes Medieninteresse haben, um zur positiven Imagebildung auf nationaler und internationaler Ebene beizutragen.

Erfolgsfaktor 4: WARSTEINER gibt es überall

Lassen Sie mich noch ein paar Anmerkungen zur Vertriebsstruktur unseres Unternehmens machen. Beim Aufbau der nationalen Distribution haben wir von Anfang an auf die Kooperation mit dem qualifizierten Getränkefachgroßhandel gesetzt, der sich als Bindeglied zwischen unserem Haus und der Gastronomie immer wieder ganz hervorragend bewährt hat. Gerade in der fairen Partnerschaft, die uns mit vielen unserer Direktkunden oftmals schon seit Jahrzehnten verbindet, findet unsere Teamwork-Firmenphilosophie ihre Bestätigung. Nur im gegenseitigen Vertrauen auf die Verläßlichkeit des jeweiligen Geschäftspartners ließ sich in Deutschland ein Distributionsnetz aufbauen, das wohl zu den besten in der gesamten Brauwirtschaft gezählt werden darf. Gerade auch bei der Erschließung des neuen Marktes, der sich in den östlichen Bundesländern vor wenigen Jahren eröffnete, hat sich wieder gezeigt, daß langfristige, konzeptionelle Überlegungen und deren ruhige, besonnene Umsetzung auf Dauer sicherlich eher zum Erfolg führen als spontane, kurzfristige „Besetzung von neuen Märkten“.

So wie unser Haus in den neuen Bundesländern durch den Aufbau eines soliden Verteiler-Netzes erst einmal die Voraussetzungen für die Befriedigung der unbestreitbar großen Nachfrage schaffte, so haben wir auch unsere Exportaktivitäten seit dem Jahre 1980 in einer Weise organisiert, die sich für alle Geschäftspartner überaus positiv auswirkt. Im Prinzip haben wir den europäischen Markt schon vor Jahren zum Binnenmarkt erklärt, so daß der 1. Januar 1993 für unser Haus eigentlich keine besondere Bedeutung hatte.

Waren wir 1980 noch mit dem Ziel angetreten, den deutschen Urlaubern in den klassischen Feriengebieten rund um das Mittelmeer mit WARSTEINER eine deutsche Top-Biermarke zu präsentieren, so haben sich die Gewichtung binnen eines Jahrzehnts deutlich verschoben. Zwar rangieren die beiden klassischen Ferienländer Italien und Spanien nach wie vor in der Liste der größten WARSTEINER-Exportländer immer noch ganz oben, doch ist mehr und mehr erkennbar, daß unsere Marke sich eben nicht nur in der eindeutig touristisch ausgerichteten Gastronomie behauptet, sondern auch von der einheimischen Bevölkerung in zunehmendem Maße geschätzt wird.

WARSTEINER ist mittlerweile in über 30 Ländern rund um den Erdball vertreten, und ich denke, daß angesichts eines stagnierenden deutschen Biermarktes dem Exportgeschäft in den kommenden Jahren noch wachsende Bedeutung zukommen wird.

Zusammenfassend könnte man den Erfolg des Hauses WARSTEINER als das Ergebnis einer Vielzahl wohl abgestimmter Maßnahmen und Entscheidungen bezeichnen. Marksteine dieser in der deutschen Brauwirtschaft wohl einzigartigen Entwicklung sind sicherlich die trotz rasant steigender Ausstoßzahlen höchsten Qualitätsansprüche an das Produkt, eine hervorragende Distribution über den qualifizierten Getränkefachgroßhandel, ein ausgeklügelter Marketing-Mix und ein Team hochqualifizierter Mitarbeiter in Produktion und Verwaltung, die sich allesamt einer Firmenphilosophie verpflichtet fühlen, in deren Mittelpunkt der Teamwork-Gedanke steht.

4. Phase

Betreuung von Kunde und Produkt

Selbst eine erfolgreiche Markteinführung ist noch lange keine Garantie für ein echtes „Produkt mit Profil". Denn dazu gehört auch, daß Kunden langfristig an das Produkt gebunden werden. Das gelingt jedoch nur, wenn das Unternehmen auch in den Folgejahren intensiv mit dem Markt kommuniziert. Daß die Kommunikation mit den Abnehmern durch zunehmenden Goodwill dabei mit der Zeit zwar erleichtert wird, aber doch immer ein zentrales Element der Produktpolitik bleibt, zeigen die Fallbeispiele der Unternehmensberatung Roland Berger & Partner, der Schweizerischen Kreditanstalt, der Norddeutschen Landesbank und des Versandhandelsunternehmens Quelle. Sie demonstrieren, wie ein enger Kontakt mit dem Markt erfolgreich aufgebaut und vor allem fortgeführt werden kann.

Roland Berger, Jahrgang 1937, war nach seinem Studium zunächst als Unternehmensberater und Partner bei einer großen, internationalen Beratungsgesellschaft in Boston und Mailand tätig. 1967 gründete er die Roland Berger & Partner GmbH, die mittlerweile eine der führenden Top-Management-Beratungsfirmen mit über 600 Mitarbeitern in zahlreichen in- und ausländischen Städten ist, und bei der er als Geschäftsführender Gesellschafter fungiert. Darüber hinaus ist er Mitglied verschiedener Aufsichtsräte und Beraterkreise. Er engagiert sich für den Berufsstand unter anderem als Vice-Chairman der ACME, des Verbandes der großen amerikanischen Beratungsfirmen. Er war mehrfacher Präsident der FEACO, Fédération Européenne des Associations de Conseils en Organisation, sowie des BDU, Bundesverband Deutscher Unternehmensberater e.V.

Roland Berger – ein Markenname in der Unternehmensberatung

von Roland Berger

Mit klarem Profil zur Markenberatung

Zahlreiche kleine, einige mittlere und wenige große internationale Unternehmensberatungen sind heute auf dem deutschen Consulting-Markt tätig. Die Inanspruchnahme ihrer Dienstleistungen durch die Wirtschaft beruht auf der Erkenntnis, daß eine externe Beratung wegen gegebener Systemvorteile der Consultants grundsätzlich effizienter und effektiver als eine unternehmensinterne Aufgabenlösung ist. Dies betrifft vor allem die beratungsspezifischen Aufgaben, meist nur von Zeit zu Zeit auftretende Nicht-Routineaufgaben, verbunden mit einem Veränderungsbedarf in den Unternehmen. Das Beratungshonorar ist zwar mit den Aufwendungen vergleichbar, die firmenintern anfallen würden, zum Vorteil des Unternehmens handelt es sich jedoch um variable Kosten. Und als unabhängiger und objektiver Problemlösungsspezialist verfügt der Berater über die entsprechenden Analyse- und Problemlösungstechniken.

Während die kleineren und mittleren Consultingfirmen vorwiegend branchenspezifisch oder regional begrenzt arbeiten, sind Roland Berger & Partner heute eine der führenden, global und branchenübergreifend tätigen Beratungsgesellschaften. Bereits seit Gründung setzten sie sich vom Wettbewerb durch ein eindeutiges Leistungs- und Kundenprofil konsequent ab. Die Unternehmensberatung Roland Berger & Partner positionierte sich Ende der sechziger Jahre auf dem Markt, indem sie sich von dem klassischen Feld der Organisations- und Kostensenkungsberatung löste, auf die zukunftsorientierte Strategie- und Marketingberatung speziell für das

Top-Management konzentrierte und insbesondere die Umsetzung der erarbeiteten Lösungen begleitete. Über diesen klaren „USP“ (Unique Selling Proposition) etablierte sich das Beratungsangebot von Roland Berger & Partner im klassischen Sinne als „Marke“, also als Produkt, das unter der individuellen Marke des Erzeugers in stets gleicher Art der Leistungserstellung und Aufmachung sowie in gleichbleibender, beziehungsweise verbesserter Qualität erhältlich ist und eine dauerhafte Kundenpräferenz genießt.

Roland Berger – Internationaler Markenname für Top-Management-Beratung

Die Beratungsleistungen von Roland Berger & Partner sind damit weltweit und branchenübergreifend zu einem Markenartikel geworden. Vom 1967 gegründeten Ein-Mann-Betrieb entwickelten sich Roland Berger & Partner zur führenden Top-Management-Beratungsgesellschaft europäischen Ursprungs. Es gelang, die Dominanz internationaler, vor allem angelsächsischer Wettbewerber im Consulting-Markt zu durchbrechen und zu einem Global Player zu avancieren.

Die global tätige Roland Berger & Partner-Gruppe bietet Leistungen in der Top-Management-Beratung, der Personalberatung sowie der Markt- und Meinungsforschung. In den insgesamt 7 deutschen und 20 internationalen Büros in Europa, Amerika und Japan sind Mitte 1993 mehr als 600 Mitarbeiter beschäftigt, davon über 450 Berater. Das Honorarvolumen der Gruppe lag 1992 bei rd. DM 260 Millionen und wird auch 1993 wieder eine zweistellige Zuwachsrate aufweisen. 92 Prozent des Honoraraufkommens entfallen auf die Top-Management-Beratung, je 4 Prozent auf die Personalberatung und die Marktforschung. Das seit Gründung ununterbrochene Wachstum – allein seit 1987 hat sich der Honorarumsatz der Gruppe verdreifacht – ist letztlich eine Anerkennung der Qualität der Beratungsleistungen durch die Klienten, zu denen führende europäische und überseeische Unternehmen wie auch Regierungen, Institutionen und öffentliche Verwaltungen zählen.

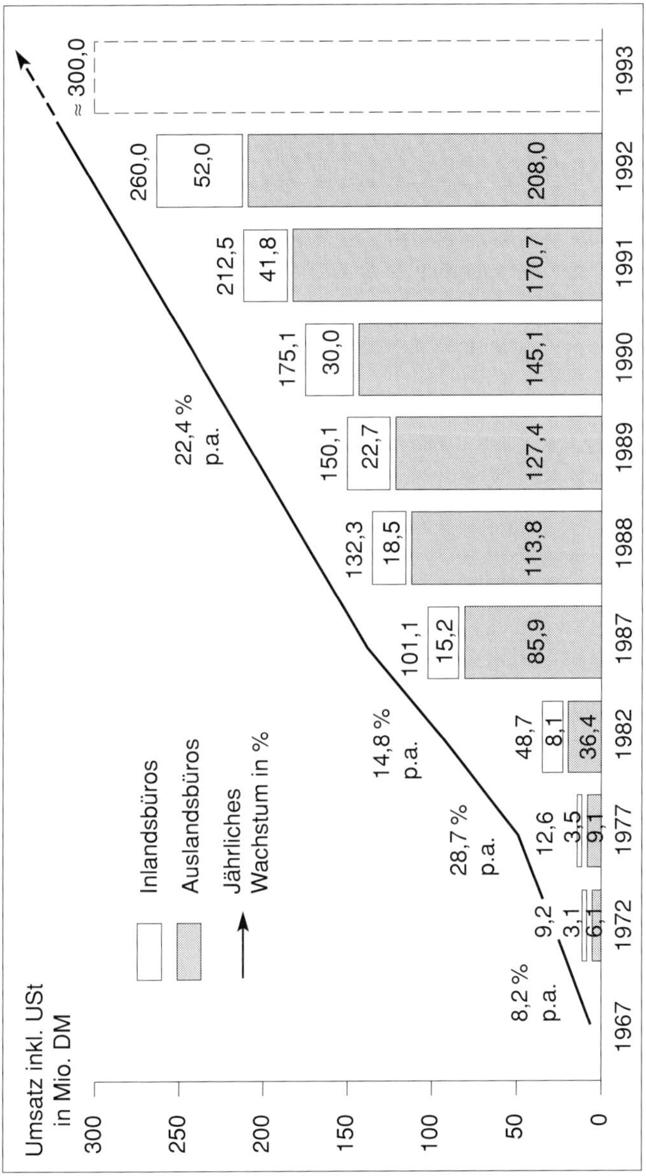

Abbildung 41: Entwicklung des Honorarvolumens in Mio. DM und in Prozent (1967–1992)

Durch kontinuierlichen Aufbau von Beratungs- und Branchenkompetenz sowie die bereits 1969 mit der Eröffnung eines Büros in Mailand begonnene Internationalisierung wurde das Consulting-Unternehmen rasch zu einem europäischen Multi-Spezialisten in der Top-Management-Beratung mit globalem Fokus. Bereits Mitte der achtziger Jahre gehörten 18 der 20 größten, international tätigen Industriekonzerne Deutschlands, acht der zehn größten Banken, sowie jeweils sechs der zehn größten Handelsunternehmen und Verkehrsunternehmen zu den Klienten.

Entsprechend den Beratungsbedürfnissen weltweit operierender Konzerne wie auch der nationalen Unternehmen wurde die Internationalisierung von Roland Berger & Partner insbesondere in den letzten zehn Jahren durch Eröffnung zahlreicher Büros vorangetrieben. Das Geschäft mit Auslandsklienten hat sich deshalb seit 1987 vervierfacht und ist damit deutlich stärker gestiegen als der Gesamt-

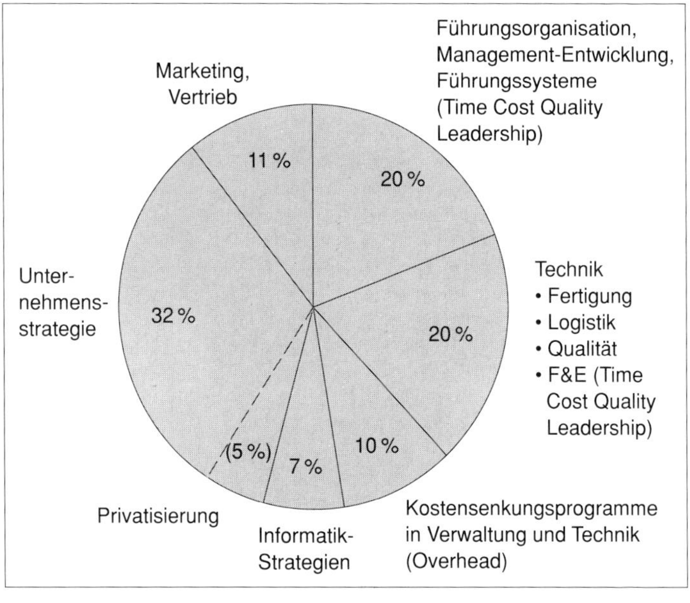

Abbildung 42: Verteilung des Honoraraufkommens nach Leistungsbereichen 1992

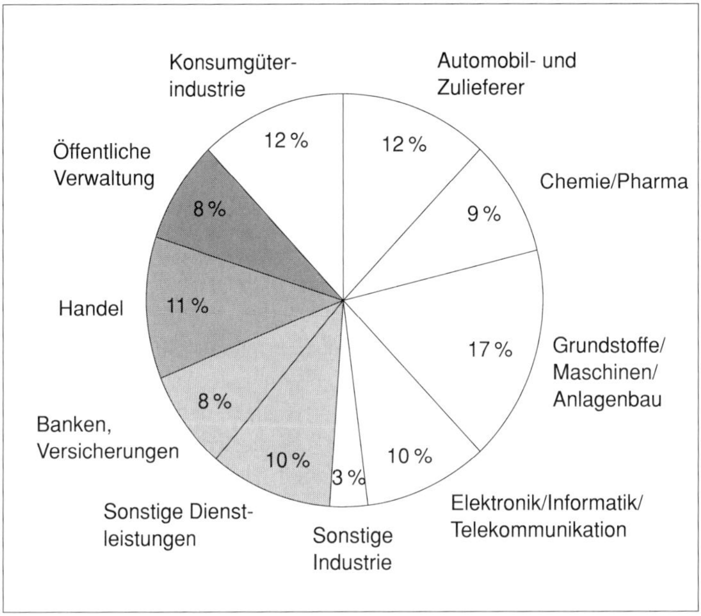

Abbildung 43: Umsatzstruktur nach Branchen 1992

umsatz. Rund 60 Prozent aller Projekte haben mittlerweile eine internationale Ausrichtung und werden deshalb von internationalen Teams bearbeitet. Daß mittlerweile 40 Prozent der Berater Nicht-Deutsche sind, zeigt die heute erforderliche Globalität modernen Consultings. Auch in den nächsten Jahren wird ein weiterer Ausbau der Büros in allen Ländern der Triade und damit ein überproportionales Wachstum in diesem Bereich erforderlich sein, um den Anforderungen der Klienten zu entsprechen und international signifikante Marktpositionen zu festigen.

Der Fokus der Beratungsleistungen wurde seit Gründung ständig erweitert. Roland Berger & Partner beraten heute in Fragen der Strategie, der Organisation, des Marketing, der Produktivität, der Personalentwicklung, bei Informatik-Strategien ebenso wie bei der Privatisierung und im Ökologie-Bereich sowie bei Time Cost Quality Leadership-Konzepten (vgl. Abbildung 42 und 43).

Zur Institutionalisierung der Gesellschaft und zur Schaffung einer breiteren Kapitalbasis für den Ausbau des internationalen Geschäfts wurden 1988 75,1 Prozent der Gesellschaftsanteile an die Deutsche Bank verkauft, wobei durch entsprechende Vereinbarungen die professionelle Unabhängigkeit von Roland Berger & Partner gewahrt ist.

Der Kunde ist der beste Verkäufer

Bereits eines der ersten großen Beratungsprojekte Ende der sechziger Jahre, nämlich die erfolgreiche Fusion der vier Touristik-Unternehmen Touropa, Scharnow, Hummel und Dr. Tigges zum größten Reiseveranstalter der Welt, öffnete Roland Berger & Partner die Türen führender Unternehmen der deutschen Wirtschaft. Weitere Schlüsselprojekte waren in dieser Zeit der Auftrag eines Chemiekonzerns für die Entwicklung einer Strategie zur Markteinführung und -durchdringung einer bekannten Textilfasermarke sowie die Mitarbeit an der Unternehmens- und Marketingstrategie einer Großbank. Während die Wettbewerber zu dieser Zeit weitgehend standardisierte Beratungsleistungen vor allem im Bereich der Organisation und der Kostensenkung anboten, entwickelten Roland Berger & Partner gemeinsam mit dem Kunden maßgeschneiderte Konzepte für eine zukunftsweisende Unternehmensstrategie und begleiteten deren Realisierung mitverantwortlich.

Von Anfang an folgten Roland Berger & Partner dem Leitsatz: „Wir wollen die besten Partner des Top-Managements bei der Lösung seiner Probleme sein.“ Tragender Gedanke war und ist dabei das Selbstverständnis des Beraters als Dienstleister, der für den Klienten einen maximalen „Value for money“ durch Steigerung von Effektivität und Effizienz erreicht. Durch Beratungsleistungen, die auf eine Vorwärtsstrukturierung ausgerichtet sind, werden gemeinsam mit dem Klienten Maßnahmen entwickelt und umgesetzt, die für den Klienten zu einer langfristigen Sicherung von Wettbewerbsvorteilen führen. Schon früh hat sich dabei gezeigt, daß sich der Berater das Kundeninteresse vollständig zueigen machen muß, um die gestellte Aufgabe erfolgreich und zur Zufriedenheit des Klienten lösen zu können. Denn Beratung wird weniger verkauft, als vielmehr gekauft. Der Kunde selbst ist der beste Verkäufer. Und der Projekterfolg und damit die Kundenzufriedenheit ist die wichtigste Referenz für eine Unternehmensberatung.

Kreative Strategien und Produkte

Intensive und systematische Markt-, Wettbewerbs- und Technologiebeobachtungen und -analysen sind Voraussetzung, um für die Klienten zukunftsweisende Strategien entwickeln zu können und die Vorreiterposition im Consultingmarkt abzusichern. Auf einer jährlichen Strategiesitzung aller in- und ausländischen Führungskräfte von Roland Berger & Partner werden Markt- und Wettbewerbsentwicklungen kritisch diskutiert. Darauf aufbauend wird definiert, für welche Aufgabenstellungen die Beratungsprogramme weiterzuentwickeln sind und welche Beratungsfelder zukunftsträchtig erscheinen und erschlossen werden sollten.

Bereits seit Gründung wurde von Roland Berger & Partner das Konzept der strategischen Planung auf europäische Belange zugeschnitten. Diese strategische Planung ermöglichte es, zukünftige Vorhaben der Klienten, die Vorhaben der Mitbewerber und Tendenzen im internationalen Management anhand quantitativ abgesicherter Gesetzmäßigkeiten im Hinblick auf Markt, Kosten und Finanzen, zu antizipieren. Die Marktforschung, die Roland Berger & Partner Anfang der siebziger Jahre begann, wurde zu einem wichtigen Instrument bei dieser Vorgehensweise.

Ebenfalls in den siebziger Jahren führten Roland Berger & Partner bereits das Denken in Geschäftsfeldern ein. Anstelle der bisher üblichen Aufgliederung nach Produkten, wurde die Einteilung der Geschäftsfelder nach einer Reihe anderer Kriterien, von den Absatzwegen bis hin zu wettbewerbsspezifischen Elementen, eingeführt. Diese Analyse ermöglicht eine selektive Geschäftspolitik, die starke und zukunftsträchtige Geschäftsfelder zu Lasten voraussichtlich weniger attraktiver Unternehmenseinheiten forciert.

Ein weiteres, typisch zukunftsgerichtetes Beratungsprodukt war das in den achtziger Jahren eingeführte Strategic Business Leadership-Programm, das die wesentlichen vier Erfolgsfaktoren eines Unternehmens integrierte: eine innovative Strategie, eine neue Technologie, eine neue Unternehmenskultur und eine darauf ausgerichtete Führungs- und Aufbauorganisation. Unternehmen wie Audi, Haniel, IKEA und die Deutsche Bank wandten das Programm erfolgreich an.

Ein völlig neues Geschäftsfeld und auch einen neuen Kundenkreis hat die Privatisierungsberatung seit Ende der achtziger Jahre eröffnet, die zum einen die Beratung zu privatisierender Unternehmen umfaßt, zum anderen die Beratung von Regierungen und Behörden beim Aufbau von Privatisierungs-Institutionen und der Gestaltung der entsprechenden Entscheidungsprozesse und administrativen Abläufe. Roland Berger & Partner haben die Treuhandanstalt beim Aufbau der Organisation und seither bei der Durchführung von mehr als 900 Privatisierungen unterstützt. Weiter sind mittel- und osteuropäische Regierungen beim Aufbau von Privatisierungs-Konzepten beraten worden, so in Ungarn, der Ukraine, im Baltikum und in Rumänien, und auch die Privatisierung von Einzelunternehmen wurde in diesen Ländern durchgeführt. Interessante Geschäftsperspektiven ergeben sich jedoch nicht nur in Osteuropa, sondern auch in westlichen Ländern – so in Deutschland, Italien, Portugal, Spanien und Argentinien – die einen Teil ihrer staatlichen Unternehmen in privatwirtschaftliche Hände überführen wollen und dabei auf das Know-how und die Kompetenz von Roland Berger & Partner zurückgreifen.

Entwicklungen frühzeitg zu erkennen und in Beratungsleistungen umzusetzen, ist ein wesentlicher Wettbewerbsvorteil in der Beratung. Bereits Anfang 1989 haben Roland Berger & Partner darauf hingewiesen, daß sich jedes Unternehmen die Frage stellen muß, wo es mit den Amerikanern und Japanern auf dem Weltmarkt konkurrieren kann und wo es notwendig erscheint, das Unternehmen „schlanker“ zu machen. Konsequenterweise wurden im Rahmen einer zweijährigen Untersuchung japanische Management-Methoden analysiert und eine europäische Antwort auf die Lean Management-Konzepte der Japaner entwickelt: das 1991 vorgestellte Time Cost Quality Leadership-Konzept.

Ebenso erfolgreich wurde 1992 die Ökologieberatung eingeführt, ein Bereich, der für nahezu alle Unternehmen wachsende Bedeutung erlangt. Ökologie-Audits, Wirkungsanalysen für das Öko-Controlling und Kosten-/Leistungs-Optimierungen in der betrieblichen Wertschöpfung bei Umweltschutzprojekten sind nur einige der Aufgabenstellungen in diesem Bereich. Erstmals ist eine Differenzierungs-Strategie für ein europäisches Großunternehmen entwickelt worden, die auf ökologischer Innovation basiert und ein für Roland Berger & Partner typisches Beispiel einer langfristig zukunftsträchtigen Strategieentwicklung ist. Auch Regierungen und Behörden in Ost und West nehmen die Ökologieberatung in Anspruch, etwa bei der Erstellung von Altlasten-Sanierungskonzepten oder bei der Analyse der volks- und betriebswirtschaftlichen Auswirkungen neuer Umwelt-Standards.

Daß heute 78 Prozent aller Aufträge vorwärtsstrukturierte und innovative Projekte zum Inhalt haben zeigt, daß die zukunfts- und umsetzungsorientierten Beratungskonzepte den Anliegen des Top-Managements entsprechen.

Die Basis der erfolgreichen Beratung des Top-Managements bei Roland Berger & Partner bilden europäische Management-Konzepte. Aufgrund der geschichtlichen, sozialen und kulturellen Werte sind sie besonders geeignet, komplexe Probleme individuell und differenziert zu lösen. Dabei gilt es besonders, die spezifischen Stärken der europäischen Unternehmensführung, die sich schon allein aus den Rahmenbedingungen ergeben, im Zuge der Entwicklung globaler Strategien in Wettbewerbsvorteile umzusetzen.

Insbesondere die Erarbeitung kundenindividueller Lösungen auf Basis europäischer Wirtschaftskultur, die Praxisnähe der Maßnahmen sowie die Umsetzungsbegleitung haben Roland Berger & Partner als Top-Management-Beratungsgesellschaft vom Wettbewerb differenziert und zu einem Markennamen für die Top-Management-Beratung werden lassen.

Implementierungshilfe: Ein besonderes Anliegen des Top-Managements

Die Verpflichtung, den Klienten bei der Umsetzung der erarbeiteten Maßnahmen stets zu begleiten, ist eine der drei Faktoren, die Roland Berger & Partner zu einem Markenartikel werden ließen. Erst die Umsetzung der erarbeiteten Lösungsvorschläge entscheidet über den Erfolg des gesamten Beratungsprojektes. Diese Durchführungsberatung bedeutet für den Consultant, daß er Mitverantwortung übernehmen muß, ohne jedoch die Verantwortungsgrenzen zum Management des betreffenden Unternehmen zu verwischen. Der Berater muß dabei stets beachten, daß er die Umsetzungs-Entscheidungen zwar vorbereitet, dabei aber nicht zu einem unverzichtbaren Teil des Kundenunternehmens wird. Er ist gleichsam auch in der Umsetzungsphase ein Moderator im betrieblichen Geschehen. Die konsequente Implementierungsbegleitung ist ein wettbewerbsbestimmendes Kriterium für Roland Berger & Partner, das die Auftraggeber zu schätzen gelernt haben.

Ein Sonderfall der Durchführungsberatung ist das von Roland Berger & Partner entwickelte, oben bereits erwähnte Time Cost Quality Leadership-Konzept, das europäischen Unternehmen in kurzer Zeit die Verwirklichung schlanker Strukturen in Verwaltung und Produktion ermöglicht. Mit diesem Konzept haben Roland Berger & Partner in Form und Inhalt Wege beschritten, die keine deutsche Beratung zuvor gegangen war:

1. Statt der Teiloptimierung eines Erfolgsfaktors werden überlegene Wettbewerbspositionen hinsichtlich der drei für den Kundennutzen relevanten Größen Zeit, Preis und Qualität geschaffen.
2. Das ganzheitliche Managcment-Konzept verwirklicht japanische Erfolgsfaktoren im Umfeld europäischer Wirtschaftskultur.
3. Das Konzept enthält ein neuartiges Prozeßmanagement, das kurzfristige Umsetzungserfolge gewährleistet und auch das Mitarbeitertraining umfaßt.

Die Anwendung des Konzeptes hat den Klienten konkrete Vorteile beim innerbetrieblichen Strukturwandel erbracht, nämlich eine

Verringerung der Entwicklungs- und Durchlaufzeiten um 50 bis 60 Prozent, eine Senkung der Stückkosten um 20 bis 40 Prozent und die Steigerung der Qualität bei Minderung der Qualitätskosten auf weniger als ein Drittel. Darüber hinaus werden durch Übertragung von mehr Eigenverantwortung bei Planung, Ausführung und Kontrolle die Qualifikation und Motivation der Mitarbeiter gesteigert. Heute kommt deshalb das Time Cost Quality Leadership-Konzept bereits bei 40 Prozent aller Projekte zum Tragen. Dabei gilt: Je größer das Unternehmen, desto mehr kann es bei der Implementierung auf eigene Ressourcen zurückgreifen.

Hohe Mitarbeiterkompetenz und flexible Organisationsstruktur

Über den Beratungserfolg am Markt entscheiden aber nicht allein Produkte und Konzepte, sondern vor allem die persönliche Kompetenz der Berater und eine mit dem Klienten gemeinsam erbrachte erstklassige Projektarbeit, die hervorragende Beratungsleistungen zum Ziel hat. Die Klienten legen Wert auf eine persönliche und vertrauensvolle Zusammenarbeit und schätzen Berater, die nicht nur fachlich kompetent, sondern auch kommunikativ sind, gerne mit Menschen zu tun haben und mit ihnen umzugehen wissen.

Als externe, nicht in das Unternehmen involvierte Spezialisten haben Consultants den Vorteil, daß sie sowohl über Erfahrung im Entwickeln von individuellen Strategien, Strukturen und Systemen verfügen als auch unabhängig und unvoreingenommen analysieren und urteilen können. Darüber hinaus verfügen Sie über ein breites Informationsspektrum, zum Beispiel im Hinblick auf Markt- und Umwelttrends sowie auf Produkt- und Prozeßtechnologien. Ein weiterer Vorteil der Consultants ist, daß sie ohne den Druck der Tagesarbeit Zeit für die Lösung der spezifischen Probleme haben.

Während die Situation der Führungskräfte in einem Unternehmen oft mit der eines Autofahrers vergleichbar ist, der im Stau steckt, befinden sich die Berater quasi in der Perspektive eines Helikopters. Sie können das Verkehrsgeschehen beobachten, ganz anders als es der Unternehmer oder seine Führungskräfte selbst könnten. Bei jeder Analyse und Beratung gehört es jedoch zu den Grundsätzen von Roland Berger & Partner, Respekt vor der Leistung desjenigen zu wahren, der beraten wird.

Um ein optimales Ergebnis für den Klienten zu erreichen, arbeiten die Berater von Roland Berger & Partner problem- und lösungsorientiert, bieten eine rasche Problemerkennung sowie praxisorientierte, schnell umsetzbare Lösungsvorschläge und detaillierte Maßnahmenpläne. Stets übernehmen die Berater dabei Mitverantwortung für die erarbeiteten Lösungskonzepte und begleiten deren Umsetzung im Unternehmen. Dabei verstehen sich die Consultants vor allem als Partner des Managements.

Für jeden Klienten wird ein multidisziplinäres Beraterteam zusammengestellt, das über funktions- und branchenspezifisches, auf den jeweiligen Bedarf zugeschnittenes Beratungs-Know-how verfügt. Die jeweiligen Projektteams, in denen das Know-how gebündelt wird, arbeiten unter der Anleitung von wenigstens einem der Partner. Nach Abschluß eines Projektes werden im Team der Projektablauf, die Beiträge und Leistungen der einzelnen Mitglieder des Teams sowie das konzeptionelle Vorgehen kritisch diskutiert und bewertet. Dieses Feedback, das auch den Teamleiter einschließt, trägt wesentlich dazu bei, eine gleichbleibend hohe Beratungsqualität zu sichern, den Beratungserfolg ständig zu optimieren, die fachliche und persönliche Entwicklung der Mitarbeiter zu fördern – gleichzeitig führt es zu einer „Learning organization".

Um dauerhaft qualitativ exzellente Beratung bieten zu können und gleichzeitig den wirtschaftlichen Erfolg zu sichern, muß das Haus Roland Berger & Partner seine Attraktivität als Arbeitgeber bewahren und die Mitarbeiter fördern, begeistern und damit halten können. Für die fachlichen und persönlichen Anforderungen an die Mitarbeiter gelten vier Leitsätze:

1. Akademisch ausgebildete Berater technischer und wirtschaftlicher Fachrichtungen stellen die Lösung funktionsübergreifender Aufgaben sicher.

2. Die durchschnittlich etwa fünf- bis siebenjährige Praxiserfahrung der Roland Berger & Partner-Berater soll die Ausarbeitung praktisch umsetzbarer Ergebnisse gewährleisten.

3. Die Professionals sollen eine gleichermaßen kreative wie analytische Begabung haben, um nicht Standardkonzepte, sondern innovative und kundenspezifische Lösungen bieten zu können.

4. Die Auswahl einer engagierten und zur Teamarbeit fähigen Mannschaft gewährleistet eine ausschließlich am Interesse der Klienten orientierte Arbeit.

Kennzeichnend für Roland Berger & Partner ist eine moderne Organisation mit flachen Hierarchien, die einerseits eine flexible Führung ermöglicht, andererseits eine optimale Kommunikation und eine größtmögliche Transparenz gewährleistet. Gleichzeitig wird die Teamarbeit gefördert und die Übertragung größtmöglicher Eigenverantwortung auf die Mitarbeiter hinsichtlich Ausführung und Kontrolle der eigenen Arbeit ermöglicht.

Die Organisationsstruktur in Form einer komplexen Matrix folgt drei Dimensionen: Funktionen/Produkten, Branchen/Klienten und Regionen. Die zeitliche Begrenzung des einzelnen Projektes und damit die Projektorganisation, die letztlich über die Ressourcenverteilung entscheidet, ist jedoch wichtiger als diese Struktur. Aufgrund der dominierenden flexiblen Projektorganisation bestehen bei Roland Berger & Partner kaum Profit-Center, die zwangsläufig zu Egoismus führen und zu Lasten des Kunden gehen würden. Als eigenständige Profit-Center bestehen nur die Marktforschung und die Personalberatung, die funktional und räumlich getrennt von der Unternehmensberatung arbeiten und auch rechtlich als selbständige Einheiten bestehen.

Damit der Klient die jeweils beste Problemlösung vom geeignetsten Mitarbeiterteam erhält, existiert de facto ein unternehmensinterner Mitarbeitermarkt. Jährliche Zielvereinbarungen mit den Mitarbeitern, in deren Rahmen die Zielgrößen für den Umfang ihrer Beratungstätigkeit, für die Produktentwicklung, für Veröffentlichungen und Fortbildung festgelegt, aber auch persönliche Entwicklungsziele vereinbart werden, sind Basis für die Personalführung (Management by objectives) sowie für die leistungsbezogene Vergütung.

Von Anfang an werden Einsteiger systematisch in die Beratungsarbeit einbezogen. Sie arbeiten je nach Qualifikation und bisherigem Werdegang zunächst als Business-Analyst an Projektmodulen mit und erhalten schnell die Chance, als Consultant Mitverantwortung in der Projektarbeit zu übernehmen. Nach etwa 2–3 Jahren ist ein Berater in der Lage, als Projektleiter ein Team zu führen und Budgetverantwortung zu übernehmen. Nach 2–4 Jahren ist es möglich, als Manager gleichzeitig mehrere Projektteams und einen Funktionsbereich zu führen sowie Kunden zu akquirieren. Manager schließlich können Partner werden.

Zur Philosophie des Hauses gehört es, kein rigides „Up or out-System" zu betreiben, da mit jedem Mitarbeiter, der das Haus verläßt, wertvolles Know-how verlorengeht. Deshalb bieten sich auch denjenigen, die nicht zum Manager oder Partner aufsteigen wollen, anspruchsvolle Aufgaben als „Senior Expert".

Diese zukunftsorientierte Personalpolitik ist die Basis für das weitere Wachstum von Roland Berger & Partner in den kommenden Jahren. Dabei ist mit der zunehmenden Internationalisierung die Erhaltung einer weltweit einheitlichen Unternehmenskultur eine wichtige Aufgabe. Auch deshalb wird ein Wachstum von innen heraus einer Expansion durch Akquisition bestehender Beratungsfirmen vorgezogen. Das klare Profil als multi-spezialisierte, global tätige Top-Management-Beratung europäischen Ursprungs wird daher auch in Zukunft Roland Berger & Partner kennzeichnen.

Christoph W. Oggenfuss, Jahrgang 1950, war nach seinem Studium zunächst als Hochschulassistent, Planungs-, Vermessungs- und Bauingenieur in der Schweiz und in Algerien tätig. Seit 1981 arbeitet er bei der Schweizerischen Kreditanstalt in Zürich. 1983 absolvierte er eine MBA-Zusatzausbildung am INSEAD in Fontainebleau. Seit 1988 ist er Mitglied der Direktion der SKA. Als Leiter des Ressorts „Marketing Services, Werbung und Sponsoring" ist er heute für den Marketing-Service der Gesamtbank verantwortlich.

Romeo Lacher, Jahrgang 1960, war nach seinem Studium an der Hochschule St. Gallen (Schwerpunkt Risiko-Management und Versicherung), von 1987 bis 1990 Projektleiter am Institut für Versicherungswirtschaft an der Hochschule St. Gallen. Danach trat er in die Schweizerische Kreditanstalt in Zürich ein. Seit 1992 leitet er die Abteilung Beziehungsmarketing. Berufsbegleitend arbeitet er eine Dissertation zum Thema „Realisierung von Service-Qualität in Finanzdienstleistungsunternehmungen" aus.

Neue Wege der Kundenpflege – „Retention Marketing“

von Christoph W. Oggenfuss und Romeo Lacher

In den letzten Jahren entwickelten Theorie und Praxis zahlreiche Ansätze zur Verbesserung der Zusammenarbeit zwischen Unternehmen und Kunden. Die Methoden reichen von der Ansprache neuer Kunden über das Vertrauensmarketing und die Segmentierung des Marktes bis hin zum Schlüsselkunden- und Großkundenmarketing. Allen Strategien ist gemeinsam, daß sie die langfristige Kundenbindung in den Vordergrund stellen und darin ein erfolgsentscheidendes Differenzierungsmerkmal zum Mitbewerber sehen. Einen zusätzlichen Ansatz stellt das „Retention Marketing“ dar, das eine Konzentration der Marketingaktivitäten auf den strategischen Teil des Kundenbestandes zum Ziel hat.

Sicher kennt jeder Unternehmer die genaue Zahl der Kunden, die seine Unternehmung im letzten Monat neu gewinnen konnte. Aber kennt er auch die Zahl der Kunden, die er im letzten Monat verloren hat? Wieviel kostet es sein Unternehmen, diese Kundin oder diesen Kunden zu verlieren? Kennt er die Kundenbeziehungen, die am stärksten Gefahr laufen, zu Mitbewerbern zu wechseln oder aufgelöst zu werden? Konzentriert sich sein Marketing auf die strategisch wichtigsten Kundenbeziehungen?

Die wenigsten Unternehmen können diese Fragen mit „Ja“ beantworten. Daß Kundenbindung ein Erfolgsfaktor ist, wissen sie nur „aus dem Gefühl heraus“. Entsprechend unsystematisch wird die Bindung der Stammkunden in der Praxis betrieben. Kaum ein Unternehmen hat die Kundenbindung als strategische Herausforderung und Chance erkannt. Auch die Schweizerische Kreditanstalt mußte viele der oben gestellten Fragen bis vor kurzem noch mit „Nein“ beantworten.

Betrachtet man die traditionellen Zielsetzungsgewohnheiten der Finanzdienstleister, wird teilweise verständlich, warum sich das strategische Kundenbindungsmarketing bis heute noch kaum durchsetzen konnte: Marktanteilsdenken ist das Maß aller Dinge. Man trifft immer noch die Meinung an, daß die Gewinnung neuer Kunden der schnellste und beste Weg sei, die Unternehmensrentabilität zu verbessern. Es gelten noch immer die quantitativ ausgerichteten Erfolgsmaßstäbe der siebziger und achtziger Jahre. Führungskräfte werden ausschließlich an den Zuwachszahlen gemessen, die sie erzielen, selten jedoch daran, ob sie den Kundenbestand erhalten oder verbessert haben. Dem kurzfristigen Umsatzerfolg wird ein höherer Stellenwert eingeräumt als dem Aufbau langfristiger Deckungsbeiträge und Erfolgspotentiale. Daneben sind bei der Mehrzahl der Finanzdienstleister die Controllinginstrumente dafür ungeeignet, den Verlust durch Kundenabwanderung und den Gewinn durch Kundenbindung überhaupt zu erfassen. Ihre Kostenrechnung erlaubt weder Aussagen über die tatsächlichen Kosten- und Erlösverhältnisse zwischen Neugeschäft und Bestandespflege, noch über den Wert einer langfristigen Kundenbeziehung.

Mögen auch Voraussetzungen zur quantitativen Erfassung nicht überall gegeben sein, so sind die Vorteile der Kundenbindung Bankmanagern doch zumindest intuitiv bekannt. Sie wissen, daß Kundenbeziehungen erst nach ein paar Jahren wirklich profitabel werden; daß Neukunden hohe Akquisitions- und Erstjahreskosten verursachen; daß die Kosten für Geschäfte mit neuen Kunden wesentlich höher sind als der Kostenaufwand für Wiederholungsgeschäfte; daß Mund-zu-Mund-Empfehlungen zufriedener Langfrist-Kunden die Möglichkeit eröffnen, kostengünstige Beziehungs- und Anschlußgeschäfte („referrals“) abzuschließen.

Die Schweizerische Kreditanstalt (SKA) hat in den vergangenen Jahren Methoden entwickelt, mit denen die Bedürfnisse des Kunden besser erkannt und in den Planungen berücksichtigt werden können. Auf dem Weg zu besserer Kundenbindung haben wir dabei meßbare Erfolge erzielt.

Leistungsprofil

Auf der nationalen Ebene definiert sich die Schweizerische Kreditanstalt als eine der großen Universalbanken mit einem auf alle Kundensegmente ausgerichteten Dienstleistungsangebot. International beschränkt sich die SKA grundsätzlich auf das Geschäft mit kommerziellen Großkunden, das Private Banking, das Asset Management und ausgewählte Finanzdienstleistungen. Sie ist auf allen bedeutenden Finanzplätzen, in wichtigen Industriestaaten sowie auf Märkten mit Wachstumspotential präsent. Dabei konzentriert die SKA ihr Leistungsangebot auf erfolgversprechende Produkte und Kundensegmente. Ziel der Schweizerischen Kreditanstalt ist es, auch auf lange Sicht eine der leistungsfähigsten, sichersten und ertragsstärksten Banken der Welt zu sein.

Geschichte der Schweizerischen Kreditanstalt

Die SKA wurde 1856 von Alfred Escher in Zürich gegründet und ist damit die älteste Großbank der Schweiz. Ihr Gründer war zuvor bereits mit dreißig Jahren Nationalratspräsident gewesen. Am Aufschwung der rohstoffarmen Schweiz zu einer führenden Industrienation und zu einem bedeutenden Finanzplatz hat die SKA entscheidend mitgewirkt. Sie finanzierte in großem Maß den Eisenbahnbau (Gotthardbahn) und die Industrialisierung.

Daneben widmete sich die Bank früh den Emissions-, Devisen- und Börsengeschäften. Die Expansion im Ausland und in der Schweiz begann, als 1958 die wichtigsten Währungskurse frei konvertibel wurden, was den Aufbau großer internationaler Geld- und Kapitalmärkte wesentlich erleichterte. In dieser Zeit erhöhte sich die Bilanzsumme der SKA in einem einzigen Jahr stärker als in den vergangenen hundert Jahren. In ihrer langen Geschichte konnte die SKA ununterbrochen Jahr für Jahr eine Dividende ausschütten und mußte nie eine Kapitalherabsetzung vornehmen. Seit 1989 ist die Schweizerische Kreditanstalt eine Tochter der CS Holding, einer früheren Schwestergesellschaft. Die CS Holding hält direkte Beteiligungen an der SKA, an der Bank Leu Holding, einer vornehmlich in der Anlage- und Vermögensberatung agierenden Bankengruppe und an einer globalen Investment-Bank-Gruppe unter dem Dach der CS First Boston Group Inc. Zusätzlich wurde Anfang 1993 die viertgrößte Bank in der Schweiz, die Schweizerische Volksbank, übernommen. Daneben verfügt die CS Holding über Industriebeteiligungen, so an der Elektrowatt AG (Energie, Industrie, Engineering), an der Fides Holding (Treuhand, Informatik) sowie an der von ihr selbst gegründeten Lebensversicherung CS Life.

Neue Herausforderungen

Die Marktstellung der SKA in der Schweiz ist herausragend. Wir müssen uns jedoch auf neue Marktbedingungen einstellen: Der Bankenmarkt in der Schweiz ist in den meisten Bereichen gesättigt. Mehrfach-Bankenbeziehungen sind nicht nur bei Firmenkunden, sondern auch bei Privatkunden die Regel.

Die Aufhebung der Bankenkonventionen in der Schweiz ermöglicht branchenfremden Konkurrenten das Eindringen in angestammte Geschäftsfelder der Banken (zum Beispiel Versicherungen, PTT). Der Markt gilt als „overbanked“; der Druck, unnötige Kapazitäten abzubauen, nimmt stark zu. Andererseits verlangt die Verbesserung der Kundenleistungen enorme Investitionen in EDV-Projekte. Die Banken in ganz Europa sehen sich heute gut informierten, anspruchsvollen und Preis-Leistungs-bewußten Kunden gegenüber. Die Produkte und Dienstleistungen sind weitgehend auswechselbar geworden. „Parity offer“ oder Angebotsgleichheit ist hier das Stichwort.

Diese veränderte Marktsituation hat zwei wichtige Konsequenzen: Zum einen lassen sich Gewinne von Marktanteilen nur noch auf Kosten der Mitbewerber erreichen („Verdrängungsmarkt“). Neue Kunden zu gewinnen, wird damit schwieriger und teurer. Zum anderen ist die Folge oft ein hektisches und vor allem „destruktives Marketingverhalten“, das sich zeigt in

- übertriebenen Zusatz- und Nebenleistungen
- Preiszugeständnissen bei gleichzeitig schlechter Kostendeckung
- übertriebenen Kommunikations- und Werbemaßnahmen

Die Kundenbindungsstrategie der SKA verfolgt vor diesem Hintergrund das Ziel, die mit viel Geld gewonnenen Kunden vor den Lockungen der Mitbewerber zu schützen. Wir sind überzeugt, daß sich der Erfolg eines Anbieters künftig nicht nur an der Quantität, sondern zusehends an der Qualität seiner Kundenbeziehungen bemessen wird.

Wenn das große Thema lautet: „Akquisitionsmarketing versus strategische Kundenbindung“, dann ist darin die Forderung enthalten, den Fokus in sinnvollem Maß vom Neukunden auf den Stammkunden zu lenken. Einmal gewonnene Kunden müssen einesteils langfristig gebunden, anderenteils zu profitablen Kunden werden. Peter Drucker erkannte früh: Kundenstamm-Marketing richtet spezifische Leistungen der Unternehmung auf bestehende Kunden aus, um Beziehungen und geschäftliche Transaktionen mit ihnen fortzusetzen, zu erweitern oder zu vertiefen. Kundenstamm-Marketing stützt sich nicht nur auf permanente und periodische Kunden, sondern strebt einen ertragreichen und zukunftsträchtigen Soll-Kundenstamm an.

Gewinnpotentiale durch „Retention Marketing“

Zahlreiche Studien und Praxisbeispiele belegen, daß es wirtschaftlicher ist, die Beziehungen mit bestehenden Kunden auszubauen, als neue Kunden zu akquirieren. Schätzungen zeigen, daß der Aufwand für Neukunden vier bis sechsmal höher ausfällt. Vermindert ein Unternehmen die Kundenabwanderung auch nur um 5 Prozent, so steigt der Kundenwert um 25 bis 85, nach anderen Untersuchungen bis 125 Prozent. Empirische Forschungen in den USA, so von Reichheld und Sasser (Reichheld, F./Sasser, Earl W., Zero Migration, *Harvard Manager* 4/1991, S. 108–116), ergaben Zuwächse von 25 Prozent für Kreditversicherungen, 30 Prozent für den Autokundendienst, 35 Prozent für Softwarehäuser, 50 Prozent für Versicherungen und 75 bis 125 Prozent für Kreditkartenorganisationen.

Diese allgemeinen Erkenntnisse lassen sich auch bei der SKA nachvollziehen. Finanzielle Vorteile ergeben sich im einzelnen sowohl auf der Erlös- als auch auf der Kostenseite. Zur Erlösseite: Interne Produktenutzungsanalysen deuten darauf hin, daß das Cross-Selling-Potential der SKA noch ausbaufähig ist und daß unsere loyaleren Kunden weniger preissensitiv sind. Daneben können Zusatzgeschäfte mit bestehenden Kunden den Ertrag steigern. Auf der Kostenseite gilt der Grundsatz, daß Neukundengeschäfte wesentlich teurer sind als Wiederholungsgeschäfte mit bestehenden Kunden und die hohen Akquisitions- und Erstjahreskosten nur dann amortisiert werden, wenn der Kunde über mehrere Jahre der SKA treu bleibt.

Das Drei-Phasen-Modell

Vor diesem Hintergrund entwickelte die Schweizerische Kreditanstalt ein eigenes Retention-Marketing-Konzept in Form eines Drei-Phasen-Modells. Die Phasen sind:

1. Segmentierung des bestehenden Kundenstamms;
2. Bildung strategischer Kundenbindungsfelder;
3. Einleitung konkreter Marktbearbeitungsmaßnahmen.

> *Retention-Marketing*
>
> Das strategische Kundenbindungsmarketing als Vertiefung des Beziehungsmarketings konzentriert sich primär auf den bestehenden Kundenbestand. In diesem werden unter Rentabilitätsaspekten strategisch wichtige Kundenbeziehungen identifiziert, die es durch spezifische Marktbearbeitungsmaßnahmen langfristig an die Unternehmung zu binden gilt.

Segmentierung des bestehenden Kundenstamms

Da die Kundschaft großer Banken und Versicherungen in der Regel sehr heterogen zusammengesetzt ist, muß man sich zunächst über die Struktur des eigenen „Bestandes“ klarwerden. Er ist in mehr oder weniger homogene, strategisch wichtige Teilsegmente einzuteilen. Als Kriterien eignen sich Rentabilitätsgrößen und Verhaltensmuster der Kunden. Eine dritte Analyse-Möglichkeit bietet die „Lapser-Analyse“.

Voraussetzung solcher Analysen ist der Aufbau geeigneter Controlling-Systeme. Aussagen über die Rentabilität von Kundenbeziehungen gewinnt man nicht allein aus Produktenutzungsanalysen und Analysen der Produktrentabilität. Notwendig sind umfassende Kosten- und Erlösrechnungssysteme, die beim individuellen Geschäftsfall mit dem einzelnen Kunden ansetzen. Die SKA hat in den letzten Jahren große Anstrengungen unternommen und gilt deshalb in diesem Bereich als führend unter den großen Schweizer Banken. Im Führungsinstrument der SKA, dem sogenannten FI-SKA, nimmt das CRAPA-System (Customer Relation and Profitability Analysis) eine zentrale Stellung ein. CRAPA ermöglicht eine aussagekräftige Erlösrechnung auf individueller Kundenbasis. Ihm entspricht auf der Kostenseite das BEKO-System (Betriebskosten-System), mit dem innerbetriebliche Leistungen erfaßt, den einzelnen Abteilungen zugeordnet und verrechnet werden können.

Im einzelnen unternimmt die SKA

- ABC-Analysen; diese können wir nicht nur nach Erlöskriterien, sondern auch nach den Deckungsbeiträgen, also unter Berücksichtigung der Kostenseite vornehmen.
- Produktenutzungsanalysen; sie geben uns in Verbindung mit Produktrentabilitätsrechnungen Aufschluß über Cross-Selling-Potentiale und darüber, ob der Kunde überhaupt die „richtigen“ Produkte nutzt.
- Die Kunden-Fluktuation messen wir, indem wir den Kundenbestand am Anfang eines Jahres mit dem Bestand am Jahresende vergleichen. Die exakte Kundenbindungsrate ist jedoch schwer

zu ermitteln. Nicht immer läßt sich nachvollziehen, ob ein Kunde die SKA definitiv verlassen hat oder ob er nur die Bankstelle gewechselt hat.

Die Verhaltens- und Bedürfnisanalysen ermitteln quantitative und qualitative Daten und erproben neue Formen der Marktforschung. Zum Beispiel wird ermittelt, wie oft ein Kunde von sich aus Kontakt mit einer Geschäftsstelle aufnimmt, ob er dies persönlich oder per Telefon tut, worin sein Anliegen besteht, wie lange ein solcher Kontakt dauert und welche Kosten daraus der Bank entstehen.

Lapser-Analysen untersuchen verlorengegangene Kundenbeziehungen. Aus dem statistischen Vergleich zwischen bestehenden und verlorengegangenen Kunden gewinnen wir Informationen über das Kundenprofil eines typischen „Lapsers“ und darüber, welche Kundenbeziehungen unter diesem Gesichtspunkt Gefahr laufen, aufgelöst zu werden. Eine frühere Analyse der SKA brachte beispielsweise den Befund, daß rund zehn Prozent der „Lapser“ nur ein Jahr lang Kunden waren und eine überraschend hohe Zahl der neu gewonnen Kunden in den ersten Jahren wieder verlorenging. Wir zogen daraus die Lehre, daß die Strategien zur Kundenbindung unmittelbar bei der Akquisition eines neuen Kunden einsetzen müssen.

Bildung strategischer Kundenbindungsfelder

Ziel der zweiten Phase ist es, den enormen Kundenbestand zu einzelnen wichtigen Teilmengen zusammenzufassen. Die Zuordnung zu einzelnen strategischen Bindungsfeldern geschieht mit Hilfe der verschiedenen oben vorgestellten Analysekriterien. Da Retention Marketing zum Ziel hat, nicht nur den Kundenbestand zu erhalten, sondern bestehende Kunden zu profitablen Kunden zu machen, ist eine Segmentierung nach Rentabilitätsgesichtspunkten besonders aufschlußreich. So gliedert die SKA ihren Kundenstamm fallweise in einer zweidimensionalen Matrix: Auf der einen Achse ist die Gesamtkundenrentabilität in Form von Deckungsbeiträgen aufgetragen, auf der anderen Achse das generierte Geschäftsvolumen beziehungsweise die Breite der Produktenutzung (vgl. Abbildung 44)

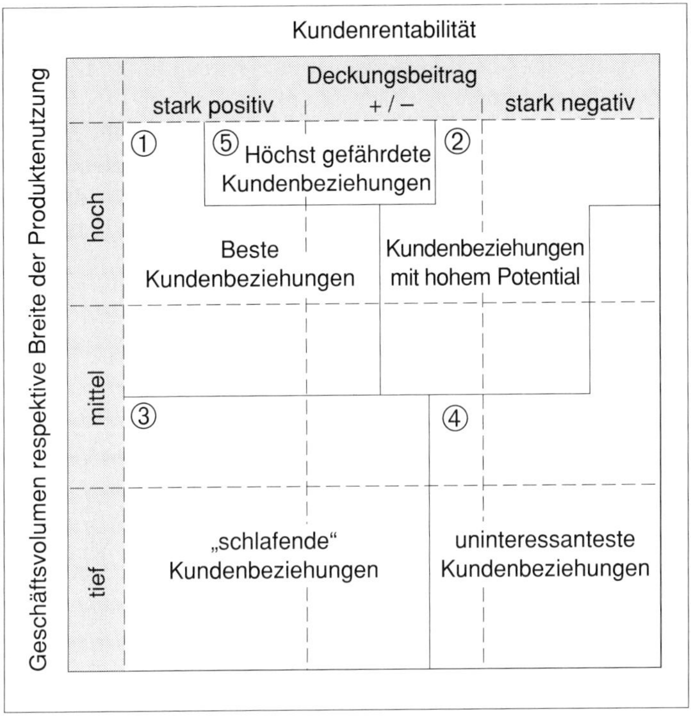

Abbildung 44: Beispiel einer möglichen Aufteilung eines Kundenbestandes in strategische Kundenbindungsfelder

Kunden im Feld „schlafende Kundenbeziehungen" generieren nur geringes Geschäftsvolumen, das heißt sie nutzen nur wenige Produkte und ihr Deckungsbeitrag schwankt zwischen positiv und negativ. Dieser Fall liegt zum Beispiel dann vor, wenn die SKA nur als Zweitbank fungiert. Die Schweizerische Kreditanstalt berücksichtigt insbesondere auch die Abwanderungsgefährdung von Kunden aus Feld eins und Feld zwei. Diese Kunden, die hoch profitabel sind, über großes Gewinnpotential verfügen und gleichzeitig in Gefahr stehen, zur Konkurrenz „überzulaufen", sind in einem eigenen Feld verzeichnet (Feld 5).

Einleitung konkreter Marktbearbeitungsmaßnahmen

Die Analyse und die Bildung von Kundenbindungsfeldern liefern nun die Planungsgrundlage für das konkrete Eingreifen. Nicht alle Felder können gleichzeitig bearbeitet werden. Deshalb müssen Prioritäten gesetzt werden, bevor das Marketing Maßnahmen ausführen kann. Tabelle 4 stellt idealtypische Maßnahmen dar. Sie zeigt die einzelnen Kundengruppen, das Gewicht, das ihnen die SKA beimißt und unsere Strategien zur Kundenbindung.

Tabelle 4: Handlungsprioritäten und Handlungsbedarf für die verschiedenen Kundenbindungsfelder

	Kundenbindungsfeld	*Möglicher Handlungsbedarf*
1. Priorität	⑤ Strategisch gefährdetste Kundenbeziehungen	Sofortige Kontaktaufnahme und Individualisierung der Leistungserstellung
2. Priorität	① Hochrentable Kundenbeziehungen	Intensivierung der Beziehungspflege
3. Priorität	② Kundenbeziehungen mit ungewissem Gewinnpotential	Differenzierungsstrategie: • Kosten senken • Preise erhöhen
4. Priorität	③ „Schlafende“ Kundenbeziehungen	Intensivierung der Kundenbeziehung durch Direkt Marketing
5. Priorität	④ Uninteressanteste Kundenbeziehungen	Desinvestitions- und Rückzugsstrategie

Auf der Basis dieser Vorarbeiten führt die SKA konkrete Marktbearbeitungsmaßnahmen durch. In erster Linie müssen sich die Maßnahmen natürlich auf die am meisten gefährdeten und potentiell rentabelsten Kunden konzentrieren. Das heißt nicht, daß die übrigen Kundenstamm-Gruppen vernachlässigt werden. „Idealtypisch" ist auch die Rückzugs- und Desinvestitionsstrategie bei den „uninteressanten Kunden": Allerdings lassen sich die notwendigen Maßnahmen nicht immer konsequent umsetzen.

Der Erfolg der direkten Kundenkontakte, des Telefonmarketings, der personalisierten Mailings oder anderer Kommunikationsformen hängt entscheidend von den richtigen Informationen über die einzelnen Kundenbeziehungen ab. Name und Adresse des Kunden müssen verfügbar und leicht zugänglich sein. Nur wenn sich der Kunde tatsächlich als Individuum angesprochen fühlt, wird es einem Finanzdienstleistungsunternehmen gelingen, sein Vertrauen zu gewinnen und ihn langfristig zu binden.

Möglichkeiten für Marketing-Maßnahmen bestehen dann zum Beispiel:

- in der Standardisierung bestehender oder der Einführung neuer Produkte und Dienstleistungen,
- in der Intensivierung der Kundenpflege,
- in Preisanpassungen oder
- in der Intensivierung des Kundenkontakts über Direct-Marketing-Aktivitäten.

Ganz allgemein faßt die SKA die unterschiedlichen Kundenbindungsdimensionen im Modell des Marketing-Keils (Abbildung 45) zusammen. Abbildung 45 zeigt, wie schrittweise interne Vorbereitungen getroffen, Kunden angesprochen und schließlich gewonnen werden. Mit dem Verkaufsabschluß setzt die Phase des Retention Marketing ein, dessen Aufgabe es ist, den Kunden die letzte Unsicherheit zu nehmen, ihr Vertrauen zu stärken und sie langfristig an die Unternehmung zu binden. Ziel ist es, „Customers" in „Clients" und „Clients" in „Advocates" zu verwandeln.

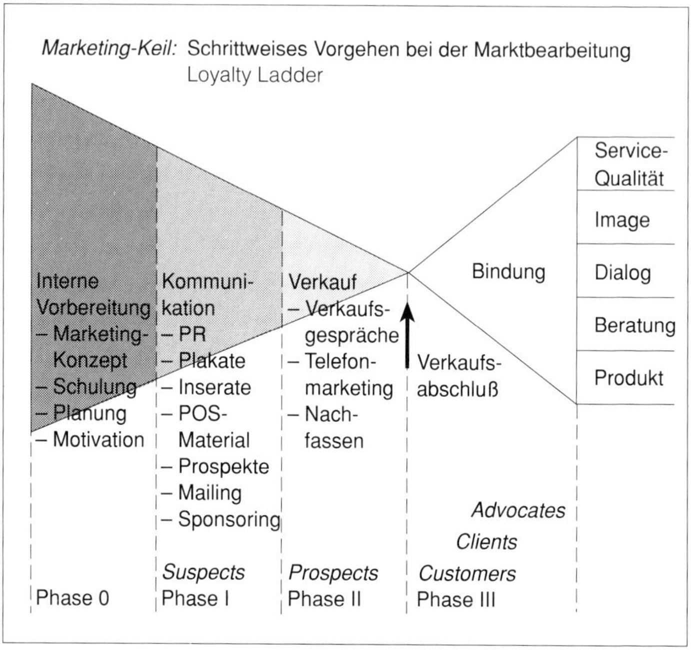

Abbildung 45: Das Modell des Marketing-Keils

Fallbeispiel: Credit Suisse Private Banking-Strategie

Ein konkretes Beispiel für den Einsatz der neuen Kundenbindungsstrategien ist die „Credit Suisse Private Banking“-Strategie der SKA:

Private Banking Kunden sind für die Schweizerische Kreditanstalt Kunden, die entweder über ein Mindest-Netto-Einkommen von 100 000 Franken oder über ein Vermögen von mindestens 200 000 Franken verfügen. Private Banking Kunden sind ertragreich und stellen eines der wichtigen Segmente der SKA dar. Informationen über ihre Gewohnheiten und Verhaltensmuster als Bankkunden bezieht die SKA aus einem seit drei Jahren laufenden Panel. Dreimal im Jahr gehen darin Auskünfte von über 1000 Kunden ein, die systematisch zu unterschiedlichen Themen befragt wurden.

Die Kundenbindungsstrategie sieht im Fall der Private Banking Kunden ein klares Mehrleistungskonzept vor, dessen zentrale Elemente die folgenden sind:

- initiative und sehr individuelle Betreuung durch einen persönlichen Anlageberater,
- ein umfassendes und innovatives Leistungsangebot sowie
- eine hohe Beratungskompetenz.

Im einzelnen lassen sich die fünf zentralen Ansatzpunkte des Marketing-Keils wie folgt charakterisieren:

Produkte

Ziel unserer Sortimentsgestaltung ist die umfassende Abdeckung der komplexen Bedürfnisse des Private Banking Kunden. Während das Kernangebot im Bereich Anlagen, Kredit und Transaktionen ähnlich dem unserer Mitbewerber ist, zeichnet sich die SKA durch ein erweitertes Allfinanzangebot aus. Unsere Einbettung in die CS Holding hat den Vorteil, daß wir auf das ganze Lebensversicherungs-Sortiment unserer Schwestergesellschaft CS Life zurückgreifen können. Wir sind damit in der Lage, die Interessen des Anlegers besser lösen zu können als andere Banken, insbesondere unter dem Gesichtspunkt der Steuerersparnis. Über ausgewählte Zusatzleistungen wie Erbschafts- und Steuerberatung sowie Nachfolgeregelungen entsteht für den Kunden ein zusätzlicher Mehrwert.

Beratung

Dem persönlichen Anlageberater kommt eine Schlüsselfunktion zu. Um seine Aufgabe erfolgreich wahrnehmen zu können, muß er über die richtigen Fähigkeiten verfügen. Die SKA hat vor kurzem unter dem Stichwort „Excellence in Sales“ eine entsprechende Trainings-Bibliothek entwickelt, die je nach Ausbildungsbedarf modulartig eingesetzt werden kann. Im übrigen kann der Anlageberater auf die seinen Bedürfnissen angepaßte Technik zurückgreifen. Die SKA unterstützt den Anlageexperten deshalb unter anderem mit einem computergestützten Beratungssystem mit der Bezeichnung CS Fondex. Dieses „intelligente“ System stellt dem Kunden in Minutenschnelle ein individuelles Portefeuille zusammen, das seine spezifischen Faktoren wie Risikobereitschaft, Renditevorstellungen und Währungspräferenzen in Betracht zieht.

Dialog/Kundenpflege

Der Aufbau und die Pflege einer regelmäßigen Kommunikation mit den Private Banking Kunden ist ein zentrales Element unserer „Retention“ Strategie. Neben eigens entwickelten Kundenveranstaltungen bieten insbesondere die Anlässe im Rahmen unseres Sport- und Kultursponsoringengagements eine gute Gelegenheit, den Kontakt zu dieser Kundengruppe zu intensivieren.

Image

Kundenbindung ist eine Frage des Vertrauens. Wir müssen davon ausgehen, daß der Private Banking Kunde fortwährend nach Argumenten sucht, die sein Vertrauen in die SKA rechtfertigen. Wir müssen ihm diese Gründe liefern. Zum Beispiel über die Werbung. Private Banking Kunden sprechen wir über eine spezielle Imagekampagne an. Die Werbesujets streichen die Stärken der SKA als international tätige, aber traditionell schweizerische Bank heraus. Die Imagewerbung soll den Schweizer wie den ausländischen Kunden davon überzeugen, daß er die für ihn richtige Bank gewählt hat. Wir sind uns jedoch bewußt, daß mit Imagekampagnen allein das Vertrauen nicht verbessert werden kann, sondern daß das Vertrauen stark von unserer Glaubwürdigkeit im täglichen Kontakt mit dem Kunden abhängt, insbesondere was den Umgang mit Leistungsversprechen angeht. Eine wichtige interne Handlungsmaxime lautet denn auch: „Wir halten unsere Abmachungen ein, das heißt wir geben mündlich wie schriftlich nur Versprechen ab, die wir auch erfüllen können.“

Service-Qualität

Ausgezeichnete Service-Qualität ist die wichtigste Bedingung für eine erfolgreiche Kundenbindung. Wir wissen, daß es häufig schlechte Service-Qualität ist, die Kunden in die Arme der Konkurrenz treibt. Mehr als 40 Prozent aller Kunden, die sich von einem Unternehmen abwenden, geben unzureichende Service-Qualität als Grund ihrer Abwanderung an. Eine Basisstrategie unter dem Titel „SKA Service-Leader“ hat deshalb zum Ziel, sich mit auffallend positiven Serviceleistungen von unseren direkten Mitbewerbern abzuheben.

Kundenbindung – die Herausforderung der Zukunft

Entscheidend für den Erfolg der strategischen Kundenbindung sind die Informationen, die wir über den Kunden haben. Je besser wir als Anbieter den Kunden und seine finanzwirtschaftlichen Charakteristika kennen, desto individueller können wir auf ihn eingehen. Dabei darf nicht übersehen werden, daß Kundenbindung nicht primär die Beziehung zwischen Kunde und Bank, sondern zwischen Kunde und Mitarbeiter betrifft. Kundenbindung heißt deshalb immer auch Mitarbeiterbindung. Damit sind Fragen in Zusammenhang mit Arbeitsklima, Incentives oder Entlohnungssystemen angesprochen, die das Engagement der Anlageberater für eine verstärkte Kundenbindung berücksichtigen.

Kundenbindung ist Ausdruck einer Geisteshaltung und verlangt eine Ablösung vom Akquisitionsdenken der Vergangenheit. Kundenbindung wie wir sie verstehen beginnt bei der Marketing-Philosophie einer Unternehmung und erstreckt sich nicht nur auf die Aktivitäten nach dem Verkauf, sondern durchdringt jegliches auf den Markt und Kunden ausgerichtetes Verhalten. Die Kundenbindung kommt ohne klares Konzept nicht aus und verlangt ein auf die übrigen Marketing-Maßnahmen abgestimmtes Vorgehen. Es wäre vermessen zu behaupten, daß die SKA für alle Problemkreise bereits Lösungen gefunden hat. Wir sind jedoch überzeugt, daß wir mit unserer Entwicklungsarbeit die strategische Kundenbindung im Bankbereich an führender Position mitgestalten.

Während und nach seiner Ausbildung zum Sparkassenbetriebswirt war Manfred Bodin, Jahrgang 1939, zunächst in verschiedenen Stadtsparkassen tätig. 1970 wurde er Mitglied des Vorstandes der Kreissparkasse Recklinghausen, zu dessen Vorsitzenden man ihn 1976 ernannte. Acht Jahre später wechselte der in dasselbe Amt bei der Sparkasse Essen. Seit November 1991 ist er Vorsitzender des Vorstandes der NORD/LB.

Portfoliomanagement unter Einsatz von Asset Allocation und Beratungskonzeptionen für gesteuertes Wertpapiergeschäft

von Manfred Bodin

Neue Ausrichtung im Wertpapiergeschäft der NORD/LB

Die NORD/LB versteht sich als norddeutsche regionale Großbank. Sie ist die Hausbank der Länder Niedersachsen, Sachsen-Anhalt und Mecklenburg-Vorpommern. Sie unterstützt durch ihre Geschäftstätigkeit diese drei Länder und ihre kommunalen Körperschaften in der Erfüllung ihrer Aufgaben. Zusammen mit der Bremer Landesbank hat sie die Aufgabe einer Zentralbank für 130 Sparkassen, die DM 140 Milliarden Bilanzsumme repräsentieren. Darüber hinaus betreibt die NORD/LB in rund 200 Niederlassungen das Universalbankgeschäft. Mit einer Konzernbilanzsumme von DM 170 Milliarden zählt sie zu den zehn größten Banken in Deutschland.

Diese Beschreibung ist angebracht, um zu zeigen, daß die NORD/LB nicht auf ihre Funktion als Landesbank und Girozentrale allein einzugrenzen ist. Unser Haus steht im direkten Wettbewerb mit anderen Geschäftsbanken und ist bestrebt, mit konsequenter Kundenorientierung und Kompetenz das vorhandene Marktpotential voll auszuschöpfen. Gleichzeitig sind wir Partner im Verbund der Sparkassenorganisation und stellen den Sparkassen Serviceleistungen zur Unterstützung ihrer breitgefächerten Aktivitäten zur Verfügung.

Kundenorientierung bedeutet für uns die Berücksichtigung individueller Kundeninteressen. Wir orientieren uns an der klaren Aussage, daß Geschäftsverbindungen dauerhaft sein sollen. Der dauerhafte Erfolg der Bank baut auf dem langfristigen Nutzen des Kunden auf.

In den letzten Jahren hat das Wertpapiergeschäft auch für unsere Institutsgruppe zunehmend an Bedeutung gewonnen. Als Resultat intensiver Analysen, die die marktstrategische Ausrichtung der NORD/LB konkretisierten, entschlossen wir uns, das Wertpapiergeschäft zu intensivieren und unsere Leistungen wettbewerbsgerecht am Markt zu positionieren. Diese Maßnahmen waren gleichbedeutend mit einem neuen geschäftspolitischen Ansatz im Wertpapiersektor der NORD/LB und verbunden mit erheblichen Kapazitätsausweitungen und tiefgreifenden organisatorischen und personellen Umstrukturierungen. Damit trugen wir zum einen dem in den achtziger Jahren weltweit veränderten Investmentszenario Rechnung und stellten uns zum anderen auf die beständig steigenden Qualitätsansprüche unserer Kunden ein.

Technische Innovationen insbesondere auf dem Informations- und EDV-Sektor in Verbindung mit zunehmenden Liberalisierungstendenzen, haben die Kapitalmärkte vereinheitlicht und die Voraussetzungen für die Internationalisierung des Wertpapierhandels und eine globale Diversifikation von Vermögen geschaffen. Gleichzeitig sind die Interdependenzen zwischen den Finanzmärkten größer geworden und die Anlagerisiken gewachsen. Die neuen derivativen Instrumente haben in ihren vielfältigen Ausgestaltungen ein verändertes Marktverständnis geschaffen und neue Techniken des Wertpapierhandels und des Portfoliomanagements entstehen lassen. Die Anleger, seien es private oder institutionelle, machen von der Erweiterung der damit verbundenen Investitionsmöglichkeiten zunehmend Gebrauch. Wettbewerbsbedingt erhöht sich das Niveau der Qualitätsstandards für Beratungsleistungen im Wertpapiergeschäft stetig.

Erweiterte Produktpalette: Vom individuellen Portfoliomanagement bis zu flächendeckenden Beratungskonzeptionen

Vor diesem Hintergrund waren wir uns auch der Tatsache bewußt, daß für die Sparkassenorganisation im Wertpapiergeschäft noch erhebliche Potentiale zu erschließen sind.

Es war unser Ziel, die Produkt- und Leistungspalette im Wertpapiergeschäft grundlegend zu verbessern, insbesondere auch unter dem Blickwinkel unserer Verbundfunktion. Sie mußte dabei so ausgerichtet werden, daß sie dem Kundenpotential unserer Organisation und der spezifischen Struktur unseres Wertpapiergeschäftes optimal angepaßt sein sollte. Verstärkt ausgebaut werden sollten Beratungsleistungen im weitesten Sinne vom individuellen Portfoliomanagement für institutionelle und für private anspruchsvolle Vermögensverwaltung bis hin zu effizienten Beratungskonzeptionen für Sparkassen und unsere Niederlassungen.

Der dauerhafte Markterfolg dieser Leistungen ist im wesentlichen abhängig von:

- der Zufriedenheit des Kunden mit dem individuellen Anlageerfolg,
- der Kontinuität, mit der diese Erfolge erzielt werden.

Diese Zielsetzung erfordert einen systematischen, nachvollziehbaren Beratungsprozeß, der unter Einsatz zeitgemäßer Instrumente zu einer Verbesserung der Anlageergebnisse führt. Ein in Hinblick auf diese Anforderung geeignetes Instrumentarium sahen wir in der Etablierung eines organisatorisch und methodisch neu ausgerichteten Anlageprozesses unter Einbeziehung von Asset Allocation.

Einsatz von Asset Allocation

Bevor ich die weitere Vorgehensweise beschreibe, soll zunächst das Instrument Asset Allocation als ein wesentlicher Baustein des Anlageprozesses erklärt werden.

Die Portfoliotheorie beschäftigt sich mit einer systematischen Strukturierung von Portfolios auf der Basis mathematisch-statistischer Entscheidungsmodelle. Für die Entwicklung dieser Modelle wurde den führenden Portfoliotheoretikern Markowitz, Sharp und Miller 1990 der Nobelpreis verliehen. Praktische Anwendung finden die Erkenntnisse der Portfoliotheorie heute in Form der Asset Allocation.

Unter Asset Allocation verstehen wir einen Prozeß, der zum Ziel hat, eine Vermögensdiversifikation entscheidungslogisch durchzuführen. Dies bedeutet die Optimierung der Struktur eines Portfolios unter gegebenen, individuellen Restriktionen und festgelegten Regeln. Daten über Renditeerwartungen, Risikowerte sowie Korrelationskennziffern bilden die zentralen Größen des Optimierungsprozesses.

Im Gegensatz zum traditionellen Investmentmanagement, wonach ein Portfolio mit den vermeintlich besten Aktien „gespickt" wird (stockpicking), operiert Asset Allocation auf der Ebene von Anlagemedien und Märkten und versucht, effiziente Portfolios zu ermitteln. Ein effizientes Portfolio zeichnet sich dadurch aus, daß

- kein anderes Portfolio mit gleicher Rendite und geringerem Risiko existiert und
- kein anderes Portfolio mit gleichem Risiko und höherer Rendite existiert.

Die Menge aller möglichen effizienten Kombinationen kann in Form einer Kurve, der sogenannten „efficient frontier" dargestellt werden (vgl. Abbildung 46).

Auf dieser Kurve befindet sich für jeden Kunden eine optimale Anlagekombination, die durch seine persönliche Risikopräferenz gekennzeichnet ist. Zieht man Risikopräferenzen zur Klassifizierung

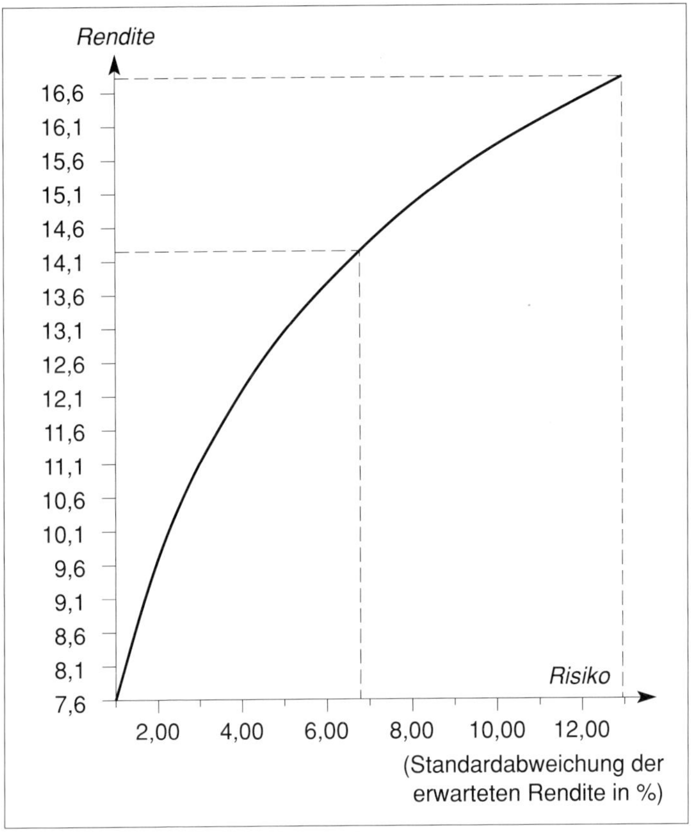

Abbildung 46: Kurve effizienter Portfolios

von Kundensegmenten heran (zum Beispiel spekulativ, neutral, konservativ), so können spezifisch auf das jeweilige Kundensegment zugeschnittene optimale Portfolios konstruiert werden.

Der Prozeß zur Berechnung effizienter Portfolios beruht auf konkreten Prognosen über

- die Renditen einzelner Anlagekategorien (Währungen, Geld-, Kapital- und Aktienmärkte),

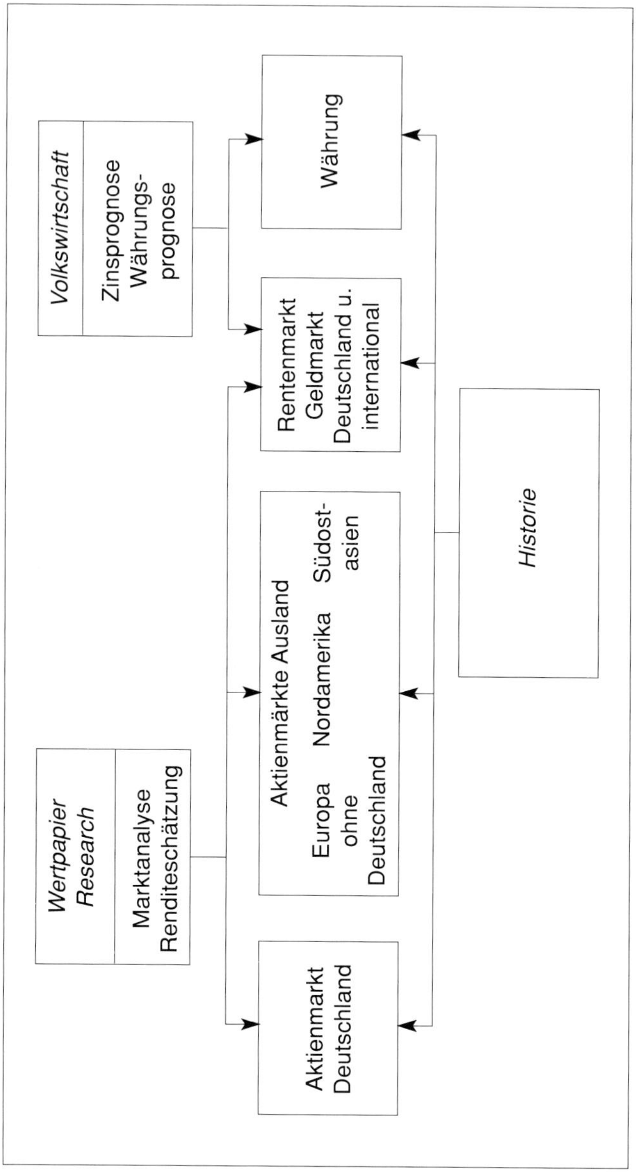

Abbildung 47: Prognose-Input Asset Allocation

– ihre Standardabweichungen sowie
– ihre Korrelationen untereinander.

Dazu einige Begriffsbestimmungen:

Unter Risiko verstehen wir hier nicht – wie intuitiv naheliegend – das Verlustrisiko einer Anlage, sondern die Unsicherheit, mit der eine Rendite erwartet werden kann. Diese Unsicherheit ist dadurch bedingt, daß Wertpapiere im Kurs schwanken und somit im Zeitablauf Kursgewinne wie -verluste auftreten können. Je stärker und

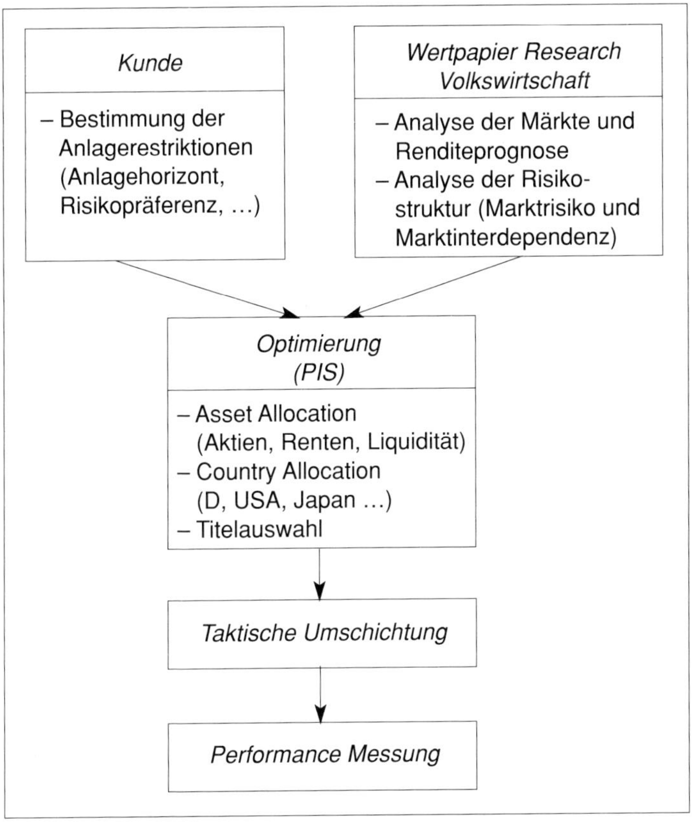

Abbildung 48: Asset-Allocation-Prozeß

öfter diese Schwankungen auftreten, desto größer wird das Risiko. Als statistisches Maß für das Risiko benutzen wir die Standardabweichung der erwarteten Rendite eines Anlagemediums.

Die Renditeschätzungen für den Optimierungsprozeß erfolgen in der NORD/LB nach dem Schema, das Abbildung 47 darstellt.

Diese Prognosen zusammen mit den statistischen Daten sowie den absatzpolitischen Restriktionen sind die Eingangs-Daten für die EDV-unterstützte Optimierung. Für diesen Vorgang setzen wir das Programm-Paket PIS (= Portfoliomanagement Informationssystem) ein. PIS rechnet auf Basis des Markowitz-Ansatzes. Das Ergebnis des Optimierungsprozesses ist die Menge aller Portfolios, die, diversifiziert nach Anlagemedien und Ländern, effizient sind.

Ist zudem die Risikopräferenz des Kunden bekannt, läßt sich – wie oben beschrieben – ein optimales Portfolio bestimmen.

Portfoliomanagement für institutionelle Kunden

Die oben beschriebene Methode findet typischerweise Einsatz bei der Verwaltung großer Vermögen, wie sie u. a. von institutionellen Anlegern wie Versicherungen, Fondsgesellschaften, diversen Gruppen professioneller Anleger gehalten werden. In unserem Geschäft nimmt insbesondere die Betreuung der uns von verbundenen Sparkassen überlassenen Anlagegelder (Depot-A-Betreuung) einen breiten Raum ein.

Institutionellen Kunden bieten wir ein professionelles Portfoliomanagement an, das ihren spezifischen Ansprüchen – regionale Anlageschwerpunkte, Anlagevorschriften des Gesetzgebers, stiftungsspezifische Restriktionen etc. – Rechnung trägt. Ein weiterer wesentlicher Vorteil, der mit dem Einsatz von Asset Allocation in der beschriebenen Form verbunden ist, besteht darin, daß sich die Rendite-Risiko-Relation eines Portfolios ex ante quantifizieren und ex post kontrollieren läßt.

Neue Organisationsstruktur

Um Leistungen effizient erstellen und an den Markt bringen zu können, haben wir die Strukturen innerhalb des Wertpapiersektors verändert. Research, Zentrale Wertpapierberatung und Portfoliomanagement/Vermögensverwaltung wurden aufgebaut, gezielt technisch unterstützt und in einer Organisationseinheit (Wertpapierinformation und Vermögensverwaltung) zusammengefaßt.

Wir gehen davon aus, daß die Funktionen der drei Teilbereiche der Organisationseinheit (OE) entsprechend der Natur ihrer Leistungen untereinander eng verzahnt sein müssen. Die Teilbereiche erbringen folgende Kernfunktion:

Research:

- analysiert in- und ausländische Aktien- und Rentenmärkte, Branchen und Unternehmen,
- erarbeitet Anlagestrategien.

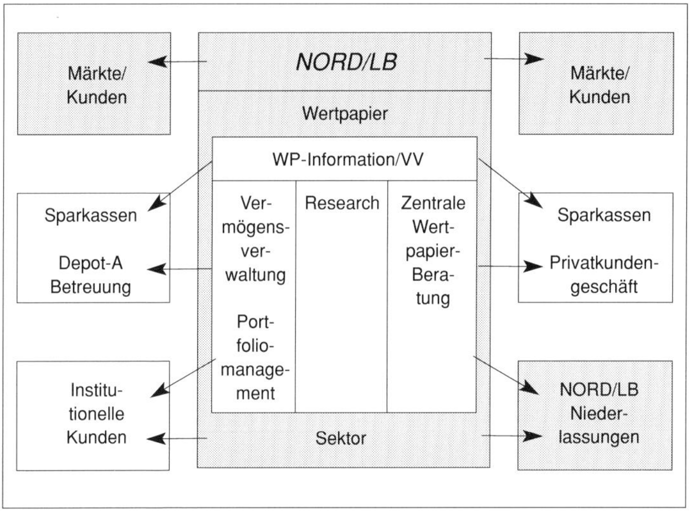

Abbildung 49: Wertpapierinformation/Vermögensverwaltung-Einordnung und Funktionszusammenhänge

Portfoliomanagement/Vermögensverwaltung:

- managt individuell Vermögen von institutionellen Kunden, einschließlich Depot-A-Betreuung für Sparkassen,
- verwaltet aktiv Vermögen privater Kunden.

Zentrale Wertpapierberatung:

- betreibt zentrale Steuerung und Wertpapiermarketing,
- setzt Research-Ergebnisse in gesteuerte und kontrollierte Beratungsaktivitäten und Geschäftsvorgänge um,
- gibt generelle Wertpapierinformationen an Kundenberater.

Die umrissenen Kernfunktionen der OE Wertpapierinformation/ Vermögensverwaltung bedingen insgesamt enge, funktionale Verknüpfungen mit anderen Bereichen des Wertpapiersektors, zum Beispiel Aktien- und Rentenhandel, DTB, Konsortial- und Emissionsgeschäft, etc. Aus diesem Grunde haben wir uns dafür entschieden, diese Organisationseinheit innerhalb der NORD/LB im Wertpapiersektor einzuordnen. Damit wurde ihr gleichzeitig eine wichtige Rolle im Rahmen des absatzpolitischen Konzepts für den Wertpapiersektors der NORD/LB zugewiesen.

Systematisch geordneter transparenter Anlageprozeß

Der Anlageprozeß als zentrales Element der Aktivitäten der OE Wertpapierinformation/Vermögensverwaltung baut sich aus den Ebenen Analyse/Prognose, Strategie und Umsetzung auf.

Volkswirtschaftliche Abteilung und Research leisten breit angelegte Basisarbeit. Für die Alimentierung des oben dargestellten Anlageprozesses versorgt die volkswirtschaftliche Abteilung das Research mit makroökonomischen Daten, Fakten und Prognosen. Dazu zählen insbesondere Zins- und Währungsprognosen, die zum Teil auf Primärbasis, das heißt mit eigenen Prognosemodellen, ermittelt werden.

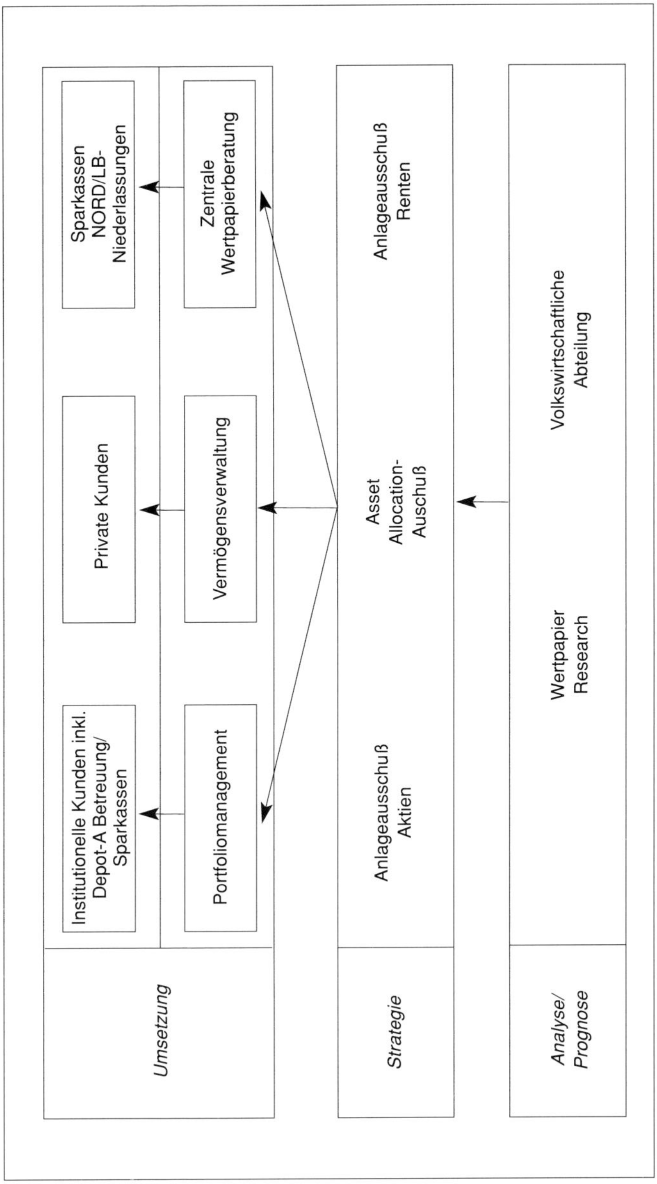

Abbildung 50: Organisation des zentralen Anlageprozesses

Das Research analysiert schwerpunktmäßig unter Anwendung fundamentaler, markt- und charttechnischer Methoden Aktien- und Rentenmärkte (In- und Ausland), Branchen (international), eine umgrenzte Auswahl von Titeln (Aktien/Renten – Inland/Ausland).

Nach weiteren verdichtenden Aufbereitungen werden die Analyseergebnisse auf der Strategieebene konzentriert.

Unter Einsatz der oben beschriebenen Asset Allocation wird eine grundlegende (auch absatzpolitisch beeinflußte) Anlagestrategie erarbeitet, die als anlagepolitische Generallinie verstanden werden kann. Diese Linie wird in Form zielgruppenbezogener Strategien mehr oder minder stark modifiziert und findet auf der Umsetzungsebene qualitätswirksam Eingang in die Produkte und Leistungen der OE.

Parallel dazu werden in den Anlageausschüssen „Aktien“ und „Renten“ Vorgehensweisen für die taktische Asset Allocation erarbeitet. Im Aktienbereich betreffen taktische Maßnahmen in erster Linie Umschichtungen auf Länder-, Branchen- und Titelebene, im Rentenbereich beziehen sie sich im wesentlichen auf die Währungsselektion und Laufzeitenstruktur.

Mit den von uns eingesetzten Instrumenten kann die strategische und taktische Ausrichtung des Anlageprozesses der NORD/LB methodisch angemessen fundiert werden. Die Organisationsform stellt Effizienz und Kontinuität sicher. Kooperation und Kommunikation können reibungslos laufen; die Abläufe sind transparent.

Gesteuerte strukturierte Wertpapierberatung für Privatanleger

Das Privatkundengeschäft zeichnet sich durch eine breitgestreute Kundschaft mit sehr unterschiedlichen Interessen und Voraussetzungen aus, die durch eine Vielzahl von Beratern betreut wird. Moderne Filialbanken und Zentralinstitute wie Girozentralen oder genossenschaftliche Zentralbanken stehen im Hinblick auf Ertrags-, Wettbewerbs- und Haftungsgesichtspunkte im Bereich der Anlageberatung vor komplizierten Aufgabenstellungen, die umfangreiche organisatorische Vorkehrungen für die erfolgreiche Wahrnehmung dieser Geschäftssparte erforderlich machen.

Die Bedeutung des Wertpapiergeschäftes für die Gesamtkundenbeziehung stand in der Sparkassenorganisation lange Zeit im Gegensatz zur Ertragsqualität, die der Sparte eher die Rolle eines Mauerblümchens zuwies.

Unser neues Konzept der Wertpapierberatung sollte folgende Eigenschaften aufweisen

- Kundenorientierung,
- Steuerungsorientierung,
- Ertragsorientierung,
- Absatz-(Produkt-)orientierung,
- Kapitalmarktorientierung.

Wie im Bereich der Großkunden müssen auch im breitgestreuten Privatkundensegment Wertpapieranlagen gesteuert und überwacht werden, wenn sie für den Kunden erfolgreich sein sollen. Dabei geht es nicht nur um die Auswahl einzelner Werte. Vielmehr ist die Entscheidung über die grundsätzlichen Anteile der verschiedenen Anlageformen – Aktien, Renten, liquide Mittel – an der gesamten Vermögensstreuung von ausschlaggebender Bedeutung.

Die Aufteilung muß der individuellen Risikoneigung des Anlegers entsprechen. Im Rahmen derartiger Restriktionen ist aber auch die Gewichtung der Anlageformen entsprechend den wechselnden Kapitalmarktverhältnissen zu beachten.

Als Steuerungshilfe für Berater und Kunden bieten wir unter Anlehnung an die Ergebnisse der NORD/LB Asset Allocation drei verschiedene Depottypen – das Ertrags-, Wachstums- und das Chancendepot – an. Die Gewichtung der Anlageformen wird dabei vierteljährlich den veränderten Kapitalmarktverhältnissen entsprechend variiert, soweit Markt- und/oder Konjunkturentwicklungen keine schnellere Reaktion und Anpassung erforderlich machen. Für den Kunden bietet dies die Möglichkeit einer kontinuierlichen Anpassung seiner Vermögensstruktur an die für ihn optimale Gewichtung, was auf lange Sicht dem Anlageergebnis zugute kommt. Für das Kreditinstitut entsteht aus diesem primär kundenorientierten Ansatz eine interessante Ertragsperspektive durch die entsprechenden Umschichtungen.

In der individuellen Privatkundenberatung ist – anders als bei der institutionellen Beratung beziehungsweise im Portfoliomanagement – für den Asset Allocation-Einsatz überwiegend die Depotgröße problematisch, da die zu beratenden Anleger nur zum Teil über die notwendige Vermögensmasse verfügen. Bei der Umsetzung in Einzelwerte wird daher auch auf aus dem Researchpool entnommene Einzelempfehlungen (Aktien) beziehungsweise vom Research vorgegebene optimale Laufzeitstrukturen (Renten) zurückgegriffen, die durch wöchentlich aktualisierte Listen mit klaren Kauf- und Verkaufsempfehlungen stringent gesteuert werden. Läßt sich mit Einzelwerten keine angemessene Risikostreuung erreichen, so erfolgt innerhalb der Gewichtungsvorgaben der Übergang auf sekundäre Effekte (Fonds) mit entsprechenden Depotinhalten.

Mit intensiven Schulungen und Informationsveranstaltungen vermitteln wir den Beratern der Niederlassungen und der verbundenen Sparkassen die Systematik unseres Anlageprozesses, um die Akzeptanz unserer Linie zu fördern. Denn vom Kundenberater verlangen wir einen Rollenwechsel. Im klassischen Rollenverständnis war der Anlageberater das komprimierte Wertpapierwissen einer Bank am Kunden. Er unterbreitete Vorschläge, die er großenteils eigenständig, unter Verwendung einschlägiger Informationen vom Markt, aus dem eigenen Haus beziehungsweise persönlichen Kontakten mit „Freunden an der Börse" erarbeitete. Das von uns verwendete Verfahren läßt eine derartige, weitgehende Eigenständigkeit des Beraters nicht mehr zu. Eigene Marktanalysen des Beraters sind kontraproduktiv. Seine eigenständige Leistung besteht in unserem System in der typgerechten Zuordnung und im Verkauf der vorgegebenen Anlageprodukte an die Kunden. Die Beratung trägt damit nicht mehr das individuelle Qualitätssiegel des Beraters, sondern das der Unternehmensorganisation Sparkasse und Landesbank.

Es galt also in diesem Zusammenhang, die Berater vom Wert der ihnen zur Verfügung gestellten Strategien zu überzeugen. Andere Aspekte einer optimalen Beratung, wie das Nachhalten der einmal gemachten Vorschläge und die hierbei notwendige Unterstützung durch elektronische Medien, sollen hier nur genannt werden.

Mit den Ergebnissen des Anlageprozesses der OE Wertpapierinformation/Vermögensverwaltung verfügt der Berater über die Möglichkeit, den Kundenwünschen entsprechend laufend aktuelle Titel auszuwählen – das heißt seinen Beratungsprozeß vor Ort individuell anzupassen – ohne die generelle Linie der Vermögensverteilung auf einzelne Assets zu verlassen.

Wir haben unserem System die Bezeichnung „Kompaß" gegeben. Sie kennzeichnet die Grundfunktion treffend. Der Kompaß-Benutzer bewegt sich in der Umwelt einer einheitlichen Anlagestrategie, die kontinuierlich auf aktuellem Stand gehalten wird.

Resonanz ermutigend

Nach der Neuausrichtung verfügt die NORD/LB im Wertpapiergeschäft über Beratungskapazitäten, die es uns erlauben, eine Bandbreite von Produkten und Leistungen am Markt zu offerieren, die vom professionellen Portfoliomanagement für Großanleger bis zur Beratungskonzeption für den typischen Privatkunden der Sparkassen reichen.

Die Qualität des Angebots, die wir anstreben, leiten wir her aus:

- den spezialisierten Funktionen, die in einer OE integrativ verknüpft sind,
- einem systematisch geordneten Anlageprozeß unter Einbeziehung der Asset Allocation, der für Kunden wie für Mitarbeiter gleichermaßen transparent gemacht werden kann,
- der Flexibilität, mit der wir unter diesen Voraussetzungen sowohl auf veränderte Marktverhältnisse wie auch auf Kundenwünsche reagieren können.

Alle Anlegergruppen betreuen wir mit Beratungsleistungen „aus einer Quelle“. Damit sind günstige Rahmenbedingungen für zentrale Beratungssteuerungen im Wertpapiergeschäft geschaffen.

Die Resonanz auf unseren neuen Marktantritt ist ermutigend. Akquisitionserfolge für Portfoliomanagement bestätigen uns, daß wir mit unserem erweiterten Leistungsangebot richtig „am Markt liegen“.

Für die oben dargestellte Beratungskonzeption „Kompaß“ für das flächendeckende Wertpapiergeschäft verzeichnen wir zunehmende Akzeptanz bei Sparkassen und Niederlassungen. Die Wertpapierumsätze sind infolge des neuen Beratungsansatzes bereits angestiegen.

Wir sind davon überzeugt, daß unser konsequent kundenorientierter Marktantritt auf der Basis zentraler Beratungsstrategien durch gute Anlageergebnisse zu einer positiven Wechselwirkung zwischen Kunden und Beratern und einer Kumulierung des Erfolges am Markt führen wird.

Klaus Mangold, Jahrgang 1943, war nach Studium, juristischem Refendariat und Promotion im Verbands- und Kammerwesen (in Mexiko und Stuttgart) sowie bei einer Düsseldorfer Vermögensverwaltung tätig. Von 1983 bis 1990 arbeitete er für die Rhone-Poulenc Rhodia AG, Freiburg, zuletzt als Vorsitzender des Vorstandes. Seit August 1992 ist er Vorsitzender des Vorstandes der Quelle Schickedanz AG & Co., Fürth.

Quelle-Katalog – eine Idee schreibt Geschichte

von Klaus Mangold

Wohlstand für alle

Der Quelle-Katalog ist aus dem europäischen Wirtschaftsleben nicht mehr wegzudenken. Das größte Versandhaus Europas zeigt darin eine Fülle von Konsumgütern, wie man sie sonst nirgendwo auf so engem Raum antrifft. Für Wirtschaftshistoriker ist der Katalog eine Fundgrube, Archiv unserer Konsumgewohnheiten. Tiefgründiger als jede Statistik verraten die Mode-Bildchen der fünfziger Jahre, wonach sich die Bevölkerung der Nachkriegszeit sehnte: nach einem Zipfel mondänen Lebens, nach Waren, die nicht nur nützlich, sondern schön waren, nach Ästhetik und verfeinertem Geschmack. Quelle löste ein, was die Wirtschaftspolitik den Menschen versprach: „Wohlstand für alle."

An diesem Anspruch hat sich bis heute kaum etwas geändert. In der neuen Quelle Vision wird dies deutlich zum Ausdruck gebracht: Quelle will auch heute „die Lebensqualität der Menschen spürbar steigern." Sicherlich bedeutete dies in den fünfziger Jahren anderes als in den neunziger Jahren, im Osten anderes als im Westen. Der Grundgedanke des „Wohlstands für alle" ist jedoch der Leitfaden geblieben, an dem sich das Unternehmen ausrichtet.

So bietet der Katalog nach wie vor tausendfach preisgünstige Qualitätsprodukte an und wirkt zur Freude der Makroökonomen durch seine langfristige Preisfestlegung auch durchaus inflationsdämpfend. Marketing-Experten sehen im Quelle-Katalog ein Vorbild für Kundenpflege, da er heute allein in Deutschland zwölf Millionen Haushalte erreicht. Schon vier Millionen Kunden hat er in den neuen Bundesländern gewonnen, das sind zwei Drittel aller Haushalte.

Der durchschlagende Erfolg des Quelle-Katalogs und der Spezialkataloge in Ostdeutschland und Osteuropa gleicht dem Durchbruch der „Quelle-Informationen" in den Anfangsjahren. Erfolgsentscheidend sind damals wie heute die drei Säulen des Unternehmens: Qualität zu knapp kalkulierten Preisen, zügige und zuverlässige Auftragsbearbeitung sowie risikoloser Einkauf, dank einer umfassenden Umtausch- und Rücknahmegarantie.

Die Idee wird geboren

Gustav Schickedanz war Großhändler für Kurz-, Weiß- und Wollwaren, als er das Versandhaus gründete. Er kannte die Bedürfnisse unterer und mittlerer Schichten und wußte, daß kein Versender sich der Kunden annahm, die mit dem Pfennig rechnen mußten. Die bekannten Versender importierten indische Tees, englische Hemden und französische Parfums – sie vergaßen aber nützliche Alltagsgegenstände wie Hosenträger oder Wecker. Da schlug die Stunde des Gustav Schickedanz.

Am 26. Oktober 1927 gründete Schickedanz in Fürth das Versandhaus Quelle GmbH. Im Herbst 1928 kam zum ersten Mal ein Katalog heraus. Er etablierte sich auf dem Markt mit einem völlig neuartigen Sortiment: Zwirne, Wolle, Hosenträger, Holzfederhalter und Damenuhren. Der Unternehmensgründung und der Markteinführung des Quelle-Katalogs ging eine für damalige Verhältnisse gründliche „Marktuntersuchung" voraus. Absatzchancen erhoffte sich Schickedanz besonders in den unterversorgten Regionen Ost- und Westpreußens, Mecklenburgs und Vorpommerns. Auch die Industriereviere im Ruhrgebiet, in Sachsen und Thüringen versprachen eine kauffreudige Klientel. Schickedanz reiste persönlich in diese Gebiete und befragte die Verbraucher.

Der erste Katalog, die sogenannten „Quelle-Informationen", hatte auf Anhieb Erfolg im ganzen Land. Die Kunden kauften. Der Absatz stieg auf solche Volumina, daß Schickedanz die Lieferanten davon überzeugen konnte, ihm Preisnachlässe zu gewähren. Nur so gelang es Quelle, hohe Qualität zu niedrigen Preisen anzubieten. Schickedanz setzte Preise durch, wie sie üblicherweise nur Großhändler bekamen. Die Kunden bezahlten ihre Ware per Nachnahme. Der prompte Geldempfang sorgte dafür, daß Schickedanz stets liquide war – eine ideale Ausgangslage, um mit Bargeld große Mengen zu günstigen Preisen einkaufen zu können. Bis 1936 gewann Quelle eine Million Kunden, drei Jahre später hatte sich der Umfang der Kundenkartei verdoppelt. Der Vorkriegsumsatz stieg bis 1938 auf 40 Millionen Reichsmark. In den Kriegsjahren beeinträchtigten zunächst die Handelssanktionen des Regimes, dann die Bombardements der Alliierten den Handel. Die Kundenkartei wurde zerstört.

In den fünfziger Jahren wandelte sich Quelle vom reinen Warenversandhaus zum Handels- und Dienstleistungskonzern. Zahlreiche neue Geschäftszweige entstanden: Die „Noris Kaufhilfe“, später Noris Bank (1956) bot günstige Finanzierungen zum Kauf von Quelle-Waren an. Heute betreibt das Kreditinstitut alle Geschäfte einer Vollbank. Ihr folgten nacheinander: der Quelle-Foto- und Filmdienst (1961), die Quelle-Fertighaus GmbH (1962) und im gleichen Jahr der Quelle-Reisedienst, der Garten Quelle-Spezialversand (1970), die Quelle und Partner-Lebensversicherungs AG und die Quelle und Partner-Versicherungs AG (1984), der Gastronomiebetrieb Büffeteria (1987) sowie die Quelle-Bank (1990).

Heute ist Quelle das größte Versandhaus Europas mit einem weltweiten Umsatz von 15,25 Milliarden Mark, die Bilanzsumme der Banken beläuft sich auf sechs Milliarden Mark, die gebuchten Brutto-Beiträge der Quelle Versicherungen betragen 310,7 Millionen Mark.

Mit dem Unternehmen wuchs die Zahl der Kataloge: Quelle-Kataloge gibt es heute in acht Sprachen, mit Produktsortimenten und in Aufmachungen, die auf die Bedürfnisse und Eigenarten des jeweiligen Landes abgestimmt sind. Jährlich erscheinen zwei Hauptkataloge sowie 24 zielgruppenorientierte Spezial- und Fachkataloge.

Der Hauptkatalog wird im Rhythmus der Bekleidungsmoden zum Frühjahr und zum Herbst herausgegeben. Er löste 1954 die „Neuesten Quelle-Nachrichten" ab, die ca. fünfmal im Jahr erschienen.

Der erste Hauptkatalog bedeutete eine grundlegende Neuerung im Versandhandel. Er leitete nicht nur den Schritt zum Universalversender Quelle ein, er stand auch für eine neue Preispolitik. Angesichts steigender Herstellerpreise, aber auch unter dem Druck von Wettbewerbern war eine langfristige Stabilität der Quelle-Preise umso wichtiger. Die mit den „Neuesten Quelle-Nachrichten" und den „Zwischenlisten" bisher garantierten Beträge galten maximal vier bis sechs Wochen. Das hieß, daß in diesem Zeitraum der Lagerbestand verkauft sein mußte. Jeder dieser neuen Prospekte, die zuletzt in einer Auflage von zwei Millionen gedruckt wurden, erzeugte Kosten für Planung, Druck und Versand.

Auch das Hauptkatalog-Geschäft war mit großen Risiken verbunden: Es bedeutete einen hohen Kapitaleinsatz für den Einkauf so gewaltiger Warenmengen und die Gefahr unvorhergesehener Preisrückgänge. Aber schon Ende 1954 hatten die halbjährlich erscheinenden Hauptkataloge alle Erwartungen erfüllt. Der Jahresumsatz war gegenüber 1953 um 17% auf DM 161 Millionen gestiegen.

Der neue Herbst/Winter-Katalog 1993/94 erreicht mit einer Auflage von über zwölf Millionen Exemplaren jeden zweiten deutschen Haushalt. Mehr als 50 000 Artikel auf mehr als 1300 Katalogseiten lassen beim Verbraucher kaum Wünsche offen.

Erfolgsfaktoren des Katalogs

Die Tragfähigkeit der Idee Quelle-Katalog basiert auf mehreren Faktoren:

Convenience

Dreh- und Angelpunkt der Quelle-Aktivitäten ist der Hauptkatalog: Der Kunde vergleicht zuhause und in aller Ruhe Preise und Produkte. Er kann rund um die Uhr bestellen; auch an Sonn- und

Bild 5: Quelle-Katalog „Euro-Kids"

Feiertagen erwartet ihn unter einer Servicenummer ein persönlicher Gesprächspartner. In 194 Telefon-Servicebüros werden jährlich 16,5 Millionen Kundenbestellungen abgewickelt. Sortiments- und Serviceberatung, Informationen über Lieferzeit und den Stand des Einkaufskontos sowie Finanzierungsmöglichkeiten erhält der Kunde bequem am Telefon. Die Ware wird innerhalb weniger Tage ins Haus geliefert. Schließlich ist die Entsorgung alter Fernseher oder PCs und die Verpackungsentsorgung zu nennen. Die Kunden kaufen nicht nur Produkte, sondern ein komplettes Dienstleistungspaket.

Auch die große Zahl der Möglichkeiten, bei Quelle zu bestellen oder einzukaufen ist „convenient“: über Telefon oder Bildschirmtext, mit Bestellschein, über Quelle-Sammelbesteller, in Quelle Fachgeschäften, einer der rund 6000 Quelle Agenturen oder den Verkaufshäusern. Dank der Vielfalt der Quelle-Vertriebswege hat der Kunde die Chance, die jeweils günstigste Form des Einkaufens und den für ihn kürzesten Weg zu wählen. Diese Vielfalt der Vertriebswege ist etwas ganz besonderes im deutschen Einzelhandel und zweifelsohne einer der wesentlichen Erfolgsfaktoren, die Quelle zum größten Versandhaus Europas werden ließen.

Optimales Kundenmarketing

Alle Quelle-Kunden sind in einer Adreßdatei erfaßt. Darin werden neben der Adresse auch Art, Umfang und Häufigkeit bisheriger Bestellungen gesammelt. In der Praxis heißt das für den Versand, daß er die Kunden aus der Anonymität heraus holt und sie durch selektives direct-mailing gezielt auf ihre Wünsche und Bedürfnisse hin anspricht. So werden ihnen beispielsweise nur solche Spezialkataloge zugesandt, die für sie von Interesse sind.

Qualitativ hochwertiges und preisgünstiges Sortiment

Von Anfang an deckte das Sortiment die vier grundlegenden Lebensbereiche ab: Familie, Haushalt, Arbeitsplatz und Freizeit. Nähgarn und Wolle, vor allem die Quelle-eigene „Dukaten-Wolle", sind Beispiele für große Verkaufserfolge dieser Zeit. Der Katalog verstand sich schon damals als „Fundgrube für die Familie", aber auch als „Führer durch die Sorgen des täglichen Lebens". Zur Auswahl standen alltägliche und zweckdienliche, aber auch gehobenere Ausführungen eines Artikels. Der Informationstext strich Haltbarkeit und Qualität der Ware heraus.

Der Kunde weiß, daß er sich auf Quelle-Qualität verlassen kann: im Katalog findet er immer wieder Qualitätssiegel. Dahinter steht das 1953 gegründete Quelle Institut für Warenprüfung (IfW), das Hersteller und Handelspartner zu konsequenter Qualitätssicherung verpflichtet. Zusammen mit strengen Tests, für die über 250 Mitarbeiter des IfW zuständig sind, ist dies die entscheidende Voraussetzung für die Sicherung des hohen Qualitätsstandards. Die positiven Urteile der Stiftung Warentest belegen dies eindrucksvoll.

Da der Kunde Qualität oftmals mit einer bestimmten Marke verbindet, Gustav Schickedanz sich aber nicht dem Preisdiktat der Hersteller unterwerfen wollte, rief er Eigenmarken ins Leben. Sie sollten den etablierten Industriemarken ebenbürtig oder sogar überlegen sein. Mit den eigenen Handelsmarken unterlief Quelle die „Preisbindung der zweiten Hand", auch „vertikale Preisbindung" genannt.

Von Jahr zu Jahr dehnte Quelle die Eigenmarken-Politik aus. Der 1929 bereits angebotenen „Dukaten-Wolle" folgten die „Helix"-Gesundheitswäsche, die Elektromarken „Universum", „Matura", „Privileg", die Marke für Fahrräder und Freizeitartikel „Mars" und die Foto- und Optikmarke „Revue". Hohe Qualität bei niedrigem Preisniveau sind die Erwartungen, die Kunden an Quelle-Eigenmarken richten. So ist es nicht erstaunlich, daß Eigenmarken seit den siebziger Jahren einen konstant hohen Anteil am Gesamtumsatz bestreiten, der bei 40 Prozent liegt. Mehr noch: Privileg und Universum begründen die Marktführerschaft von Quelle im Technikbereich. Heute ist Quelle der umsatzstärkste Anbieter auf den Gebieten Technik und Elektronik. Zudem hat Quelle den größten Elektro-Kundendienst des Handels in Deutschland.

Schließlich trägt auch das günstige Preis-Leistungsverhältnis wesentlich zum Erfolg bei: Für 54 Prozent aller Bundesbürger ist Quelle hinsichtlich der Preiswürdigkeit die Nummer eins im Versandhandel.

Katalog-Gestaltung

In den Gründungsjahren hielt Gustav Schickedanz den Katalog in bescheidener äußerlicher Aufmachung. Das Format war handlich, das Papier einfach, auf Farbe wurde ganz verzichtet. Die meisten Artikel sah man nur als Zeichnungen, die aber das Wesentliche wiedergaben. Gerade durch seine Schlichtheit vermittelte der Katalog den Eindruck kundenfreundlicher Sparsamkeit. Die Artikel waren betont übersichtlich und nüchtern untereinander angeordnet und sorgfältig beschrieben.

Der Satzbau der Produktbeschreibungen war einfach, so daß der Anbieter als „Mensch wie du und ich" erschien. Er äußerte sich mit „Hinweisen" und „Bitten" und gab sich als einfühlsamer Freund des Kunden zu erkennen. Die „Quelle-Informationen" erhielten 1932, als sie schon regelmäßig mit mindestens 16 Seiten erschienen, den Titel „Neueste Quelle-Nachrichten" und vermittelten so den Eindruck einer aktuellen Gelegenheit.

Auf Seite eins prangte groß das Garantiesiegel. Das Angebot enthielt bereits Textil- und Wollwaren, Bettwäsche sowie Schmuck, Spiel- und Lederwaren. In den fünfziger Jahren fanden farbige Zeichnungen und Farbfotos Eingang in den Katalog, das große „Q" mit der Freundschaftshand zierte die Titelseite.

Zum fünfzigjährigen Firmenjubiläum 1977 prangte vom Titelblatt Mode vor goldenem Hintergrund. Der Aufwertungseffekt bezog den Kunden ein, der den Katalog nun wie einen kostbaren Schatz in den Händen hielt und sich selbst ein wenig reicher fühlte. Die Trennung vom „Gold" fiel nicht leicht. Erst wich es auf einen breiten Randstreifen, dann verschwamm es als mattgoldener Hintergrund. Erst Anfang der neunziger Jahre machte es kräftigen, optimistisch stimmenden Farben Platz. Das Katalogdesign wandelte sich häufig. Doch von Face-Liftings abgesehen, wahrte Quelle die Grundideen: Übersichtlichkeit, Sachlichkeit, sinnvolle Gliederung.

Zur Gliederung gehört ein Inhaltsverzeichnis am Katalogende, das es leicht macht, die Artikel zu finden. Ein bebilderter Modewegweiser als optischer Führer macht schon auf den ersten Seiten Appetit auf die neuesten Kollektionen. So ist es kein Wunder, daß der Quelle-Katalog immer mehr auch ein „Modeberater" wird: Auf 671 Seiten des insgesamt mehr als 1300 Seiten zählenden Katalogs präsentieren sich aktuelle Mode-Ideen für die ganze Familie mit zielgruppengerecht zusammengestellten Sortimenten. Kundenfreundlich sind auch die klar formulierten Hinweise auf Bestellservice, Anlieferung und Zahlungsmodalitäten im Anhang.

Die Rücknahmegarantie

Im Katalog hieß es schon 1928: „Jeder Artikel, der nicht entspricht, wird anstandslos zurückgenommen. Die Ware wird auch zurückgenommen, wenn Sie nicht der festen Überzeugung sind, daß Sie billiger als bisher eingekauft haben." Weiter konnte eine Garantie nicht gehen. Soweit aber mußte sie gehen. Denn es galt, das Vertrauen einer kritischen Zielgruppe zu gewinnen. Sie mußte davon überzeugt werden, daß es kein Risiko darstellt, unbesehen eine Ware aus dem Katalog zu bestellen. Dieser Tradition blieb Quelle treu: Auch heute wird ein uneingeschränktes vierzehntägiges Rückgaberecht nach Erhalt der Ware garantiert.

Der Quelle-Katalog als Wegbereiter gesellschaftlichen und technologischen Wandels

Das sichere Gespür des Unternehmerpaares Gustav und Grete Schickedanz für Mode, Trends und gesellschaftliche Entwicklungen fällt schon kurz nach dem Krieg auf. Internationale Mode und technische Neuheiten wurden für jeden erschwinglich. Auf „sehnlichen Wunsch zehntausender junger Quelle-Freunde" nahm Quelle 1949 die erste Spielzeugeisenbahn ins Sortiment. Auch dem weiblichen Publikum erfüllte Quelle einen Traum: Nylon-Damenstrümpfe „in garantiert bester amerikanischer Qualität". Auf die ersten Anzeichen einer Camping-Welle reagierte Quelle sofort mit einem umfangreichen Sortiment an Zelten und Campingzubehör. Die Camping-„Mode" war mehr als ein kurzfristiger Trend. Sie stand zu Beginn eines bemerkenswerten Wandels: die „Wiederaufbaugesellschaft" veränderte sich hin zur „Freizeitgesellschaft".

Der „Alpenblitz" trug dazu bei, daß Skilaufen zum Volkssport wurde. Ein „elegantes Sportfahrzeug" fand reißenden Absatz: der Luxus-Laufroller für Kinder. Die Heimatfilm-Welle schlug sich im hohen Absatz von Dirndl-Kleidern nieder. 1971 antwortete der Katalog auf die erste Fernreisewelle: Bei Quelle bekam der Kunde nicht nur das Outfit, sondern auch die Reise nach Tunesien. Die Perestroika inspirierte Quelle zur Aufnahme des „Russenlooks" in den Winterkatalog 1987/88. Kein Zufall war es auch, daß im Hauptkatalog Frühjahr/Sommer 1990 ein junges Paar den „Single" vom Titelblatt verdrängt hatte. Auch damit erkannte Quelle zur rechten Zeit einen neuen Trend. Die jüngsten TV-Werbespots für den Katalog führen diese moderne Optik fort und vermitteln so den Eindruck eines sich beständig verjüngenden Produkts.

Den technologischen Fortschritt nahm der Quelle-Katalog immer dann auf, wenn er für die breite Bevölkerung von Belang war. Quelle machte in den fünfziger Jahren den Fernseher und die elektrische Nähmaschine erschwinglich. Der kleinste Taschenrechner der Welt von „Privileg" bewies 1973, wie leistungsfähig die quelleeigenen Handelsmarken waren.

Verantwortung für die Umwelt

Auch im Umweltschutz war und ist Quelle Vorreiter: Schon lange vor dem geplanten Inkrafttreten der sogenannten Elektronik-Schrott-Verordnung bietet Quelle bei Anlieferung eines neuen Elektrogerätes die fachgerechte Entsorgung zum Beispiel des alten Fernsehgerätes oder PC-Monitors an. Auf dem Umweltsektor will Quelle nicht nur Vorbild sein. Quelle plant zukunftsweisend und agiert selbst. Den Umweltschutz betrachten wir als eine der großen Herausforderungen der Zeit. Ebenso sehen wir große Möglichkeiten, mit umweltfreundlichen Geräten Marktanteile zu erobern.

In einem neuen Pilotprojekt bietet Quelle dem Kunden eine bequeme, umweltgerechte und kostengünstige Entsorgung an, wie sie schon seit Jahren bei Kühl- und Gefriergeräten Realität ist. Die künftige Bedeutung des Entsorgungs-Services läßt sich an der Tatsache messen, daß Quelle allein im Geschäftsjahr 1992/93 in der Sparte Technik und Elektronik DM 3,7 Milliarden umsetzte. Quelle-Kunden wollen immer stärker von derartigen Angeboten Gebrauch machen. Sie richten ihre Kaufentscheidungen durchaus danach, wie ihr Altgerät entsorgt oder wie die auf uns zurollende Altgeräte-Schrottlawine bewältigt wird.

Umwelt-Engagement hat bei Quelle Tradition. So brachte Quelle bereits wenige Jahre nach der ersten Energiekrise 1976 eine Öko-Waschmaschine mit niedrigen Verbrauchswerten auf den Markt, außerdem Kühl- und Gefriergeräte mit extrem starker Isolierung und entsprechend geringem Kälteverlust. Im vergangenen Jahr konnte Quelle eine Waschmaschine mit nur 60 Litern Wasserverbrauch vorstellen und selbst dieser Wert ließ sich noch unterbieten: Mit nur noch 52 Litern Verbrauch hat Quelle jetzt eine beispielhaft sparsame Waschmaschine auf dem Markt. Noch bevor 1995 die Herstellung von FCKW verboten werden wird, hat Quelle bereits im Frühjahr/Sommer-Katalog erstmals eine Serie völlig FCKW-freier Kühl- und Gefriergeräte angeboten.

Quelle versendet auch Damen- und Herren-Fahrräder nicht mehr in Wellpappe verpackt, sondern in einer umweltfreundlichen Mehrwegverpackung. Der Spediteur nimmt die Verpackung und – gegen geringes Entgelt – auch Fernsehgeräte und PCs mit zur Entsorgung.

Neue Herausforderungen und Ziele für Quelle

Das vereinigte Deutschland

Eine große Herausforderung stellte für Quelle der Fall der Mauer dar. In der ehemaligen DDR stand der Katalog als ein „die sozialistische Moral zersetzendes Druckerzeugnis" auf dem Index. Den Bürgern in Ostdeutschland und auch in Osteuropa war der Katalog trotzdem ein Begriff. Auf dem Schwarzmarkt erzielten eingeschmuggelte Quelle-Kataloge Höchstpreise.

Viele Ostdeutsche hatten in Staats- und Volkseigenen Betrieben gearbeitet, von denen Quelle Textilien, Uhren und Spielwaren bezogen hatte. Sofort nach der Öffnung gründete Quelle Agenturen, die kleinen Gewerbetreibenden die Chance zu einer selbständigen Existenz boten. Die erste Quelle Agentur wurde schon am 29. März 1990 in Weida/ Thüringen eröffnet. Am 1. Juli 1990 konnten die ersten Quelle-Kataloge ohne Behinderung in die Neuen Länder versandt werden. Im Herbst des gleichen Jahres erschien der erste gesamtdeutsche Hauptkatalog unter dem Titel „Meine Quelle". Für die Neukunden im Osten war ein sechsundzwanzigseitiger Informationsteil über den Quelle-Service angefügt.

Quelle hat bislang in Ostdeutschland über 5000 Arbeitsplätze geschaffen. Den mehr als 2000 Agenturen und Geschäften in Deutschland-Ost fügt Quelle nun das modernste Versandzentrum der Welt in Leipzig mit einem Investitionsvolumen von DM einer Milliarde hinzu.

Außerdem kauft Quelle zwischenzeitlich wieder für über DM 100 Millionen bei ostdeutschen Lieferanten ein, hauptsächlich Textilien, Möbel, Elektrogeräte, Uhren und Fahrräder. Quelle hat sich auch aus diesem Grund der Initiative „Einkaufsoffensive Neue Bundesländer" angeschlossen und wird dieser Aufgabe ganz besondere Aufmerksamkeit widmen.

Am schnellen Geschäftsaufbau in der ehemaligen DDR hatte Grete Schickedanz maßgeblichen Anteil. Unter ihrem Einfluß wandelte sich die Schickedanz-Gruppe in den vergangenen Jahren vom reinen Familienbetrieb zu einem Konzern mit modernsten Strukturen. Seit 1992 hat Quelle eine neue Rechtsform: „Quelle Schickedanz AG & Co.“. Grete Schickedanz hat zwar die Führung des Aufsichtsrates abgegeben, der Katalog, dessen Erscheinungsbild sie über Jahrzehnte geprägt hat, wird aber weiterhin ihre Handschrift tragen.

Europa wächst zusammen

Keine Frage: Europa zu schaffen ist ein Jahrhundertwerk, für dessen Verwirklichung es lohnt, sich mit aller Kraft einzusetzen. Mit dem Aufbau einer „Europäischen Quelle“ hat sich das Handelsunternehmen ein ehrgeiziges Ziel gesetzt.

Im Sinne eines ausgewogenen Preis-Leistungsverhältnisses wird Quelle unter Nutzung aller Synergie-Effekte innerhalb der Gruppe immer wieder neue Märkte erschließen, und dies sowohl in West- als auch in Mittel- und Osteuropa.

Als die römischen Verträge vor 36 Jahren den Grundstein zur Europäischen Wirtschaftsgemeinschaft (EWG) legten, nahm auch die Europäisierung der Quelle ihren Lauf. Seither gibt es Quelle-Töchter in Österreich (1959), Luxemburg (1961), Frankreich (1966), der Schweiz (1975), Belgien (1980), in Spanien (1990) und Italien (1992).

Neben den direkten Auslandsaktivitäten durch Tochtergesellschaften betreut Quelle über ihre Exportabteilung direkt oder durch Partner vor Ort Kunden in über 200 Ländern der Welt. Eigene Vertretungen mit telefonischem Bestellservice hat Quelle zum Beispiel in Dänemark, Finnland, Portugal und in Ländern der Gemeinschaft unabhängiger Staaten (GUS). Partner betreuen die Märkte in Griechenland, Island, der Türkei und dem gesamten Mittleren Osten mit Preisen in Landeswährung. Somit ist ein kundenfreundlicher Service im jeweiligen Land gewährleistet.

Heute mehr denn je richtet sich unser Blick jedoch auch nach Osten: Wir müssen mit Mut und Engagement die großen historischen Chancen erkennen und nutzen und den Menschen vor allem in Mittel- und Osteuropa begründete Hoffnungen auf einen Wandel und auf Verbesserung ihrer wirtschaftlichen Verhältnisse vermitteln.

Schon immer haben auch die Länder Osteuropas für Quelle eine wichtige Rolle als Einkaufsmärkte gespielt. Inzwischen ist Quelle in zehn Ländern Osteuropas aktiv. Die Basis für unser Osteuropa-Geschäft haben wir mit der Gründung von Gesellschaften in Ungarn, Polen, der Tschechischen und der Slowakischen Republik, Slowenien und Lettland bereits geschaffen. In Polen hat Quelle die „Quelle Polska GmbH" mit Sitz in Posen gegründet und seit Herbst/Winter 1992/93 mit einem vielversprechenden Versandtest begonnen. Unsere Tochtergesellschaft in Lettland soll als Standbein für die Expansion nach Litauen und Estland dienen. In Slowenien hat Quelle ein Joint-venture mit der Firma Gorenje aufgebaut. In Brezhrad, 120 Kilometer östlich von Prag gelegen, wurde ein Lager mit 11 000 Quadratmetern Fläche gekauft und ein Versandhaus zur Belieferung der Tschechischen und Slowakischen Republik eingerichtet. Im März gründete Foto Quelle in Brünn eine eigene Gesellschaft, die zukünftig tschechische Franchise-Partner betreuen wird. Aktiv sind wir auch in Bulgarien, Rumänien und der Ukraine. Eine Expansion im Versandgeschäft und über stationäre Einheiten ist geplant. Wir sind optimistisch: In fünf Jahren wird sich unser Geschäft in Mittel- und Osteuropa sehen lassen können.

Gemeinsames Handeln und Solidarität müssen an die Stelle jahrhundertealter Konflikte und eines tiefen Antagonismus treten. Das ist eine Erfahrung, die wir weitervermitteln müssen und von der wir nur hoffen können, daß sie Beispiel geben mag.

Um-, Aus-, Neubau

Quelle befindet sich zur Zeit in einer Phase des Um-, Aus- und Neubaus. Dahinter steckt der klare Wille, das Kerngeschäft Versand weiter auszubauen. Dahinter verbirgt sich auch die Absicht, am wirtschaftlichen Aufbau Ostdeutschlands wie auch Osteuropas beispielhaft mitzuwirken.

Mit der in der Geschichte des Unternehmens größten Investition von fast einer Milliarde Mark setzt Quelle in Leipzig ein Zeichen und errichtet das modernste Versandzentrum der Welt.

Unser Engagement in Leipzig bedeutet aber nicht, daß wir Nürnberg/Fürth vernachlässigen. Wir werden in mehreren Baustufen eine neue Hauptverwaltung bauen. Damit werden wir uns von gegenwärtig über 35 Standorten im Großraum Nürnberg/Fürth auf nur noch wenige Plätze konzentrieren, um so bessere Arbeitsbedingungen für unsere Mitarbeiter anbieten und einen Beitrag zum Umweltschutz leisten zu können.

Wir wissen, daß wir nur Erfolg haben können, wenn wir ständig zum Umbau, zum Ausbau, zum Neubau bereit sind. So wird unser Haus nie wirklich fertig sein. Diese Erkenntnis beunruhigt uns jedoch nicht, denn wir sehen sie als Herausforderung an unsere Flexibilität und an unser Können.

Vision

Alles, was wir tun, braucht ein großes, gemeinsames Ziel, eine Orientierung, die unsere Handlungsrichtschnur für die Schritte zum Unternehmenserfolg der nächsten Jahre ist. Diese Aufgabe erfüllt unsere Vision: „Wir wollen als kundenorientierter, innovativer und leistungsstarker Marktführer im europäischen Handel Waren und Dienstleistungen anbieten und damit die Lebensqualität der Menschen spürbar steigern".

Kundenorientierung heißt, unseren Kunden ein immer differenzierteres und spezialisierteres Angebot bereitzustellen. Innovation bedeutet ständig Neuerungen und Verbesserungen einzuführen, um unsere Konkurrenzfähigkeit zu erhalten. Leistungsstärke schließlich ist gleichzusetzen mit der Führerschaft in Service, System und Kosten. In unserer Vision und in unseren Unternehmensgrundsätzen steckt das Bekenntnis zu Europa ebenso wie das Ziel, durch die Qualität im Preis-Leistungsverhältnis unserer Produkte und durch Dienstleistungen in Zustellung, Rücknahmegarantie, Verpackungsentsorgung und Technischem Kundendienst für unsere Kunden attraktiv zu sein.

Wachstumspotentiale im Versandgeschäft

Konjunkturforscher befürchten für 1993 ein reales Minus von drei Prozent im Einzelhandel. Die Warenhäuser sind mit nominal minus zwei Prozent betroffen. Der Versandhandel könnte ein leichtes Plus erzielen.

Es ist nicht unrealistisch zu behaupten, daß Quelle-Kunden optimistischer sind als dies der derzeitigen Stimmung in der Bevölkerung entspricht. Der Auftragseingang des ersten Halbjahres 1993 zumindest läßt diese Einschätzung zu. In wirtschaftlich schwierigen Zeiten liegt Quelles Stärke als kundennahes, serviceorientiertes Unternehmen in einer breiten Palette preisgünstiger Sortimentsleistungen. Hinzu kommen kreative Lösungen aus konzertierten Aktionen von Management, Mitarbeitern und Spezialisten, die die Spitzenposition von Quelle langfristig absichern werden.

Schwerpunkte für eine zukünftige Expansion und Internationalisierung sieht Quelle

- in der Unterstützung von Synergien der Versandbetriebe im In- und Ausland,
- im Ausbau zielgruppengerichteter Sortimente und Serviceleistungen unter den Kriterien der Umweltverträglichkeit, Qualität und Preiswürdigkeit,
- in der optimalen Ausschöpfung aller Kundenpotentiale,
- in der Verstärkung der Zusammenarbeit vor allem mit den inländischen und europäischen Lieferanten sowie
- im verstärkten Engagement in den Reformländern Osteuropas.

Deutschland ist mit einem Pro-Kopf-Budget von DM 450 Weltmeister im Versandverkauf. Die Faszination dieser Art des Einkaufens liegt für den Konsumenten in den Convenience-Faktoren, die dieses Vertriebssystem bietet. Quelle wird ihre Aktivitäten verstärkt darauf ausrichten. Die „Quelle zum Anfassen" mit einer optimalen Marktdurchdringung durch rund 8000 Agenturen, Technische Fachgeschäfte, Foto-Franchisepartner, Telefon-Servicebüros, Reisebüros, Kundendienststationen und Fundgruben, wird das Versandgeschäft nachhaltig beflügeln. Quelle will Zeichen des Wiederaufbaus setzen. Schwierige Jahre sind noch keine Katastrophe.

Verzeichnis der Abbildungen, Tabellen und Bilder

Abbildungen

Tabellen

Bilder

Weitere Titel der F.A.Z./Gabler-Edition

Günther Würtele (Hrsg.)
Lernende Elite
Was gute Manager noch besser macht
1993, 430 Seiten, Geb., ISBN 3-409-19177-1

Anhand von 20 Beiträgen bekannter Autoren macht dieses Buch deutlich, was sich keine Führungskraft gerne eingesteht: Wer oben bleiben will, muß permanent dazulernen, und zwar lebenslang. Lernende Elite beantwortet Ihnen nicht nur die Frage, *was*, sondern auch *wie* Spitzenkräfte lernen müssen.

Michael Liebig
Entscheiden
Die kreativen Werkzeuge der Chancendenker
1993, 409 Seiten, Geb., ISBN 3-409-19178-X

Wie unprofessionell in vielen Unternehmen Entscheidungen getroffen werden, ist fast schon unglaublich. Am „Mut zur Entscheidung" fehlt es – aber vor allem auch am Know-how der Entscheidungsfindung. Lernen Sie deshalb mit Michael Liebig Entscheidungen sicher und effizient zu treffen.

Richard Matheis (Hrsg.)
Erfolgsmanagement 2000
Konzepte für Menschen, Märkte, Unternehmen
1992, 525 Seiten, Geb., ISBN 3-409-19154-2

Von Marktführern lernen, wie man es richtig macht …
25 Beiträge bekannter Unternehmensführer und Wirtschaftswissenschaftler zeigen, wie große Firmen ihr Erfolgsmanagement betreiben, mit welchen Produkten, Konzepten, Methoden und Praktiken sie arbeiten.